경항대운하 유역
국가 유산 및 생태회랑

本书受到"中华社会科学基金Chinese Fund for the Humanities and Social Sciences资助"(15WGL004)
이 도서는 중국 정부의 중화학술번역사업에 선정되어 중국사회과학기금(Chinese Fund for the Humanities and Social Sciences)의 지원을 받아 번역 출판되었습니다.(15WGL004)

경항대운하 유역 국가 유산 및 생태회랑

京杭大運河國家遺産與生態廊道

俞孔堅 · 李迪華 · 李海龍 · 張蕾 지음

유창劉暢 옮김

學古房

| 서문 |

경항대운하는 2천 5백 년이 넘는 역사를 가지고 있는 세계에서 가장 긴 인공운하로 북단의 통주에서 시작하여 북경, 천진, 하북, 산동, 강소, 절강 등의 성과 시를 거쳐 남단의 항주까지 이어지며 해하海河, 황하黃河, 회하淮河, 양자강長江과 전당강錢塘江의 5대강 수계를 하나의 수운망으로 연결하고 있다. 경항대운하는 중국 역사상 남량북운南糧北運(남방의 식량을 북방으로 운송), 상려교통商旅交通(상인과 여객의 왕래), 군자조배軍資調配(군수 물자의 배합), 수리관개水利灌溉를 책임진 생명선으로, 남북의 유동 혈맥과 인문 경관의 절단면을 관통하고 있다. 대운하 연안의 문화유산은 운하와 더불어 흥망성쇠를 같이 했던 도시, 부두, 창고, 선박용 갑문, 교량, 제방 등 무수히 많은데, 이 문화유산들은 중국뿐만 아니라 세계적으로도 보기 드문 대형 선형線型 문화유산(Linear Cultural Heritages)이다.

지구상의 다른 문화유산 내지 선형 문화유산들과 비교하면, 중국의 경항대운하는 다음과 같은 뚜렷한 특징을 가지고 있다. 첫째, 경항대운하는 문화 요소와 자연 요소가 결합되어 형성된 혼합 유산이다. 둘째, 경항대운하는 살아 있는 문화유산으로, 역사상 남북의 경제 대동맥을 관통하는 남량북운과 염운鹽運(소금운송)의 중요한 통로였고, 오늘날에는 연안 도시의 교통, 생태, 경제, 관개, 홍수 예방 등의 용도로 활용되며 여전히 중요한 작용을 하고 있다. 셋째, 경항대운하는 점, 선, 면을 통해 형태가 다른 유산들과 융합되어 형성된 문화유산 벨트이다. 넷째, 경항대운하는 고대의 유적부터 근대 사적과 현대의 문화유산까지 시간을 초월하여 형성된 문화유산이다. 다섯째, 연안 산업 유산, 향토 건축, 농업 경관 등의 일반 민중들의 생산 활동과 생활 변천이 집중적으로 반영되어 있으며, 운하 일대의 광활한 민중 거주지에는 물질·비물질 문화유산과 현대 사회의 생활이 어우러진 문화 공간이 형성되었다.

2006년 5월, 중국 정부 국무원中國國務院은 경항대운하를 '전국 중점문물보호단위全國重點文物保護單位'로 선포하였다. 이와 동시에 중국인민정치협상회의中國人民政治協商會議의 문화문사학습위원회文化文史和學習委員會는 경항대운하를 세계 문화유산에 등재하기 위한 현지 조사를 기획·조직하였다. 동년 12월 중국 정부는 경항대운하가 포함된 '중국의 예비 세계 문화유산 명단'을 재확정하였다. 대운하에 대한 총체적 보호는 이제 중국 문화유산 보호의 핵심 사업이 되었다. 현재 중국 정부 국가문물국國家文物局은 관련된 단위를 조직하여 대운하 보호 계획과 세계 문화유산으로 등재하기 위한 연구를 진행하고 있다. 북경대학교 유공견俞孔堅 교수가 주관하여 완성한 국가문물국의 문물 보호에 관한 과학 기술 연구 과제인 '경항대운하의 총체적 보호에 관한 연구京杭大運河整體保護研究', 조만간 출판하게 될 『경항대운하 국가 유산과 생태 회랑京杭大運河國家遺產與生態廊道』, 풍부한 현장 기록 등 경항대운하에 대한 역사·자연 지리적 특징과 유산 자원을 정리한 성과는 전 세계인이 주목하는 문화유산 보호 사업에 직접적 근거와 건설적 방법을 제공하였다. 이는 중국의 문화유산 연구와 보호에 대한 중요한 공헌이자 세계 문화유산 연구 분야의 성공 사례로 꼽힌다.

이 기회를 빌려 유공견 교수와 그가 지도하는 연구팀이 참여하고 국가문물국이 조직한 문물 보호 과학 기술 연구 프로젝트에 쏟아 부은 그들의 성실함과 열정에 감사를 드린다.

단제상单霁翔

2008년 6월 6일

제1장 경항대운하의 역사와 자연 및 사회 경제적 배경

제2장 경항대운하의 현황

제3장 경항대운하의 가치 및 종합적 보호 문제

제4장 경항대운하 유역의 국가 유산과 생태회랑

제5장 경항대운하의 현황

제6장 경항대운하 물질 문화유산 자원

제7장 경항대운하 비물질 문화유산 상술

참고

각주의 " § " 표시는 옮긴이 주를 나타낸다.

제1장

경항대운하의 역사와 자연 및 사회 경제적 배경

1 경항대운하란?

경항대운하는 북경北京에서 시작하여 항주杭州까지 이르는 운하로 북경, 천진天津, 하북河北, 산동山東, 강소江蘇, 절강浙江 등 6개의 성과 도시를 지나고, 해하海河, 황하黃河, 회하淮河, 장강長江과 전당강錢塘江 등 5개의 큰 물길과 이어진다. 경항대운하의 전체 길이는 1,794km로 수에즈운하의 10여 배, 파나마운하의 22배에 달하는 것으로 전 세계에서 가장 긴 인공 하천이자 가장 오래된 운하이다. 경항대운하는 오랜 시간에 거쳐 건설과 이용을 반복하며 형성되었기 때문에 관련된 다양한 운하 문화를 만들어 냈고 또 많은 역사 문화유물들을 남겼다. 이 모든 것들이 경항대운하를 구성하는 데 빠져서는 안 되는 요소들이다.

조운漕運이 크게 기능하던 농업 시대에 하도河道, 수원水源, 수리공정 시설, 선박 운송 시설 등을 관리하고 운영하는 기구들은 대운하의 조운 기능을 보장하는 기본 요소이자 경항대운하를 완벽하게 구성해주는 시스템이었다. 경항대운하의 조운 기능이 원활해짐으로써 운하 연안의 도시와 마을들은 크게 발전하였고, 뒤를 이어 대규모 상업 지구가 형성되고, 원림園林이 건축되었으며, 고분의 석각들도 조각되었다. 또, 이러한 유형 문화유산 이외에도 희곡, 민간 전설 등 무형 문화유산들도 운하 연안 지역의 발전에 따라 자연스럽게 생겨났다. 이로 인하여 경항대운하는 명실상부한 중국 대륙의 자연 환경과 역사 유산의 벨트가 되었다.

2 건설 시기

경항대운하는 춘추春秋 시대 오吳나라의 왕 부차夫差가 한구邗溝를 건설한 것에서부터 시작되었다. 그리고 항주에서 북경에 이르는 전 구간이 개통된 것은 원元대 지원至元 30년(1293)에 이르러서였으니 그 건설 기간만 천 년이 넘었다. 경항대운하는 첫 건설이 이루어졌던 춘추 시대부터 건설이 완료된 명청明清 시기에 이르기까지 새로운 구간이 끊임없이 추가적으로 건설되면서 기존 노선의 유지·보수 작업을 해왔다. 하지만 그 주요한 작업들은 주로 세 시기에 집중되어 이루어졌다.

첫 번째는 춘추 시대이다. 이 시기는 각 제후국들이 전쟁과 물자 수송의 필요로 인해 서로 경쟁하듯 운하를 건설했다. 그러나 이 시기의 운하 건설은 각 제후국 단위로 실시했기 때문에 규모가 크지 않았다. 또 운하 건설 사업이 일시적으로 흥하다 없어지기도 하였고, 통일된 건설 체계를 형성하지도 못했다. 그중에서 유명한 것이 바로 한구인데, 한구는 회하와 장강을 연결하는 운하로 경항대운하의 하도 중에 제일 먼저 형성되었다.

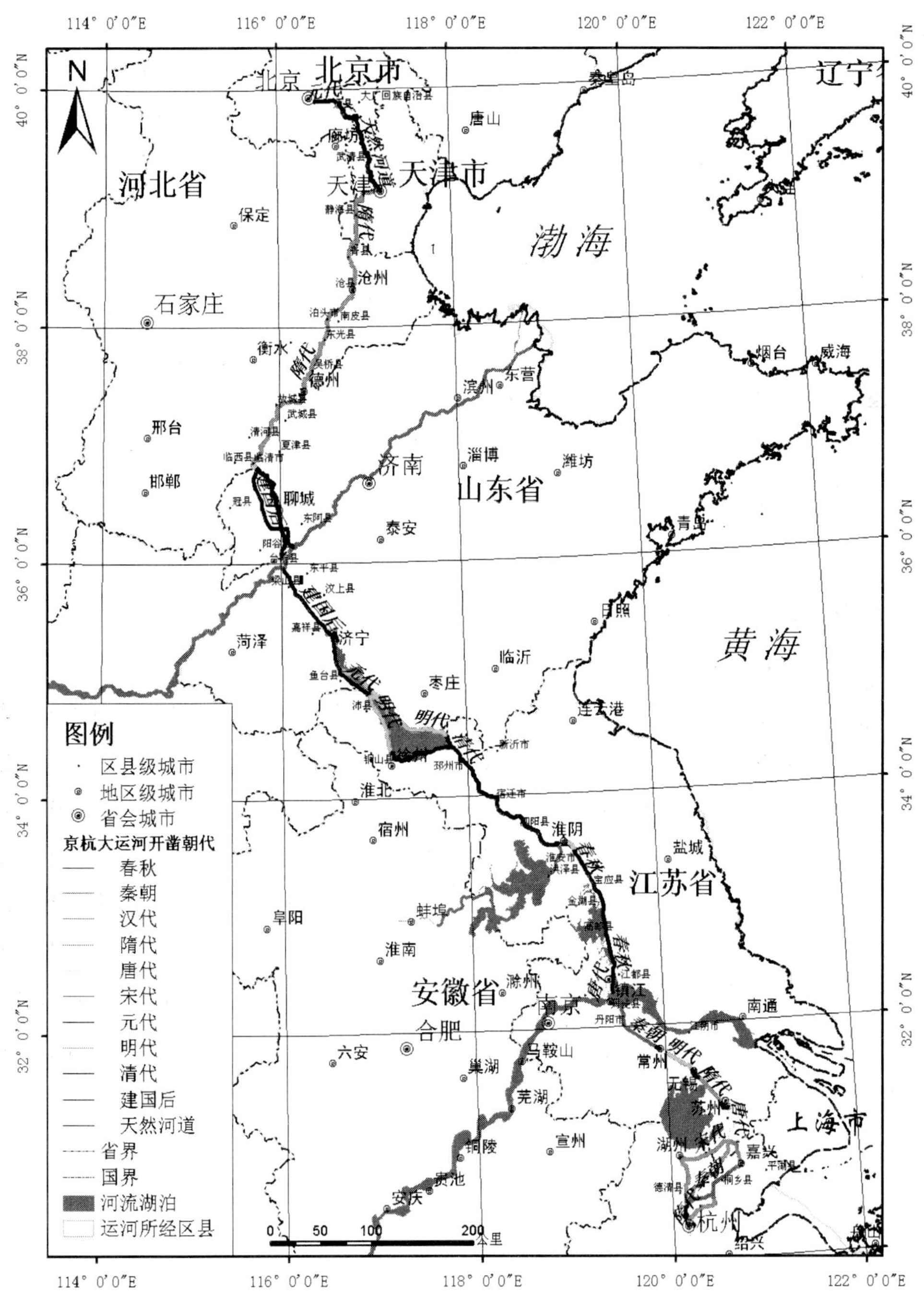

그림 1.1 경항대운하 건설 시기 지도

두 번째는 수隋왕조 때이다. 584년부터 610년에 이르기까지 통제거通濟渠와 영제거永濟渠를 건설했고 강남운하江南運河를 중수重修하였다. 이 운하들은 수도인 낙양을 중심으로 건설되었으며 북으로는 탁군涿郡에서 남으로는 절강의 여항餘杭(지금의 항주)까지 이어져 대운하 체계를 형성했다. 이 시기는 그야말로 운하 건설의 전성기로 이때에 이르러서 현재 운하 체계의 기본 골격이 이루어졌다.

세 번째는 원元, 명明, 청淸 시기이다. 그중 원 세조世祖 쿠빌라이 시기에는 제주하濟州河, 회통하會通河, 통혜하通惠河 등의 하도를 건설하여 운하가 남북을 관통하게 되었다. 이로 인하여 여러 갈래로 나누어진 형태였던 운하가 단선형單線型의 대운하로 바뀌게 되어 경항대운하의 물길과 기본 골격이 형성되었다. 명과 청 두 왕조 시기에는 여러 차례에 걸쳐 대규모의 보수 공사가 진행되었고, 일부 지역의 하도에 대한 재건도 이루어졌다.〈그림 1.1〉

3 운하 각 부분의 역사 연혁

서고동저西高東低는 중국 지형의 가장 큰 특징이다. 따라서 많은 중국의 강과 하천들도 서쪽에서 동쪽으로 흐른다. 그러나 대운하는 황하, 회하, 장강 등 하천의 일부분 구간을 이용하는 동시에 새로운 인공 수로를 개착해서 기존의 하천과 연결시켜 이루어졌다. 따라서 운하의 각 부분의 수위와 수량水量이 모두 달랐다. 게다가 물길을 따라 이어지는 각 지역의 지형과 기후 등 자연 조건 역시 각각 상이하여 대운하 각 부분의 수원水源, 물이 흐르는 방향, 배가 드나드는 방식도 서로 같지 않다. 이러한 차이에 근거하여 경항대운하는 북에서부터 남까지 그 방향대로 각각 통혜하通惠河, 북운하北運河, 남운하南運河, 회통하會通河, 양제운하梁濟運河, 남사호南四湖 구간, 불뢰하不牢河, 중운하中運河, 이운하裏運河와 강남운하江南運河의 10개 구간으로 나눠진다.〈그림 1.2〉

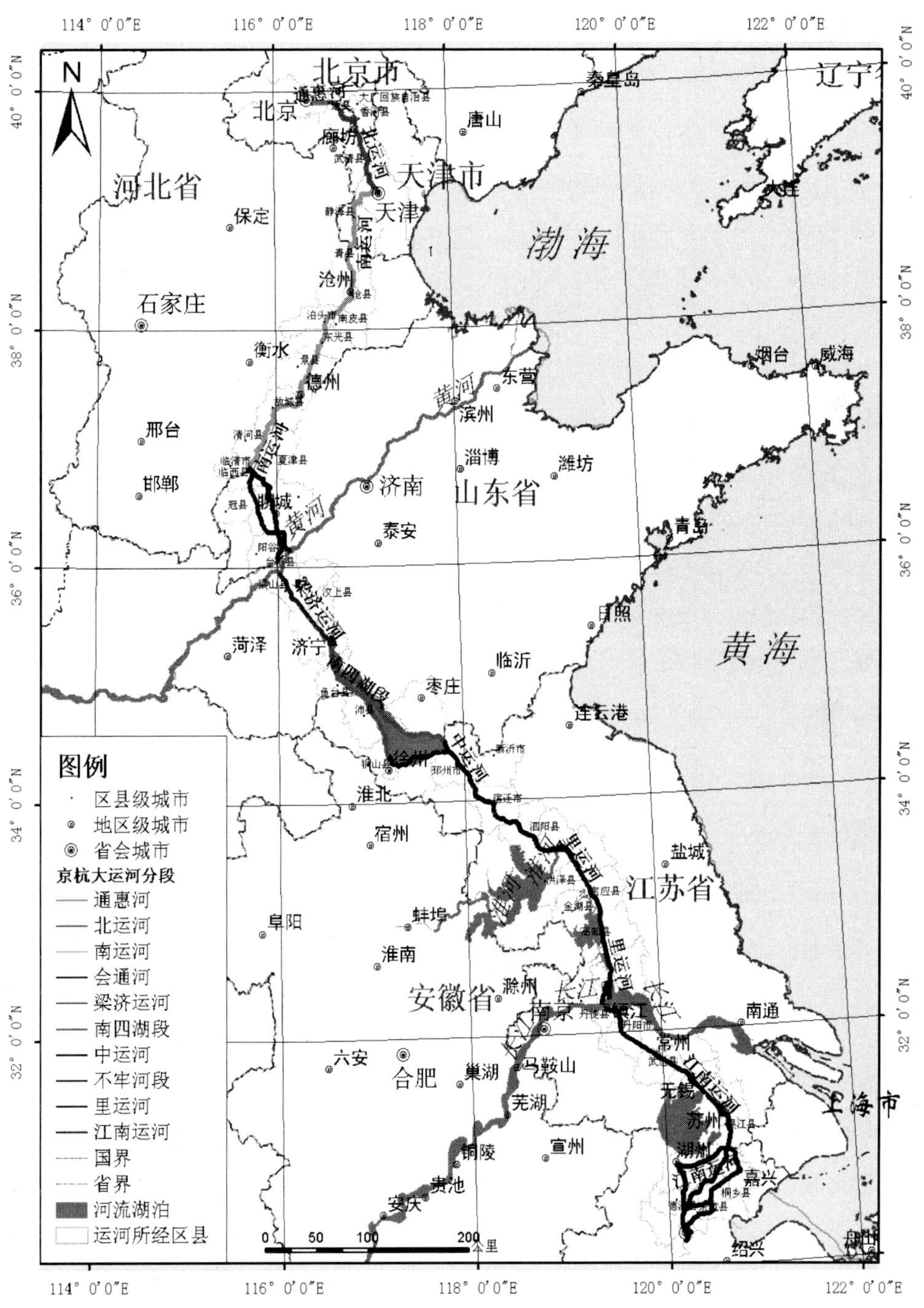

그림 1.2 경항대운하 구간 지도

3.1 통혜하通惠河

통혜하의 본류本流는 서쪽 동변문東便門의 대통교大通橋에서 시작하여, 동쪽으로 흘러 낙가화원樂家花園, 고비점高碑店, 보제갑普濟閘, 팔리교八裏橋, 통혜갑通惠閘을 지나 통주구通州區의 와룡교臥龍橋에서 북운하北運河와 이어지는 전장 20.34km의 운하이다.

통혜하는 원대 지원 29년(1292) 8월에 착공하여 지원 30년(1293)에 완공된 운하로 적수담積水潭을 기점으로 삼아 동쪽으로 통주까지 이르는 운하였다. 명나라 초기에 접어들어 통혜하의 흐름이 막히기 시작하였다. 영락 연간(1403~1425)에 북경 황성을 개축하면서 성 내부의 통혜하 옛길 구간이 궁벽에 둘러싸이게 되면서 대통교가 통혜하의 기점이 되었는데, 이로 인해 대통하大通河라고 부르기도 하였다.

청대 가경嘉慶 13년(1808) 9월에 통혜하와 북운하가 만나는 부분인 장가만진張家灣鎮에 많은 양의 토사가 쌓여 운하의 흐름이 강가구康家溝 방향으로 바뀌었다. 민국民國 시기에 들어 통혜하는 조운의 기능이 중단되고 행상인들이 이용하는 항로로 바뀌었으며 후일 점차 북경성의 배수로로 변화되었다. 1949년 중화인민공화국(이하 신중국) 건국 전에 통혜하는 이미 토사가 쌓여 황폐화되었는데, 신중국 건국 이후에 여러 차례에 걸쳐 통혜하 정비를 진행하였다.[진벽현(陳璧顯), 2001]

3.2 북운하北運河

북운하는 통상적으로 백하白河라고 부르며 한대 말기·삼국 시기부터 조운을 담당하는 운하였다. 원대元代의 북운하는 백하운도白河運道의 하류下流에 속하여 통주의 경계에서부터 천진의 정해현靜海縣 경계에 이르는 구간을 말하는 것이었다. 명대明代에 북운하는 백조白漕라고 불리었으며, 당시 정부는 끊임없이 제방을 막고, 트고, 고쳐서 배가 운항하는 데에 문제가 생기지 않도록 하였다.

청대淸代에 들어서는 하서무河西務, 남채촌南蔡村, 그리고 양촌楊村 일대에서 자주 제방이 무너졌다. 홍수의 피해로 운하가 무너지지 않게 하기 위하여, 청 강희康熙 43년(1704)에는 양촌 북쪽의 광아항筐兒港에 제방을 쌓고 방수로減河도 개설하였다. 또 강희 50년(1711)에는 하서무 동쪽에 새롭게 관개수로引河를 뚫었으며, 그 다음해에 직하直河를 개통했다. 신중국 건국 이후에는 정부가 이 지역에 대해 더욱 관심을 두고 계속적으로 관리하였다.

1960년 북운하에 하천 조절 댐攔河閘을 건설하고 1963년에는 북관北關에 배수수문分洪閘을 설치하였다. 같은 해에 운조방수로運潮減河도 시공되어 북운하 상류인 온유하溫榆河에서 홍수가 발생했을 경우 물을 분산 방류시켜 북운하의 홍수 압력을 완화시켰다. 1972년 10월에서부터 1974년까지 두 시기에 걸쳐서 계절성 홍수가 발생하기 전에 북운하에 보수 작업을 실시했다. 1989년에 북경시 수리국水利局에서는 북관에서 양타촌楊坨村까지의 3.1km 구간의 좌측 제방을 서쪽으로 옮기는 계획에 대해 허가하였다.[『북운하수한재해(北運河水旱災害)』, 2003]

3.3 남운하南運河

남운하는 경항대운하의 임청臨清[1]에서 천진에 이르는 운하를 가리키는 것으로, 그 물줄기는 남서 방향에서 북동 방향으로 흐르고, 창주滄州에서 하북河北 지역 안으로 진입하여 곧장 천진으로 들어간다. 남운하의 물길은 하북성의 임서臨西, 청하清河, 고성故城, 경현景縣, 부성阜城, 남피南皮, 박두시泊頭市, 창현滄縣, 창주 시내, 청현青縣 등의 현과 시 그리고, 산동성山東省의 임청臨清, 하진夏津, 무성武城, 덕성구德城區 등의 지역을 경유하여 천진에서 자아하子牙河와 북운하와 합류하여 해하海河를 이룬다. 신중국 건국 이후에 사여사수리관리센터四女寺水利樞紐를 기준으로 이남의 운하는 위운하衛運河, 이북을 남운하라고 불렀다. 본서에서 이야기하는 남운하는 대운하의 임청~천진 구간을 말한다.

시간을 거슬러 올라가 살펴보면 남운하는 건안建安 9년(204)에 조조曹操가 백구白溝 운하를 건설할 때 생겨났다. 또 건안 18년(213) 조조는 이조거利漕渠를 건설하여 장수漳水의 물을 백구로 끌어온 다음, 백구와 청하, 그리고 하북의 여러 물길들을 서로 연결하여 수운망을 형성했다. 수隋 대업大業 4년(608)에는 영제거가 건설되었는데, 필수泌水의 물을 닿게 하여 남쪽으로는 우하于河와 통하고, 북쪽으로는 탁군과 통하게 하니 그 길이가 대략 1,000km정도였다. 북송 후기에 영제거의 이름을 어하御河(혹은 위하(衛河))로 바꾸었다. 이운하는 임청에서 천진까지 이르는 구간의 운하를 가리키는 것이었는데 이운하로 부터 지금의 위운하衛運河와 남운하南運河가 형성된 것이다. 송·원宋元 시기에는 장하漳河의 물을 끌어와 위운하의 수위를 유지하기도 했다. [이연생(李連生) 외, 1998; 『장위남운하지(漳衛南運河誌)』, 2003]

명대明代에 위운하에 대한 가장 중요한 조치로서 방수로[2]를 건설하였다. 이 방수로는 덕주德州 서쪽의 사여사四女寺, 창주성滄州城 남쪽의 첩지진捷地鎮 및 흥제현興濟縣[3] 등 여러 곳에

1) §임청臨清: 지명, 산동성 서북부에 있는 도시.

2) §원본에는 감수하減水河로 되어 있는데, 홍수 발생 시 하천의 물을 분산시켜 수위를 조절하기 위한 인공 수로이다. 본 번역서에서는 모두 방수로라고 번역하였다.

건설하여, 홍수가 발생했을 때 방수로를 통해 범람한 물을 흐르게 하려는 것이었다.[진벽현, 2001] 명대明代 후기에서 청대淸代 초기에 이르러 위하의 물이 자주 마르게 되었다. 그리하여 강희 연간(1662~1723)에 또다시 장하의 물을 위하로 끌어들였으나, 하도가 토사로 막혀 물이 넘쳐 잠겨 버리게 되었다. 이후 건륭 5년(1740) 오교현吳橋縣 경계에서 선혜하宣惠河를 건설하여 남운하에서 넘치는 물을 바다로 흘려보내려 했다. 남운하의 지세가 다소 높아졌고 또 하도가 구불구불해져서 자주 범람하였기 때문에 건륭제 시기 제방의 위험 구역을 보수하였고, 또 반월형 제방月堤을 건설하여 위험한 상황을 해결하였다.[진벽현, 2001년]

광서光緖 28년(1902)에 조운이 정지된 후에도 남운하는 여전히 뱃길로 기능했으나 1970년대 위운하의 수원이 감소하여 항운 기능이 점차 소멸되었다. 1982년 덕주德州 항운국이 폐지되면서 남운하에서의 통항은 완전히 정지되었다.[이연생 외, 1998; 『장위남운하지』, 2003]

3.4 회통하會通河

대운하는 요성聊城 지역 안에서 둘로 나뉘어 흐르게 되는데 그 한 부분이 바로 원대에 건설된 임청에서 장추張秋까지 이르는 운하인 회통하이며, 다른 부분은 신중국 건국 이후에 건설된 임청에서 위산位山에 이르는 위임운하位臨運河이다. 현재 원대의 회통하는 소운하小運河로 불리며, 위임운하는 지도상에서 경항대운하의 줄기로 표시된다.

회통하는 원대 지원 26년(1289)에 건설하기 시작하였으며 그 구간은 산동성 양산현梁山縣 안산安山의 서남부에서 임청에 이른다. 후일 임청과 서주徐州를 잇는 운하, 안산 이북에서 임청에 이르는 원래의 회통하, 안산과 미산현微山縣 서북의 노교魯橋 사이를 잇는 원래의 제주하濟州河 및 노교에서 서주 사이의 사수泗水를 잇는 구간을 전부 묶어 회통하라고 부르게 되었다. 원대 말기가 되면 회통하는 수원이 부족하여 사용하지 않게 된다.

명대 초기, 수도를 북쪽으로 옮기면서 조운량이 증가하게 되자 다시 회통하를 개통하였는데, 이 과정에 강성堽城댐, 축대촌築戴村댐 등을 건설하는 유명한 수리 사업들이 이루어졌고, 더불어 남왕호南旺湖도 생겨났다. 청대 강희 연간(1662~1723)에 회통하가 비교적 번창하여 운하 양안兩岸의 장추張秋, 요성聊城, 임청 등의 도시들도 모두 운하 도시로 이름을 날렸다.

광서 연간(1875~1909)에 이르러 각 호수 구역湖區에서는 여전히 통항이 가능한 구간이 있었으나 회통하 북쪽 구간은 흙으로 막혀버렸다.[『요성지구수리지(聊城地區水利誌)』, 1993] 민국 23년

3) §지금의 하북성 창주 북쪽의 흥제진興濟鎮이다.

(1934)에 황하 이북에서 임청에 이르는 회통하 구간을 다시 준설했지만 항일전쟁으로 인해 공사가 중단되었고 그 후 오랜 기간 관리를 하는 사람도 없어 황폐해졌다. 신중국 건국 이후 1951년에 소운하, 즉 황하 이북의 회통하를 다시 정비하여 1952년 11월 말에 공사를 마쳤다. 1959년 10월에서 1960년 4월까지 다시 새롭게 위임운하位臨運河(위산(位山)~임청(臨清) 구간의 운하)를 건설했다. 그러나 건설된 운하가 항행이 가능한 기준치에 이르지 못해 후일 관개 수로 내지는 수량을 제어하는 역할로만 활용되었다.[『요성지구수리지(聊城地區水利誌)』, 1993]

1970년대에 운하 인근 지역의 홍수 피해 경감 및 방지와 알칼리성 토양에 대한 조치 및 관개법의 발전을 위해 소운하에 대하여 각 구간별 정비를 실시하였다. 그 결과 요성 부분의 회통하(즉 황하 이북의 부분) 남쪽 구간은 배수로로 이용되었고, 중간 부분은 대체로 퇴적물로 인해 막힌 상태로 이용이 중단되었으며, 북쪽 부분은 정비 이후에 주로 황하의 물을 끌어와 관개하는 것을 주된 역할로 하였다.

3.5 양제운하梁濟運河

양제운하는 산동성 양산현梁山縣에서 제녕시濟寧市에 이르는 구간의 운하를 지칭하며, 제주거濟州渠, 제주하濟州河 등으로도 불렸다. 그중 일부는 수대隋代 초기에 건설되었다. 제주하는 원래 원대에 새로 개통된 것이었는데, 그전에 물길의 동쪽으로는 문수汶水와 광수洸水가 통하고 있었고, 서쪽으로는 환공구桓公溝와 고제수古濟水에서 항행이 이루어지고 있었다. 원대 사람들은 제주濟州(지금의 제녕(濟寧)), 수역須域(지금의 동평현(東平縣))의 안산진安山鎮에 이르는 구간을 제주하라고 불렀으며, 안산 이북에서 임청에 이르는 구간을 회통하라고 하였다. 후일 두 물길을 모두 회통하라고 칭하는 혼동이 일어나기도 했지만, 명대에 들어서서 제주하와 회통하를 하나의 하천에서 갈라진 개별적인 두 물길로 여기게 되었다.

제주거濟州渠는 원대 지원 13년(1276) 1월에 공사를 시작하여, 지원 20년 8월에 개통되었다.[姚漢源, 1998] 제주거는 제녕에서 시작되어 안산에서 끝나는데 길이가 약 75km 정도 되며, 남쪽으로는 사수泗水와 접하고, 북쪽으로는 대청하大清河와 통한다.[『산동성지(山東省誌)·수리지(水利誌)』, 1994] 명대 영락 9년(1411)에 북쪽으로는 임청에서부터 시작하여 남쪽으로는 제녕에 이르는 운하에 대해 전면적인 준설 작업을 진행했으며, 부분적으로 노선을 바꾸는 공사를 시작하였다. 청대 왕조는 회통하를 관리하고 보수하는 데에 힘을 기울였으나 후일 황하의 제방이 터진 것이 원인이 되어 광서 27년(1901)에 뱃길로서의 수명을 마감하였다.[『산동성지·수리지』, 1994] 제녕에서 안산에 이르는 구간의 옛 운하는 북오호北五湖와 남사호南四湖를 통과하였고, 1958년 이전에는 30톤 이하의 목조선의 항행도 가능하였으나 양제운하가 건설된 후에 전부 사용이 중지되어 방치되었다.[『제녕시수리지(濟寧市水利誌)』, 1997]

오늘날 양제운하라고 칭하는 것은 1959년에 건설된 새로운 운하를 말하는 것이다. 양제운하는 북쪽으로는 양산현의 노나리촌路那裡村의 동쪽에서부터 시작하여 남쪽으로는 제녕 외곽의 이집촌李集村의 서남쪽에서 남양호南陽湖로 유입되어 호수 내의 운하와 이어지며, 그 전체 길이는 87.8km에 이른다. 1967년에 항행의 수요를 만족시키기 위하여 6급 항로의 기준에 따라 정비되고, 1970년에는 양산에서 제녕에 이르는 구간에 통항이 시작되었으나, 하도가 침적되고 황하로 유입되는 지점의 갑문이 황하의 홍수를 막아주는 기능을 제대로 하지 못하자 1981년에 갑문을 막아버리고 이 구간의 항행을 중지시켰다. 이후 1989년에서 1990년 사이에 양제운하에 대한 제4차 보수 작업을 진행하였다.

3.6 남사호南四湖 구간

남사호는 남양호南陽湖, 소양호昭陽湖, 독산호獨山湖, 미산호微山湖 등 4개의 자연 호수가 서로 연결되어 이루어진 것으로 좁고 긴 형태를 하고 있는데 그중 독산호만이 운하로 갈라져 있고 나머지 3개 호수는 호수 간의 경계가 모호하여 구분이 명확하지 않다.

경항대운하의 남사호南四湖 구간은 상급호上級湖와 하급호下級湖를 포함한다. 먼저 상급호는 양제운하가 흘러들어 가는 호수 입구에서부터 2급 댐인 미산갑문微山船閘에 이르는 항로이며, 하급호는 2급 댐 이하 부분의 동서 양쪽, 즉 서쪽 부분은 미산갑문에서부터 호수에 따라 인가藺家댐의 서쪽으로 이르는 구간으로 전장은 58km이며 밑으로는 불뢰하不牢河와 통하고, 동쪽 부분은 미산갑문에서 방향을 돌려 동고인하東股引河에서 한장韓莊에 이르는 구간으로 길이는 50km이며 아래로는 한장韓莊운하와 통한다.

남사호는 송대 말기 황하의 물줄기가 남쪽으로 바뀌면서 그 물줄기의 일부가 지금의 남사호 일대에 정체되면서 생긴 호수이다. 남사호는 원대 초기에 처음으로 출현하였는데, 당시에는 사방 수 km 정도의 크기에 불과하였지만, 명대 영락 연간(1403~1425)에 남양호의 서쪽과 남쪽에 물이 고이기 시작하면서 그것을 소양호라 부르기 시작하였다.

가정嘉靖 연간(1522~1567) 이후에는 황하의 물이 넘쳐 사수泗水로 들어와 소양호의 규모가 순식간에 커져 호수의 남과 북이 한 데 이어졌다. 가정 45년에 제녕 이남 운하에서 황하가 침적되는 것을 피하기 위해 남양진南陽鎮에서부터 유성留城까지 70km에 이르는 남양신하南陽新河를 건설했다. 이 하도를 건설하는 과정에서 하도의 양쪽으로 제방이 건설되어 동쪽 산악 지대의 강줄기와 작은 호수들이 합쳐지면서 독산호가 생겨났다. 이 무렵 소양호는 이미 운항이 가능한 정도였으며 미산호 지역에도 서로 연결되지 않은 작은 호수들이 많이 나타났다. 융경隆慶 연간에서 만력万歷 연간(1567~1620) 사이에는 유성留城과 서주徐州 지역의 황하 밑바닥에 침적물이 쌓여 수위가 상승하면서 작은 호수들이 점차 하나로 합쳐지기 시작하였고, 만력 말에 이르러 대체로 현재와 같은 규모의 호수가 형성되었다. 건륭乾隆 초년, 어대魚台 이하의 운하길이 막혀 남양호가 생겨났다. 남사호는 최종적으로 하나로 연결된 큰 호수로, 물을 축적하여 운하를 유지하고 황하의 범람에 대비하여 운하를 보호하는 기능을 발휘할 수 있었다.[유옥평(劉玉平) · 가전우(賈傳宇) 외, 2003]

청대는 남사호 구간 운하의 하도 준설과 갑문 및 댐에 대한 보수 작업과 재건 작업을 주요 사업으로 시행했던 시기였다. 신중국 건국 이후에도 남사호 구간에 대해 여러 차례 보수 작업을 실시했는데, 1958년에서 1959년에는 북쪽으로는 양제운하가 호수로 들어가게 되는 입구에서부터, 남쪽으로는 인가댐에 이르는 구간과 새로 건축한 서대제西大堤를 이어 붙여 130km에 이르는 새로운 경항운하를 건설했다. 1958년에서 1961년에는 호수 중간에 2급 댐을 건설하는 공사를 시행하여 남사호가 상급호와 하급호로 나뉘게 되었다.

3.7 불뢰하不牢河 구간

불뢰하는 서주徐州의 인가댐에서부터 대왕묘大王廟를 통과하여 중운하中運河에 들어가는 하천으로, 이 구간에는 인가댐, 해대解台, 유산劉山 등 세 개의 갑문이 있다. 불뢰하不牢河의 원래 이름은 형산하荊山河 혹은 형산구하荊山口河라고 한다. 또 형산하의 하류 부분에서 불로장不老莊을 지나기 때문에 불로하不老河라고 칭하기도 하는데, 후일 발음이 비슷한 까닭에 불뢰하라고 불리게 되었다.[4] 민국 시기에 이르러 하천 전 구간을 불뢰하로 통칭하였다.

형산하는 서주성 북쪽 10km 정도를 흘러 지나가는데, 위로는 미산호를 받치고 있고 아래로는 반산班山에 이르며, 두 갈래로 나뉘어 각각 제산계諸山溪와 소가산인하蘇家山引河로 흘러들어 간다. 이 구간은 현재 소북운하蘇北運河의 한 부분으로 속해 있다. 명·청 시기에 형산하에는 항상 물이 흘렀으나 황하의 영향을 받아 몇 차례 제방이 터지거나 막혀서 준설한 적이 있다. 청대 강희 연간(1662~1723)에 댐을 건설하여 황하의 물을 끌어와 운하의 수량을 보충하기도 하였고, 건륭 29년(1764)에는 형산하荊山河의 침적물이 많아져 물길이 막히게 되자 물길을 바꾸

4) §로老와 뢰牢는 모두 중국어 발음으로 라오[lao]여서 불로하가 불뢰하로 변화되었다.

어 동북쪽으로 흐르게 하기도 하였다. 또 반가하潘家河 구간을 새로 개통하여 하성갑문河成閘에서 운하로 흘러들어 갈 수 있게 만들기도 하였다. 청 함풍咸豐 5년(1855) 황하가 북쪽으로 이동하여 이 부분의 하도가 점차적으로 막히게 되었다. 민국 연간에 불뢰하는 미산호의 수량을 조절하거나 운하 연안의 산사태 및 홍수 피해를 줄이는 기능을 하였다.

1935년 동장董莊에서 황하의 제방이 터져 홍수가 미산호로 흘러 들어갔다. 넘친 물은 인가댐을 거쳐 거의 통제 불가능한 수준으로 흘러내려 불뢰하 연안의 제방 역시 대부분 붕괴되었다. 신중국 건국 초기 옛 불뢰하의 강바닥 너비가 균일하지 않고 매우 불규칙적이어서, 1958년에서 1961년 사이에 정비 공사를 진행하였다. 이때의 공사는 원래의 하도를 직선화하였던 것으로 이 공사 이후에 현재의 모습을 갖추게 되었다.[『근휴사하도지(沂沭泗河道誌)』, 1996)] 현재는 2급 항로 표준에 부합한다.[『경항운하지소북단(京杭運河誌蘇北段)』, 1988]

3.8 중운하中運河

중운하는 중하中河와 조하皂河 두 부분으로 나뉘어져 있는데, 본래는 산동 사수 하류의 옛 하도에서 발원한 것이다. 강희 18년(1680)에 황하 북부의 제방이 터져 낙마호駱馬湖의 물이 점차 고갈되어 호수 서쪽의 조하 하구河口에 새로운 하도를 건설하게 되었다. 이것이 바로 조하였으며, 상류는 가하伽河와 접해 있고 하류는 황하와 통하는 전장 20km의 하도였다. 조하는 강희 19년에 물길을 만들고, 22년에 제방 공사를 마무리하면서 완공되었다. 이때 중하中河는 아직 개통이 되지 않은 상태여서 청구清口에서 숙천宿遷 항구에 이르는 구간은 황하를 통해 항행하였다.[姚漢源, 1998]

강희 25년에 새로 중하를 건설하였다. 그 구간은 장장張莊 항구에서 시작해서 청하清河 중가장仲家莊에 이르는데 황하 하도로부터 90km 떨어진 위치에 독립된 운하길을 형성했으며, 지금의 소북운하蘇北運河의 기본적인 모습을 갖추게 되었다.

가하泇河는 서주의 수해와 서려徐呂의 홍수를 피하기 위해 황하 하도와 분리된 운하로, 명대 융경隆慶 3년(1570)에 공사를 시작하여 만력 32년(1605)에 완공 하였다.[『경항대운하지소북단(京杭大運河誌蘇北段)』, 1998] 이 구간은 하진夏鎮에서부터 시작하여 직하直河의 하구까지 이르며, 총길이는 130km로 황하 중 수해가 잦은 150km 구간을 잘 피해 건설되었다. 황하의 운송로가 매몰된 이후에는 가하가 남북을 연결하는 유일한 통로가 되었다.

1958년에서 1961년 사이에 정부에서 소북운하 확장 공사를 실시하였는데, 중운하의 요만窯灣에서 조점자曹店子에 이르는 구간에 9km의 운하만 신설하고 다른 부분은 모두 옛 운하들을 이용한 확장 공사와 준설 작업을 시행했다. 또 항로를 선택하는 데 있어서 대왕묘大王廟에서 공도구龔渡口에 이르는 부분, 삼차하三岔河(운하진(運河鎮) 북쪽)에서 묘아와貓兒窩에 이르는 부분은 옛 운하를 이용한 확장 공사 및 준설 작업을 실시하고, 요만窯灣에서 조점자 구간에는 새롭게 운하를 건설, 조점자에서 사양泗陽까지의 구간은 기본적으로 옛 운하를 그대로 이용하는 방식을 취하였다. 그중 숙천갑문 항로 900m 구간, 유로간요도劉老澗繞道의 2,800m 구간, 억화집재만抑化集裁彎의 1,822m 구간에서는 부분적으로 하도를 변경하였고, 사양에서 양장楊莊에 이르는 구간은 다시 옛 운하를 이용하여 준설하였다.[『경항대운하지소북단』, 1998]

1959년에는 국가가 중운하의 숙천갑문에서 양장에 이르는 구간에 대해 준설, 확장 및 보강 작업을 실시하였다. 이후 1984년에 회양淮陽에서 사양泗陽(사양갑문 하류)에 이르는 구간을 국가에서 중점적으로 보수한 결과 이 지역은 2급 항로의 기준에 도달하게 되었다.

3.9 이운하裏運河

이운하는 회음淮陰의 청강清江대갑문에서 시작하여 한강邗江의 과주瓜洲에서 장강으로 이어지는 운하로 길이는 170여 km에 이른다. 이 구간은 경항대운하 중 제일 먼저 건설되었고 고대에는 한구라고 불리었다. 명대 후기에 이르러 이운하는 회안성淮安城(지금의 초주구楚州區)에서 북쪽으로 곧장 흘러들어 가 청강포하清江浦河와 통하였다. 이때부터 남쪽으로 양주揚州에서부터 시작하여 북쪽으로 회음(지금의 회안시淮安市 마두진碼頭鎮)에 이르는 장강과 회하를 연결하는 운하가 형성되었다. 청대에 들어서 회음(지금의 회안시淮安市)과 양주 사이의 운하를 일컬어 이운하라고 부르게 되었다.[회안시수리국(淮安市水利局), 2001] 현재 이운하는 항운과 관개, 지역의 배수 시스템 역할을 하고 있다.

주周 경왕敬王 34년(B.C.486) 오왕吳王 부차夫差는 중국 역사상 최초의 인공 운하인 한구邗溝운하를 건설하였다. 한구운하는 회하와 장강을 연결하는 것으로, 회하의 지류인 사수泗水와 기수沂水하고도 연결되어 통하는 운하이다.[추보산(鄒寶山) 외, 1990]

서한西漢 말에 이 구간의 운하를 일러 거수渠水라고 칭하였다. 이때 이운하는 이미 동남 지역에서 가장 중요한 수송로로서의 입지를 형성하고 있었다. 동한東漢 대에 이르러 양주에서 백마호白馬湖를 통과하여 황포黃浦에 이르는 하도가 형성되었는데, 이 하도는 황포계黃浦溪에서 사양호謝陽湖로 들어가 회안淮安의 말구末口(지금의 초주구楚州區 고말구古末口)에 이르는 하도였다. 이후에 호수를 지나지 않고 황포에서 말구까지 직접적으로 통하는 항로가 생겨났다.[姚漢源, 1998]

수양제는 한구를 기초로 하여 새로이 산양독山陽瀆을 준설하였는데, 이로써 이운하는 후대 운하 규모의 기준을 형성하게 되었다.[추보산 외, 1990] 당대 원화元和 연간(806~820)에 황포와 계수界首 사이, 한구 동쪽에 평진제방平津堰을 세웠다. 이 평진제방은 남쪽으로 소백邵伯에 이르러 한구동제邗溝東堤가 되었고, 송 경덕景德 연간(1004~1007)에 한구서제邗溝西堤를 쌓았으나 완성하지 못했다. 원대 강회운하는 원래 있었던 하도들을 위주로 하여 이루어진 것이었다. 명대 영락 연간(1403~1425)에 운하의 부담을 개선하기 위해 사하沙河 물길을 따라 청강포하淸江浦河를 건설하였다. 명대 후기에 이르러서는 강회와 연결되는 운하가 형성되었다. 명대에는 여러 차례 제방을 건설하여 이 구간 운하의 동서 양편에 쌓은 제방이 명대 말기에 이르면 이미 그 기본적인 규모를 갖추게 되었다. 청대의 운하는 황하로부터 영향을 받아 침적물이 많이 쌓이게 되면서 현재의 지상 하천 형태를 가지게 되어 이하하裏下河 지역에서는 매년 수해가 발생하였다.

신중국 건국 이후에 도회 공정導淮工程과 인강 공정引江工程을 거친 이후에야 회하의 범람 문제를 해결할 수 있게 되었다. 1950년대 양주 구간의 운하에서 보수 및 확장 공사를 진행하여 운하의 기본적인 수해를 통제할 수 있게 되었다.[『양주수리지(揚州水利誌)』, 1999] 1960년대 초반, 따로 초주楚州에서 회안 사이의 대운하를 건설하였는데 1960년 9월에 시작하여 같은 해 12월에 완공하였다.[『회안시수리지(淮安市水利誌)』, 2001]

3.10 강남운하江南運河

강남운하는 북쪽으로는 진강시鎭江市의 장강 간벽갑諫壁閘에서 시작하여 남쪽으로는 항주시 전당강의 삼보갑문에 이른다. 강소와 절강 두 성의 진강시, 상주시常州市, 무석시無錫市, 소주시蘇州市, 가흥시嘉興市와 항주시杭州市 등 여섯 개 도시를 지나는 전장 337km의 운하이다.

최초로 강남운하가 건설되기 시작한 시기는 춘추 시대 후기였다. 또 진대秦代에도 공정이 이루어졌으며 동한 말, 삼국 초기에 이르러서는 그 기본 골격이 형성되었다.[姚漢源, 1998]

수대에 이르러 확장 공사를 시행하였는데, 이 과정을 통해 강남운하는 비로소 운하로서의 모습을 갖추게 되었다. 강남운하는 전반적으로 수량이 고르고 연안이 넓으며 항로가 안정되어 있고, 중운하와 북운하에 비해 유지·관리가 용이하다. 따라서 명·청 시기에 이르기까지 보수 작업을 하는 경우가 있었지만 큰 구조는 변하지 않았다.

강남운하의 북부 구간인 진강~상주 구간과 남부 구간인 항주의 지세는 비교적 높아서 수원이 문제가 되었다. 따라서 이 문제를 해결하기 위해 둑과 수문을 설치하거나 저수지를 건설하고, 또는 새롭게 하도를 만들어 장강의 물을 끌어들임으로써 운하 수량水量의 안정화를 꾀하고자 하였다. 동진東晉 초기(317)에 진강의 정묘보丁卯埭를 건설한 것, 서진西晉 광희光熙 원년(306)에 단양성丹陽城 북쪽에 연호練湖를 만든 것, 당대 원화元和 8년(813)에 상주常州 서쪽에 맹독孟瀆을 건설하여 장강의 물을 끌어들여 운하의 수량을 보충한 것 등은 모두 운하 수량의 안정화를 꾀하고자 시행한 작업들이었다.[姚漢源, 1998]

송대 말기에서 원대에 이르는 기간에 서호西湖의 물이 부족했던 관계로, 항주에서 가흥嘉興의 숭복崇福에 이르는 구간은 지류의 물길이 되었다가, 1294년 원대 말기에 이르러 당서塘棲를 통과하여 항주에 이르는 구간으로 다시 개조되어 현재 운하의 골격을 갖추게 되었다.[궐유민(闕維民), 2000]

중부의 소주~가흥 구간은 태호太湖로부터 물을 공급받아 수량이 풍부하여 문제가 비교적 적었다. 그러나 태호에서 큰 바람이 일어나면 물결이 크게 일어 항해에 영향을 주기도 하였다. 따라서 이 구간의 수리 시설은 주로 태호의 제방을 따라 축조되었다. 이 구간에 제방을 건설하는 일은 당대 원화 5년(810)에 처음으로 시작되었다. 이때 운하의 서쪽 연안, 즉 소주성蘇州城 남쪽에서부터 송릉松陵(지금의 오강시吳江市)까지 직접 이어지는 제방을 축조하였다. 이후의 여러 왕조들도 이 제방을 관리하고 보수하여 사용했다.[『소주시지(蘇州市誌)』, 1995; 姚漢源, 1998]

4 운하 주변 자연 환경의 특징

4.1 지질과 지형

경항대운하는 중국 국토의 동부 평원 지역을 관통하며 북에서 남으로 흐르는 운하로 화북평원華北平原, 해하평원海河平原, 황범평원黃泛平原과 장강삼각주長江三角州 지역을 차례로 통과한다. 운하가 통과하는 지역에서 나타나는 지형의 유형은 주로 현대 하천의 충적 평야이며 사이사이에 드물게 작은 산지들도 분포한다. 구간별로 살펴보자면, 운하의 황하 이북 구간인 태행산太行山~대별산大別山 구간은 산전山前 충적 평야에 속하고, 황하 이남으로부터 홍택호洪澤湖 구간까지는 황회해黃淮海 충적 평야에 속한다. 그리고 이운하 구간은 소북蘇北 및 황회 충적 평야에 속하며, 마지막으로 강남운하 구간은 강소·절강江浙 충적 삼각주 평야에 속한다.

지질 구조상으로부터 살펴보자면, 운하 전체는 신생대 조산造山 운동 이후의 퇴적암층인 화북지와구華北地洼區5)에 위치한다. 그중 장강 이북 부분의 운하는 화북지괴華北地塊에 속해 있으며 강남운하 부분은 양자지괴揚子地塊에 속해 있다. 별개로 서주 부근의 중운하 지역은 중생대 후기의 전단지 습곡 충상단층대Foreland Fold and Thrust Belt에 속한다.

4.2 하천 수계

경항대운하는 해하, 황하, 장강, 회하, 전당강 등 주요 대규모 하천들과 연결되며, 이외에도 운하에 더해지는 지류 하천들과 호수, 복잡한 수로망들과도 통하면서 중국 동부 지역에서 남북을 관통하는 가장 큰 수계水系를 형성한다. 〈그림 1.3〉 대운하의 건설은 수많은 자연 호수 및 하천들이 서로 연결되는 계기가 되었다. 이렇게 합쳐진 호수와 하천들은 운하에 물을 제공하여 항로를 유지할 수 있게 해주었다. 그리고 우기에 접어들거나 홍수가 일어날 때 제방이 터지지 않도록 운하 연안에 많은 방수로를 건설하여 운하의 물이 직접 바다로 흘러들게 만들어 홍수로 인한 피해를 줄일 수 있었다. 경항대운하는 많은 호수와 하천들을 포함한 커다란 수계망이라고 볼 수 있으며, 이런 수계망의 존재가 호우로 인한 피해와 홍수를 조절하는 데 큰 역할을 하였다.

다음으로 수문 구획水文區劃을 통해 살펴보자면, 황하 이북 부분의 구간은 요하하류평원遼河下遊平原과 회하평원淮河平原 수문구에 속하며, 황하 이남에서 남사호에 이르는 구간은 요동반도와 산동반도 수문구에 속하며, 남사호에서 홍택호에 이르는 구간은 회하평원 수문구, 마지막으로 홍택호 이남 구간의 운하는 장강중하류평원長江中下遊平原 수문구에 속한다. 하망河網 밀도는 북에서 남으로 가면서 점차 증가하는데, 황하 이북의 하망 밀도는 대략 0.5~0.69km/km^{2}이고, 황화 이남에서 서주徐州에 이르는 구간은 대략 0.7~1km/km^{2}이며, 중운하와 이운하 구간은 2~5km/km^2, 강남운하는 59km/km^2 이상으로 경항대운하 구간 중에서는 하망 밀도가 가장 높다.

5) §움푹 들어간 지형을 뜻한다.

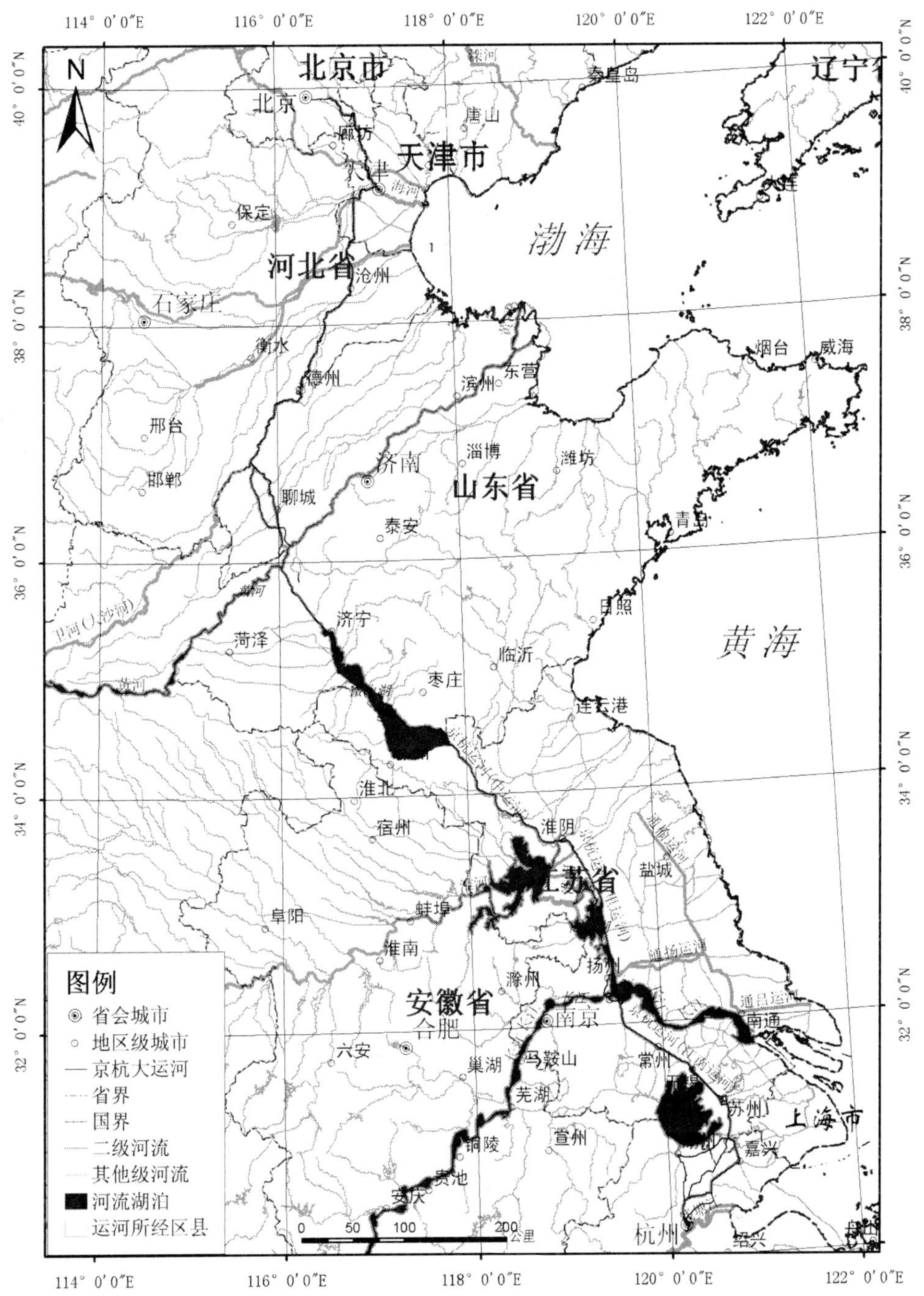

그림 1.3 경항대운하 호수 수계 및 습지 분포 지도

4.3 기후

경항대운하는 중국 동부의 계절풍 지대에 위치하고 있으며, 남북으로 길게 늘어져 있어 온난대와 북아열대 기후에 모두 걸쳐 있다. 그중에 회하 이북의 운하 구간은 온난 습윤 기후대에 속하고, 이남 지역은 북아열대 습윤 기후대에 속한다. 온도와 강수량 등 기후의 차이는 운하 남북 지역의 식생植生 및 농업 경작 방식의 차이를 가져왔으며 계절별로 나타나는 경관 특징 역시 구간마다 각기 다른 모습으로 나타난다.

장강 이남의 운하 지역들의 기후는 온난하며 강수량도 풍부하여 토양이 비옥하고 여타의 자연 조건들 또한 우수하다. 반면에 장강 북쪽 지역은 기후가 장강 남쪽보다 춥고 건조하며, 수자원이 부족하여 자연적인 조건이 장강 이남에 비해 열악하다. 북쪽에서부터 남쪽에 이르기까지 연평균 기온은 10에서 16도, 1월 평균 기온은 영하 12도에서 영상 2도, 7월 평균 기온은 22도에서 28도 사이이고, 연 평균 강수량은 600~1,400mm 정도이다.

경항대운하 연안의 연평균 온도와 연평균 강우량, 서리량, 일조 시간 등은 각각 〈그림 1.4〉에서부터 〈그림 1.7〉까지를 참고하면 된다.

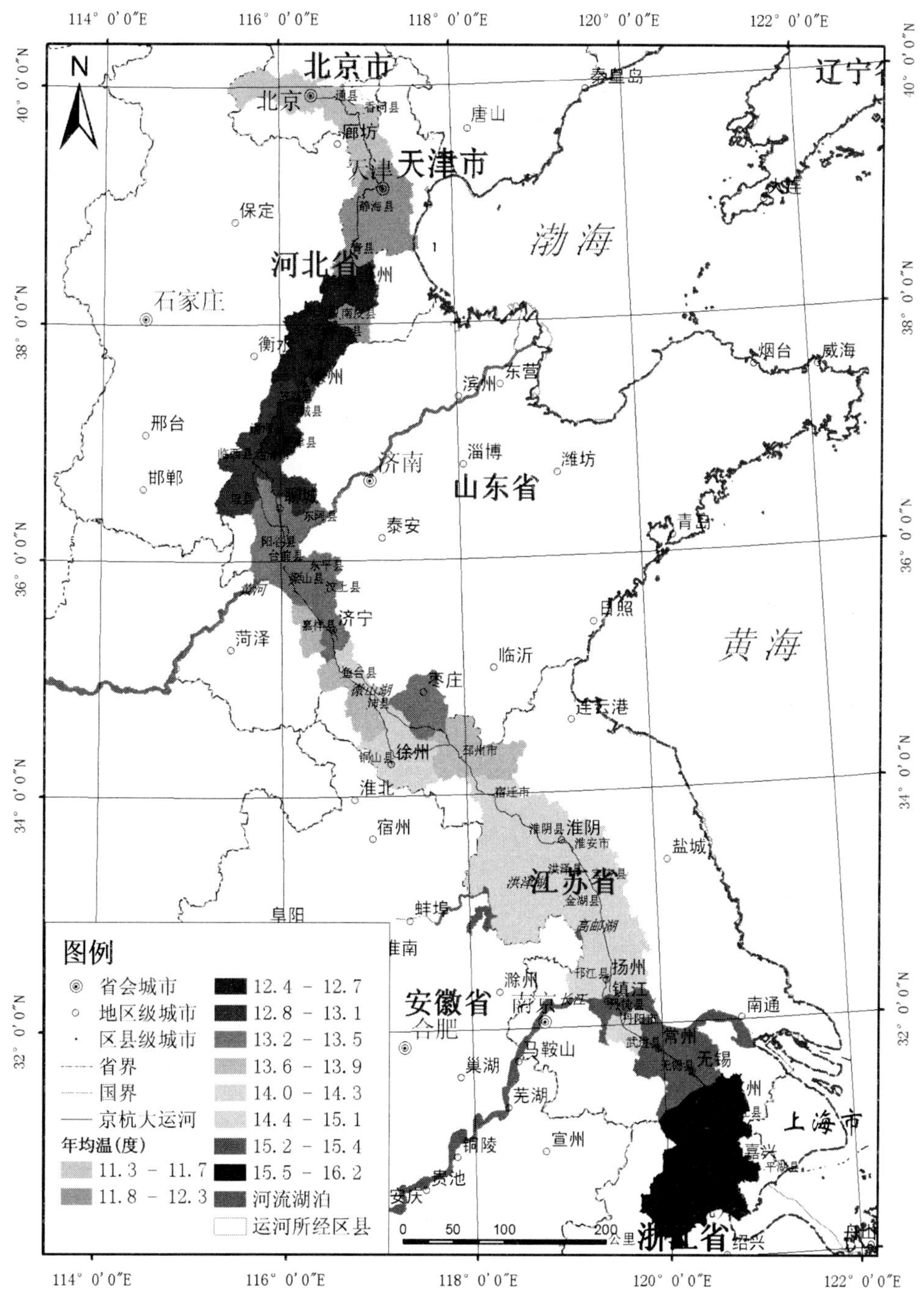

그림 1.4 경항대운하 연평균 온도 분포 지도

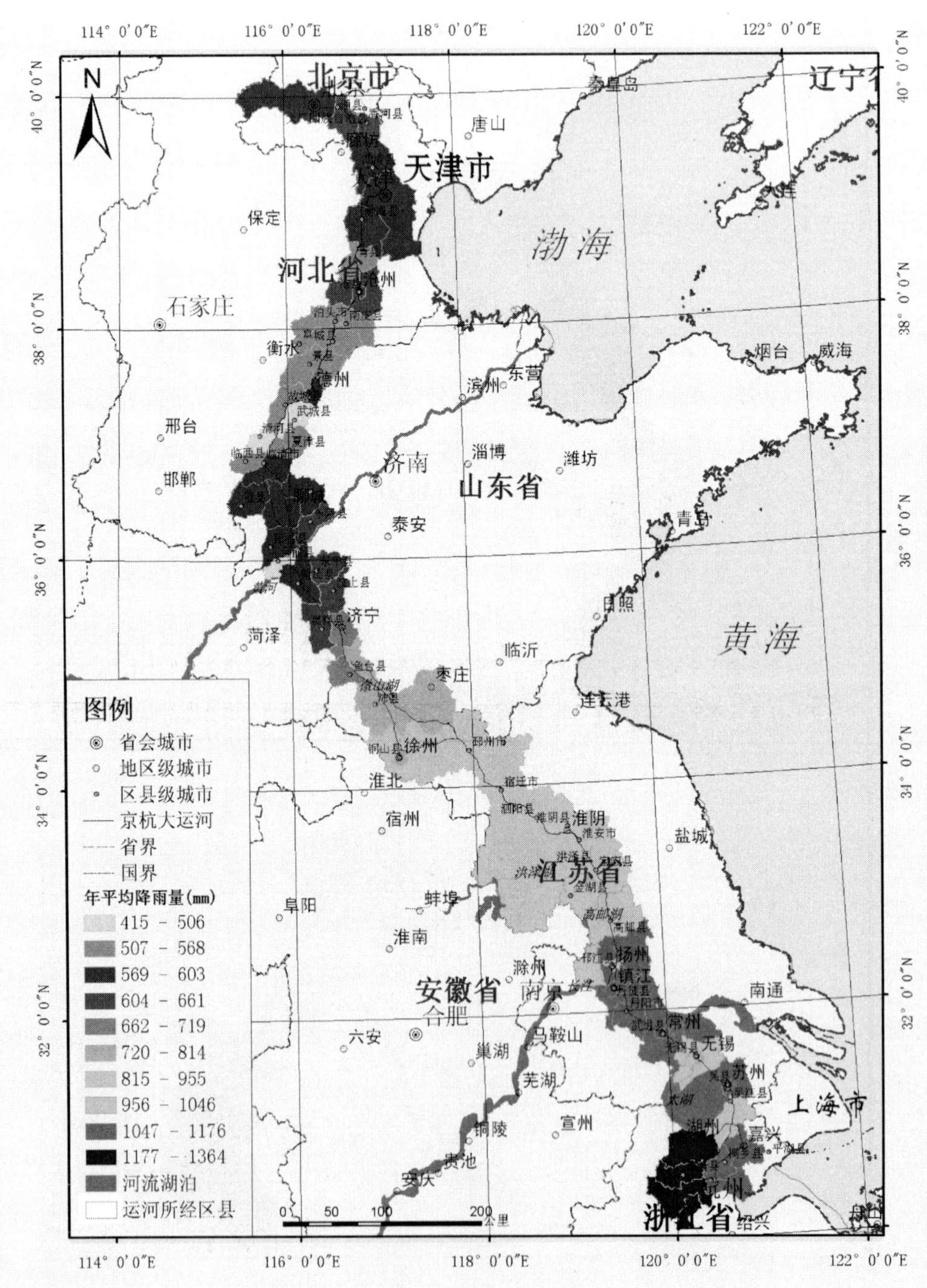

그림 1.5 경항대운하 연평균 강우량 분포 지도

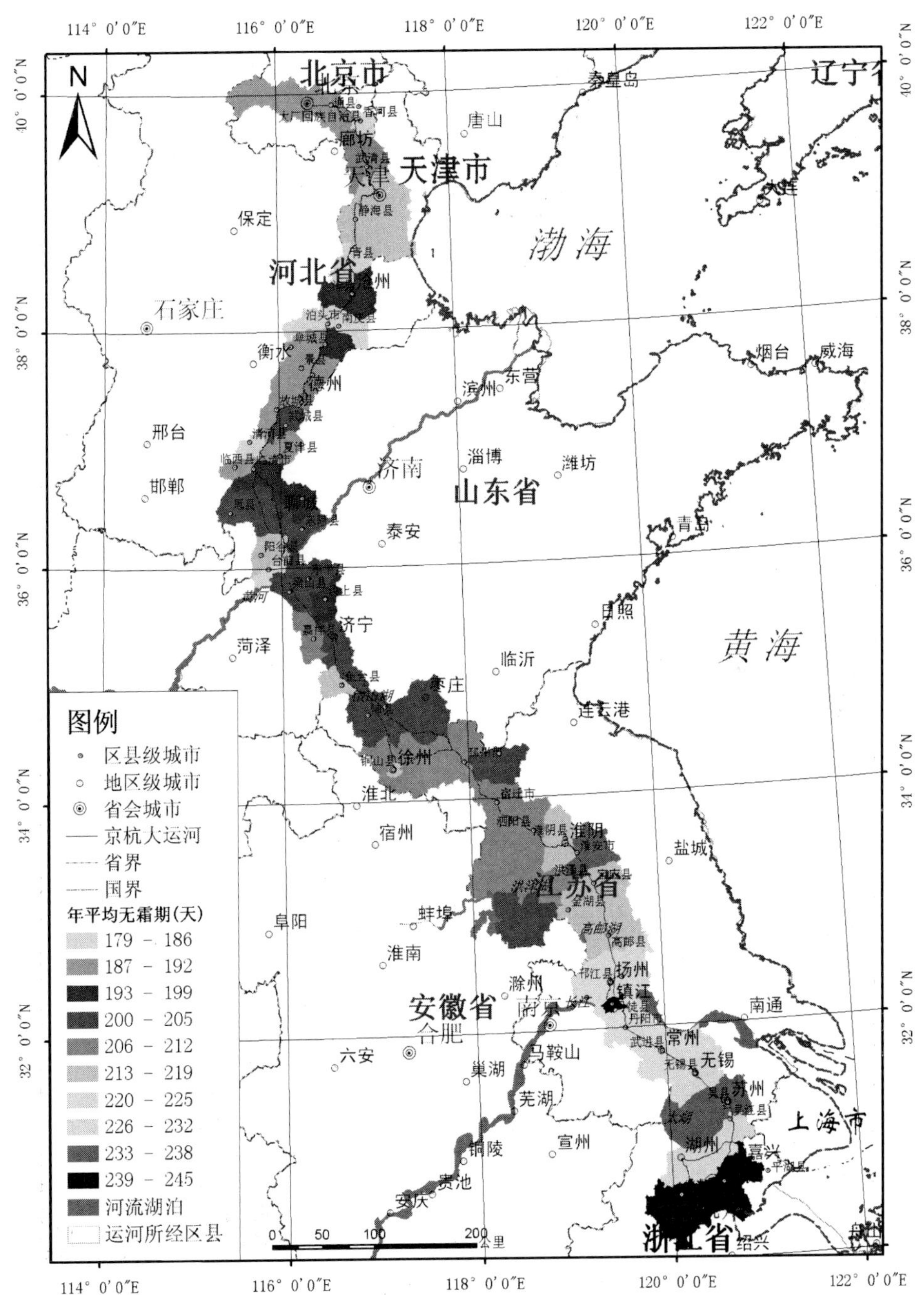

그림 1.6 경항대운하 연평균 강상량 분포 지도

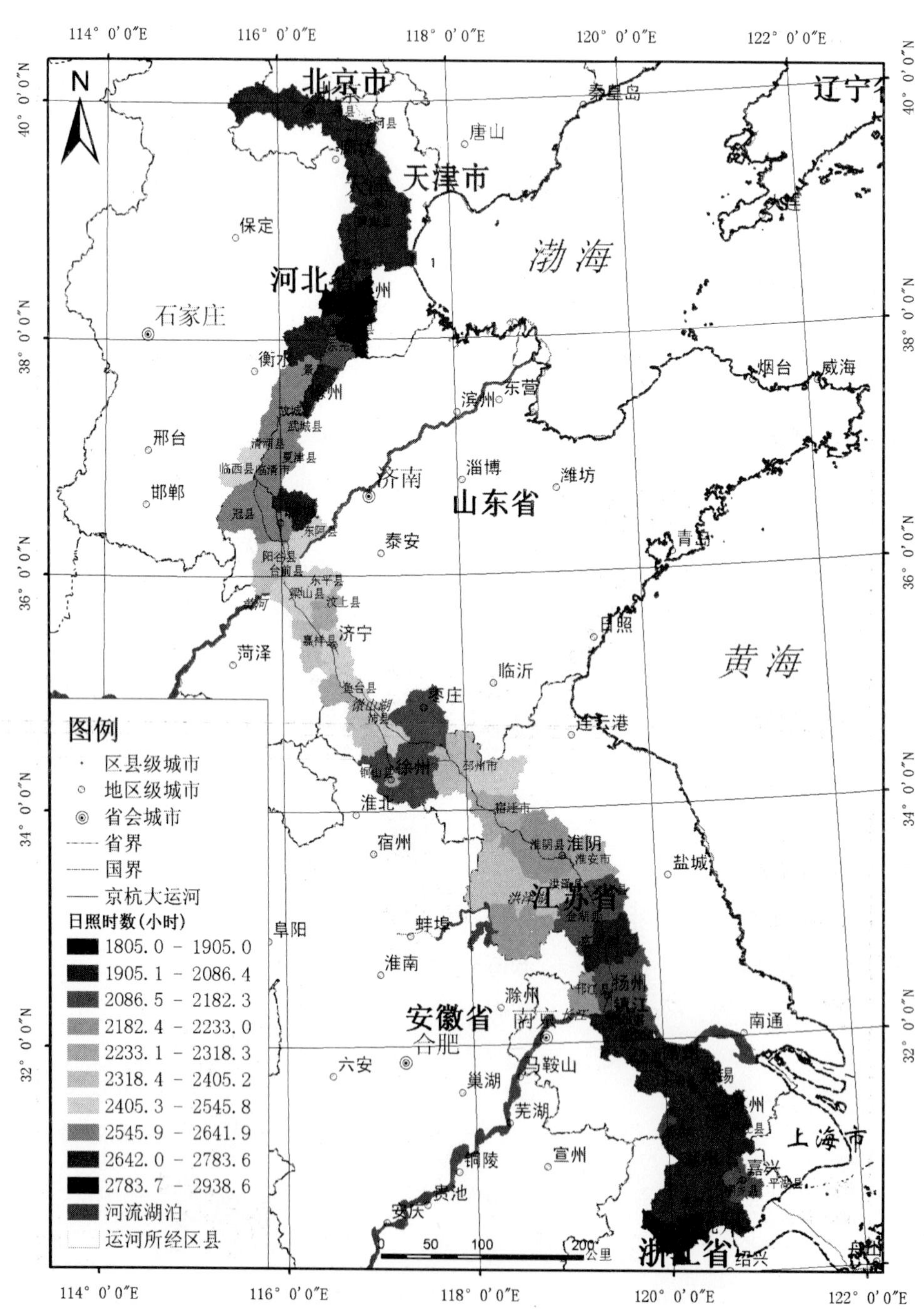

그림 1.7 경항대운하 일조 시간 분포 지도

4.4 식생

중국의 식생 구획에 따르면 경항대운하 주변의 식생 유형은 크게 두 가지 구역으로 나눌 수 있다. 두 구역은 각기 홍택호를 경계로 하여 북쪽은 온난대 낙엽 활엽수림지이고, 남쪽은 아열대 동부 습윤 상록활엽수림지이다. 그중 온난대 낙엽활엽수림 지역은 다시 황하를 기준으로 두 가지 유형으로 나눌 수 있는데, 황하 이북의 식생 유형은 온난대 북부 활엽떡갈나무 지대인 황하~회하 평원에서 자라는 식생과 온난대 남부 활엽떡갈나무 지대인 황하~회하 평원에서 자라는 식생으로 나눌 수 있다.

재배하는 식물로 살펴보자면, 홍택호 이북은 온난대의 식물들로 2년 3모작 작물과 낙엽 과수들이 있다. 예를 들면, 밀, 콩, 옥수수, 땅콩, 고구마, 담배, 사과, 조, 면화 등이 그것이다. 반면에 홍택호 이남은 아열대 기후로 1년 2모작 작물들과 낙엽수, 상록수를 주로 재배한다. 예를 들면, 벼, 옥수수, 밀, 유채, 땅콩, 감자, 차, 복숭아, 배 등이 이에 해당한다.〈표 1.1〉

4.5 토양

경항대운하 연안의 토양 유형은 모두 중국 동부의 습윤, 반습윤 구역에 속한다. 북쪽에서부터 시작하여 남쪽까지 각기 갈색 삼림토~육계색토肉桂色 구역과, 황갈색토~황적갈색토 구역으로 나뉘어진다. 또한 운하 각 구간의 연안 토양의 소분류도 다르다. 황하 이북의 토양 유형은 조토潮土, 염감토鹽堿土가 주를 이루고 있으며, 황하 이남에서 남사호까지는 갈색토와 육계색토가 주를 이루며, 중운하와 이운하는 황색토와, 황갈색토가 주를 이룬다. 강남운하는 황갈색토와 논토양이 주를 이루고 있다. 운하 대부분의 토양 구성 물질은 석회성의 충적물이며, 또 이운하와 강남운하 등 남부 운하 부분의 토양은 주로 호성층湖成層으로 구성되어 있다.

표 1.1 경항대운하 각 구간의 자연 지리 개황

	기후	식생	토양	지형
통운하와 북운하	온대 반습윤 계절풍성 대륙성기후	낙엽활엽수림, 농작물은 밀 등 건조성 작물 위주	갈색토와 충적토	평탄한 지형
남운하와 회통하	난온대 반습윤 대륙성기후	침엽수림, 침엽활엽혼합림, 낙엽활엽림, 목초지, 습지, 염성 식생, 습지식생, 수생식생, 사토 식생, 인공림, 농경작물 등이 혼재	갈색, 산지용탈갈색토, 갈색토, 충적토, 이탄토, 논토양, 염토	평원과 저지대가 많으며, 북부에는 낮은 산과 구릉이 있는 북고남저의 지형
양제운하와 남사호 구간	난온대 반습윤 대륙성 계절풍기후	낙엽성 참나무숲, 황회해黄淮海평원 식생 구역	충적토, 염토	황하 하류 충적평원, 화북대지华北platform, 요성시 경내의 지형은 주로 충적하상, 선상지, 낮은 구릉지, 습지, 물골 습지, 사질하상지 등 크게 여섯 종류
중운하와 불뢰하 구간	난온대 계절풍성기후	난온대 낙엽활엽수림 지역으로 농작물, 면화, 유류작물, 화훼류에 양호	황색충적토, 알피솔, 역암흑토	경내에 두 개의 호수(洪泽湖, 骆马湖)와 네 개의 하천(大运河, 淮河, 沂河, 沭河)이 있음
이운하	북아열대 남부 계절풍기후	자연 식생은 상록과 낙엽활엽림 위주이며 농업은 벼농사 위주	낮은 산지와 구릉지는 갈색토 위주, 언덕은 황토 위주, 평원은 글레이논토양 위주	양자강 삼각주
강남운하	아열대 계절풍기후, 기온적당, 사계절 분명, 일조량·강수량 풍부	아열대 상록활엽수림, 상록활엽수림, 상록활엽낙엽혼합림, 아열대 침엽수림과 아열대 죽림 등 전체 성省의 주요 산림유형, 양식 작물은 논농사 위주이며 농업 및 농업 관련업 발달	논토양, 홍토와 충적토	양자강 중하류평원, 비교적 낮은 지형

5 운하 연안 사회·경제의 특징

경항대운하는 북경, 천진, 하북, 산동, 강소, 절강 등 6개의 시와 성을 북에서 남으로 관통하는데, 각지의 자연 조건과 사회 상황이 큰 차이가 있어서 사회, 경제 발전의 불균형도 뚜렷하게 나타난다.

5.1 인구

경항대운하 연안은 중국의 인구가 집중적으로 분포되어 있는 지역으로 동부의 중요한 경제 벨트이다. 〈그림 1.8〉과 〈그림 1.9〉는 운하가 경과하는 각 지역 현의 인구분포도와 인구 밀도를 표시한 것으로 경과 지역 인구의 남북 차이를 보여주고 있다.

5.2 경제

경항대운하 남단의 태호太湖 유역은 농업 생산성이 높을 뿐 아니라, 중국의 주요 상품 생산 기지이자 집산지이다. 소주, 항주, 가흥, 무석 등지에 대한 투자가 끊임없이 증가하고 있어 이 지역은 경제 성장이 빠르고 중국 내 경제 발전 수준에 있어서도 상위에 속한다. 그러나 양자강 이북 지역은 사회 경제 발전 수준이 이남에 비해 상대적으로 낙후되어 있고 여전히 전통적인 농업과 공업 위주의 경제 구조를 유지하고 있다. 북경과 천진 일대는 양호한 경제적 토대 위에 중국 북방의 가장 중요한 경제 중심지로서의 지위를 차지하고 있다. 〈그림 1.10〉~〈그림 1.14〉는 2002년 경항대운하 연안 지역 각 현의 GDP와 1인당 평균 GDP, 제1·2·3차 산업의 차이를 비교한 것이다.

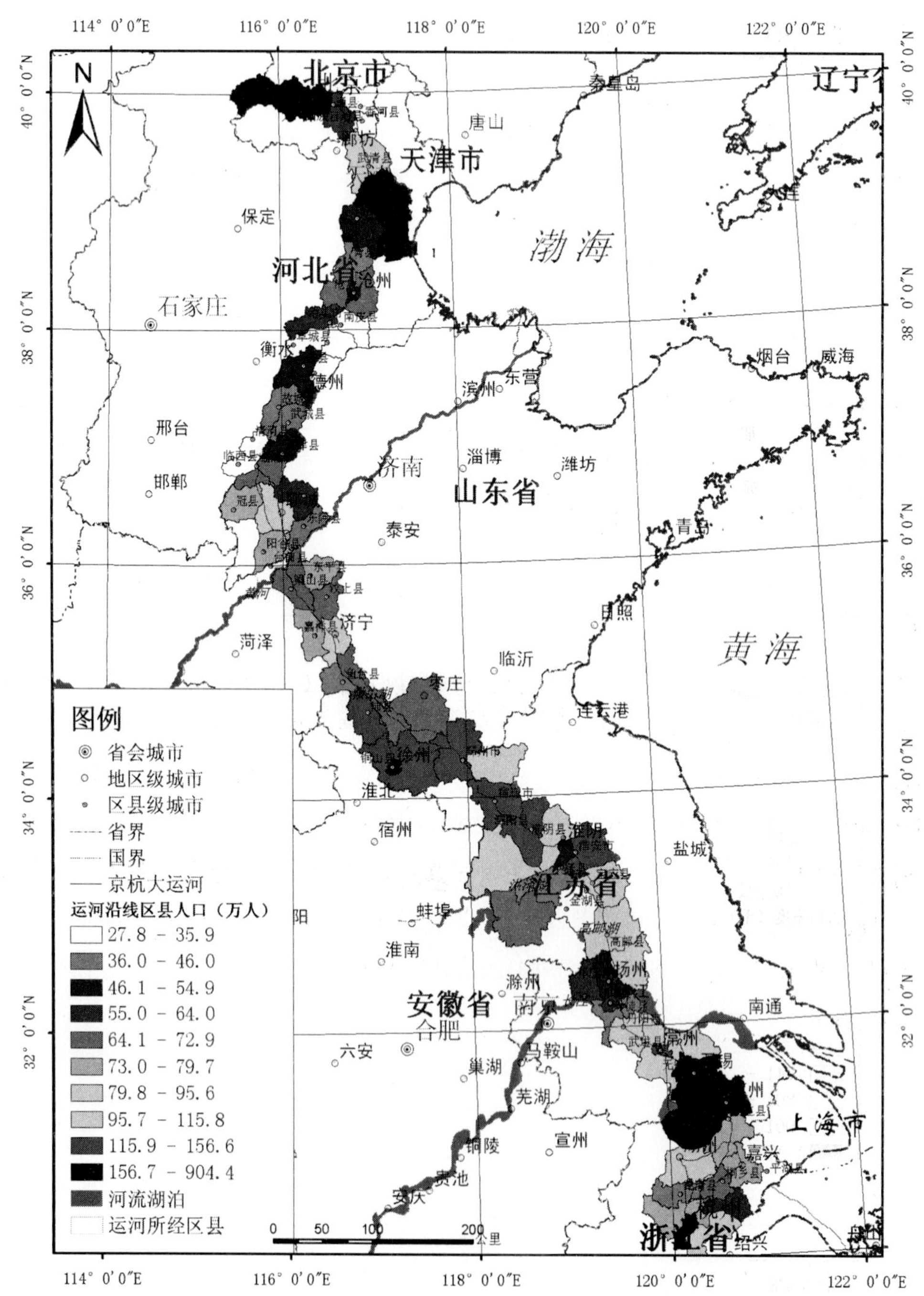

그림 1.8 경항대운하 경과 지역의 인구 분포

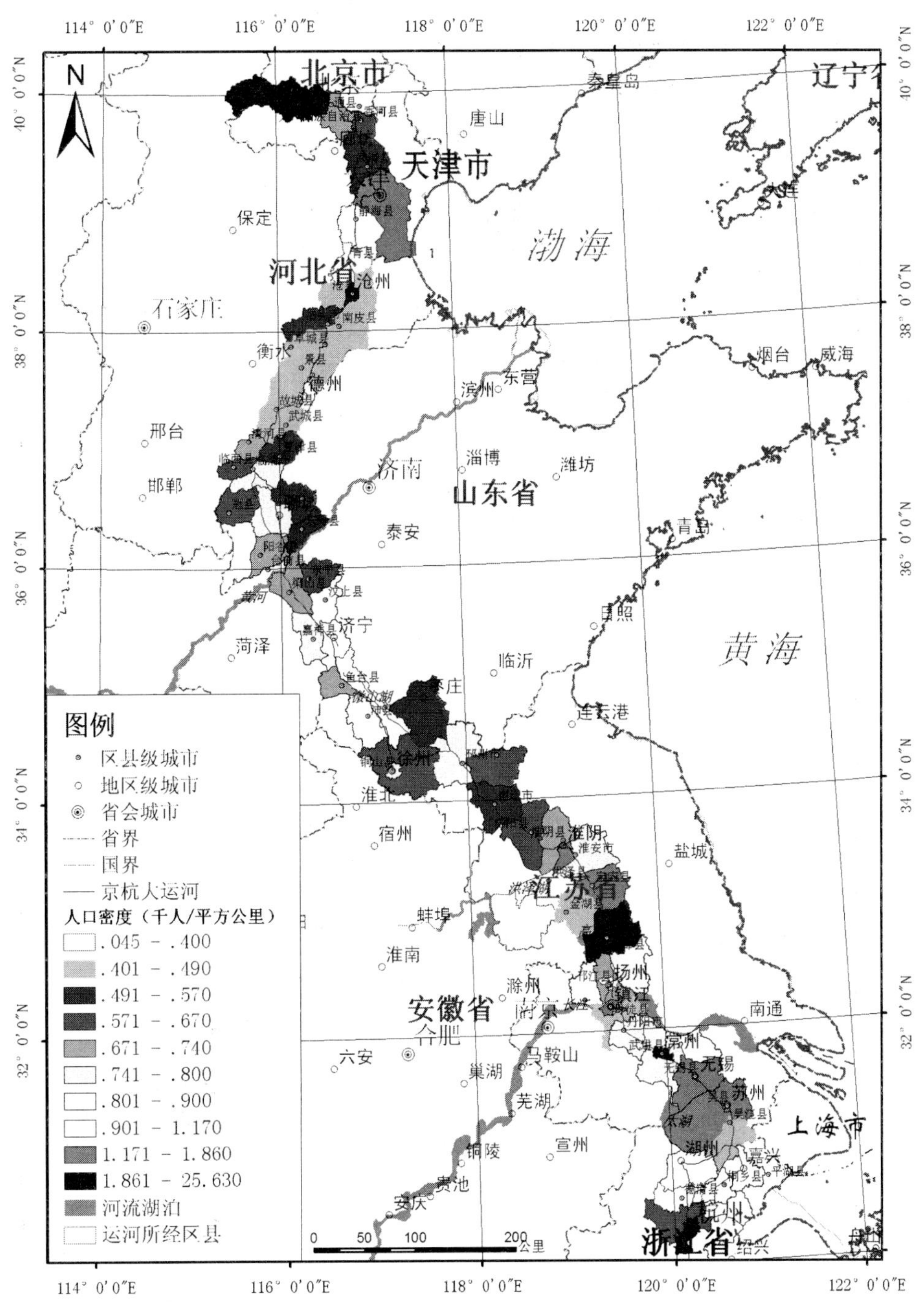

그림 1.9 경항대운하 경과 지역의 인구 밀도

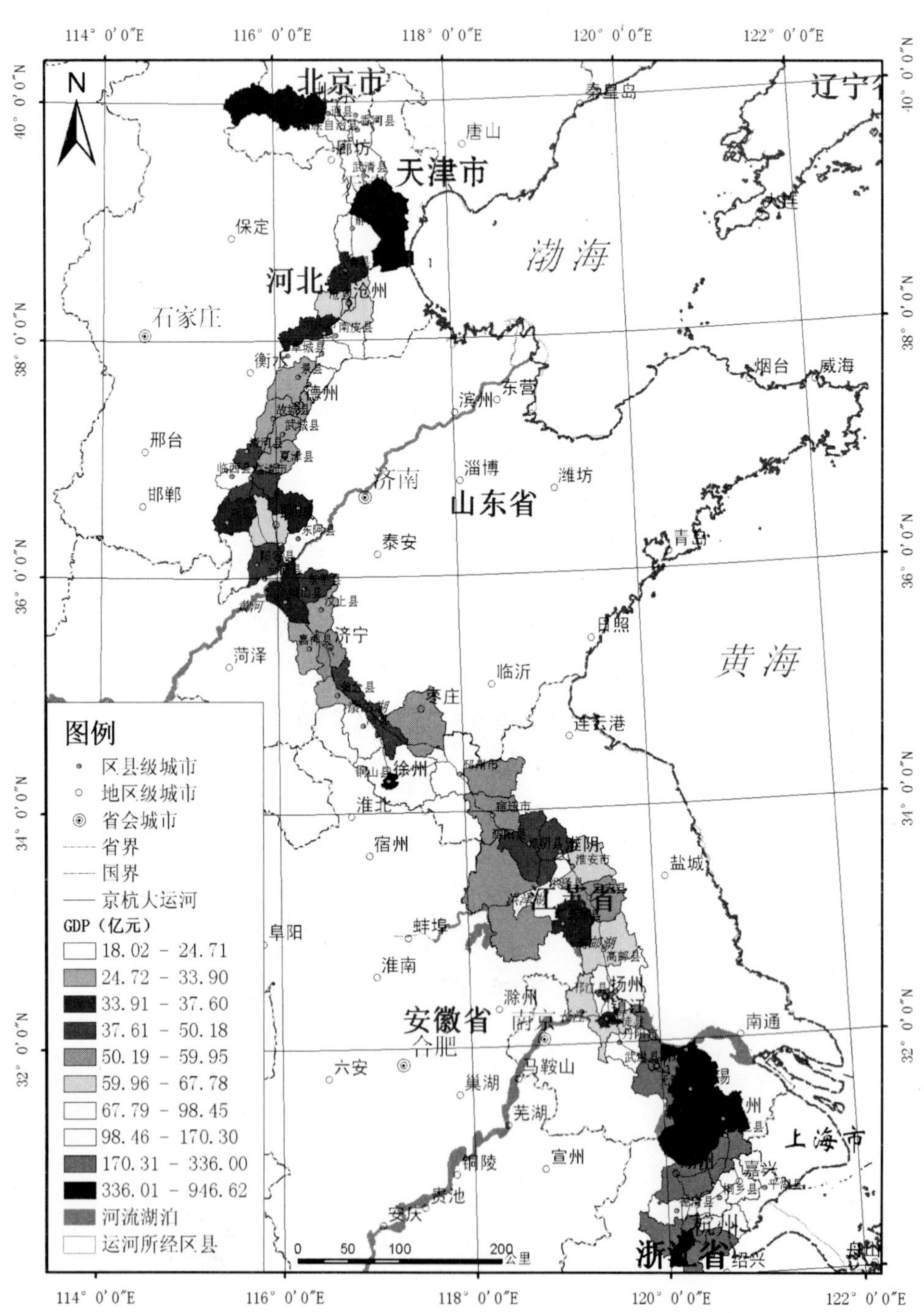

그림 1.10 경항대운하 경과 지역의 GDP

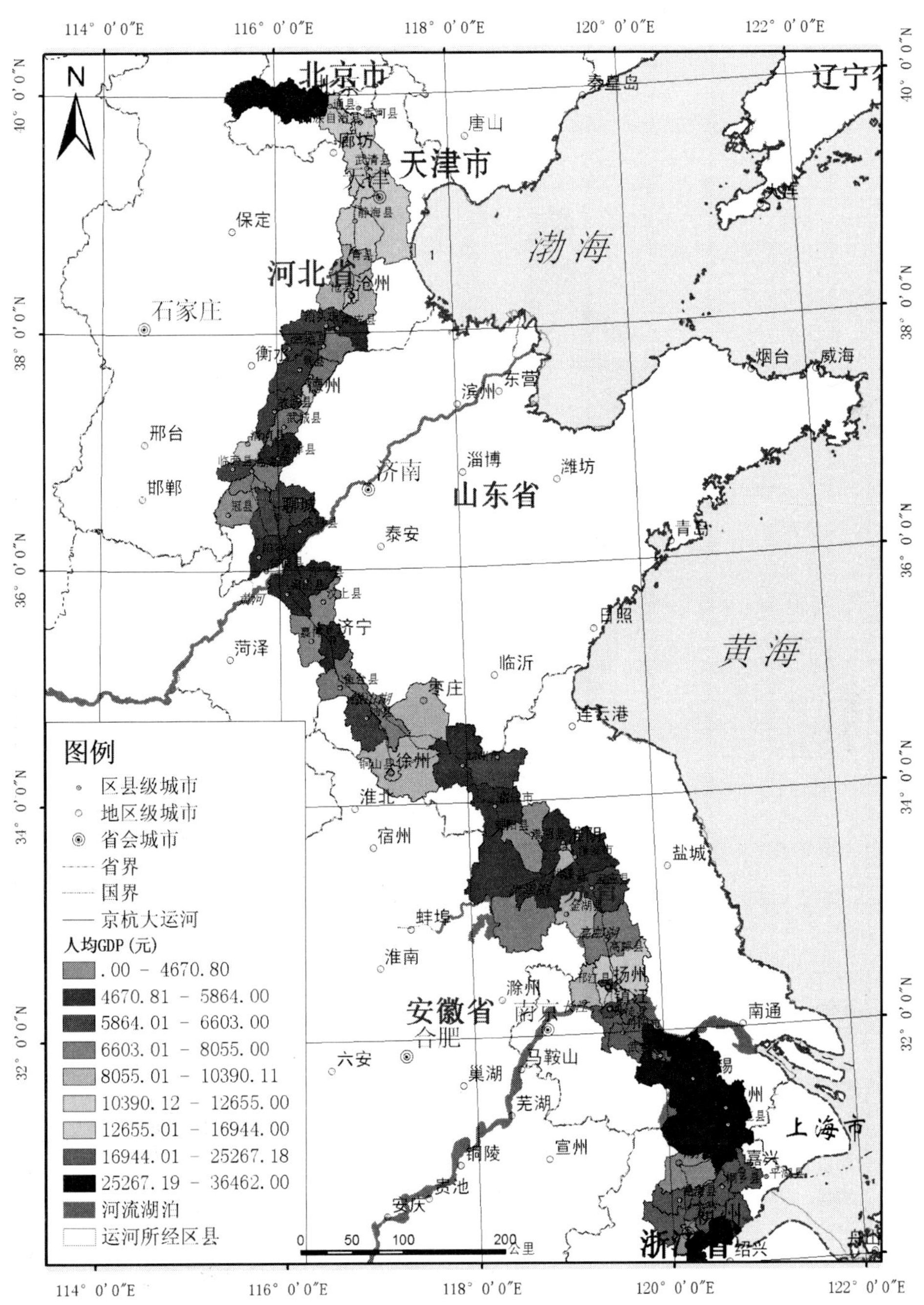

그림 1.11 경항대운하 경과 지역의 1인당 평균 GDP

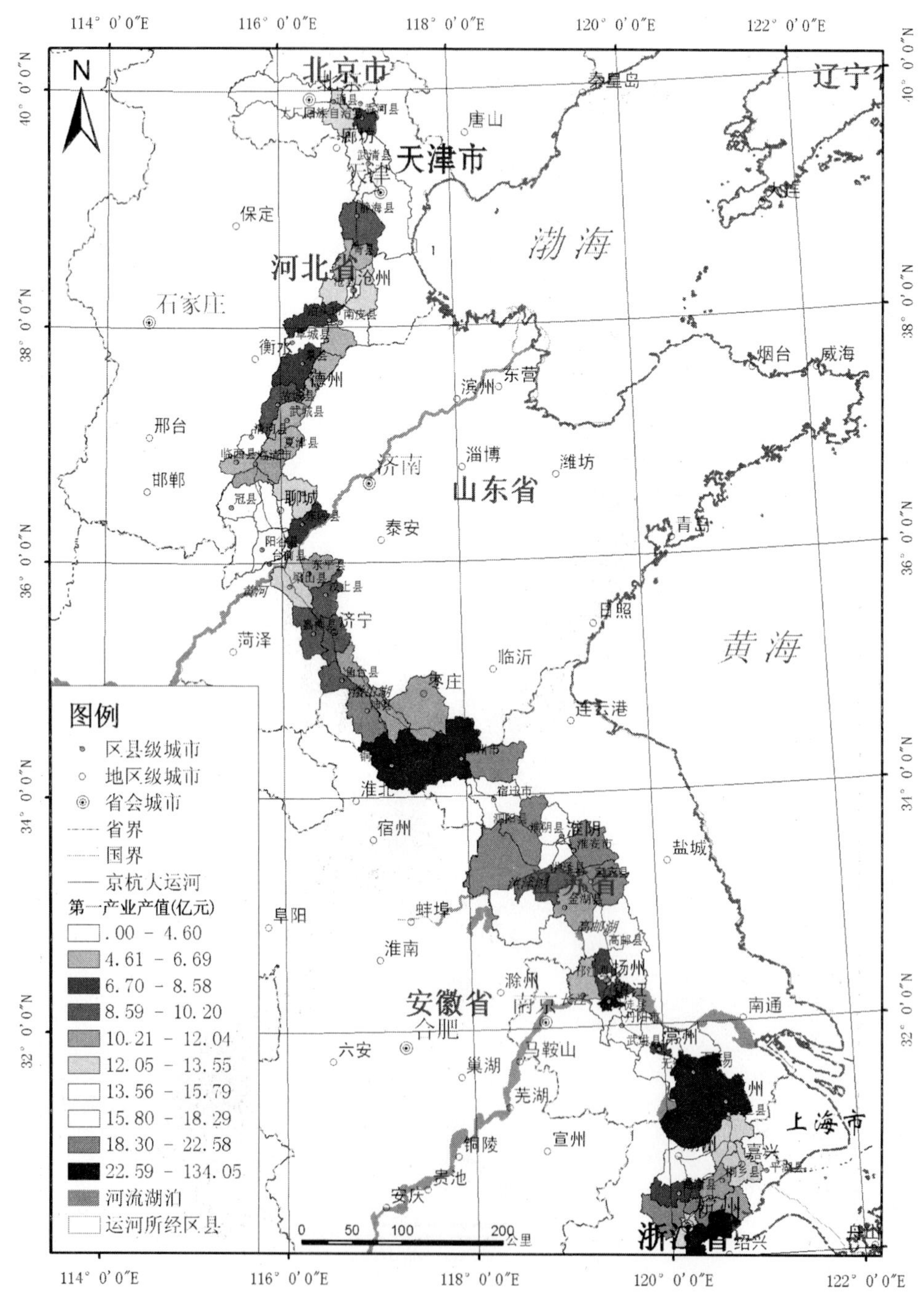

그림 1.12 경항대운하 경과 지역의 1차 산업

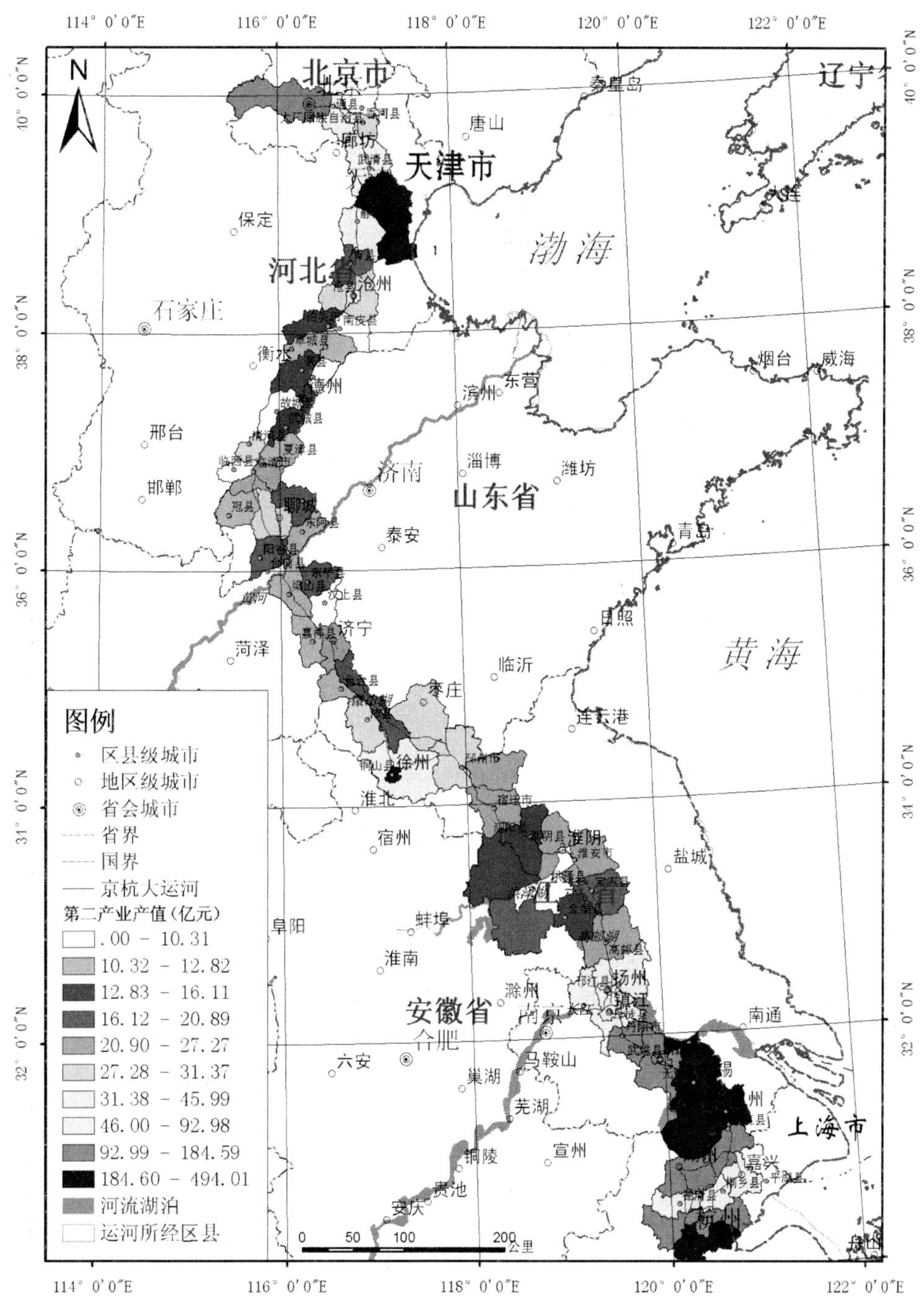

그림 1.13 경항대운하 경과 지역의 2차 산업

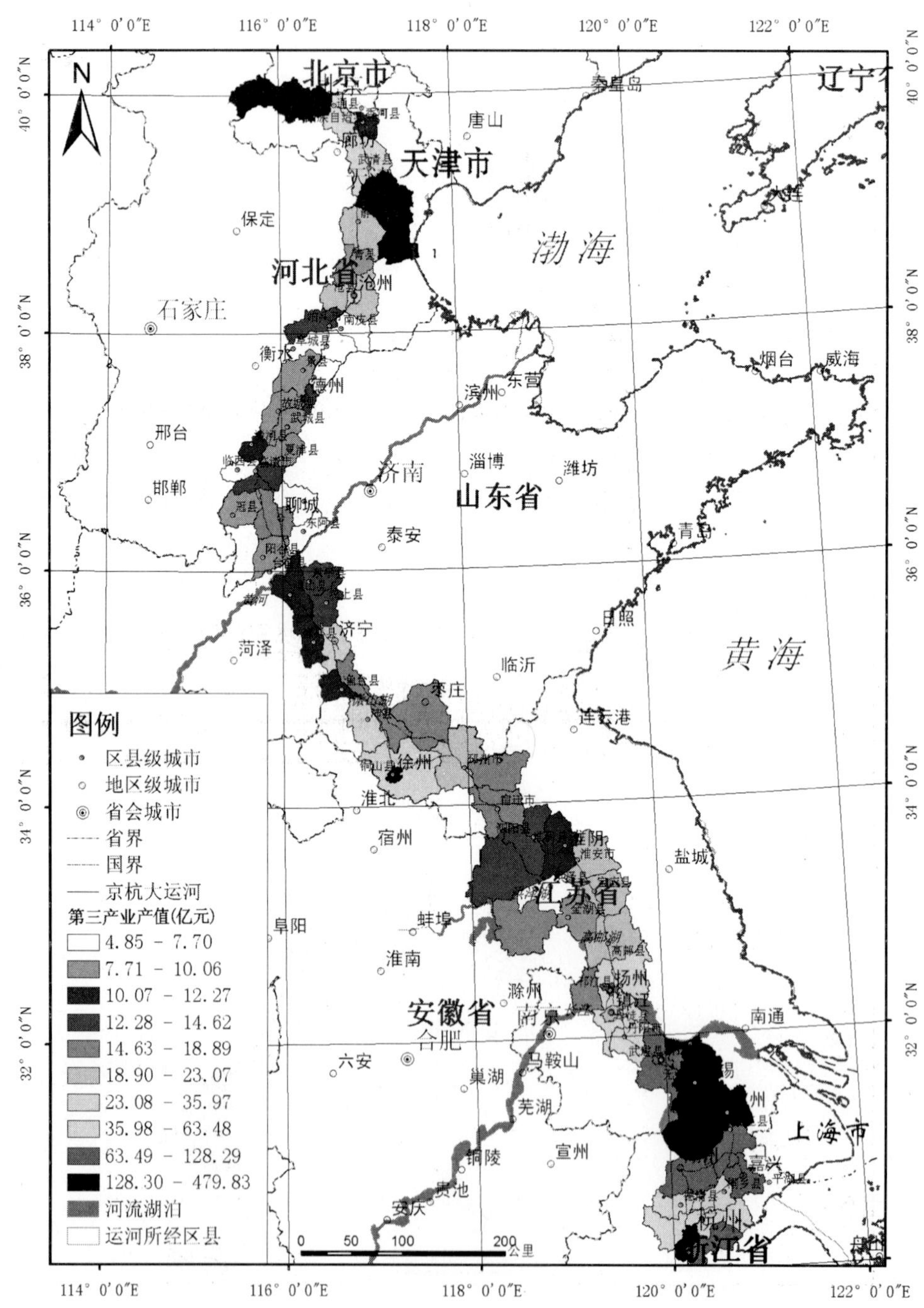

그림 1.14 경항대운하 경과 지역의 3차 산업

제2장

경향대운하의 현황

1 경항대운하의 현상황

1.1 수로

경항대운하 상에 현존하는 수로 넓이는 모두 다른데, 강남운하는 현재에도 사용하고 있고 중간 부분도 운송의 기능을 가지고 있어서 수로 폭은 비교적 넓은 편이다. 그러나 하북, 산동 등지의 운하는 폐쇄된 지 오래되어서 현재의 남운하, 북운하의 수로는 협소한 편이며 심지어 일부 구간은 물이 마르거나 농지로 개간되기도 하였다. 본서에서는 전체 운하에 대한 실사를 거쳐 운하의 넓이를 10개의 등급으로 나누었다.〈그림 2.1〉

1.2 수량과 수질

오염 문제는 현재 경항대운하의 가장 중요한 환경 문제이며 남수북조南水北調[1] 동선東線 공정의 성공 여부가 걸려 있는 중차대한 문제이다. 북운하는 베이징시의 오염수를 배출하는 하천 중의 하나여서 수질은 일 년 내내 5급[2]으로 악화된 상태이고, 남운하는 하남河南, 산동山東, 하북河北 등 주변 지역의 오염수가 끊임없이 흘러들어 수생 생태계가 완전히 파괴되었으며 어떤 곳은 쓰레기 하치장으로 사용되기도 한다. 중간 부분의 운하도 공업 폐수의 유입으로 인해 수질이 심하게 악화되었다. 강남운하는 북운하에 비해 약간 상황이 낫긴 하지만 역시 수질 오염이 심각한 상황이다. 〈그림 2.2〉는 운하의 수질 현황을 보여주고 있다.

1) §남수북조南水北調: 중국에서 수자원이 풍부한 남방의 물을 수자원이 부족한 북방으로 보내 남방의 홍수와 북방의 가뭄을 동시에 해결하려는 국가급 프로젝트. 1952년부터 계획되기 시작했으며, 2002년 12월 정식으로 시공되었다. 동선東線·중선中線·서선西線 등 세 개의 노선으로 추진되고 있으며, 본 연구에서 다루는 것은 동선에 해당하는 내용이다.

2) §수질을 5단계로 분류하고 있는데 1급은 수질이 가장 좋아 음용수로 사용되고, 3급부터는 음용수로 사용하지 못하며 5급은 수질이 가장 좋지 않아 주로 농업용수로 사용한다.

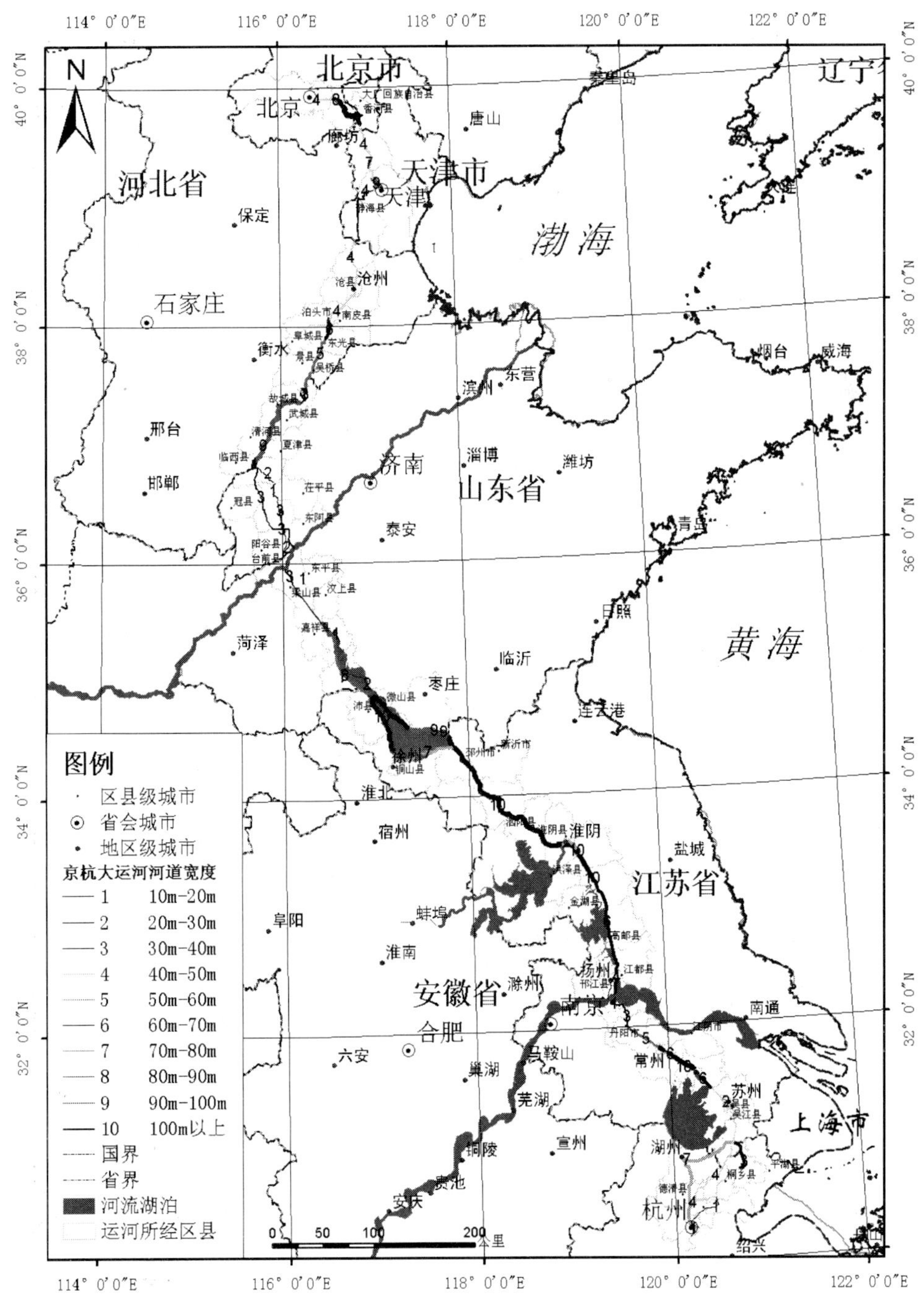

그림 2.1 경항대운하 수로 넓이 지도

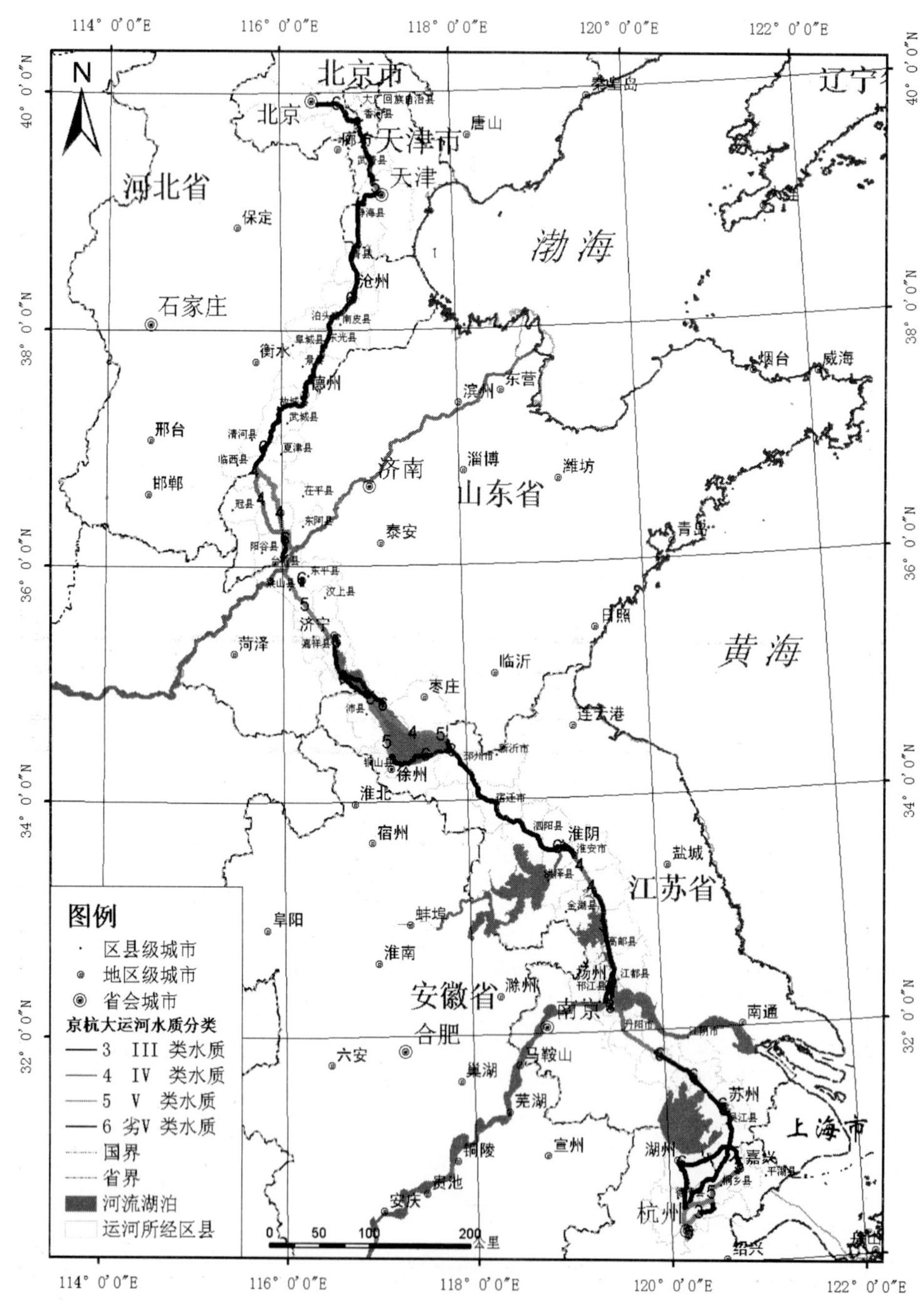

그림 2.2 경항대운하 수질 현황도

1.3 제방

운하의 제방은 천 년이 넘는 과정을 거쳐 축성되었는데, 홍수를 방지할 수 있을 뿐만 아니라 현지 주민들의 교통로나 휴식과 야외 활동을 위한 공간으로 이용되기도 하고 작은 동물들과 조류의 서식지로도 활용된다. 운하의 제방은 운하와 함께 이미 현지 주민 생활의 중요한 일부가 되었다. 현재 대운하의 제방 보호 현황과 보존 상태는 각 구간마다 모두 다르다. 어떤 구간은 흙 제방으로 보존되어 있어 방호림이 울창하고, 어떤 구간은 시멘트와 돌, 또는 돌과 벽돌을 쌓아 보수하였으며, 또 어떤 구간은 유실되기도 하였다. 〈그림 2.3〉과 〈그림 2.4〉는 각각 경항대운하 각 구간 제방의 보존 상태와 종류를 보여준다.

1.4 사용 현황

(1) 전체적 상황

경항대운하는 운송 기능과 함께 각 지역의 생태 환경과 농·공업 생산면에서 필수불가결한 기능을 담당하고 하고 있다. 현재 경항대운하는 운송로, 관개 수로, 홍수 배수로, 오염수 배수로 등의 여러 가지 기능을 하고 있다. 도심 지역의 운하는 이러한 기능뿐만 아니라 운하 주변 지역 주민들의 휴식, 야외 활동의 장소로도 이용되는데, 현재 태아장臺兒莊 이남의 경항대운하는 아직 수상 운송의 기능을 하고 있는 반면, 북방의 운하는 이미 운송로로서의 기능을 상실했다.

(2) 항행과 운송

항행과 운송은 경항대운하의 주요한 기능이다. 19세기 이래로 해운海運의 발달과 진포철도津浦鐵路)[3]의 개통으로 경항대운하의 역할이 축소되고 토사가 퇴적되어 일부 구간의 운항이 중단되었다[李書恒 · 郭伟, 2007] 현재 경항대운하의 운항 구간은 1,442km인데, 이 중 일 년 상시 운항 구간은 877km이며 주로 황하 이남의 산동, 강소와 절강 등 3개성省 내의 구간이다. 전체 운하 중에서 제녕濟寧 이북 구간은 수원이 부족하여 운항로로서의 기능을 하지 못하고 있다. 제녕 이남에서 항주杭州까지는 16개의 계단식 수리공정이 모두 마무리되었고 그중 대형선박용 갑문이 12개가 설치되었다. 운하와 그 연안의 하류, 호수에는 모두 갑문이 설치되어 물 흐름을

3) §중국 남북(천진과 남경)을 잇는 철도.

조절함으로써 홍수기에는 물을 흘려보내고 갈수기에는 물을 공급하는 북조공정北調工程(물을 북쪽으로 보내는 수리공정)의 기본적인 골격을 완성하였다. 서주徐州 이남 구간 갑문은 매년 1,370여 만 톤의 선박과 5,500만 톤의 화물 운송량을 기록하고 있다. 〈그림 2.5〉는 경항대운하 항운 등급 현황이다.(http://www.canalmuseum.cn/index.html)

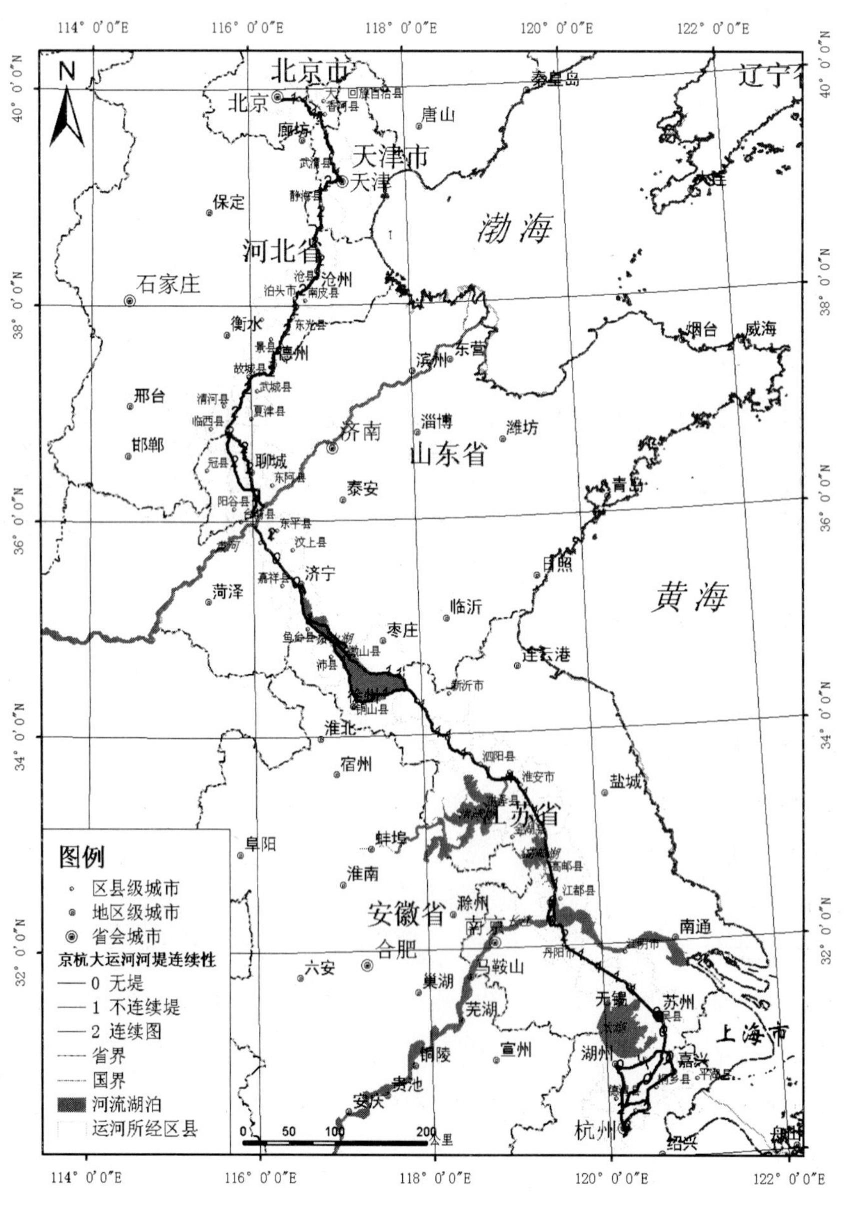

그림 2.3 경항대운하 제방 보존 상황도

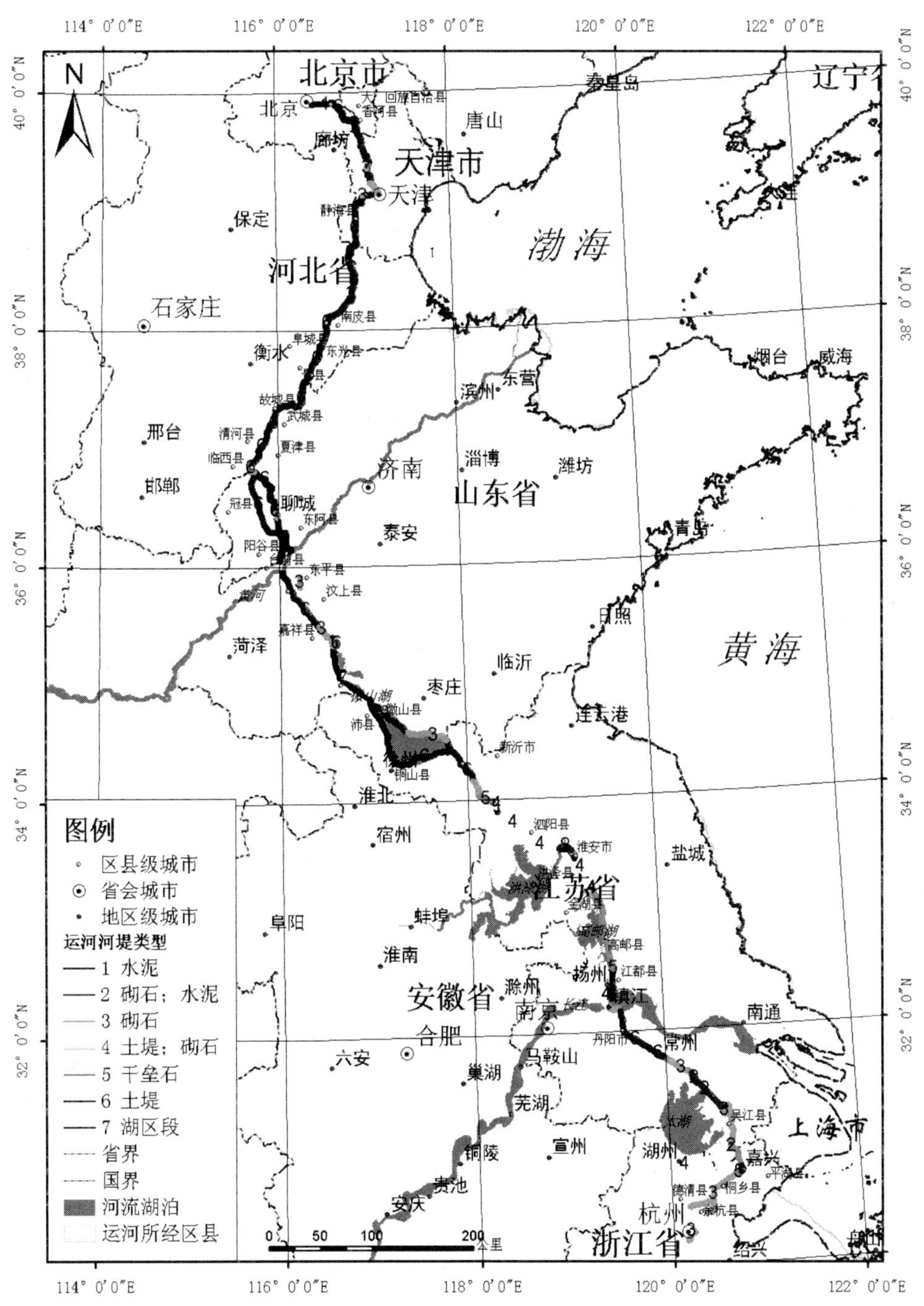

그림 2.4 경항대운하 제방 유형도

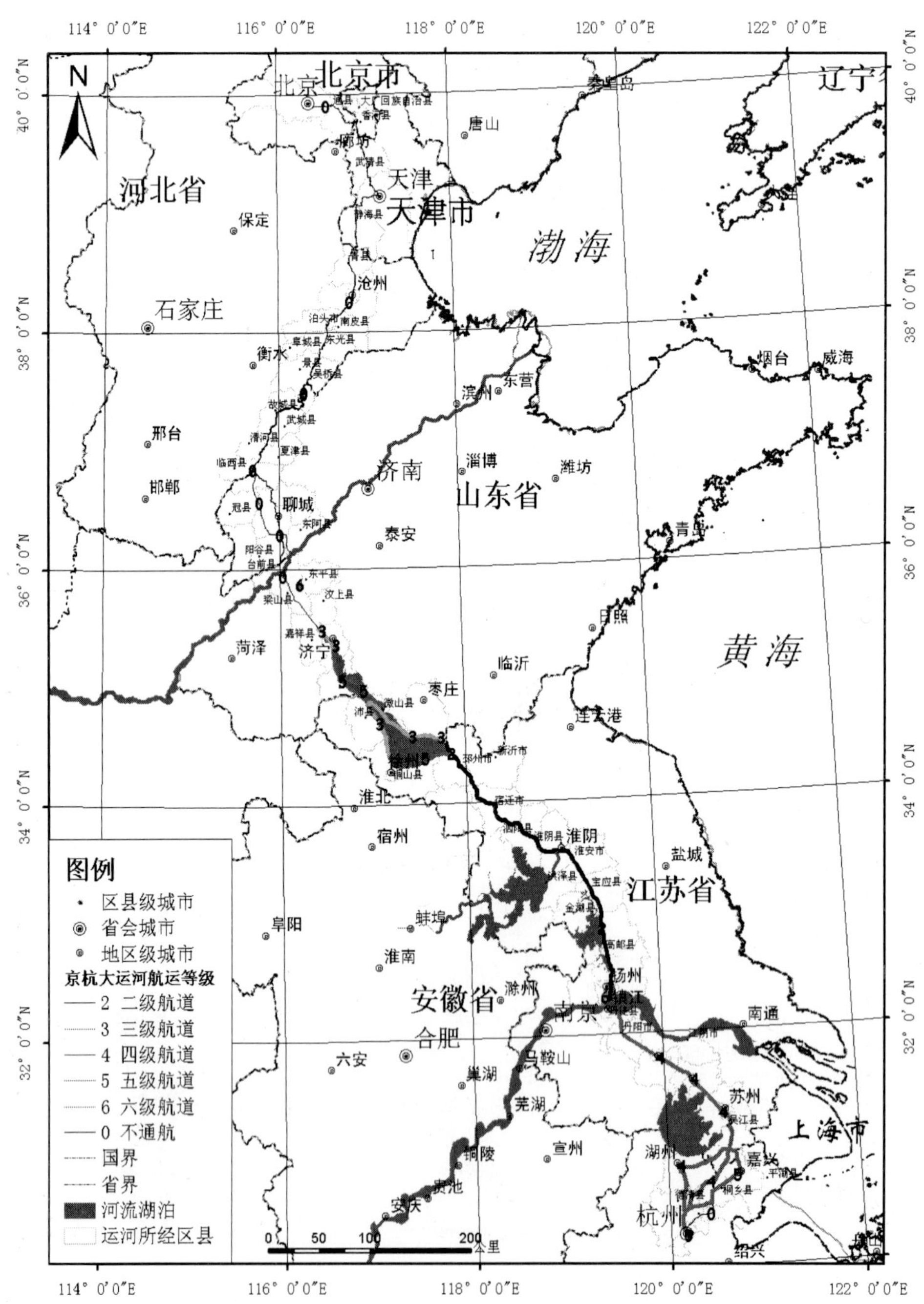

그림 2.5 경항대운하 항운 등급 현황 지도

2 주변의 문화유산

역사 문화유산은 문화 유적지遺址, 고분古墓葬, 석굴石窟寺, 암각石刻, 벽화壁画, 근현대 사적史迹 또는 대표적 건축물 등 이동할 수 없는 문물과 각 시대별 역사상 중요한 유형 문화, 예술품, 문헌, 친필 원고, 도서 자료 등 이동할 수 있는 문물, 그리고 건축 양식, 자연 경관과의 결합 등의 면에서 특출하고 보편적인 가치가 있는 역사 문화 고도古都(거리, 마을) 등과 같이 역사적, 예술적, 그리고 과학적 가치가 있는 유산을 말한다.[『세계 문화 및 자연 유산 보호 협약; Convention Concerning the Protection of the World Cultural and Natural Heritage』, 1972] 경항대운하 주변에는 북경, 천진, 창주滄州, 덕주德州, 요성聊城, 제녕, 서주, 숙천宿迁, 회안淮安, 양주揚州, 진강鎮江, 상주常州, 무석无錫, 소주蘇州, 가흥嘉興, 항주杭州 등 수많은 역사 문화 고도와 유산이 있다.

상세한 운하 유산을 분석하기 위하여 본 연구 과정에서 운하 문화유산 지리 정보 데이터베이스를 구축하였다. 여기에는 1,562개의 유산이 정리되어 있는데 그중 562개는 이미 고찰을 마친 것이고 1,000개에 대해서는 아직 현지답사를 진행하지 못하였다. 관련 정보는 유산의 종류, 보호 등급, 보호 현황, 운하와의 관계 등에 따라 하나씩 분류하여 정리하였다.

2.1 종류

본 연구에서는 운하 주변의 다양한 유산을 7가지로 분류하였다.

(1) 운하 수리공정 유적 : 부두, 댐수문, 교량 등 운하와 직접적인 연관이 있는 유산

(2) 고건축 : 운하 주변의 사찰, 교회당, 회관(관사), 고택, 서원, 탑, 성루와 성곽 등의 건축 유산

(3) 고분 : 저명인사의 고분, 고분군

(4) 유적지 : 연못 유적, 포대 유적, 부두 유적, 사찰 유적 등의 고대 유적

(5) 암각 : 운하 주변의 비각, 묘비, 마애 석각, 기념비, 석패방石牌坊, Stone arch,[4] 전각塼刻 등

(6) 근현대 주요 사적 : 근현대의 각종 기념물, 각종 유적, 혁명 기념비, 근대 저명인 고택, 근현대 산업 유산 등

---

4) §석패방石牌坊, Stone arch: 과거 중국에서 공덕이나 과거 급제, 충효 등의 정신을 기리기 위해 돌을 조각하여 세운 기념물로 주로 아치형의 門 모양이 많다.

(7) 기타 : 경항대운하 주변의 각종 유산의 기초 통계는 총 1,562개이다.(〈표 2.1〉 참조)

표 2.1 경항대운하 주변의 유적 유형표

유형	운하 수리공정유적	고건축	고분	유적지	암각	근현대 주요 사적	기타	총계
수량 (개/소)	143	819 (고건축군4포함)	100	100	143	247	10	1,562

2.2 보호 등급

경항대운하 주변의 유적 보호 등급은 모두 다른데 현지답사에 근거하여 운하 주변 유산의 보호 상황을 국가급, 성省급, 시市·현縣급으로 나누어 분류하였으며, 외에 보호 등급에 포함되지 않는 기타 유산들도 상당수 존재한다. 이 중 어떤 유산은 전문 기관에서 관리하여 보호 상태가 양호한 반면, 어떤 것은 관리 주체가 없어 방치되어 있다. 현지답사와 자료를 바탕으로 본 연구에서는 경항대운하의 유산을 보호 등급에 의거하여 다음의 6종류로 분류하였다.〈표 2.2〉

표 2.2 경항대운하 유산 보호 형태

유산 보호 형태	국가급	성급	시·현급	보호 단위 없음			보호상태 불명	총계
				해당 기구 있음	관리인 없음	보호상태 불명		
유산 수량(개/소)	51	153	713	276	65	245	59	1,562

2.3 보존 상황

경항대운하 주변의 유산 보존 상황은 차이가 크다. 어떤 유산은 원형대로 보존되어 있어 유산적 가치가 크고, 어떤 것은 보수를 하여 보존 상태가 양호하다. 반면에 어떤 것은 심하게 파손되어 있으며 심지어 완전히 새로 재건한 것도 있다. 현지답사와 자료 조사를 통해 운하 주변 유산의 보존 상황을 이하의 7가지로 분류하였다.〈표 2.3〉

표 2.3 경항대운하 주변유산의 보존상황

분류	원형보존 양호	비교적 양호	원형 변형	보수	완전 중건	원형이 심하게 파손	원형이 없으나 유지·발굴 가능	보존상황 불명	총계
수량(개/소)	218	219	22	101	90	128	77	707	1,562

2.4 문화유산과 운하의 관계

(1) 정의

유산과 운하의 관계를 중심으로 대운하 주변의 유산을 다음과 같이 세 종류, 즉 운하의 기능과 관련된 유산, 운하의 역사와 관련된 유산, 운하의 공간과 관련된 유산으로 분류하였다.

① 운하의 기능과 관련된 유산이란, 운하 주변에 분포하는 운하의 운수 기능과 직접적인 관련이 있는 대량의 유산을 말하는데, 운하 상의 수문, 댐, 교량, 부두, 나루, 세관 등이 있다.

② 운하의 역사와 관련된 유산이란, 비록 운하의 일상적 운수 기능과 직접적인 관계는 없지만 운하 조운漕運(배로 물건을 실어 나름), 운하 상의 상업 무역 과정에서 파생된 유산을 말하는 것으로 상업 회관이나 관사, 역관, 사찰, 이슬람사원, 분묘, 비각 등 운하의 역사와 관련된 유산을 포함한다.

③ 운하의 공간과 관련된 유산은 운하의 운수 기능이나 역사와 직접적이고 뚜렷한 관계가 없으나 그 유산이 운하와 가까이 있고 광의의 운하 유산과 분리될 수 없는 유산을 말한다.

유산과 운하의 관계에 근거하여 기능, 역사, 공간 등 세 종류로 분류한 내용은 〈표 2.4〉와 같다.

표 2.4 경항대운하 주변 유산과 운하의 관계 분류표

분류	기능	역사	공간	총계
수량(개/소)	228	279	1,055	1,562

(2) 문화유산의 운하 연안 분포

운하 연안의 문화유산 분포는 그 차이가 비교적 크다. 문화유산이 비교적 집중되어 있는 구간도 있고 분산되어 있는 구간도 있으며, 또는 문화유산이 운하와 멀리 떨어진 곳에 위치하기도 하고, 운하와 가까운 곳에 위치하기도 한다. 본 연구는 문화유산과 운하 사이의 관계를 문화유산과 운하 간의 거리에 맞춰 살핀 연구이다.

가. 기능과 관련된 유산

운하의 기능과 관련된 유산은 모두 228개인데 수문과 댐, 교량, 부두, 나루, 세관 등으로 이들 유산은 운하와 밀접한 관계를 가지고 있고 대부분 운하의 양쪽 기슭 혹은 운하와 가까운 곳에 위치하고 있다.(〈표 2.5〉, 〈표 2.6〉 참조) 운하 기능과 관련된 유산의 분포 상황과 통계를 통해 핵심적인 보호 범위를 정하는 데 참고가 될 수 있다.

표 2.5 운하 주변에 있는 운하 기능과 관련된 유산의 분포 상황

운하와의 거리(m)	수량(개/소)	유산 중 차지하는 비율(%)
≤50	74	32.5
≤100	119	52.2
≤150	138	60.5
≤400	159	69.7
≤1,000	184	80.7
≤2,000	194	85.1
≤3,000	196	86.0
≤4,000	211	92.5
총계	228	100

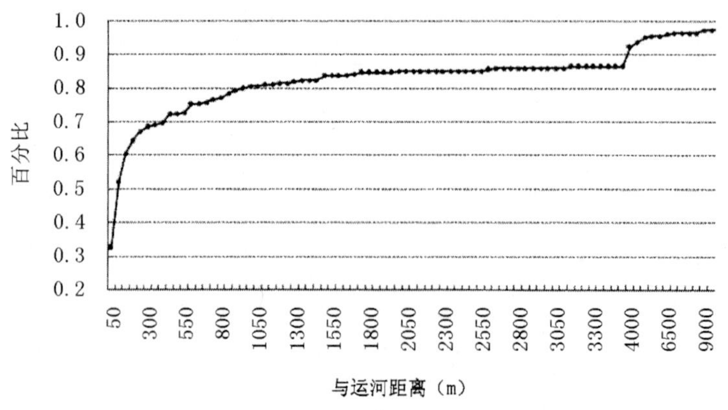

그림 2.6 기능과 관련된 유적과 운하의 거리

나. 역사와 관련된 유산

역사와 관련된 유산은 모두 279개로 사찰, 회관(관사), 암각, 분묘, 고건축, 유적지 등이 있다. 이 유산들은 운하의 양쪽 기슭에 밀집되어 있는데, 특히 운하 주변의 대도시에 집중적으로 분포되어 있다. 역사와 관련된 유산과 운하 사이의 거리를 기준으로 분류하면 다음 〈표 2.6〉과 같다.

표 2.6 역사와 관련된 유산과 운하와의 거리에 따른 분포 상황

운하와의 거리(m)	수량(개/소)	유산 중 차지하는 비율(%)
≤50	12	4.3
≤100	33	11.8
≤150	59	21.1
≤550	147	52.7
≤700	172	61.6
≤850	196	70.3
≤1,250	222	79.6
≤1,300	227	81.4
≤1,650	238	85.3
≤2,900	251	90.0
≤3,000	251	90.0
≤3,100	252	90.3
≤7,500	264	94.6
≤10,000	269	96.4
총계	279	100

다. 공간과 관련된 유적

운하의 공간과 관련된 유적은 모두 1,055개인데, 여기에 포함되는 유적은 대부분 유적지, 고택, 분묘, 사찰 등이고 이들 유적과 운하와의 거리는 〈표 2.7〉과 같다.

표 2.7 공간과 관련된 유산과 운하와의 거리에 따른 분포 상황

운하와의 거리(m)	수량(개/소)	유산 중 차지하는 비율(%)
≤50	26	2.5
≤100	92	8.7
≤150	135	12.8
≤200	171	16.2
≤250	208	19.7
≤300	236	22.4
≤350	270	25.6
≤400	306	29.0
≤450	335	31.8
≤600	426	40.4
≤750	518	49.1
≤1,000	688	65.2
≤1,150	744	70.5
≤1,600	847	80.3
≤2,600	897	85.0
≤3,000	909	86.2
≤3,050	911	86.4
≤3,500	924	87.6
≤5,000	943	89.4
≤5,500	947	89.8
≤6,000	948	89.9
≤6,500	952	90.2
≤10,000	998	94.6
총계	1055	100

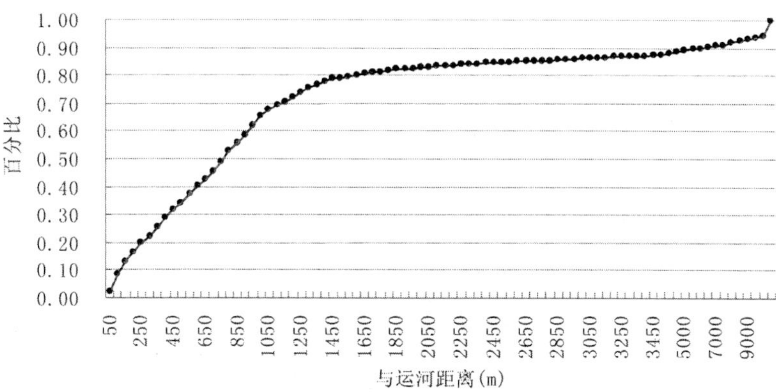

그림 2.7 역사와 관련된 유산과 운하의 거리 관계

라. 전체 문화유산

운하 주변에 있는 운하와 관련된 모든 문화유산의 분포 상황은 아래의 〈표 2.8〉과 같다.

표 2.8 운하 주변에 있는 모든 문화유산의 분포 상황

운하와의 거리(m)	수량(개/소)	유산중 차지하는 비율(%)
≤50	112	7.2
≤100	244	15.6
≤300	492	31.5
≤450	627	40.1
≤650	785	50.3
≤850	927	59.3
≤1,000	1,082	69.3
≤1,200	1,164	74.5
≤1,450	1,256	80.4
≤1,500	1,261	80.7
≤2,000	1,308	83.7
≤2,350	1,328	85.0
≤3,000	1,356	86.8
≤4,500	1,414	90.5
≤10,000	1,490	95.4
총계	1562	100

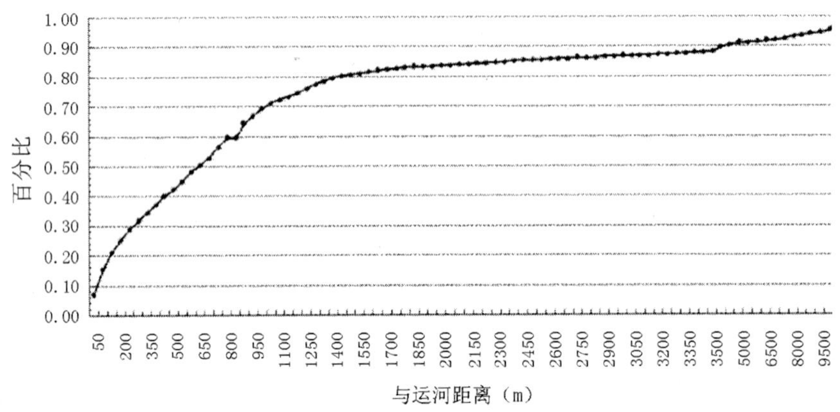

그림 2.8 전체 유산과 운하 사이 거리의 관계

경항대운하의 생태 및 유산회랑은 운하의 기능과 관련된 유산 분포 상황, 운하 회랑의 합리적인 폭, 운하 자체 폭의 변화 등을 종합적으로 판단하여 그 핵심 보호 범위와 경계를 결정해야 한다.

모든 유산의 수량과 운하 사이의 거리의 변화 곡선을 나타내는 〈그림 2.8〉을 참조하면 명확한 변곡점이 드러나는데 이 변곡점 안에 포함된 유산은 그 수량이 급격히 증가하는 반면, 80%의 변곡점을 지나서부터는 완만한 증가세를 보인다. 따라서 운하의 보호와 관련하여 다음의 거리에 대해서 주의를 기울일 필요가 있다.

① 80% 거리(80%의 유산이 분포하는 거리까지 포함)
기능과 관련된 유산 : 운하 양측으로부터 1km 이내에 80% 분포
역사와 관련된 유산 : 운하 양측으로부터 1.3km 이내에 80% 분포
공간과 관련한 유산 : 운하 양측으로부터 1.6km 이내에 80% 분포
전체 유산 : 운하 양측으로부터 1.45km 이내에 전체 유산의 80% 분포

② 90% 거리(90%의 유산이 분포하는 거리까지 포함)
기능과 관련된 유산 : 운하 양측으로부터 4km 이내에 90% 분포
역사와 관련된 유산 : 운하 양측으로부터 3km 이내에 90% 분포
공간과 관련한 유산 : 운하 양측으로부터 6km 이내에 90% 분포
전체 유산 : 운하 양측으로부터 4.5km 이내에 전체 유산의 90% 분포

③ 3km 거리(운하 양측으로부터 3km 범위 내의 거리)
기능과 관련된 유산: 운하 양측으로부터 3km 이내에 86% 분포
역사와 관련된 유산: 운하 양측으로부터 3km 이내에 90% 분포
공간과 관련한 유산: 운하 양측으로부터 3km 이내에 86.2% 분포
전체 유산: 운하 양측으로부터 3km 이내에 전체 유산의 86.8% 분포

3 운하 주변의 자연 유산

자연 유산은 심미적 또는 과학적으로 탁월한 보편적 가치를 지닌 물질 및 생물 구조 혹은 이런 구조의 집합으로 이루어진 자연 상태, 또는 과학적 보호의 관점에서 탁월한 보편적 가치가 있는 지질 및 자연 지리 구조 내지 위협을 받고 있는 동·식물 생태 지구, 그리고 과학적, 보호적 혹은 자연미적 관점에서 볼 때 탁월한 보편적 가치를 지닌 천연 명승지 혹은 자연 지역을 말한다.[『세계 문화 및 자연 유산 보호 협약』, 1972]

대운하 주변의 주요한 자연 유산은 습지, 남서호南西湖, 낙마호駱馬湖, 양주사호揚州四湖, 태호太湖, 홍택호洪澤湖 등을 포함한 자연·인공 호반과 운하 주변의 논밭, 강과 호수가 지류와 복잡하게 얽혀 형성된 자연·인공적인 습지 등이다.

4 주변의 무형 문화유산

무형 문화유산은 각종 집단·단체·개인에 의한 그 문화유산의 실행 과정 및 연출을 비롯하여 표현 형식, 지식, 기능, 그리고 그것과 관련된 기구, 실물, 공예품, 문화 장소 등을 총칭한다. 각각의 집단과 단체는 환경에 따라 혹은 자연계의 상호 관계와 역사 조건의 변화에 따라 끊임없이 이러한 무형 문화유산을 창조하고 계승하였으며, 공동체의 공감대와 역사의식을 형성하고 문화 다양성과 인류의 창조력을 촉진시켰다.[『세계 무형 문화유산 보호 협약』, 2006]

운하는 이미 주변 주민의 사회, 경제, 문화, 생활 속에 스며들어 이들과 일체화되었기 때문에 그 문화의 영향은 자연히 물질적인 측면에서부터 사회적, 정신적 측면까지 이르며 운하 주변 특유의 사회 조직 형식과 민속 예절 등으로까지 확대되었다. 현지답사와 문헌 연구를 통해 경

항대운하 주변의 무형문화 유산을 음식 문화, 역사 전설, 각 지방의 전통 희곡, 수공업 제품, 문학과 회화繪畵, 예술, 풍속 예절, 민간 유희 등으로 분류하였다.(운하 주변의 무형문화 유산 분포 상황은 〈표 2.9〉 참조)

표 2.9 경항대운하 주변의 대표적인 무형 문화유산

	구비전설과 표현	연출 예술	사회 풍속,예절,명절	자연계, 우주와 관련된 지식 및 행위	전통 수공예 기능	총계
통혜화와 북운하 구간		2			3	5
남운하 구간		2				2
료성 구간		1			3	4
양제운하 구간		3				3
남사호 구간		3				3
불뢰하 구간		3				3
중운하 구간	~	~	~	~	~	0
이운하 구간	1	6		1	3	11
강남운하 구간	1	11	11	1	16	40
총계	2	31	11	2	25	71

제3장

경항대운하의 가치 및 종합적 보호 문제

1 경항대운하의 우수한 유산·생태적 가치

일반적으로 자원의 가치는 인간의 수요를 만족시켜주는 데에 있다. 경항대운하의 가치에 대해 파악하려면 역사로부터 현재와 미래에 이르기까지 지속적 이용이 가능하고 그 기능이 인간의 현실은 물론 잠재적인 수요까지도 만족시켜 줄 수 있는지를 다각도에서 살피는 전면적인 연구가 진행되어야 하고, 상응하는 가치에 대해서도 종합적으로 판단하여야 한다. 고립적이고 분산적인 가치 판단과 그에 근거한 파편적 조치는 모두 되돌릴 수 없는 결과를 가져올 수 있다.

1.1 우수한 문화유산적 가치

문화유산의 속성은 대운하의 가장 중요한 속성이다. 기존의 연구 성과로 본다면 현재 경항대운하의 유산적 가치에 대한 인식과 서술은 아직 체계적이지 않은데, 비교적 체계적인 연구로는 『국제 운하 유적 명단』에 실린 경항대운하의 유산적 가치 부분이 있다.

『국제 운하 유적 명단』은 세계문화유산위원회 및 ICOMOS 위탁 연구의 산물인데, 이 연구는 세계 문화유산 중 운하 영역에서 권위를 인정받고 있는 전문가의 의견에 의거한 것으로 세계 문화유산 중에서 운하 부문의 권위 있는 서적이라 할 수 있다. 이 서적은 『세계 문화유산에 관한 협약과 메뉴얼Guidelines for the operation of the World Heritage Convention』(1996년판)에서 문화유산 기준(6조)의 기초 위에 운하에 대한 전체 4개조의 가치 평가 기준을 마련하고 이 4개조의 기준에 의거하여 대운하의 가치에 대한 평가를 진행하였는데 그 결과는 다음과 같다.

(1) 대운하는 "인류의 천재적 창조력의 걸작"이며, "운하의 기술 발전에 크게 기여"하였고, "걸출한 구축물 혹은 특징적인 범례이며 인류 역사의 중요한 시기를 대표"하는 등 세 방면에서 모두 탁월한 보편적 가치outstanding universal value를 가지고 있다.

(2) 대운하는 "탁월한 보편적 의의를 가지는 사회·경제 발전과 직접 연관"되어 있다는 측면에서 매우 높은 보편적 가치를 가지고 있다.

따라서 경항대운하는 의심의 여지없이 탁월한 보편적 가치를 가지고 있으며 중화 민족의 명예를 상징하는 중요한 문화유산이다. 이 가치는 경항대운하의 핵심적이면서 동시에 기본적인 가치이다.

1.2 대체할 수 없는 생산 및 생활의 기초 시설로서의 가치

중국의 운하는 '공부통조貢賦通漕(진상품을 바침)'의 통로이면서 평소에는 관개 수로로 이용되는 특징을 가지고 있다. 대운하는 운하 주변 도시와 농촌의 생산과 생활의 기초 설비로서 다음의 세 가지 방면에서 그 기능을 살펴볼 수 있다.

(1) 물 수송로의 기능이다. 남수북조 동쪽 구간 공정이 시작됨에 따라 운하는 중요한 물 수송로로서의 기능을 하게 되었는데 이 기능은 현대 중국의 발전 과정에서 다시 한 번 중요한 역할을 하게 되었다. 생명의 근원인 물의 수송은 식량을 운송하는 것과 함께 특별한 의의가 있는 문화 경관이다.

(2) 물류 수송로의 기능이다. 운하의 운수 기능은 현재에도 특정 구간의 도시와 농촌 주민의 생산 활동에 중요한 의의를 가지고 있다.

(3) 용수원用水源의 기능을 가지고 있다. 관개 수로는 운수 이외에 운하가 갖는 기능 중 가장 큰 기능으로, 운하는 오늘날까지도 운하 인근 지역 농업 시설의 중요 기초 시설이다. 또한 운하는 일부 공업 지대의 공업용수와 도시의 생활용수의 중요한 수원水源이다.

1.3 중요한 생태 기초 설비로서의 가치

생태 인프라는 본질적으로 지역과 도시가 의존하는 자연의 체계이며, 지역과 그 도시가 자연의 혜택을 지속적으로 받을 수 있는 기초이다. 이런 생태 서비스는 인간에게 신선한 공기, 식물, 체육 공간, 휴식과 오락 공간, 생활상의 안전과 심미적 생활 공간, 교육 공간 등의 혜택을 줄 뿐 아니라, 도시 녹지 시스템, 임업과 농업 계통, 자연 보호 계통 등의 방면에서 폭넓은 혜택을 제공한다.[俞孔堅·李迪華, 2002, 2003] 경항대운하는 지역 생태의 기본 인프라로서 국토 생태 안전의 보호와 지속 가능한 지역 발전이라는 측면에서도 큰 의의가 있다.[俞孔堅·李迪華 등, 2004]

(1) 지역 생태계 구조로서 반半자연 생태계seminatural ecosystem에 광범위한 영향을 미침

운하 회랑은 남북의 수많은 다양한 자연, 반자연半自然, 인공 생태계를 관통하는 시스템으로 장기간에 걸친 에너지, 물질, 정보의 유동과 순환을 통하여 운하 자체가 다방면에서 영향력 있는 생태계로 전환되었고 생태 조절 능력을 가지게 되었다. 운하 자체의 구조와 기능이 인공과 자연 등 많은 요소의 영향을 받기는 하였지만 체계적인 회복 과정을 거쳐 특유의 생태적 가치를 지니게 되었다.

(2) 풍부한 습지 생태계의 보존

습지는 인간과 수많은 동·식물의 중요한 생존 환경 중의 하나이며, 풍부한 생물 다양성을 보전하고 있고 다양한 생태계 서비스 기능을 가지고 있어 '자연의 신장'으로 불리운다. 운하의 수로는 대부분 자연 하천의 물길을 따라 건설되었는데 운항의 필요성 때문에 보편적으로 인공 수로화되었지만 오랜 시간 동안 생태 변화가 일어난 이후에도 여전히 대량의 늪과 갯벌이 유지되었다. 습지는 대대로 홍수를 방지하고, 운하의 수량을 유지하고, 호수를 이용한 저수지를 건설하는 데 이용되었다. 이 수많은 인공 또는 자연 습지들은 중요한 생태 기능을 발휘해 왔으며, 운하와 불가분의 관계에 있는 문화유산 중 하나이다.

1.4 독특한 국민 교육의 가치

(1) 천연의 '중국 자연 지리 교과서'

경항대운하는 중국 동부의 5대 주요 수계가 연결되는 유일한 하류河流고, 중국에서 몇 군데 안 되는 남북을 관통하는 생태회랑[1]이면서, 광범위한 자연 지리 구역을 통과하고 있으며 중국 동부 계절풍 지대의 표본이다. 마치 절단면을 보는 것처럼 중국 대지의 남북 차이와 분화를 뚜렷하게 보여 주고 있어 천연의 '중국 자연 지리 교과서'라고 할 수 있다.

(2) 중화 민족의 문화적 상징

경항대운하는 중화 민족의 문화적 결정체이며 중화 민족의 문화를 상징하는 걸출한 대표작이고 중화 민족의 성격을 잘 묘사하고 있다.

---

1) §생태회랑eco-corridor: 도로, 댐, 수중보, 하구언 등의 건설로 인하여 야생 동식물의 서식지가 단절되거나 훼손 또는 파괴되는 것을 방지하고 야생 동식물의 이동을 돕기 위하여 설치되는 인공 구조물이자 식생 등의 생태적 공간을 말한다.

(3) 향토문화를 전시하고 있는 박물관

경항대운하의 물줄기는 중국 동부의 인구 밀집 지역을 남북으로 관통하고 있기 때문에 자연적 요소와 주변 지역의 풍부한 물질·비非물질 문화유산이 하나의 축으로 서로 연결되어 향토문화가 종합적으로 잘 전시된 살아 있는 박물관이다.

1.5 주요 휴식·휴양 공간으로서의 가치

경항대운하는 애국주의와 역사·문화 교육과 관련한 중요한 자원이다. 이 휴식·휴양 공간으로서의 가치와 교육적 가치를 전략적으로 활용하기 위해서는 유산의 보호를 기본으로 하고, 운송 수로 건설을 계기로 연관된 국가의 성숙한 경험을 본보기로 삼아, 지역 간 협력을 통한 생태와 문화유산의 보호, 관광 산업의 발전, 문화 산업 개발 등의 복합적 기능을 하나의 문화유산회랑[2]으로 종합하여 개발하여야 한다. 이런 측면에서 경항대운하는 남북 문화를 단면적으로 보여주는 유일무이한 공간이며 교과서를 보는 것과 같은 체험과 학습의 회랑이 될 수 있다.

2 경항대운하의 총체적 보호 문제

2.1 운하 보호를 위한 협력 기구의 부재

현재 경항대운하의 유산 보호와 관련된 사업에 사회 각계각층과 각급 지방 정부가 많은 관심을 기울이고 있으나, 대운하의 총체적인 보호를 담당하는 기구는 아직 설립되지 않았으며, 사실상 자연과 문화유산을 관리하는 기구에서도 대운하 보호에 관한 사안은 오랫동안 방치된 상태로 지금에 이르렀다. 국가 문화유산 보호 체계에서 보여지는 본질적 결함이 대운하 보호 문제에서도 드러나고 있는 것이다.

현재 중국의 문화유산 보호에 관한 법률은 『중화인민공화국 문물 보호법中華人民共和國文物保護法』과 『문물 보호법 시행 조례文物保護法实施條例』, 그리고 국무원이 공포한 몇 가지의 조

2) §문화유산회랑heritage corridor은 문화유산과 환경 보호, 경제 발전, 휴식·휴양 등을 일체화하는 것으로 현재 미국에서 시행하고 있는 발전 전략이며, 자원 보호와 지역 발전 플랫폼을 이용하는 효과적인 방법 중의 하나이다.[王誌·芳孫鵬, 2000 참고]

례와 지방 정부가 제정한 법규가 있다. 이 중에서 역사 문화유산 보호와 관련된 것은 3종류로 나눌 수 있는데, 역사 문화 도시, 역사 문화 거리와 촌락, 개개의 문물이 그것이다. 그러나 이런 체제와 구조는 넓은 지역을 아우르는 문화유산, 즉 대운하와 같이 1,700km에 달하면서도 매우 중요한 단위를 보호하는 데에는 적합하지 않고, 대운하가 하나의 도시나 거리, 촌락과 같은 방식으로 보호받는 것은 더욱 어려운 실정이어서 현재 시행 중인 체제로는 이런 종류의 문화유산을 실질적으로 보호할 수 있는 방법이 없다.[李伟 등, 2004]

또한 대운하는 여러 부문과 넓은 지역에 걸쳐 있기 때문에 연안 지역의 관련 부문과 협력할 수 있는 효율적이고 강력한 보호 기구가 구성되어 이 사업을 진행해야 한다.

2.2 도시화 과정 중에 나타나는 운하 보호의 문제

대운하는 북쪽에서 남쪽으로 화북평원華北平原[3], 회해평원淮海平原[4]과 항가호평원杭嘉湖平原[5]을 관통하고 있으며 오랜 역사를 거치면서 형성된 연안의 수많은 도시와 촌락의 젖줄 역할을 하였다. 중국의 경제가 급속하게 발전하고 있는 오늘날 운하 주변 지역은 경제 발전과 함께 역사상 유례없는 대규모 건설 붐을 맞이하고 있다. 현행 경제 계획과 편제 방식은 구소련의 방식을 답습하고 있는데, 먼저 도시의 인구를 예측하고 이를 기준으로 토지 이용 계획과 그 기능을 확정한 후 건설에 관한 세부 계획을 추진하는 방식이다. 그러나 이러한 방식의 계획은 도시가 원래 가지고 있던 자연과 생태계의 구조를 고려하지 않고 자연 경관에 대한 보호 의식도 없이 단지 구역을 나누어 차례대로 확장해 나가는 방식이기 때문에 운하는 보호나 고려의 대상이 될 수 없었다.

도시 계획 이전에는 도시 확장에 대한 제약이 없었기 때문에 운하의 구조와 수중 생태계가 파괴되는 것이 불가피하였다. 대운하와 주변 문화유산 보호 계획이 사전에 확정되거나 실행될 수 없었으며, 운하 주변의 대규모 도시 건설에 대한 제약도 없었기 때문에 이 위대한 유산은 오늘에 이르러 소실될 위기에 처하였다.

---

3) §황하 중·하류지역과 양자강 이북에 위치한 평야지대로 동북평원과 함께 중국의 2대 평원에 속한다.

4) §서주徐州를 중심으로 한 회하淮河 이북과 연운항連雲港 서쪽 지역에 있는 평원이다.

5) §절강성의 퇴적평원. 절강성의 북쪽에 위치하고 양자강 삼각주의 일부이며, 비단의 발원지로 유명하다.

2.3 운하 연안의 난개발

도시화가 빠르게 진행되면서 많은 곳에서 운하를 도시 건설 과정에서 개조하거나 변형하였다. 많은 지역에서 물길과 제방을 인공적으로 정리하면서 원형과 달리 제방을 철근 콘크리트로 축조하여 수중 생태계가 파괴되고 운하의 유산적 가치와 원형이 훼손되었으며 운하 양쪽 기슭 주민들이 수천 년을 이어온 운하와 밀접하게 연관된 생활도 파괴되었다. 개조되고 변형된 운하는 새로 건설된 도시를 통과하면서 혼탁한 물로 변질되고, 그 자연적·역사적 가치는 유실되었다. 어느 구간은 대운하에 대한 생태적, 유산적 가치에 대한 몰이해와 눈앞의 욕심 때문에 운하 양쪽 연안 지역에 부동산 개발과 각종 건설이 무분별하게 진행되었고, 날림으로 만든 가짜 유적지와 관련된 관광 상품이 등장하기도 하는 등 운하의 생명과 가치가 심각한 위협을 받게 되었다. 이와 함께 도시의 고층 건물이 우후죽순으로 생겨나면서 운하 도시의 많은 유적들이 흩어지고 점점 고층건물의 숲에 가려져 구석으로 내몰리면서 운하의 문화유산 체계와 완전히 단절되기도 하였다.

2.4 도시화에 따른 운하의 오염

강물은 대지의 혈맥이면서 도시와 농촌 주민에게 많은 생태 서비스를 제공하는 중요한 회랑이다. 그러나 도시화가 확대되고 경제 발전이 빨라짐에 따라 점점 더 많은 공업 폐수, 생활 폐수 및 오염된 빗물이 도시 속 운하의 수로와 호수로 흘러들어 수질을 더욱 악화시킨다.

운하 북부의 도시에서는 천 년을 이어 흘러온 운하가 점점 배수로로, 악취 나는 개천으로 바뀌다가 결국 도시인들이 혐오하는 하수도로 변하고 있다. 어떤 도시에서는 산업 쓰레기, 폐기물, 방사성 고체 폐기물, 생활 쓰레기 등을 근교의 운하 부근에 하치하는가 하면 또 다른 어떤 곳에서는 이런 쓰레기를 물이 말라버린 운하의 바닥에 매립하는 등 운하 환경의 근본을 파괴하는 일까지 벌어지고 있다.

현재 남운하의 일부 구간은 이미 심각한 수질오염으로 인해 수중 생물이 멸종된 상태에 이르렀다. 건강한 수중 생태계가 파괴되면 대운하의 생태 기능이 상실되거나 마비되어 운하 생태계 전체의 생명과 정체성을 위협한다.

3 경항대운하 보호의 기회

3.1 남수북조 공정南水北調工程 정책의 추진

남수북조 공정의 추진은 경항대운하에 부활의 기회를 부여함과 동시에 운하 착공 이래로 또 한 번 대변화의 계기를 마련하였다. 그러나 이 남수북조 공정의 추진은 고귀한 유산인 대운하 보호라는 측면에서 보면 새로운 도전이기도 하다. 남수북조의 동선東線 공정은 양자강 하류의 물을 끌어들여 기본적으로 경항대운하를 따라 단계별로 북쪽, 즉 화북평원의 동부에 물을 공급하는 공정으로, 오래된 대운하가 이러한 남북수조의 사명을 또다시 짊어지고 있다. 이 공정이 완성되면 천진시와 하북성 흑룡항黑龍港 운동運東 지역[6], 산동성의 북부와 서남부 그리고 교동膠東[7] 일대 도시들의 물 부족 문제가 해결되고, 베이징까지 물을 공급할 수 있게 된다. 뿐만 아니라 환발해環渤海 지역과 화북평원의 경제 발전을 촉진하고, 물 부족으로 인해 악화된 환경을 개선하여 경항대운하의 제녕濟寧~서주徐州 구간 전체의 일상적 운항을 위한 안정적 수량 공급이 보장된다. 또한 산동성 서부와 강소성江蘇省 북부 두 곡창 지대의 식량 공급 기지로서의 역할도 더욱 공고히 할 수 있게 된다.[劉昌明, 2002]

경항대운하는 세계적으로 보존 가치가 높은 문화유산이며 금전으로 환산할 수 없는 역사적 가치를 가지고 있기 때문에, 남수북조 공정을 추진할 때 계획 수립과 시행 과정에서 경항대운하의 문화유산으로서의 가치에 대한 완전한 보호에 특별히 주의해야 한다. 남수북조 동선 공정은 운하 문화유산 보호에 대한 중대한 도전이자 동시에 절호의 기회이다. 만약 자연과 생태, 유산, 휴양, 사회·경제 발전 등 다양한 시각으로 과학적이고 합리적인 계획이 수립된다면 운하 생태계 전반이 회복되고 유산을 보호하는 데 많은 도움이 될 것이다.

3.2 대운하의 세계 문화유산 등재 신청

최근 중국 국가문물국國家文物局과 중국정치협상회의는 경항대운하에 대해 높은 관심을 가지고 세계 문화유산으로 등재하기 위해 다양한 영역에서의 사업을 적극적으로 전개하고, 이를 위해 경항대운하 전체를 전국 중점문물보호단위로 지정하였다. 2007년 6월 20일, 국가문물국이

6) §화북평원의 북쪽 지역을 말하여 하북성 동쪽 지역의 상당부분이 포함된다.
7) §산동반도의 동부 지역이다.

개최한 '대운하 보호와 세계 문화유산 등재 신청을 위한 협력 회의'에서 전문가들은 '경항대운하'를 '중국대운하'로 확대하여 등재 신청할 것을 제의하였다. 이를 위해 연관된 도시를 18개에서 24개로 확대하고 연안 도시들에 '중국대운하 세계 문화유산 등재 신청 판공실'을 설치하고 각 성정부省政府와 성의 문화재 관련 부서가 주도하여 사회 각계의 참여와 협력을 유도하기 위한 협상 및 대화를 진행하기도 하였다.

경항대운하의 세계 문화유산 등재 사업은 운하의 보호와 이용에 좋은 계기가 될 것이며 각 부문의 이해관계가 잘 조정되어 운하 보호 계획이 수립된다면 운하의 재건과 보호에 더없이 이로운 기회가 될 것이다.

중국은 1985년 12월 22일에 개최된 제6차 전국인민대표자대회全國人民代表大會의 승인을 거쳐 '세계 문화 및 자연 유산 보호 협약Convention Concerning the Protection of the World Cultural and Natural Heritage'에 가입하였고 1986년부터 세계 문화유산 등재 신청을 시작하여 현재 만리장성을 포함한 28개의 유산이 세계 문화유산으로 등재되었다. 이 기간 중에 일부 전문가들은 대운하를 세계 문화유산으로 등재 신청할 것을 제의하기도 하였다. 그러나 다수의 전문가들은 세계 문화유산에 대한 관점과 이해가 다르고 운하 일부 구간의 물이 모두 말라 있거나 오염이 심하고 또 일부의 수질 상태가 좋지 않아 당시에는 운하의 세계 문화유산 등재 신청이 적합하지 않다고 여겼다.

북경대학교 조경설계학연구소는 1997년 설립 당시부터 대운하와 산업 유산의 보호에 대해 관심을 가지고 연구하기 시작하였으며, 중국에서 가장 먼저 대운하 문화유산회랑을 구축할 것을 건의하며 대운하 유산에 대한 총체적 보호와 관련한 구상을 밝혔다.[孫鵬·王誌芳, 2001] 수년간의 내부 연구와 토론을 거친 후, 유공견俞孔堅 교수는 2004년에 「대운하 구역 생태 인프라 전략과 실행 경로를 논함」이라는 논문을 발표하였다. 그는 이 논문에서 대운하 구역 생태 인프라 건설의 이론적 기초, 전략적 의의, 문제 제기의 배경과 실행의 기술적 경로에 대해 상세하게 논하였고 이를 기본틀로 삼아 북경대학교 조경설계학연구소는 정식으로 대운하 유산의 총체적 보호와 이용에 관한 연구 사업을 시작하였다.[俞孔堅, 李迪華等, 2004]

2004년 7월, 중국 국가문물국에서 지원한 '경항대운하 유산회랑의 총체적 보호에 관한 연구' 사업에서는 북경대학교의 조경설계학연구소 28명의 교수와 학생으로 구성된 연구팀을 조직하고 이들로 하여금 한 달 동안 자전거를 타고 경항대운하에 대한 현장 답사를 진행하도록 하였다. 그 후 연구소 소속 모든 교수와 학생들이 1년이 넘는 기간 동안의 연구를 거쳐 대운하 유산 지리 정보 시스템을 구축하고 대운하의 물줄기, 문화유산 현황을 자세하게 기록하면서 체계적인 연구가 시작되었다.

2005년 말, 중국의 '세계 문화 및 자연 유산 보호 협약' 가입 20주년과 2006년 신년을 맞이하여 정효섭鄭孝燮, 라철문罗哲文, 주병인朱炳仁 등 3명의 저명한 전문가가 연대 서명하여 대운하가 통과하는 18개 시의 시장에게 편지를 보내 하루빨리 대운하를 세계 물질문화 및 비非물질문화 두 영역으로 등재 신청할 것을 호소하였다. 이어 이듬해부터 시작하여 중국 내의 대운하 보호와 세계 문화유산 등재 신청에 관한 여론이 폭넓게 형성되었다.

2006년 3월 중국의 양회兩會(전국인민대표자대회와 중국인민정치협상회의) 기간에 58명의 중국인민정치협상회의(이하, 정협) 위원들은 정협 제10기 4차 회의에서 경항대운하 보호 사업과 함께 적절한 시기에 세계 문화유산 등재 신청을 할 것을 호소하였다.

2006년 5월 12일부터 '정협 대운하 보호와 세계 문화유산 등재 신청 고찰단' 일행이 10일 동안 경항대운하 전 구간을 시찰하였는데 여기에는 23명의 정협 위원, 11명의 중국 내 저명한 문화재, 수리水利, 고건축, 역사학 방면의 전문가와 학자, 운하 연안의 6개 성省·시市의 정협 문화·역사 위원회 책임자 70여 명이 참가하였다.

2006년 5월 22일 정협 문화·역사학습위원회가 주최하고 항주시 위원회와 시 정부가 주관한 '경항대운하 보호와 세계 문화유산 등재 신청 토론회'가 항주에서 개최되었고 토론회를 마친 참가자들은 「경항대운하 보호와 세계 문화유산 등재 신청 항주 선언」을 발표하였다. 선언문에서는 국가 전략적 측면에서 단일 협력 기구의 신설, 대운하 보호와 관련한 법률·법규 제정, 대운하에 대한 총체적 보호와 발전 계획 수립, 관련 부서의 위원회와 전문가, 그리고 운하 연안의 도시가 참가하는 연구 기구의 조속한 구성을 결의하였다. 또한 이 기구를 통해 연구 조사와 가치 평가 사업을 시작하여 실현 가능한 방안을 제출하고, 경항대운하의 세계 문화유산 등재 신청 사업을 시작하여 유구한 역사를 가진 운하의 생기와 활력을 되찾고자 하였다.

2006년 5월 25일 국무원이 여섯 번째로 보호해야 할 중요 문화재 명단을 발표하면서 대운하 전 구간이 국가급 문물보호단위에 포함되었다.

2006년 10월, 북경의 통주通州에서 열린 '대운하 세계 문화유산 등재 신청 포럼'에서는 운하 연안의 17개 시가 연대 서명한 「통주 선언」이 발표되었다.

2006년 12월 15일, 국가문물국은 새롭게 확정된 「중국 세계 문화유산 예비 명단」을 발표했는데 대운하도 이 명단에 포함되었다.

2007년 3월 11일, 정협 제10기 제5차 회의에서 유일한 집단 기자 회견이 있었는데 그 주제는 '경항대운하의 보호와 세계 문화유산 등재 신청'이었다. 정협 위원 겸 전국 문물국 국장인 단제상单霁翔은 대운하의 보호와 세계 문화유산 등재 신청을 앞둔 상황에서의 문제점에 대해 정리하였다.

2007년 6월 20일, 국가문물국이 주도하고 정협의 문화문사학습위원회, 교통부, 수리부 그리고 24개 시의 대표들이 참가한 '대운하 보호와 세계 문화유산 등재 신청을 위한 사업 협력 회의'가 북경에서 열렸다.

2009년 4월 23일, 문화부와 국가문물국이 주최하고 국무원 13개 부문과 대운하 연안의 8개 성·시로 구성된 '대운하 보호와 세계 문화유산 등재 신청 성省·부部 간 협상 소조'의 1차 회의가 북경에서 열렸다. 회의에서는 '대운하 보호와 세계 문화유산 등재 신청 성·부 간 협상 소조 사업 제도', '대운하 보호와 세계 문화유산 등재 신청 2009~2010년 사업 계획' 등이 통과되어 대운하의 세계 문화유산 등재 신청 사업에 있어서 조직적인 지원을 받을 수 있게 되었다.

2011년 3월 29일, '대운하 보호와 세계 문화유산 등재 신청 성·부 소조'의 제3차 회의가 북경에서 열려 '대운하 유산 보호와 관리에 관한 종합 계획'과 '대운하의 세계 문화유산 등재 신청 예비 명단'을 통과시키고 북경, 하남河南 등 8개 성 35개 지방 도시의 운하 유산을 2014년에 세계 문화유산으로 등재 신청하기로 하였다.

4 세계 문화유산 보호의 발전 과정

4.1 세계 문화와 자연 유산 보호의 역사

(1) 문화유산 보호의 기원

문화유산 보호의 기원은 르네상스 시기의 유물 소장에서부터 시작되었다. 19세기 문화유산 보호와 관련하여 프랑스파와 영국파, 그리고 이탈리아파가 잇달아 출현하였는데, 이는 문물·건축 보호에 관한 학문이 19세기에 이미 초기 틀을 갖추고 있었다는 것과 현대의 문화유산 보호가 이 시기부터 부흥하기 시작했다는 것을 말해준다. 문물·건축 보호를 목표로 하는 문화유산 보호의 발전 과정에서 1931년 『아테네 헌장』과 1964년 『베니스 헌장』은 모두 이정표가 되는 양대 사건이다. 훗날 문화유산 보호와 관련한 국제적 문헌은 상당 부분 모두 『베니스 헌장』을 기초로 제정되었는데, 예를 들면 역사 원림 보호의 『피렌체 헌장』, 역사 도시 보호의 『워싱턴 헌장』, 목조 건축물 보호의 『목조 건축물 보호 원칙』, 『향토 건축 유산에 관한 헌장』 등이 그것이다.

역사 도시와 역사 거리의 보호는 문물·건축 보호의 기초 위에서 발전하여 왔다. 일반적으로 역사 도시와 역사 거리의 보호는 1960년대 혹은 그보다 더 늦게 시작되었다고 알려져 있다.

1970~80년대까지 역사 도시와 역사 거리의 보호는 문화유산 보호계界의 특별한 관심을 받았다. ICOMOSInternational Council on Monuments and Sites(국제 기념물 유적 협의회)등의 기구가 통과시킨 문헌만 보더라도 1967년의 『키토 표준The Norms of Quito』, 1972년의 『고대 건축군 구역 안에 현대 건축물을 신축하는 것에 관한 연구 토론 회의 결의Resolutions of the Symposium on the Introduction of Contemporary Architecture into Ancient Groups of Buildings』, 1975년의 『역사 소도시 보호에 관한 결의』, 『마추픽추 헌장』, 『나이로비 건의』, 『워싱턴 헌장』과 각급의 『세계 유산 보호 행동 지침』 등의 서적에 역사 도시와 역사 거리에 관한 서술이 실려 있다.

(2) 자연과 문화가 결합된 보호

국제적으로 자연과 문화가 결합된 보호의 방식이 중요한 기준이 된 것은 1968년 미국에서 열린 '세계 유산 보호' 백악관 회의인데, 이 회의에서 전 세계의 자연 명승지와 문화유산을 보호할 것을 호소하였다. 이것이 문화유산과 자연 유산이 결합된 공식적이고 공개적으로 나온 최초의 목소리였다.

UN 교육과학문화기구United Nations Educational, Scientific and Cultural Organization(이하 유네스코)는 1972년 11월 16일의 회의에서 '세계 문화 및 자연 유산에 관한 협약'(약칭 '세계 유산 협약')을 통과시켜 정식으로 자연 유산과 문화유산을 모두 보편적 가치를 가진 유산으로 보호하게 되었다. 2007년의 제31회 세계 유산 대회 이후, '세계 유산 협약'을 체결한 184개 국가와 지역의 851개 유산이 세계 유산으로 등재되었는데 그중 문화유산은 660개, 자연 유산은 166개, 문화 자연 유산은 25개이다. 중국은 1985년 12월 12일에 정식으로 '세계 유산 협약'에 가입한 후 2007년까지 모두 33개의 세계 유산이 등재되었는데, 그중 문화유산이 24개, 자연 유산이 5개, 문화 자연 유산이 4개이다.[유네스코 누리집 참조]

(3) 세계유산위원회의 유산 보호 추세

가. 문화유산과 자연 유산

'세계 유산 협약'은 가장 먼저 그 『메뉴얼』에서 문화유산과 자연 유산에 대해 정의했다. 문화유산을 세 종류로 분류하였는데, 문물 유적, 건축군과 그 터가 그것이고, 자연 유산은 자연 경관, 지질과 대지의 구조, 동물과 식물의 생태 구역, 자연 경관 명승과 자연 구역으로 분류하였다.

'세계 유산 협약'과 부단히 수정한 『메뉴얼』에서 나타나는 주요한 추세는 역사적 환경의 보호와 보호 범위를 점점 더 확대하는 것인데, 단일한 건축물에서 거리로, 거리에서 도시 전체로, 더 나아가 문화 경관cultural landscape과 유산 경로heritage route로 보호 범위와 규모가 커지고 있다.

나. 문화 경관의 유형

1984년 세계유산위원회 제8회 대회는 유산 보호 영역 중에서 문화 경관에 대해 토론한 첫 번째 회의였다. 그 후 1992년 프랑스 파리에서 열린 문화 경관에 관한 전문가 회의에서 비교적 완전한 정의가 제출되었고, 1994년 『세계 유산 협약 메뉴얼』(이하 『메뉴얼』)의 수정 과정에서 이와 관련된 개념, 분류 그리고 등재 기준이 확정되었다.[유네스코, 1994]

1994년의 『메뉴얼』은 '문화 경관'에 대해 사람과 자연의 공동 작품, 즉 사람과 그곳에 있는 자연의 다양한 상호 작용이며, 다양한 형식을 가지고 있다고 정의하였다. 문화 경관의 보호 의의에 대해 토지의 지속 가능한 이용에 유리하고 생물 다양성의 보호에 유리하다고 하였다.[유네스코, 1994]

문화 경관은 그 특징을 근거로 다음 세 종류로 분류한다.

① 인공적 설계 경관으로 화원과 공원 등을 포함한다. 건설을 하는 중요한 이유는 실용성과 아름다움의 추구인데 이런 경관은 때때로 종교 혹은 기타 유적과 관련이 있다.

② 유기 진화 경관으로, 이는 인류의 사회, 경제, 관리, 종교적 작용의 결과이자 자연환경에 순응하고 적응한 산물이다.

③ 관련關聯 · 연상聯想 문화 경관으로, 자연 요소가 종교, 예술, 문화적으로 강하게 연관 된 경관에 중점을 두고, 물질적인 실증은 부차적인 위치에 둔다.

1994년의 『메뉴얼』에서는 문화 경관의 세계 유산 명부 편입 여부가 그 기능성과 이해 가능성intelligibility에 달려 있다고 지적하고, 문화 경관은 반드시 대표적인 문화 경관의 총체적 성질을 충분히 반영하고 있어야 한다고 하였다. 유네스코는 또 여기에서 "선형의 교통 운수가 형성한 구역을 배척해서는 안 된다."라고 하였다. 1980년 이후 국제 학술계에서 일관되게 중시해 온 선형 문화 경관linear cultural landscape은 이후 유산 운하와 문화 선로cultural route 등으로 발전하였고, 이 두 부류에 속하는 많은 중요한 유산들이 세계 유산 명부에 이름을 올렸다.

다. 문화 선로, 유산 선로와 유산 운하

세계유산위원회가 선형 유산 보호에 관한 국제회의를 열기 시작한 것은 1994년이다. 제17회 세계유산위원회는 1994년 캐나다에서 유산 운하 전문가 회의를 개최하고 보고서(Report of the Expert Meeting on Heritage Canals, Canada, September 1994)에서 운하의 개념과 구체적인 평가 체계에 대해 자세히 서술하였다. 1994년 11월 24~25일, 스페인 마드리드에서 열린 '문화유산의 일부로서의 선로'에 관한 전문가 회의에서는 선형 문화유산 문제를 둘러싼 토론(Report on the Expert Meeting on Routes as Part of our Cultural Heritage, Madrid, 24~25 Nov. 1994)을 하였다.

1998년, ICOMOS는 스페인 테네리페에서 회의Tenerife(1998)를 개최하여 국제 유적 이사회 문화 선로 과학 위원회(CIIC, The ICOMOS International Scientific Committee on Cultural Routes)를 출범시키고 『CIIC사업 계획』과 『CIIC 장정章程』을 포함하여 일련의 문건을 통과시켰다. CIIC의 출범은 문화 선로가 국제 문화 유산계로부터 새로운 유산 유형으로 인정받았음을 보여주는 것이다.

스페인의 산티아고 데 콤포스텔라 순례길[El Camino de Santiago, 1993년 등재], 프랑스의 미디운하[Canal du Midi, 1996년 등재], 일본의 기이 산지의 영지와 참배길[Sacred Sites and Pilgrimage Routes in the Kii Mountain Range, 2004년 등재] 등이 잇달아 '세계 유산 명부'에 등재됨에 따라 선형 유산은 최근 세계 유산 보호계의 중요한 화두가 되었다.

2005년의 『메뉴얼』 중에서 네 종류의 특수 유형의 유산이 세계 유산 명부에 등재되었는데, 그것은 다음과 같다.

① 문화 경관Cultural Landscapes
② 역사 도시와 중심지Historic Towns and Town Centres
③ 유산 운하Heritage Canals
④ 유산 선로Heritage Routes

라. 비非물질문화 유산

1980년대 이후, 유네스코는 전 세계 차원의 급속한 발전과 변화에 따라 비非물질 문화유산의 관리가 물질 문화유산보다 더 취약한 상태에 놓여 있고, 보호와 지원이 더욱 필요하다는 것과 국제적 규정의 제정이 필요하다는 것을 인식하게 되었다. 1989년 제25회 유네스코 회원국 대회에서는 '전통 및 민간 문화의 보호에 관한 건의안'을 통과시키고 여기에 서명한 국가들로 하여금 전통 및 민간 문화의 보호를 실행할 것을 정식으로 요구하게 되었고 인재와 자연 재해의 파괴 위험에서 보호하기 위한 구체적인 원칙을 제시하였다.

1998년에 유네스코는 '유네스코 선포 인류 구술·비非물질 유산 대표작 조례'를 제정하여 2001년 5월에 처음으로 19개의 '인류 구술과 비非물질유산 대표작' 명단을 발표하였는데 그중 중국의 쿤취昆曲, Kun Opera가 첫머리에 포함되었다.

마. 산업 유산

산업 유산은 역사적, 기술적, 사회적 가치와 건축 및 과학 연구적 가치가 있는 산업 문화 유물을 말한다. 여기에는 건축물과 기계, 작업장, 방앗간, 공장, 광산, 제련 장소, 창고, 상점, 생산지, 상품 교역이나 에너지를 사용하던 장소, 교통 기초 설비 등과 공업 생산과 연관이 있는 기타 사회 활동 장소, 예를 들면 주택 공급, 종교 숭배, 교육 등의 장소를 포함한다.[『니즈니타길 헌장, The Nizhny Tagil Charter For The Industrial Heritage』, 2003]

산업 유산의 기원은 산업 혁명의 발원지인 영국에서 시작되었다. 19세기 중반, 영국은 산업 유산의 보호에 관심을 가지기 시작하여 19세기 말에는 '공업 고고학'이 출현하고 산업 혁명과 산업 대발전 시기의 산업 유적·유물에 대한 기록과 보존을 강조하기 시작하였다. 1950~60년대 이후에 관련 연구와 사회적 관심이 높아져 완성도 높은 산업 유산 이념이 차츰 형성되었다.[單霽翔, 2006] 독일, 미국, 프랑스 등의 산업화된 국가들은 이미 산업 유산 보호 사업을 시작하였고, 이어서 많은 정부 조직 또는 비정부 국제 조직들도 적극적으로 산업 유산 보호 활동에 나서고 있다. 스웨덴은 1978년에 산업유산보전국제위원회TICCIH, The International Committee for the Conservation of the Industrial Heritage를 설치하였는데, 이는 국제무대에서 첫 번째로 산업 유산 보호의 촉진을 위해 힘을 실은 국제적 조직이다. ICOMOS는 1999년, 멕시코에서 회의를 열고 산업 유산 범위 안에 있는 '현대 유산'을 보호할 것을 호소하였고 2003년 7월, TICCIH 회의에서 산업 유산을 보호하기 위한 『니즈니타길 헌장』을 통과시켰다. 2005년 중국의 서안西安에서 개최된 제15회 ICOMOS 회의에서는 2006년 4월 18일 개최된 '국제 고적古迹 유적遺址의 날'의 주제를 '산업 유산 보호'로 정하기도 하였다.[單霽翔, 2006]

운하 연안은 중국 근대 공업의 발원지 중의 하나로 소주蘇州, 무한武漢, 항주杭州 등지에 대량의 산업 유산이 분포되어 있다. 2006년 '국제 고적 유적의 날'에는 백여 명의 문화유산 분야의 전문 인사들과 중국 각 공업도시의 대표들로 조직된 무석無錫공업유산보호회의와 공동으로 중국 산업 유산 보호의 현황과 대책에 대해 토론하였으며 '무석無錫 제의'를 입안하여 산업 유산을 전 인류 문화유산의 중요한 일부분으로 보호할 것을 사회 각계에 호소하였다.

(4) 유산 운하와 유산 선로의 정의 및 평가 기준

세계유산위원회에서 2005년에 출판한 『메뉴얼』에는 유산 운하Heritage Canal와 유산 선로Heritage Routes에 관한 정의 및 평가 기준이 다음과 같이 되어 있다.

가. 유산 운하Heritage Canal

1994년 캐나다에서 거행된 유산 운하Heritage Canal 전문가 회의에서 제출된 운하의 정의는 다음과 같다. "운하는 인류 공정화工程化의 수로이다. 역사와 기술의 각도에서 보면 운하는 특수하고 보편적인 가치를 가지고 있으며, 동시에 이 분야의 전형적인 혹은 특수한 문화유산을 대표한다. 운하는 기념비적 의의를 가지고 있는 공정이며 선형 문화 경관의 핵심적 요소이거나 복잡한 문화 경관 중에서 반드시 필요한 일부분이다."[유네스코, 1994]

운하가 세계 유산 명부에 등재되는 기준은 다음과 같다.[유네스코, 2005]

Ⅰ. 운하로서의 정체성은 역사적 가치와 그 가치 사이의 관계에 의해 확인된다. 운하의 독특한 특징은 그 유산 요소가 시간의 변천 과정을 대표하고 있다는 것이며 이것은 각기 다른 시기의 기능과 운하의 변천 과정에 상응하는 기술 발전과 관련되어 있다. 이러한 변화의 범위는 유산의 요소가 될 수 있다.

Ⅱ. 운하의 정체성과 역사적 의미는 운하에서 이동이 불가능한 물건, 이동 가능한 물건(배, 임시 항행 설비 등), 연관된 구조물(다리 등), 그리고 경관 사이의 관계로 나타난다.

Ⅲ. 운하의 유산 가치는 기술, 경제, 사회, 경관 등 4개의 부문으로 나누어 평가할 수 있다.

A. 기술 : 운하가 가지고 있는 다기능적인 용도에 근거해서 평가한다. 예를 들면, 관개, 항운, 방어, 발전, 홍수 대응, 급수 등인데 기술의 측면에서 보면 운하의 가치는 다시 다음의 네 가지를 포함한다.

a. 물줄기의 연결과 누수 방지

b. 모종의 독특한 건축과 기술 공정 구조를 대표

c. 복잡한 구조와 시스템의 발전

d. 기술의 보급

B. 경제 : 운하는 여러 가지 방식으로 경제의 발전을 촉진하는데 인력과 물자를 실어 나르는 것이 대표적이다. 운하는 고대古代에 화물을 대량으로 옮기는 데 효과적인 수단이었으며 오늘날에도 관개 등의 기능을 발휘하면서 경제적으로 중요한 작용을 하고 있다.

a. 국가적 측면

b. 농업 발전

c. 공업 발전
d. 재부財富의 창조
e. 기타 영역의 공정 기술로 응용
f. 여행

C. 사회 : 운하의 건설과 운행은 과거와 현재뿐만 아니라 미래에도 계속해서 그 영향력을 발휘할 것이다.
a. 사회 문화적 역할과 재부의 재분배
b. 인구의 이동과 문화 군체群體의 상호 작용

D. 경관 : 대규모 공정은 과거뿐만 아니라 미래의 자연 경관에 대해서도 영향을 미친다. 연관된 공업 활동과 변화된 집단 거주 형태는 경관의 형식과 형태의 변화에도 커다란 영향을 미친다. 통상적으로 어떤 산업 형태는 도시 집단 주거 형태를 결정한다.

나. 유산 선로Heritage Route와 연관된 설명

『메뉴얼』(2005) 중에서 유산 선로와 연관된 항목은 "유산 선로의 개념은 풍부함과 다양성이며, 이것은 서로 모순되지 않고 특수한 틀을 가지고 있고, 역사의 융합과 평화로운 문화를 조정할 수 있는 다양한 경로이다."라고 되어 있는 부분이다. 유산 선로가 국가 혹은 지역 간 다양한 대화 방식과 교류에서부터 비롯되었으며 중요한 물질 요소적 문화 가치를 포함하면서 유산 선로의 각기 다른 시간과 공간의 활동 과정을 보여준다는 사실을 언급한 것이다.

어떤 유산 선로를 세계 유산 명부에 등재하기 위해서는 다음의 몇 가지를 고려하여야 한다.

Ⅰ. 유산 선로가 가지고 있는 특수하면서도 보편적인 가치에 대한 요구

Ⅱ. 유산 선로의 정의
A. 변화 발전하는 활동, 교류하는 사상, 시간과 공간상 연속성을 갖추고 있음
B. 선로 전체의 가치는 그 구성 요소의 총계를 넘어설 뿐만 아니라 그 문화적 가치를 보여 주고 있음
C. 국가와 지역 간의 교류를 중시

Ⅲ. 선로는 다차원적이다. 선로 건설이라는 최초의 목표에서 출발하여 종교, 상업, 관리 등 기타 부문으로 확대·발전하였다.

Ⅳ. 하나의 선로 유산이 독특하면서도 지속적으로 변화·발전하는 문화 경관이 되기도 한다.

Ⅴ. 유산 선로로 인정받으려면 선로 자체의 가치를 물질적 요소로 증명할 수 있어야 하고, 그 선로가 가지고 있는 효용성이 증명되어야 한다.

Ⅵ. 운하의 정체성은 선로 자체 혹은 선로 유산의 구성 요소가 갖는 가치에 근거하여 확정된

다. 여기에는 선로의 역사와 지속된 시간, 현재 사용되는 빈도와 효용, 그리고 그 선로로부터 영향을 받고 있는 사람들의 합리적 개발 의향 등이 고려되어야 한다.

이상의 정의는 선로 유산이 다음의 몇 가지 특징을 가지고 있음을 보여준다.

첫째, 선로 유산은 일정 역사 시기 인류 활동의 양식으로, 인류의 생존과 생활을 위해 특수한 틀을 제공하고 역사와 문화를 융합한다.

둘째, 선로 유산은 실체를 가지고 있으며, 장기간에 걸쳐 사회·경제·정치·교류의 발전으로 형성된 가치 있는 도시, 마을, 건축물, 수문, 부두, 역참驛站, 교량 등의 물질 요소를 포함한다.

셋째, 선로 유산의 척도는 다종다양하다. 국제적인 것도 있고 한 국가에 한정된 것도 있으며, 특정 지역 내에 있는 것도 있고 넓은 지역에 걸쳐 있는 것도 있다.

넷째, 선로 유산의 가치 구성은 다원적이고 다차원적이다. 선로 전체도 문화적 가치를 가지고 있고 그 내부에 분포되어 있는 하나의 개체 유산도 가치를 가지고 있으며 인류의 교류와 이주 과정도 포함한다.

4.2 운하 및 문화 선로와 관련된 세계 유산

(1) 운하와 관련된 세계 유산

지금까지 운하와 관련된 적지 않은 유산이 세계 유산으로 등재되었다. 1985년 스페인의 세고비아 구 시가지와 수로Old Town of Segovia and its Aqueduct가 세계 유산의 제Ⅰ, Ⅲ, Ⅳ조 기준에 부합되어 세계 유산 명부에 등재되었다. 이 수로는 기원전 1세기에 건설되었는데 길이는 813m이며 고건축물에 속하는 수리 시설이다.(유네스코 누리집, http://whc.unesco.org/en/list/311)

1996년, 프랑스 미디운하Canal du Midi가 세계 문화유산 Ⅰ, Ⅱ, Ⅳ, Ⅵ조의 기준에 부합되어 세계 유산 명부에 등재되었다. 미디 운하는 1667~1694년에 건설된 길이 240km의 대서양과 지중해를 잇는 운하이다. 이 운하와 연결된 수로의 총연장은 360km로 그 위에 328개의 건축물(수문, 수위를 조절하는 수로와 갑문, 교량, 터널 등)이 있는 굉장히 중요한 근대 토목 공정의 걸작이다.(유네스코 누리집, http://whc.unesco.org/en/list/770)

1998년, 벨기에 중앙운하 상의 수압식 선박 기중기 4대(The Four Lifts on the Canal du Centre and their Environs, La Louvière and Le Roeulx)와 라 루비에르La Louvière와 르 루Le Roeulx 지역이 세계 문화유산 Ⅲ, Ⅳ조의 기준에 부합되어 세계 유산 명부에 등재되었다.(유네스코 누리집, http://www.unesco.org/whc/sites/856.htm)

2007년, 캐나다 리도운하Rideau Canal가 세계 문화유산 Ⅰ, Ⅳ조의 기준에 부합되어 세계 유산 명부에 등재되었다. 이 운하는 오타와Ottawa에서 킹스턴Kingston까지 총연장 202km로 강과 호수, 인공 운하를 온타리오Ontario 동부의 시가지까지 연결하였다. 그 핵심 지역의 면적은 21,454.81hm^{2}이며, 완충 지역의 면적은 2,363.2hm^{2}이다.

(유네스코 누리집, http://whc.unesco.org/en/list/1221)

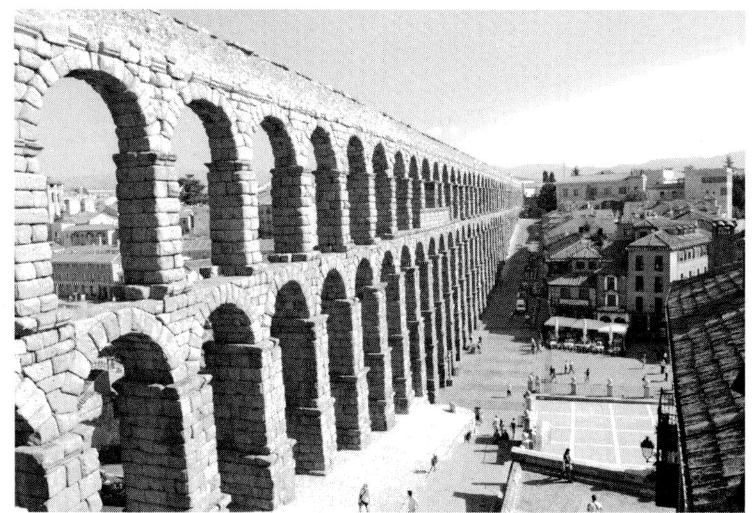

그림 3.1 스페인 세고비아 구 시가지와 수로(사진: 徐四海)

그림 3.2 프랑스 미디운하(사진: 安建國)

그림 3.3 벨기에 중앙운하(사진: 温珮君)

그림 3.4 캐나다 리도운하(사진: 吳萬裏)

(2) 문화 선로 유형의 세계 유산

산티아고 데 콤포스텔라 순례길Route of Santiago de Compostela(스페인 구간) 연안의 1,800여 곳의 종교 혹은 기타 고건축은 모두 상당한 역사적 가치를 가지고 있어 1993년에 세계 문화유산 Ⅱ, Ⅳ, Ⅵ조의 기준에 부합되어 선형 문화유산으로 등재되었다. 이 선로는 중세기에 리베리아 반도와 유럽 지역의 문화 교류를 촉진하는 데 중요한 역할을 하였다.(유네스코 누리집, http://whc.unesco.org/en/list/1221)

산티아고 데 콤포스텔라 순례길(프랑스 구간)은 스페인 순례길로 가기 위해 반드시 거쳐야 하는 길이며 1998년에 세계 문화유산 Ⅱ, Ⅳ, Ⅵ조의 기준에 부합되어 선형 문화유산으로 등재되었다.(유네스코 누리집, http://whc.unesco.org/en/list/868)

2004년, 일본의 기이 산지의 영지와 순례길Sacred Sites and Pilgrimage Routes in the Kii Mountain Range은 세계 문화유산 심사기준 Ⅱ, Ⅲ, Ⅳ조의 기준에 부합되어 선형 문화유산으로 등재되었는데 핵심 지역의 면적은 495.3hm^2, 완충 지역의 면적은 1,137hm^{2}이다.(유네스코 누리집, http://whc.unesco.org/en/list/1142)

그림 3.5 산티아고 데 콤포스텔라 순례길(프랑스 구간)(사진: 李迪華)

그림 3.6 일본 기이 산지의 영지와 참배길(사진: 阪冈悌·藤木庸介 제공)

5 국제 대단위 문화유산 보호·발전 과정

5.1 미국

미국은 일찍이 1980년대에 운하 등의 선형 문화유산 보호에 주의를 기울이기 시작했다. 유산회랑은 유산 보호와 그린벨트가 합쳐진 개념으로 비교적 넓은 범위에서 많은 문화 경관과 자연 자원의 효과적인 보호를 실현하는 것을 말한다. 이는 또한 녹색 통로greenway 개념의 발전과 문화유산 보호의 구역화가 결합되어 나타난 산물이다. 1984년 레이건 대통령은 국립유산회랑, 즉 일리노이주와 미시간주 운하 국립유산회랑Illionois and Michigan Canal National Heritage Corridor을 설정하는 법률에 서명하였다. 2007년에 이르러 미국은 모두 37개의 국립유산회랑과 유산지대를 설정하였는데 그중에는 8곳의 유산회랑Heritage Corridor, 24곳의 국립유산지대Heritage Area, 2곳의 국립유산파트너십Heritage Partnership, 1곳의 국립역사구역National Historic District, 1곳의 산업유산선로Industrial Heritage Route, 1곳의 하천회랑River Corridor을 포함하고 있다.(http://www.nps.gov/history/heritageareas/VST/INDEX.HTM#list)

5.2 기타 국가

캐나다, 멕시코, 아시아의 한국과 일본, 그리고 유럽과 남미의 일부 국가들은 모두 미국의 국립유산지대의 개념과 비슷한 보호 방법을 실시하고 있다.[Frenchman, 2004] 그중에서 유럽은 인류 거주의 역사가 오래된 지역이어서 개발되지 않은 땅이 거의 없고 일찍이 문화 관광업이 시작되었기 때문에 이 분야의 보호 방법 또한 비교적 먼저 발달하였다.[MacEwen & Malcolm, 1982]

표 3.1 일부 유럽 국가의 유사類似 유산 구역 보호 사업

명칭	대표국가	목표	자금	관리	대표적 사례
산업 유산구역	영국	근대공업 발달과 관련된 주요사적 보호	전국의 유산 복권과 유산 기금	지방정부, 비영리기구, 영국 유산보호기구와 유네스코가 조직한 협회 등이 관리. 이 협회는 토지사용에 대해서는 관여하지 않고 경제원조를 통해 지방의 유산보호와 재이용에 관한 사항을 지원.	Iron bridge협곡, Derwent Valley 세계유산구역
환경공원	프랑스	지역과 민족의 중요한 주제를 보호, 토지의 이성적 이용을 촉진, 지방의 중요한 역사와 자연자원을 보호	연방정부의 지정기탁,지방정부와 민간의 지원	연방정부가 지방정부와 민간 협력자들과의 협의를 거쳐 관리방안제정. 구체적인 관리작업은 지방연합조직이 실행. 이 조직은 적은 수의 관리원과 많은 수의 자원봉사자로 구성.	Vosges du Nord
생태박물관과 생태공원, 자연공원	네덜란드 스웨덴 독일 이탈리아 포르투칼 덴마크	문화유산·구역을 가지고 있거나, 국가적 의의가 있는 도시 혹은 환경, 지방문화와 생활방식 등을 보호	정부와 각종 유산보호기금회의 지원	정부의 협력아래 지방의 비영리조직이 관리. 그들은 보호와 교육과제에 집중하여 유산자원의 재이용을 통하여 관광객을 유치하고 경제발전 도모.	Bergsladen생태공원 (스웨덴) IBA Emsher공원 (독일)
구역유산계획	스페인	지역자원과 문화유산의 보호, 경제의 부흥	개인, 은행과 정부기구의 지원	각 부문의 대표로 구성된 공원위원회가 관리. 관광산업의 발전과 역사시설에 대한 복원·이용을 통하여 지방경제를 부흥.	Llobregat 하천회랑, Parc Agrari del Baix Llobregat, Parc de les Colonies del Llobregat

주: 1. 유럽의 각종 보호 구역 중 대략 2/3가 IUCN 제Ⅴ부류의 경관 보호구이다.
2. 표에서 이용한 자료의 근거는 Frenchman(2004), 미국 국립공원관리국(http://www.cr.nps.gov/heritageareas), 프랑스 자연구역공원협회(http://www.parcs naturels regionaux.tm.fr/fr/accueil/), 덴마크 생태박물관(http://ecomuseum.dk/english/01gb_ lake_district_ecomuseum.htm) 등의 자료를 바탕으로 하여 구성하였음.

유럽은 1970년대부터 유산 구역 보호가 점점 발전하여 미국과 비슷한 유산 지대가 가장 많은 곳이 되었다. 미국과 비슷한 유럽의 유산 지대는 많은 협력 단체가 관리하는 다양한 규모의 역사·문화를 주제로 한 지역을 포함하고 있다. 이런 단체들은 유산 구역에 대한 관리를 할 뿐이며 이 구역의 토지 사용에 대해서는 관여하지 않는다.

유럽은 국가마다 유산 보호에 대한 관심과 노력이 다르기 때문에 국가 간 유산 구역의 종류와 범위가 모두 조금씩 차이가 있다. 그럼에도 불구하고 모든 국가는 모두 중요한 유산 구역의 구체적인 사례를 가지고 있다.〈표 3.1〉 이 구역에서 유산 보호와 독특한 문화 경관은 지역 재생과 지속 가능한 발전을 위한 중요한 수단이다. 이밖에 유럽 연합은 일련의 프로젝트를 통해, 독특한 문화와 자연 요소를 한데 묶기 위해 도시나 구역(어느 경우에는 국경을 초월하여)을 위한 지원을 하며 이들 구역들 사이의 지역 연합이 유산 구역이 되도록 촉진한다.

6 국제 유산회랑 보호 이론

6.1 유산회랑의 개념

유산회랑은 일종의 역사·문화유산 보호 정책이다. 이것은 유산 보호 구역과 그린벨트의 기초 위에 발전해 온 특수한 유산 보호 방법이며, 선형 유산 보호에 여가 생활, 생태, 미학 등의 개념이 다기능적으로 결합된 선형 개방 공간이다.

유산회랑 보호와 건설의 대상은 선형의 문화 경관이다. 비록 그 가치가 세계 유산에 등재될 정도는 아니라 하더라도 초기 인류의 생활 노선을 대표하고 있고 지역 문화의 발전 과정을 보여준다는 점에서 문화적 의의가 있다. 예컨대 역사 및 문화 자원의 가치를 가지고 있는 하천, 협곡, 운하, 도로, 또는 철로 등이 그것이다. 유산회랑은 특수한 문화 자원의 선형 경관으로서 자연과 유산 보호, 지역의 진흥, 주민의 여가 생활, 문화 여행, 체육 등 다방면에서 효과를 추구하는 보호 기획 및 방법이다.

유산회랑은 다음의 특징을 포함한다.

(1) 유산회랑은 일종의 선형 유산 구역으로 유산 보호에 대해 지역적인 듯하지만 국부局部적이지 않은 개념이며 내부에는 많은 다양한 유산의 선형 구역을 포함한다.

(2) 유산회랑의 범위가 커도 되고 작아도 되는데 보통 중간 척도로 쓰인다. 한 도시 안의

수계水系를 말하기도 하고, 여러 개의 도시에 걸쳐 있는 수계의 부분 유역을 말하기도 하며 도로나 철도를 지칭하기도 한다.

(3) 유산회랑은 하나의 종합적인 보호 정책이며, 자연, 경제, 역사 문화 세 부문이 병합되기도 한다. 그중 역사와 문화 부문이 중시되지만 동시에 경제적 가치와 자연 생태계의 균형 능력도 강조된다.

유산회랑 보호 계획은 총체성을 중시하여 계통의 전체 공간으로부터 착수하며 유산회랑 범위 안에 있는 모든 자연과 문화 자원을 보호하고 사람들에게 여가 생활과 경제 발전의 기회를 제공한다. 공간에서부터 분석을 하면 유산회랑은 주요하게 4개의 구성 요소를 가지고 있는데 녹색 회랑, 여행 노선, 유산, 해설 체계가 그것이다. 유산회랑의 계획은 이 4개의 요소에 대한 계획과 설계를 중심에 두고 진행하여야 한다.[王誌芳·孫鵬, 2001]

유산회랑의 개념과 방법은 미국에서 시작되었지만 중국에 있는 대량의 선형 문화 자원의 보호와 발전에 대해서도 시사하는 바가 크다. 유럽과 미국의 운하에 대한 총체적 보호와 경험을 교훈삼아 경항대운하와 관련한 역사 문화 보호, 국민 교육과 여가 생활, 경제 발전 등이 종합적으로 고려된 유산 보호 체계를 기획하는 일이 반드시 필요하다.

유산회랑은 일종의 선형 문화 경관이며 문화적 의의를 가지고 있는 운하, 도로, 철로 등을 포함하므로 그에 걸맞은 지역적 차원의 기획을 통해 각각의 유산과 일정한 문화적 의의가 있는 녹색 회랑을 연결하도록 한다. 공원, 도로, 경관, 유적 등의 자원을 개발하고 대중의 관심을 높이며 지역 내의 협력과 보호, 혁신을 추동해 나간다.

미국의 유산회랑 보호는 국립공원 체계에 속해 있어서 규정의 제정, 계획과 관리 과정은 모두 법률, 정부 관련 각 부문으로부터 보장과 지원을 받고 있다. 일례로 미국의회는 1984년에 '1984년 일리노이주와 미시간주 운하 국립유산회랑법'을 제정하였다.[Illinois and Michigan Canal National Heritage Corridor Act of 1984]

유산회랑은 전통적인 국립공원과 달리 연방 정부가 회랑의 범위 안에 있는 토지와 자원을 관리하지 않고 국가공원서비스기구the National Park Service가 관리를 책임지는데, 각 회랑의 관리 실체는 연방 정부의 위임을 받은 유산회랑위원회Heritage Corridor Commission이다. 위원회는 국립공원서비스기구의 협조 아래 국가와 지방 주체 혹은 비영리 조직과 함께 보호 구역 내의 역사, 자연, 오락 자원을 보호하고 이것으로 운하와 주변 지역에 대한 일반의 관심을 끌어 모은다.[劉佳燕, 陳宇琳, 2006]

6.2 미국의 유산회랑

운하는 특수한 선형 문화 경관의 일종으로서 문화, 경제, 자연 등 다방면의 가치를 가지고 있으며 국립유산회랑에 있어서도 그 가치가 매우 중요하다. 미국이 만든 첫 번째 국립유산회랑은 앞서 말한 대로 1984년 레이건 대통령이 직접 서명한 일리노이주와 미시간주의 운하 국립유산회랑이고, 두 번째는 블랙스톤 리버 벨리Blackstone River Valley운하 국립유산회랑인데 이곳은 미국 산업 유산을 한눈에 볼 수 있는 곳이다. 2007년까지 미국은 다음 9곳을 국립유산회랑으로 지정하였다.(www.nps.gov/history/heritageareas/VST/INDEX.HTM#list 참조)

(1) Illinois and Michigan Canal National Heritage Corridor, 일리노이Illinois주, 1984년 지정
(2) John H. Chafee Blackstone National Heritage Corridor, 메사추세츠Massachusetts주와 로드아일랜드Rhode Island주, 1986년 지정
(3) Delaware and Lehigh Navigation Canal Heritage Corridor, 펜실바니아Pennsylvania주, 1988년 지정
(4) Quinebaug and Shetucket River Valley Heritage Corridor, 코네티컷Connecticut주, 1994년 지정
(5) Cache la Poudre River Corridor, 콜로라도Colorado주, 1996년 지정
(6) Ohio & Erie Canal National Heritage Corridor, 오하이오Ohio주, 1996년 지정
(7) South Carolina National Heritage Corridor, 사우스캐롤라이나South Carolina주, 1996년 지정
(8) Erie Canalway National Heritage Corridor, 뉴욕New York주, 2000년 지정
(9) Gullah/Geechee Cultural Heritage Corridor, 노스캐롤라이나North Carolina주, 사우스캐롤라이나South Carolina주, 조지아주, 플로리다주, 2006년 지정

7 중국 유산 및 생태 보호 이론의 기초

7.1 안티 플래닝anti-planning[8] 의식

생태 시스템은 인류의 사회 경제 시스템에 식물, 공기와 물, 습도 조절, 심미적 영감 등 생태

8) §반계획反計劃: 원서에서 이 용어는 도시 계획 중 최대한 자연 생태 인프라를 보호하면서 개발을 추진한다는 의미에서 '反規劃'로 쓰였으며, 본서에서는 '안티-플래닝anti-planning'으로 번역하였다.

적인 서비스를 제공하여 "자연의 서비스nature's service"라고도 한다.[Daily, 1997] 그러나 현대인은 자신의 기술력과 인공 시스템을 과신하여 물과 대기 안에 있는 자연 과정조차 통제하여 도시인의 수요를 만족시키려 하였고, 자연을 순리적으로 이용하려 하지 않아 결과적으로 자연의 서비스 기능이 저하되고 도시와 국토의 생태적 위기를 초래하였다.

개발형 계획이 도농 개발 계획의 주가 되고 있는 현 상황에서는 아직 개발되지 않은 공간을 통제함으로써 생존하는 자연 생태계를 보호하는 것을 우선적으로 고려하고 그 다음에 도시 공간에 대한 계획과 개발을 진행하여야 한다. "계획의 중요한 목적은 개발에만 있는 것이 아니라, 최선을 다하여 남아 있는 미개발 공간을 보호하는 데 중점을 두어야 한다."[吳良镛, 2002] 도시의 규모와 용지의 기능별 점용 면적은 끊임없이 변화하는 것이며 자연 경관 중 하천 수계, 녹지, 임지, 습지 등으로 구성된 생태 환경 인프라는 도시에 반드시 그리고 항상 필요한 것이다. 따라서 도시화가 급속히 진행되고 있는 현대 생활에서는 급변하는 도시 확장에 맞서 오히려 역발상의 도시 계획 방법론이 필요하다.

'안티-플래닝anti-planning'은 이러한 목표 아래 제기된 것으로 개발을 하지 않거나 개발을 반대하는 것이 아니라 보호를 우선하는 경관 계획의 한 방법론이다. '안티-플래닝' 의식은 구역 안에 먼저 계획과 보호, 그리고 비건축 공간을 기획하는 것인데, 여기에는 하천, 습지, 홍수 침수 지대[9], 호수, 저수지, 해안선, 간석지 등의 각종 자연 요소와 방풍림 지대(기타 방호림 지대), 산, 숲, 휴식지, 주요 경제림, 고생산高生産 농지, 녹색 통로 그리고 주요 역사 문화 유적지와 유산회랑 등을 포함한다.

'안티-플래닝'은 도시의 물질 공간 계획의 한 방법론으로서, 도시 확장 과정에서 합리적 틀을 마련하고, 급속한 발전으로 혼돈스러운 도시의 발전을 위해서 점진적이고 탄력적인 '해결 공간'을 제공한다. 이는 도시 계획에 있어서 "그림 - 배경figure-ground relation 관계"를 반드시 뒤바꾸어야 한다는 것을 의미한다. 먼저 기본적인 틀(배경, 즉 대지 생명의 건강하고 안전한 구조)을 확보하고[Yu, 1996] 그 바탕 위에 그림을 그린다는 것으로 과정과 구조가 서로 상응하고 지속적 발전이 가능한 도시를 건축하는 것을 말한다.

7.2 생태 인프라

도시화로 인해 국토 생태계가 위기에 직면한 중국에서, 생태 인프라는 토지의 안전과 건강을

9) §제방으로 막을 수 없는 홍수가 닥쳤을 때 우선 침수시켜 다른 지역의 침수 피해를 최소화하기 위한 공간.

보장하며, 도시 주민이 지속적으로 높은 수준의 자연 생태 서비스를 보장받을 수 있는 기반이다.[俞孔堅·李迪華, 2002, 2003] 이 정의는 추상적인 생태계의 서비스 개념과 실행 가능한 공간 계획 방법론을 연결시킨다. 도시 개발의 지속 가능성이 미래를 예측하는 시정市政 기초 인프라 건설에 의거하는 것과 같이 도시 환경의 지속 가능성도 미래를 예측하는 생태 인프라 구축에 의거하여야 한다. 도시 생태 인프라의 기획과 설계를 통하여 도시 주민의 생태 서비스 수준의 고효율을 보장하고 토지의 안전을 확보하는 경관 구조를 형성할 수 있다.

생태 인프라는 도시가 의존하는 자연 시스템이며[Mander, Jagonaegi, et al. 1988; Selm and Van, 1988], 본질적으로 도시와 주민이 지속적으로 자연의 혜택을 받을 수 있는 기본적인 장치로 토지의 안전과 건강을 보호하면서도 도시 확장 및 토지 개발과 이용을 제한하지 않는 구조이다.

생태 인프라는 잘 알려져 있는 도시 녹지 시스템을 포함할 뿐만 아니라 광범위하게는 앞서 상술한 자연 서비스를 제공하는 대규모 산수山水 구조, 자연 보호지, 임업·농업 계통, 도시 수계와 친수 공간, 열린 광장 시스템, 그리고 역사문화 유산 시스템 등을 포함하며, 생태 서비스 기능을 완벽하게 보장하는 기본적인 경관 구조이다. 전체 국토 차원에서의 생태 인프라는 국가 거시 전략의 중요한 구성 요소이며 중국이 지속적으로 발전할 수 있는 토대이다.

7.3 경관 안전 구조

급속한 도시화의 과정 속에서 도시가 확장되고 시정市政 인프라가 건설되는 것은 피할 수 없으나 토지는 그 자체의 유기적 구조가 있고, 다른 공간 형태와 구조는 모두 서로 다른 생태 기능이 있음을 인식해야 한다. 따라서 도시와 자연 시스템의 관계를 조절하는 것은 양적 변화보다 공간 구조와 관련한 질적 변화가 더 중요한 문제가 된다. 그러므로 도시와 지역 계획에서 극복해야 할 전략적 과제는 유한한 토지 위에서 자연·생물 구조, 그리고 역사·문화 구조의 완전성과 연속성을 효과적으로 보장하면서 도시 확장을 병행할 수 있도록 충분한 공간을 남길 수 있는 경관 구조를 어떻게 전략적으로 조직할 것인가이다.

경관 안전 구조에 관한 이론과 방법은 유한한 토지에서 가장 경제적이고 효율적인 경관 구조Landscape pattern로 생태계의 건강과 안전을 보호하고, 재해를 예방하고 거주 환경의 지속 가능성을 확보하는 데에 새로운 사유 방식을 제공하면서, 유한한 토지를 대상으로 양호한 토지 이용 구조를 수립하여 안전하고 건강한 주민 환경을 실현하는 것이다. 특히 대지의 도농간 경관 생태계를 복원하고 환경 악화를 효과적으로 억제할 수 있는 이론과 실천일 때 더욱 의의가 있다.[俞孔堅, 1998, 1999; Yu, 2003]

경관안전구조 이론은 최대·최적화 경로와 최소·최대 제약 경로의 기초 위에서 발전하여 온 지속 가능한 환경과 개발에 관한 새로운 방법론이다. 이 방법론은 각종 과정(생태 과정, 사회 경제 발전 과정 및 역사 과정을 포함)에 한계와 단계는 존재하지만 최종 경계는 존재하지 않는다는 것을 강조한다.

안전 구조 이론은 실제로 하나 혹은 여러 과정 중에서 각자가 자신의 이익을 보호하기 위한 변화와 소통의 방법이며, 이 과정을 거쳐 공통된 인식을 갖게 됨으로써 서로 상생할 수 있는 타협점과 균형점을 찾게 된다. 따라서 경관 안전 구조 이론은 개발 계획을 하나의 실행성이 있고 정당성을 입증할 수 있는 게임 과정으로 삼고 영리한 보호 전략을 실현한다.

8 경항대운하 총체적 보호의 방향

운하와 문화 선로에 대한 국제 문화 유산 보호계의 이목이 집중되고 있는 오늘날, 중국은 유구한 문화를 가지고 있는 전통 문명국으로서 국제 문화 선로계의 관심을 한 몸에 받고 있다. CIIC의 문화 선로 연구 기초 문헌 중에서 산업유산보전국제위원회 문헌과 관련하여 중국의 대운하, 영거靈渠, Lingqu[10], 실크로드 등의 문화 선로 유산은 모두 중요한 지위를 차지하고 있다.

그러나 중국 내의 현실을 보면 기존 문화유산 보호와 관련된 법률 체계 중에서 선형 유산 보호에 관한 것이 없고, 학술계에서도 문화유산 보호의 시각에서 진행된 연구가 그리 많지 않다. 현재 유산 보호의 시각에서 진행된 실크로드 중국 구간과 차마고도茶馬古道의 연구는 어느 정도 진전을 이루었다고 평가할 수 있지만[呂州, 2005], 전체적으로 보면 유산 보호와 관련한 연구의 심도와 범위는 아직 턱없이 부족하다. 이런 상황으로 인해 가뜩이나 위태로운 보존 현실에 놓여 있는 선형 문화 경관이 그 가치와 중요성을 인정받지 못하고 있고 유산 보호 작업도 한없이 후순위로 밀리고 있는 것이 현실이다. 국제 사회의 적극적인 선형 유산 보호 사업과 다기능·통합·협력적인 보호 경험에서 축적된 교훈은 중국의 선형 유산 보호 사업에 있어서도 큰 시사점을 던져 준다.

10) 영거Lingqu, 靈渠: 중국 광서 장족 자치구 계림시廣西壯族自治區桂林市에 있는 운하. 기원전 214년에 만들어진 세계에서 가장 오래된 운하 중의 하나이다.

제4장

경향대운하 유역의 국가 유산과 생태회랑

1 경항대운하 유역 국가 유산과 생태회랑의 내용과 그 범위

1.1 경항대운하 유역 국가 유산과 생태회랑의 구성 요소

경항대운하를 구성하는 요소에는 운하의 하도를 비롯하여 운하와 연결된 수많은 물길 및 호수는 물론이고, 운하 주변에 밀집 분포한 문물 고적들과 비물질 문화유산이 포함된다. 대운하 유산회랑 연구는 대운하 주위에 분포한 생태 자원과 유산 자원을 자세하게 조사하여 경항대운하 유역의 국가 유산과 생태회랑 구축을 위한 중요한 기초 자료를 제공했다. 〈표 4.1〉은 경항대운하 유역의 국가 유산 및 생태회랑과 관련한 주요 연구 대상이다.

표 4.1 경항대운하 유역 국가 유산 및 생태회랑의 구성 요소와 연구 대상

유 형	소분류	내 용
자연 생태 자원	운하 자원	운하의 하도, 강변, 범람원, 하천제방, 제방림, 주변 환경
	운하 부속 자원	운하와 연결된 수계水系, 호수, 숲, 농경지, 공원 등
대운하 유산 자원	물질 문화유산	갑문, 댐, 초관鈔關, 운하 부아府衙, 사찰, 고택故宅, 능묘, 탑, 유적, 근대 공장, 역사 문화 거리 등
	비물질 문화유산	민간극, 민간 기예, 문학, 전설, 풍속 등

1.2 경항대운하 유역 국가 유산 및 생태회랑의 공간적 범위

경항대운하 유역의 국가 유산 및 생태회랑의 연구 범위는 북경, 천진 두 개의 직할시와 하북, 산동 등 성의 18개 지급시地級市[1]의 운하 인근 지역을 포함한다.〈표 4.2〉

경항대운하 유역 국가 유산 보호 및 생태회랑 구축에 관한 연구는 사회, 문화, 경제, 생태 등 각 분야의 내용을 포함하고 있으며 연구 대상이 많고 연구 지역도 넓다. 〈표 4.2〉에서 보듯이 연구 대상이 되는 지역의 범위는 4개 성, 2개 직할시, 18개의 도시 1,700여 km 안팎에 걸쳐 있는 운하 및 주변 지역의 역사 문화 유산을 포함하고 있다. 따라서 이 연구의 대상이 되는 지역을 확실하게 보호하여 지역을 뛰어넘는 경제적 공생을 실현하고, 일관성 있고 새로운 산업 벨트를 건립하기 위해서 적지 않은 노력을 기울여야 한다. 이를 위해 조정 기관의 설립은 물론

1) §지급시地級市: 중국의 행정 구역 단위로, 지구, 자치주, 맹과 함께 2급 행정 단위에 속한다. 성과 현 사이의 행정 구역으로, 1983년 11월 지급시 제도가 도입되었다.

이거니와 종합이고 실행 가능하며 책임 있는 계획이 수립되어야 한다. 또, 운하 인근 지역의 각급 정부, 회사 및 개인이 협력하여 경항대운하 유역의 국가 유산 보호와 생태회랑 건설 계획을 현실적으로 실행해야 할 것이다.

경항대운하 유역의 국가 유산과 생태회랑을 전체적으로 보호하는 데 있어서 가장 중요한 것은 이용과 보호의 균형을 잘 맞추는 것이다. 빠른 속도로 도시화가 진행되는 현대 사회에서 운하를 개발한다는 것은 기존의 운하에 많은 변화를 가져올 것이다. 그렇기 때문에 운하를 개발하는 것과, 기존의 운하를 유산으로 삼아 온전하게 보호하는 작업 사이의 문제를 잘 해결하

표 4.2 연구 사료 수집 및 답사 지역의 범위

성 및 직할시	지급시	구 및 현
북경시北京市		북경 시내, 통주구通州區
천진시天津市		천진 시내, 무청구武清區, 북진구北辰區, 서청구西青區, 정해현靜海縣
하북성河北省	창주시滄州市	창주 시내, 청현青縣, 창현滄縣, 박두시泊頭市, 남피현南皮縣, 동광현東光縣, 오교현吳橋縣
	형수시衡水市	부성현阜城縣, 경현景縣, 고성현故城縣
	낭방시廊坊市	향하현香河縣
	형태시邢台市	청하현清河縣, 임서현臨西縣
산동성山東省	덕주시德州市	덕성구德城區, 무성현武城縣, 하진현夏津縣
	요성시聊城市	임성시臨城市, 관현冠縣, 요성시聊城市, 양곡현陽谷縣
	제녕시濟寧市	양산현梁山縣, 가상현嘉祥縣, 문상현汶上縣, 제녕시濟寧市, 가상현嘉祥縣, 미산현微山縣, 어대현魚台縣
강소성江蘇省	서주시徐州市	서주 시내, 패현沛縣, 동산현銅山縣, 가왕구賈旺區, 비주시邳州市
	숙천시宿遷市	숙천 시내, 숙예현宿豫縣, 사양현泗陽縣
	회안시淮安市	회음구淮陰區, 청하구清河區, 초주시楚州區
	양주시揚州市	양주 시내, 보응현寶應縣, 고우시高郵市, 강도시江都市, 한강구邗江區
	진강시鎮江市	경구구京口區, 단도구丹徒區, 단양시丹陽市
	상주시常州市	무진구武進區, 종루구鐘樓區, 무진구武進區
	무석시無錫市	혜산구惠山區, 빈호구濱湖區
	소주시蘇州市	상성구相城區, 금창구金閶區, 오중구吳中區, 오강시吳江市
절강성浙江省	가흥시嘉興市	가흥 시내, 동향시桐鄉市
	항주시杭州市	항주 시내, 여항구餘杭區
	호주시湖州市	호주 시내, 덕청현德清縣

는 것은 운하 주변의 국가 유산과 생태회랑에 관한 연구에 있어서 중요한 과제가 된다.

경항대운하 유역의 국가 유산을 보호하고 생태회랑을 구축하기 위해서는, 먼저 운하 연안 지역에 분포한 많은 역사·문화유산과 자연 자원을 체계적으로 보호하여, 세계적인 수준의 선형 문화 선로를 엄격하게 지켜내야 한다. 각 지역의 특색을 보존하기 위해서, 민족적 자부심을 높이기 위해서, 또한 미래의 후손을 위해서도 이 세계적인 문화유산은 잘 보존해야 할 가치가 충분하다.

또한, 운하에서의 항행이 중단되면서 운하 주위의 도시와 촌락들이 누린 지난날의 번영은 모두 과거사가 되어 버렸다. 따라서 운하를 문화유산으로서 잘 보호해야 한다는 기본 입장 위에서 운하의 기능을 살려 역사, 자연, 레저 기능을 융합한 문화·관광 산업 위주로 운하 유역 도시들의 경제 발전 역시 촉진시켜야 한다.

2 경항대운하 보호 및 관리 전략

2.1 경항대운하 관리 원칙

경항대운하 주변의 개발 작업은 적극적으로 진행되고 있는 데 반해 운하에 대한 보호 작업은 아직 부족하다. 현재처럼 남북의 경제 수준 차이가 비교적 큰 상황에서는 국가 차원에서 자원을 배분해야 한다. 경제가 발달한 지역에서는 운하를 과도하게 개발하는 것을 제한하는 동시에 경제가 뒤떨어진 지역에서는 운하 보호의 강도를 높여야 한다. 그리고 일찌감치 체계적인 보호 계획을 세워 놓고 중요 지역은 영구적으로 보존해야 한다.

운하를 보호하고 개발하는 과정 중에 다음의 원칙을 잘 유지해야 한다.

(1) 장기 및 단기 목표를 조화롭게 세워 운하를 최대한 보호하며, 운하 지역의 문화와 자연 자원도 엄격하게 보존하여 운하의 온전한 모습과 완전성을 회복한다.
(2) 관광 자원을 개발할 경우 반드시 운하의 온전한 모습과 유산의 역사를 고려하여야 하며, 관리 기관은 관광 수입의 일부를 유산의 유지와 보호에 사용해야 한다.
(3) 운하 지역은 새로운 산업 위주로 발전해야 하며, 전통적인 공업의 확장을 통한 상업과 경제의 향상을 도모해서는 안 된다.
(4) 운하와 관련된 양질의 교육 및 해설 시스템을 구축하여 일반 대중과 사업 관계자들에게

유산 자원의 온전한 모습과 역사적 가치를 이해시켜야 한다. 또한 현지 주민과 관광객을 위한 교육 서비스를 제공해야 한다.

2.2 종합적인 협조 관리 기구의 건립

경항대운하 유역의 국가 유산 보호 및 생태회랑의 구축은 중앙과 각 지방 정부, 주변의 주민 등 각 방면의 이익과 연관되어 있으며, 동시에 농업, 공업, 상업, 관광업, 문화유산보호, 하천 생태계 보호 등의 문제도 포함하고 있다. 따라서 대운하의 보호와 이용이라는 양 방면의 이익을 대표하는 기구를 설립해야 한다. 이 기구를 통해 운하의 유산 보호와 경제 개발의 균형을 유지하고 이를 위한 관련 법률도 제정하여야 한다.

운하 관리 기구에는 다양한 유관 기관 및 관계자들의 참여가 필요한데, 특히 관련 정부 부처, 협회 등과 같은 협력 단체 및 개인의 적극적인 참여가 굉장히 중요하다. 이 기구가 완성되면 해당 관리 기구에 실질적인 권한을 주고, 관리 도중에 생기는 문제들은 반드시 국가적 혹은 국제적 안목 하에서 연구하여 해결해야 한다.

국제적으로 보더라도 운하 유산을 보호하고 관리하기 위한 기구들을 만드는데 이를 유산회랑위원회라고 한다. 이 협조 및 관리 기구의 회원은 각계각층을 대표하며 반드시 여러 방면의 이익을 대변할 수 있어야 하고 공공의 이익을 목표로 하여야 한다. 또 위원회는 운하 각 지역과의 협조, 계획 수립, 법률 제정 등에 대한 책임을 지고 운하 유산회랑의 건립을 위한 홍보 및 교육도 담당해야 한다. 그리고 국가의 입장에서 운하 지역의 자연 문화유산 보호 및 경제 개발을 지휘하고, 운하 각 구간의 자원 보호와 이용을 구체화하는 기구가 되어야 한다. 또한 거래 계약 체결, 직원 고용, 유산회랑위원회 회의를 개최할 수 있는 권리를 가지고, 재산 획득이 가능하고 운하 유산회랑의 법인이 될 수 있어야 한다.

유산회랑위원회의 성립은 두 가지 책임을 가지는 것을 그 목적으로 삼아야 하는데 첫째, 운하 유산회랑의 개발을 지도하고 계획하며 둘째, 대중이나 개인이 그 계획을 실시하도록 격려하는 것이다. 이 위원회의 역할은 운하 유산 보호와 경제 발전을 조율하고 위원회를 통해 가치와 이익 사이의 종합적인 균형을 잡는 것이다.

3 유산회랑의 범위 설정 및 보호 지침

경항대운하 유역의 국가 유산 및 생태회랑의 구축을 위해 보호 경계선을 확정하는 것은 유산회랑 연구의 핵심 과제 중 하나이다. 국제 관례 및 국가 자연 보호 구역 규칙에 따라, 본 연구에서는 경항대운하 유역의 국가 유산 및 생태회랑을 거리상 가까운 곳에서 먼 곳으로 세 구역의 보호 범위로 나누어 차례대로 각각 핵심 보호 범위, 중요 보호 범위, 그리고 외곽 협조 지역으로 분류하였다.〈그림 4.1〉

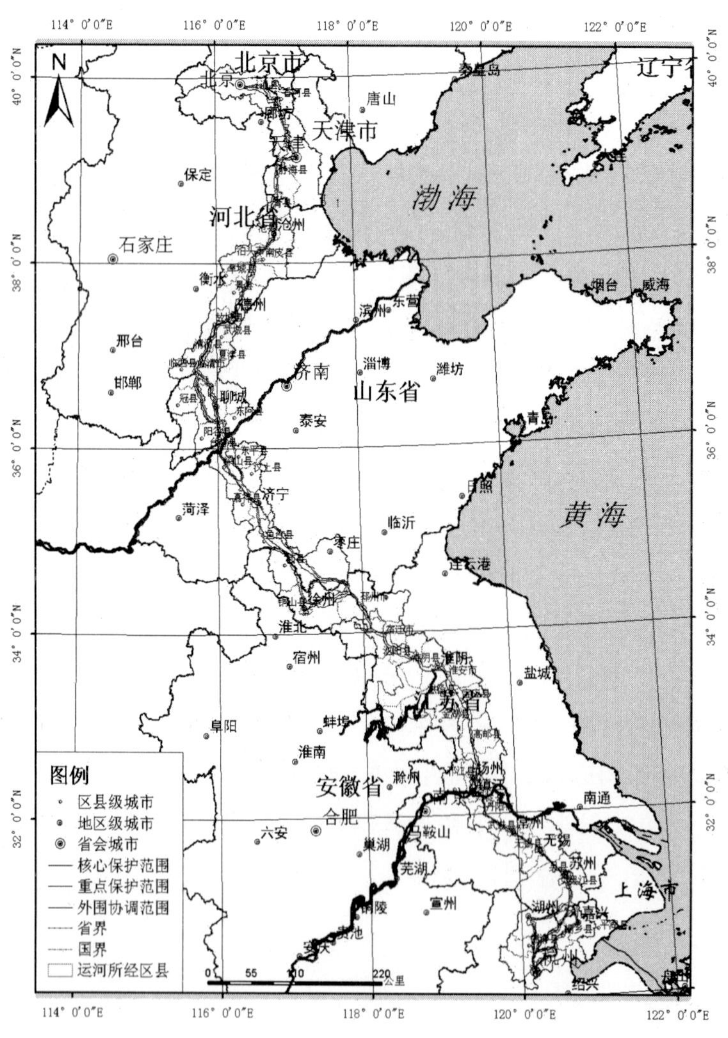

그림 4.1 경항대운하 국가 유산 및 생태회랑 보호 범위

3.1 핵심 보호 범위

경항대운하 유역의 국가 유산 및 생태회랑의 핵심 보호 범위란 운하의 운송로를 지칭하는 것이다. 이 범위 안에는 대운하의 하도, 범람원, 제방과 양안兩岸의 제방 보호림, 또 주위에 온전히 갖춰진 대운하 운송로를 비롯하여, 운하 하도 상의 운하 유산(수문, 댐, 다리, 부두, 나루터 등)과 운하 바로 옆에 있는 촌락 및 거리도 포함한다.

핵심 보호 범위의 넓이와 경계는 운하 기능과 관련된 유산의 분포 상황 및 하천 통로의 합리적인 범위, 또 운하의 넓이 변화를 종합하여 확정짓는 것이다. 기존의 연구 성과를 종합해 보면, 생태적인 각도에서 통로의 넓이와 범위는 두 단계로 구분하여 설명할 수 있다. 첫 번째는 하천 자체의 넓이를 보호하도록 설계해야 하며, 그 폭을 30~80m 사이로 해야 한다. 두 번째는 생물의 다양성을 보호하는 것을 목적으로 설계해야 하며, 그 폭을 100m 이상으로 해야 한다. 만약 1,200m의 폭으로 설정할 수 있다면 다양한 종류의 생물들을 보호하는 데 가장 최적의 지역을 만들 수 있다.[주강(朱強), 2005]

경항대운하는 여러 지역을 넘나드는 하천 통로로서 각 지역의 자연 지리 및 인문 지리의 배경이 각각 다르기 때문에 각 구역마다 하천 통로의 기본 유형 및 생태 과정과 기능이 모두 큰 차이를 보인다. 따라서 정확한 보호 넓이와 범위를 각 구역별로 구체적인 상황에 따라 제정해야 한다.

3.2 중요 보호 범위

경항대운하 유역의 국가 유산 및 생태회랑의 중요 보호 범위는 대운하 그 자체와 운하 기능과 관련된 유산 외에도 대운하와 연관된 문물 고적, 역사 문화 거리, 운하 주변의 오랜 도시들, 비물질 문화유산 등 운하 문화와 지역 사회의 문화적 특징을 반영하는 유산들을 포함한다.

경항대운하 유역의 국가 유산 및 생태회랑의 중요 보호 범위를 확정하는 것은 각 지역의 유산 및 주요 자원의 분포 상황을 자세하게 조사한 바탕 위에서 이루어져야 한다. 그리하여 각 지역의 상세한 보호 경계를 실제적으로 확정짓고 관리 체제 안에 포함시켜야 할 것이다. 이러한 연구 작업에 근거하여 운하 연안의 유산과 운하의 대략적인 관계를 심층적으로 검토하는 작업은, 대운하의 국가 유산과 생태회랑의 중요 보호 범위 확정을 위한 거시적인 시각에 참고 자료를 제공할 것이다.

실제 기록에 근거한 경항대운하 연안의 유산 분포 범위를 살펴보면, 운하로부터 3km의 거리 안에 보호해야 할 주요 유산의 90%가 포함되는 것으로 나타난다. 따라서 각 지역은 유산 분포의 실제적인 상황에 맞추되 대체로 3km를 최대 범위로 지정한다면 대운하 유산의 중요 보호 범위를 확정하는 데 큰 무리가 없을 것이다.

3.3 외곽 보호 지역

경항대운하 국가 유산 및 생태회랑의 외곽 보호 지역은 대운하가 통과하는 각 구와 현의 행정 경계 범위와 동일하게 지정할 수 있다.

4 경항대운하 유역의 국가 유산과 생태회랑 보호 범위 계획 지침

4.1 핵심 보호 범위의 계획 지침

핵심 보호 범위 설정의 주요 기능은 세 가지 측면으로 나누어 살펴볼 수 있다. 차례로 언급해 보자면 첫째 유산 보호, 둘째 생태 보호 및 회복, 셋째 휴양과 관광이다. 이 중에서도 특히 유산 보호와 생태 보호 및 회복을 그 주요 기능으로 삼고, 무질서하게 개발하고 건설하는 것을 엄격하게 통제해야 할 것이다.

(1) 생태 보호

핵심 보호 범위 내에서 건설을 엄격하게 통제하고, 그 규제를 바탕으로 하천 생태 체계와 운하가 온전한 모습을 갖출 수 있게 유지하고 보호해야 하며 수로의 상태와 수질 또한 개선해야 한다. 따라서 운하의 수로를 엄격한 기준으로 보호하고, 하천 매립 등 생태계에 부정적인 영향을 주는 행위를 금지해야 한다. 특히 하천의 직선화 작업, 호안護岸의 경화硬化는 금지해야 한다. 더불어 기존의 자연적 홍수 범람 지역을 보호하고, 홍수 피해 지역의 자연 형태를 점차적으로 회복시켜 운하의 완전한 모습을 유지하고 보호해야 할 것이다.

다음으로 범람원과 하천의 제방 역시 중점적으로 보호해야 한다. 이를 위해 채토採土 및 공장·광산의 개발, 거주민들의 무분별한 건설 사업을 금지하여 범람원의 생태계를 보호하고 운하 제방을 온전하게 이어진 상태로 보전해야 하며 제방 보호림 등의 식생도 엄격하게 돌봐야 한다. 하천 내에 공업 폐수 등 기타 공업 오염 물질의 배출과 생활하수 및 생활 쓰레기의 배출을 철저하게 관리하고, 물가 주변을 따라 완충 지대인 수풀 지대와 습지를 구축하여 농업용수 및 농업 지대의 오염을 방지해야 한다.

(2) 유산 보호

운하 수로 상의 수문, 댐, 다리, 항구 등 유산 시설을 효과적으로 보호해야 하며 현재 위치에 자리 잡은 기존의 물질 유산들의 보존에 더욱 힘써야 한다. 또한 실제 모습에 부합하는 보수를 진행하여 운하 유산 본연의 모습을 회복해야 한다.

(3) 레저 개발

운하 접근 체계를 세우고, 또 운하 해설 시스템과 서비스 체계를 완벽하게 구축하여 운하를 기반으로 한 관광 산업 발전의 기초를 다지는 동시에 운하에 레저 시설 등을 건립하여 사유화된 운하 지역을 개방해야 한다.

4.2 중요 보호 범위의 계획 지침

중요 보호 범위 설정은 운하 연안의 물질 문화유산 및 비물질 문화유산의 보호 구역을 수립한다는 중요한 의미를 가지고 있다. 이뿐만 아니라 중요 보호 범위는 유산회랑에 대한 관리 및 서비스 제공, 적절한 레저 관광 산업도 포함하고 있으므로 지역 경제에 활력을 불어넣을 수 있을 것이다.

(1) 생태 보호

구역 내의 중요한 생태 자원을 보호하여야 한다. 주요 습지, 하천, 호수, 수풀 지대, 공원, 생산성이 뛰어난 농경지 등의 중요한 생태 자원을 보호하고, 구역 내 전체 생태계 서비스[2]를 제고하여 자연적이고 연속적인 생태 네트워크를 유지해야 한다.

2) §해양 생태계의 물의 순환, 탄소의 순환, 오염 물질의 정화 기능 등 인간 사회에 직접적인 경제적 혜택은 없으나 생태계의 존재와 기능이 생물의 생존에 기여하는 혜택을 의미한다.[『해양 과학 용어 사전』, 한국해양학회, 2005]

(2) 유산 보호

운하 주위에 존재하는 기존의 많은 물질 문화유산을 엄격히 보호하고, 유산 보호와 주변 도시 개발과 조화에 주의하여, 운하 유산을 도시 문화의 지표로 삼아 접근성이 좋은 유산 네트워크 체제를 형성해야 한다.

(3) 레저 개발

유산 지역과 운하를 서로 유기적으로 통합하여 원활한 레저 및 관광 코스를 세워야 한다. 유산과 운하 사이의 원활한 연결 시스템을 구축하고, 운하 지역의 민속 양상을 비롯하여 운하와 관련된 옛 이야기, 각 유산의 역사 등을 반영할 수 있는 완벽한 유산 해설 시스템을 건설하여 지역 사회에서 운하가 가지는 지위를 재정립해야 할 것이다. 나아가 유산회랑의 주제와 관련 있는 레저 시설 건립 및 사업을 진행하는 것에 대한 독려가 필요하다.

4.3 외곽 협조 지역의 계획 지침

외곽 협조 지역의 기능은 운하의 보호와 활용을 위하여 지역 차원에서 이를 관리하고 조화롭게 조정하는 것이 중요하다. 예를 들자면 토지 사용의 유형을 조정하여 오염을 방지하는 조치 등이 이에 해당한다. 이 구역 안에서는 운하 연안의 도시들이 나서서 운하를 적극적으로 보호할 수 있도록 지원하고, 구역의 자원, 경제력, 물자 조달 능력을 동원하여 그것을 기반으로 운하 보호와 재활용 작업을 추동해야 한다. 이러한 조치는 개발 기획 및 지역 개발을 조화롭게 할 수 있다는 점에서 유리하다.

5 경항대운하 유역의 국가 유산과 생태회랑의 하천 구간별 보호 및 이용 지침

경항대운하는 북에서 남에 이르며 수많은 도시들을 통과하는데, 각 도시의 수로는 저마다 그 형태가 확연히 다르다. 어떤 구간은 시멘트와 석판을 이용하여 수로를 만들어 주민들과 운하를 완전히 갈라놓고 봉쇄시켰으며, 어떤 구간은 운하 연안에 벽돌을 깔고 둔치에 보행로를 설치하기도 했고, 또 어떤 구간은 운하를 수로로 만들지 않아 그 하도가 자연 그대로의 형태로 보존되어 있다.

경항대운하가 통과하는 농촌 지역 역시 각각 그 모습이 다르다. 북부 지역의 운하는 이미 그 물이 완전히 말라버려 하도가 농지로 개간된 곳도 있고, 일부 하도는 강폭도 넓고 아름다운 풍경을 가진 운하 본래의 분위기를 보여주기도 한다. 또 일부 하도는 이미 오염 물질을 배출하는 강으로 변해버려 쓰레기가 대량으로 쌓여 있다.

남부 지역의 운하는 여전히 남북을 잇는 항로로서의 기능을 하고 있다. 하도가 넓고 운하 연안으로 공장들이 빽빽한 숲처럼 들어차 있다. 이렇듯 각 하도의 유형이 서로 같지 않기 때문에, 각 유형별로 매뉴얼을 만드는 것이 곧 운하 보호 계획 작업에서의 핵심 과제이다. 〈표 4.3〉

경항대운하를 하나의 총체라고 생각하고 운하가 통일된 단면 구조를 회복하도록 하여 연속성과 온전한 모습을 가질 수 있게 해야 한다. 그리하여 경항대운하를 중국의 남북을 관통하며 생물 다양성을 보호하는 통로로, 또 중요한 수문 조절 통로이자 휴양과 레저의 공간이 될 수 있게 해야 할 것이다.

표 4.3 경항대운하 유역의 국가 유산 및 생태회랑의 유형별 하도 보호 및 이용 지도 알림

A. 하도		하도의 기준	• 본연의 자연 하도를 유지하고, 하도 내의 오염 물질에 대해 정리를 실시하여, 오수汚水를 정화한다. 또 도시에서의 폐수 배출을 금하고, 시멘트나 석판으로 보강된 하도에 대해서 철거 작업을 실시하여 하도의 자연모습을 회복한다. • 하도 내의 수량水量을 늘려서 도시 내부의 하천 공원을 조성한다. 야간 조명의 설치에 대해서도 고려한다. • 최소 4급 수질을 유지하여 도시 내 관광지의 수질 표준에 도달하게 하고, 농촌의 농업 관개 용수 기준에도 도달하여야 한다. 또한 수생 생물 서식지로서의 기능도 하여야 한다.
B. 제방		호안제의 형식	• 제방의 기본 기능인 홍수 방지가 중요하다. • 연안에 수생 식물을 심어 자연 생태 제방으로 변화시켜 수생 생물을 위한 서식지를 제공해야 한다.
C. 운하 연안 녹지 벨트	식생	범위	• 시내 지역은 제방과 15m 이상이 떨어진 지역에서 건설하고, 그 사이에는 개방적인 둔치를 조성하여 시민과 관광객들의 휴식처로 만들고, 향촌에서는 제방 보호림을 지정하여 바깥의 숲을 엄격히 보호해야 한다.
		유형과 구조	• 이미 자리를 잡은 식생을 우선적으로 보호하고, 식생의 회복이 요구될 경우에는 그 지방의 현지 품종을 이용한다. • 운하 연안의 식생을 회복해야 할 경우에는 교목을 주로 심고, 관목과 초지를 결합시켜서 하천 바깥쪽에서 오염물이 흘러 내려오는 것을 효과적으로 통제할 수 있게 한다. 또 하천 주변 토양의 유실을 막아야 하고, 수질도 보호할 수 있어야 하며, 미세 기후微氣候도 조절하여 대중들의 사랑을 받는 레저 공간을 제공해야 한다. • 도시 경계면에 녹지 벨트를 만들어 도시 내의 자동차 소음을 감소시키고 번잡한 경관을 차단해야 한다.

C. 운하 연안 녹지 벨트	유산 지역	보호 방법	• 운하 및 운하 연안 유산 지역 본연의 모습을 보호한다. • 운하 연안에 분포한 유산 지역과 운하 교통망과의 연계를 강화시켜서 운하 유산회랑의 온전한 모습을 보호해야 한다.
	관광 도로	보행로	• 길이 끊어지지 않고 이어질 수 있도록 하여 주위 보행 도로와 연결한다. • 해당 지역 안에서 운하 보행로는 주변의 요구 사항을 반영하고, 휴양 레저 자원이 독립적인 시스템을 형성하게 해야 한다. 되도록 둔치에 건설하여야 하고 양측에 교목과 관목을 결합한 녹지대를 형성한다. • 도로는 돌을 이용해서 설치하는 것이 적합하며, 시내에는 야간 조명을 설치하는 것을 고려한다. • 농촌에서는 제방 위 도로를 보행로로 하고, 제방 보호림을 회복한다.
		자전거 도로	• 시내에서는 기존의 운하 인근 도시 도로 양측의 비동력 차량 전용 도로를 이용하여 도로의 연속성을 확보하고, 주변의 비동력 차량 전용 도로와의 연결을 꾀한다. • 자전거 도로는 운하 통로에 존재하는 각 유산 및 관광 자원과 반드시 연결시켜야 한다. 시야가 좋고 운하와 가까운 곳에 운하와 서로 연결되어 통하는 자전거 도로를 설치한다. • 농촌에서는 제방의 윗길을 자전거 도로로 만들고 보행로와 합치는 방안도 고려한다. • 노면 재질은 아스팔트도 가능하다.
		자동차 도로	• 반드시 보행로 및 자전거 도로와 분리하여 건설해야 한다. 또한 도로의 연속성을 보장하고, 주변의 도로망과도 연결시켜야 한다. 둔치에 설치해서는 안 된다. • 낮은 등급의 도시 도로 수준을 유지하고, 노면의 넓이도 너무 넓어서는 안 된다. • 노면 재질에는 아스팔트 혹은 시멘트를 사용한다.
	레저·휴양 시설	부지	• 현재 주변에 자리 잡은 기존 레저·휴양시설과 결합하여 비교적 큰 규모의 레저·휴양 부지를 확보한다. • 주변 동네와 주민의 사용 요구를 반영하여 중소형 레저·휴양 부지를 설치한다.
		건축물	• 안내소, 매점, 식당, 휴게 시설, 스포츠 오락 시설 등을 포함한다. • 활동 공간과 기존의 휴양 자원을 결합하여 건설한다.
	해설 체계	설치 원칙	• 유동 인구가 많은 지역에 안내를 위한 표지판, 지도 등을 세운다. • 전문적이고 교육적 요소를 갖춘 안내 표지판과 특수한 환경 자원에 대한 안내소 등을 포함한다.

제5장

경향대운하의 현황

1 통혜하와 북운하 구간

통혜하의 본류는 서쪽의 동편문東便門 대통교大通橋에서 시작하여 동쪽으로 락가화원樂家花園, 고비점高碑店, 보제갑普濟閘, 팔리교八裏橋, 통혜갑通惠閘을 거쳐 통주구通州區의 와룡교臥龍橋에서 북운하와 만나며, 전장 20.34km의 운하이다.

1.1 역사 연혁

(1) 통혜화

통혜화는 원대 지원 29년(1292) 8월부터 굴착하기 시작하여 원대 지원 30년(1293)에 완공하였다. 적수담積水潭을 기점으로 동쪽으로 통주通州까지이며 명대 초기부터 토사가 쌓이면서 폐쇄되었다. 영락 연간(1403~1425)에 북경 황성皇城을 개조하면서 통혜하가 황궁의 성곽에 둘러싸이게 되어 통혜하는 대통교을 기점으로 하는 수로로 변경되었으며 명칭도 대통하大通河로 바뀌었다. 청대 가칭 13년(1808) 9월, 통혜하와 북운하가 만나는 지점인 장가만진張家灣鎮에 토사가 많이 쌓여 운하의 수로를 강가구康家溝로 변경하였다. 민국 시기부터 통혜하를 통한 조운이 중단되고 행상인들이 이용하는 하도가 되었으며 나중에는 북경 시내의 배수 하천으로 기능하게 되었다. 1949년 신중국 건국 전에 통혜하는 토사의 침적 상태가 심각하여 건국 후에 여러 번에 걸쳐 정비와 개조를 진행하였다.[陳璧顯, 2001]

(2) 북운하

북운하는 보통 백하白河라고 불리는데 이 지역의 조운 통로가 개통된 것은 한말 삼국 시기부터이다. 원대에 북운하는 백하운도의 하류인 통주 경계~정해현靜海縣 경계에 속하는 부분이었다. 명대에 북운하는 백조白漕라고 불렸는데 당시 정부는 끊임없이 제방을 쌓고 운하 바닥을 준설하여 항운을 유지하였다. 청대 강희 43년(1704) 북운하의 하서무河西務와 남채촌南蔡村, 그리고 양촌楊村에서의 범람을 방지하기 위해 양촌 북쪽 광아항框兒港에 댐을 쌓아 수위를 낮추었다. 또 강희 50년(1711)에는 하서무 동쪽에 새로운 수로를 만들어 이듬해부터 물이 바로 강으로 빠져 나가게 되었다. 신중국 건국 후에 정부는 계속하여 이 일대의 치수를 강화하여 1960년에 북운하에 하천 조절 댐攔河閘을, 1963년에 북관北关에 배수수문分洪閘을 각각 설치하였다. 1963년부터 운조감하運潮減河를 파기 시작하여 북운하 상류의 온유하溫榆河에서 합류하는 홍수의 압력을 감소시켰다. 1972년 10월~1974년 홍수 전까지 두 번에 걸쳐 북운하에 대한 치수

공정을 진행하였다. 1989년경에 북경시 수리국은 북관에서 양이촌楊坨村까지 3.1km의 좌측 제방을 서쪽으로 옮겼다.[『北運河水旱災害』, 2003]

1.2 자연 조건

(1) 하도 수계河道水系

통혜하는 북운하 지류의 하나이다. 북운하는 해하海河 수계의 중요한 하류河流로 북경 태항산의 서산西山과 연산 산맥燕山山脈의 군도산軍都山이 서로 만나는 곳에서 발원한다. 본류는 통주 북관갑문北关閘을 기준으로 상류를 온유하溫榆河라고 하고 하류를 북운하라고 부른다. 북운하는 통주구를 거쳐서 하북성 향하현香河縣과 천진의 무청구武清區, 북진구北辰區를 지나 홍교구紅橋區에서 해하海河로 들어간다. 북운하의 본류는 총142.7km로 그중 온유하가 47.5km, 북운하가 95.2km이다. 북운하(온유하 포함)의 유역 면적은 총 6,166km^2이며 연간 최대 유량은 6.41억 m^3(1956), 최소 유량은 0.069억 m^3(1965)이다. 통주 수문 통제소의 통계에 의하면 1949~1984년의 평균 연간 유량은 3.6억 m^3이다.[『北運河水旱災害』, 2003]

(2) 기후 상황

통혜하와 북운하 지역의 기후는 난온대 반습윤 대륙성 계절풍 기후대에 속하며 사계절이 뚜렷하고 여름과 겨울이 길고 봄, 가을이 상대적으로 짧다. 봄에는 바람이 많이 불고 비가 적으며 여름철은 무덥고 비가 많이 내린다. 가을은 기후와 기온이 알맞고 겨울은 한랭 건조하다. 이 지역의 연평균 강수량은 600mm 정도이며 연평균 온도는 11.5℃, 연 일조 시간은 2,700시간이다.

(3) 수해와 한해水旱災害

가. 홍수

북운하의 하도는 굴곡이 심하고 대부분 평원 지역이다. 구릉지가 거의 없고 하천 양쪽 둔덕도 사질砂質 토양이 많아 물에 쉽게 휩쓸려서 하천 바닥에 침적되어 제방이 무너지거나 터지는 경우가 많았다. 17세기 이래로 북운하 유역에서 발생한 초대형 홍수는 4번, 대형 홍수는 7번으로 평균 35년에 한 번 꼴로 큰 홍수가 발생하였다. 『통주지通州誌』의 기록에 의하면 1883~1939년 사이에 통주에서는 모두 13번의 홍수가 발생하여 평균 4.5년에 한 차례의 발생 빈도를 보인다.[『北運河水旱災害』, 2003]

표 5.1 통혜하와 북운하 유역 기후 현황

지역	기후 유형	연평균강우량 (mm)	연평균 기온 (℃)	가장 더운 달 평균기온 (℃)	가장 추운 달 평균기온 (℃)	0도 적산온도 (℃)	연간 일조시간 (h)	연간 복사 (kcal/cm²)	연평균 무상일无霜日 (d)
숭문구 崇文區	온난대 반습윤 대륙성 계절풍 기후	600	11.7	26	~4.7	4,487	2,700	134.24	192
조양구 朝陽區		600. 7	11.6	25. 9	~4.6	4,487	2,841.4	134.24	192
통주구 通州區		620	11.3	25. 8	~5.2	4,487	2,732	132.6	190
향하현 香河縣		616	11.3	25.7	~5.4	4,482. 3	2,674	128.7	179
무청구 武清區		578.3	11.6	26. 1	~5.0	4,593. 7	2,752. 2	125.9	207
북진구 北辰區		584. 1	12.1	26. 2	~4.4	4,671	2,733	129.5	216
홍교구 红橋區		561.5	12	26. 2	~4.4	4,671	2,699	129.5	216
하북구 河北區		550	12	26. 2	~4.4	4,671	2,733	129.5	216

자료 출처: 숭문구 자료는 『숭문구지崇文區誌』; 조양구 자료는 『조양구지朝陽區誌』; 통주구 자료는 『통현지通縣誌』의 1955~1996년 자료; 향하현의 자료는 『향하현지香河縣誌』의 1964~1990년 자료; 무청구 자료는 『무청현지武清縣誌』; 북진구 자료는 『북진구지北辰區誌』의 1958~1997년 자료; 홍교구의 자료는 『홍교구지紅橋區誌』; 하북구의 자료는 『하북구지河北區誌』에서 각각 참고함.

나. 관수해澇災

관수해는 북운하 유역에서 상당히 보편적으로 나타나는 피해인데 여름과 가을의 피해, 그리고 여름·가을 두 계절 연속 피해, 두 해 이상 피해가 이어지는 피해 등으로 분류할 수 있다. 주변 지역이 대부분 저지대여서 한번 침수 피해가 발생하면 광활한 면적의 토양이 알칼리화된다. 1470~1948년 사이에 여름·가을 연속 침수 피해가 심각했던 것은 모두 12년이었고, 2년 이상 연속 침수 피해가 발생한 경우는 122년 동안 43번, 연속 피해가 가장 오래 지속 되었던 것은 7년이었다.[『北運河水旱災害』, 2003]

다. 가뭄

가뭄은 북운하 유역에서 발생하는 가장 빈번하고 영향 범위가 크며 지속 시간이 긴 자연 재해이다. 사료의 기록에 의하면 1949년 이전의 580년 동안 407차례의 대가뭄이 발생하여 평균 1.4년마다 한 번씩 발생한 것으로 나타났다.[『北運河水旱災害』, 2003]

1.3 사회·경제

표 5.2 통혜하와 북운하 인근 지역 경제상황(2002)

지역	총인구 (만 명)	비농업 인구 (만 명)	도시화율 (%)	인구밀도 (천명/km²)	GDP (억 위안)	1차 산업총생산 (억 위안)	2차 산업총생산 (억 위안)	3차 산업총생산 (억 위안)	1인 평균GDP (위안)	도시주민의 1인 평균 가처분소득 (위안)	농민 연평균 순수입 (위안)
숭문구	40.7	40.7	100	25.63	75.1	-	19.24	55.86	18,452	11,745	-
조양구	157.4	140.1	89	3.34	591.95	2.64	165.35	423.97	37,608	12,626	8,259
통주구	60.7	21.8	35.91	0.70	90.10	13.23	39.82	37.04	14,843	10,081	5,835
향하현	30.68	3.79	12.35	0.67	98.45	7.58	29.92	10.09	15,515	7,715	4,355
무청구	80.57	10.98	13.63	0.51	100.73	17.38	47.38	35.97	12,502	9,338	5,230
북진구	31.98	12.15	37.99	0.67	98.45	5.07	60.37	33.01	30,784	9,338	6,606
홍교구	55.67	55.41	99.53	26.51	30.22	-	35.80	26.61	5,428	9,338	-
하북구	60.99	60.96	99.95	22.59	29.88	-	5.53	24.35	4,898	9,338	-

주: 자료 출처는 『북경 통계 연감北京統計年鑒(2003)』, 『천진 통계 연감天津統計年鑒(2003)』, 『랑방 경제 통계 연감廊坊經濟統計年鑒(2003)』이며, 천진시 4개구의 주민 1인 평균 가처분 소득은 전체시의 평균값임.

1.4 물 환경

(1) 운하 수질

최근에 북경시에서 하수 처리장을 설치하기는 했지만 아직도 매년 많은 오·폐수가 통혜하와 북운하로 유입되고 있어서 이들 수로의 수질은 아직 근본적인 개선이 이루어지지 않고 있다. 북운하에서 가장 심하게 오염된 곳은 통주 북관갑문에서 하북성 향하현 토문루土門樓갑문 구간으로 온유하와 통혜하, 그리고 량수하凉水河로부터 북운하로 오염수가 유입되고 있으며 통주를 지나 하북성 향하현 토문루갑문 상류의 청룡만방수로青龍灣減河로 합류되면서 오염수가 적어진다. 이 구간의 하수河水는 대개 검은색으로 악취가 나고 수문이나 댐이 있는 곳에서는 대량의 거품이 일어난다. 북운하의 천진 시내 구간부터는 수로가 배수로가 아닌 운반로로 이용되기 때문에 수질이 조금 좋아진다. 〈표 5.3〉은 통혜하와 북운하의 각 구간별 수질을 나타낸 것이다.

표 5.3 통혜하와 북운하 주변지역 수질상황(2003)

지역	운하수질
숭문구	V급 이하
조양구	V급 이하
통주구	V급 이하
향하현	V급 이하
무청구	V급 이하
북진구	V급
홍교구	V급
하북구	V급

주: 이상 운하 수질 상황에 관한 자료 출처는 북경시, 하북성, 천진시의 환경 공보環境公報

(2) 운하 오염원

통혜하와 북운하의 주요 오염원은 북경의 공업 폐수와 생활 오수이다. 북경시의 인구가 증가하고 시민 생활수준이 높아짐에 따라 1970년대부터 북경 시내에서 북운하로 유입되는 오염수의 양이 급속히 많아졌고 오염수의 비중도 현저하게 높아지는 추세이다.(표 5.4참조)

표 5.4 북경 시내 구간의 북운하 배출 수량 통계

연도	맑은 물 (억 m^3)	오염된 물 (억 m^3)	맑은 물+오염된 물 (억 m^3)	비율(%)	
				맑은 물	오염된 물
1961~1969	7.01	1.65	8.66	81.0	19.0
1970~1979	6.45	3.93	10.38	62.1	37.9
1980~1989	1.69	6.08	7.77	21.7	78.3
1990~1998	3.11	7.18	10.29	30.3	69.7
1961~1998	4.62	4.69	9.31	49.6	50.4

주: 이상의 출처는 『북운하수해한해北運河水旱災害, 2003』, 10쪽.

북경시의 2000년도 수자원 공보水資源公報에 의하면 그 해 북경시에서 방류된 오수의 총량은 13.55억 m^3인데, 그중 공업 폐수가 5.79억 m^3, 생활 오수가 7.76억 m^3으로, 오·폐수의 대부분은 북운하로 유입되었다.

(3) 지하수 수위

북경·천진 지역의 지하수는 과도하게 개발되어 절단면으로 보면 북경 시내 구역과 천진 시내 구역이 깔때기 모양으로 시내 중심부의 지하수 수위가 가장 낮은 형태를 보인다. 이 양대 도시 사이의 지하수 수위는 대운하를 따라 경사도가 다른 것을 알 수 있는데, 깔때기 중심과 좀 떨어진 방향의 북경시 지하수 수위가 천진시 지하수 수위보다 조금 느리게 상승하기 때문이다. 대운하를 따라 양대 도시 사이의 지하수 깊이는 천진시 무청구武清區 하서무진河西務鎮 일대가 가장 낮다. 그러나 지하수 깊이가 가장 깊은 곳은 북경보다 천진이 더 깊은데 2004년 9월 북경 시내 깔때기의 중심에 해당하는 지역의 지하수는 심도 51m이었으나 천진시는 96m이었다. 2000년 이후 북경시의 많은 구와 현의 지하수 수위는 모두 더욱 낮아졌고 그중 가장 급격한 변화를 보인 곳은 석경산구石景山區로 10m 가까이 낮아져서 수심이 40m 밖에 되지 않았다. 북진구北辰區를 제외한 천진시의 다른 구와 현의 지하수 수위는 변화가 크지 않았다. 북진구의 지하수 수위는 대폭 높아져서 현재 수심은 90m가 넘는다.

표 5.5 통혜하, 북운하의 주요 유역 환경 상황(2004.9)

지역	지하수 깊이 근사값(m)
조양구	30
통주구	20
향하현	10
무청구	5
북진구	95

주: 자료 출처는 수리부水利部 수문국水文局이 개통한 시스템 http.://sqqx.hydroinfo.gov.cn/shuiziyuan/default.htm

2 남운하 구간

남운하는 경항대운하의 임청臨清~천진 구간을 말하는데 그 상류는 장하漳河와 위하衛河이며 장하는 다시 청장하清漳河와 탁장하浊漳河로 나눠지고 모두 산서성의 동남부 태항산太行山에서 발원한다. 남운하는 서남에서 동북 방향으로 흘러 창주滄州에서 하북성 지역 안을 거쳐 바로 천진으로 들어간다. 하북성의 임서臨西, 청하清河, 고성故城, 경현景縣, 부성阜城, 남피南皮,

박두시泊頭市, 창현滄縣, 창주 시내, 청현青縣 등의 시와 산동성의 임청臨清, 하진夏津, 무성武城, 덕성구德城區를 경유하여 천진시에서 자아하子牙河, 북운하와 합류하여 해하海河를 이룬다. 신중국 건국 후에 사녀사수리관리센터四女寺水利樞紐 남쪽의 물줄기를 위운하衛運河라고 부르고 그 북쪽을 남운하南運河라고 불렀다. 본서에서 말하는 모든 남운하는 대운하의 임청~천진 구간을 말한다.

2.1 역사 연혁

남운하는 위하衛河를 말하는데 천진 이북의 북운하에 대응하여 남운하라고 부른다. 이 구간 운하의 역사는 건안[1] 9년(204)에 조조曹操가 건설한 백구 수운공정白溝水運工程으로 건안 18년에 굴착하여 장수漳水의 물을 끌어들여서 백구와 청하, 그리고 하북의 물길을 서로 연결함으로써 수운망을 구축하였다. 수대 대업大業 4년에 영제거永濟渠[2]를 굴착하여 심수沁水를 남쪽의 우하於河까지 연결하였는데 북쪽으로 원군源郡에 이르기까지 그 길이가 1,000km에 달하였다.

북송 이후에 영제거는 어하御河 또는 위하衛河로 그 이름이 바뀌어 임청臨清~천진 구간의 운하를 가리키게 되고, 나중에 현재의 위운하와 남운하가 형성되었다. 송·원 시기에 이미 장하漳河를 이용하여 위운하에 물을 보냈다.[李連生 등, 1998; 『漳衛南運河誌』, 2003]

명대에는 위하에 대한 가장 중요한 대책이 방수로를 만드는 것이었으며, 덕주의 서북 지역, 서쪽의 사녀사, 창주 남쪽의 첩지진捷地鎮과 흥제현興濟縣(현재의 하북성 창주 북부 흥제현) 등에 홍수를 분산시키는 방수로를 팠다.[陳璧顯, 2001] 명말에서 청초 사이에 위하는 종종 물이 말라 강희(1662~1723) 시기에 장하漳河를 위하로 끌어들였으나 하도가 막혀 제방이 터졌다. 건륭 5년(1740), 오교현(吳橋縣)의 경계에 선혜하宣惠河를 파서 남운하의 물을 바다로 흘려보내는 주 배수로의 기능을 하게 하였다. 남운하는 지형이 비교적 높고 하도가 구불구불하여 자주 제방이 터졌는데, 건륭 시기에 위험한 곳을 정비하여 위험도가 다소 완화되었다.[陳璧顯, 2001] 광서 28년(1902)에 조운이 정지된 후에도 남운하에서는 통항이 이어졌으나 1970년대 위운하의 수위가 낮아지면서 항운이 중단되고 1982년 덕주 항운국이 폐쇄되면서 통항이 전면 중단되었다.[李連生 등, 1998; 『장위남운하지(漳衛南運河誌)』, 2003]

---

1) §건안建安: 동한東漢 헌제獻帝의 연호(196~220).

2) §황하의 북쪽 태항산의 동쪽에 있는 운하로 수양제 시절에 굴착, 개통하였다. 북방으로의 식량 운반과 병력 수송에 중요한 역할을 하였다.

2.2 자연 조건

남운하가 지나가는 도시는 대부분 평원에 있는데, 기후가 온난하고 토질이 비옥하여 물산이 풍부한 까닭에 예로부터 중국의 중요한 식량 및 목화솜 생산지였다. 작물은 밀, 옥수수가 중심이며 주요 경제 작물은 면화이다. 광활한 농지에 방호림이 빽빽하게 들어차서 독특한 평원의 경관을 형성하고 있다.

(1) 하도 수계河道水系

남운하는 홍수 범람 등의 수해가 빈번하여 역대 왕조들은 모두 방수로를 굴착하여 물을 빠르게 바다로 흘려보내는 방법으로 대응하였다. 남운하에는 모두 다섯 개의 방수로가 만들어졌다.

가. 사녀사四女寺방수로: 현재의 장위신하漳衛新河

사녀사방수로는 산동성 덕주德州의 서남쪽 약 12km에 있는 무성현武城縣 사녀사에 있다. 명대 영락 10년(1412)에 처음 굴착하여 역대 왕조에서 여러 차례 준설하고 수문을 만들었으나 토사 침적 속도가 빨라 준설과 정비를 부단히 반복하였다. 그중 비교적 큰 규모로 정비와 준설을 한 것은 홍치 3년(1490), 가정 14년(1635), 강희 44년(1705), 옹정 8년(1730), 건륭 27년(1726)이다. 신중국 건국 후인 1955년에 다시 준설하였고 길이 206km, 설계 유량 400m^3/s의 제방을 건설하였다. 1957~1976년 장위하에 대한 대규모 공정 당시 사녀사에서 오교현吳橋縣 대왕포大王까지 수량을 분산시키는 수로를 건설하여 설계 유량을 1500m^3/s로 개선하였다. 이 정비 후 사녀사방수로, 차하岔河, 그리고 합류된 하류 모두를 가리켜 장위신하라고 불렀다.[『漳卫南運河誌』, 2003]

나. 흥제興濟방수로

흥제방수로는 하북성 창현滄縣과 청현青縣 사이에 있으며 명대 성화成化 3년(1467)에 처음으로 굴착하였다. 명대 가정 연간의 『흥제현지興濟縣誌』에서는 '감수갑하減水閘河', 청대에서는 '흥제인하興濟引河' 또는 '북감수하北減水河'라고 기록되어 있으며 현지 주민들은 '낭랑하娘娘河'라고 부른다. 명대 가정 16년(1537)에 다시 준설하였으나 명대 말기까지 점차 침적되었다. 청대 아정 4년(1726) 청현青縣 흥제진興濟鎮에 석제石製 보를 만들고 45km의 방수로를 굴착하였다. 건륭 36년(1771) 청진의 수해를 방지하기 위하여 흥제방수로를 곤수패滾水壩[3])로 바꾸고 가경 20년에 다시 보의 높이를 높였다. 청대 말기에 이르러 흥제방수로는 점점 침적되어 폐기되었다. 1963년 해하海河의 근본적인 치수를 위한 정비가 이루어지면서 자아신하子牙新河가 흥제방수로를 대체하게 되었다.[『漳衛南運河誌』, 2003]

다. 첩지방수로捷地減河

첩지방수로는 남南방수로 혹은 전하磚河라고도 한다. 명대 홍치 3년(1490)에 굴착하였는데 하북성의 창현滄縣 첩지현捷地鎮에서 시작하여 황화기구黄骅歧口 부근에서 바다로 들어가는 흥제방수로와 25km 떨어져 동쪽으로 흐르다가 하류에서 합류한다. 첩지방수로는 청대 옹정 4년(1726)과 가경 12년(1807), 동치 연간, 광서 15년(1889)에 보를 건설하는 등의 대규모 공정을 거쳤다. 신중국 건국 후인 1963년과 1965년에 창현, 황하에서 첩지방수로를 다시 수리하고 제방을 축조하였으며 1972년에 확대하고 제방의 보강과 준설을 거쳐 180m³/s의 방수 역량을 갖추었다. 또한 고진두하구갑문高塵頭擋潮閘과 첩지수리관리센터捷地樞紐, 그리고 북진둔조절갑문北陳屯節制閘, 선박갑문 등의 수리 시설을 설치하여 지금까지 사용하고 있다.[『漳衛南運河誌』, 2003]

라. 초마영방수로哨馬營減河

초마영방수로는 덕주성德州城에서 서북 방향으로 6km 지점의 갑자촌閘子村 근처 남운하의 오른쪽 하안에 있으며 옹정 13년(1735)에 건설되었다. 초마영방수로는 건륭 연간의 치수 사업에 큰 역할을 하였으나 가경 연간부터 조금씩 침적되기 시작하여 현재에는 그 종적을 찾을 수 없고 방수로 석패石壩(돌로 쌓은 보)의 흔적만 남아 있다.[『漳衛南運河誌』, 2003]

마. 마장방수로馬廠減河

마장방수로는 서쪽 천진 정해현静海縣 근관둔靳官屯부터 동쪽으로 천진 조련장趙連莊 북대항北大港까지 전장 40.19km에 달하며 수로 용량은 120m³이다. 청대 광서 원년에 남운하 상의

3) 패壩: 서로 수면水面이 다른 두 한천 사이에 설치하여 물을 저장하기 위해 점토를 가지고 운하를 막은 시설을 말한다. 언堰·태埭라고도 하는데 운하 수위의 높은 부분과 낮은 부분이 만나는 곳에 완만한 경사면을 설치하여 수량이 많은 때에 이용하는데, 끈을 가지고 끌어 올리고 혹은 미끄럽게 내려보내기 위해 만든 특수한 시설이다.

사녀사방수로, 초마영방수로와 흥제방수로가 모두 침적되어 폐기되었을 때 직례총감直隸總督 이홍장이 마장에 주둔하고 있던 회군淮軍 주전성周傳勝 부대 30여 영營(1영은 850~900명)을 인솔하여 광서 5~6년에 구간별로 준설하였다. 남운하 우안右岸의 근관둔靳官屯 마영방수로 입구에 5경간 규모의 큰 수문을 건설하였는데 각 경간의 거리는 1.9장丈이었다. 당시에는 근관둔대갑문靳官屯大閘 또는 선구교宣九橋라고 불리었으며 지금은 구선댐九宣閘이라고 불린다. 청대 말기에 조운이 정지된 후에 점점 침적되었으며 수해도 크게 증가하였다. 민국 9년(1920)에 이 수로가 다시 열려 정식으로 마장방수로라고 명명되었다. 구선댐은 건설된 후 지금까지 100년이 넘는 역사를 가지고 있으며 수문도 여러 차례에 걸쳐 수리하였으나 기초 부분과 교각은 여전히 원래의 것이 보존되어 있고 상태도 양호하여 지금도 그 기능을 수행하고 있다.[『漳衛南運河誌』, 2003]

(2) 기후 상황

남운하 유역은 온대 반건조 반습윤 지대에 속해 있으며 연평균 강수량은 608mm, 평균기온은 14℃이다. 강수량은 계절마다, 해마다 차이가 매우 큰데 연강수량의 70~80%가 7, 8월에 집중된다. 〈표 5.6〉은 남운하 연안이 경과하는 지역의 자연·기후 조건을 나타낸 것이다.

표 5.6 남운하 유역의 기후

지역	기후 유형	연평균 강수량 (mm)	연평균 기온 (℃)	가장 더운 달 평균 기온 (℃)	가장 추운 달 평균 기온 (℃)	0도 적산 온도 (℃)	연 일조 시간 (h)	연 총복사 (kcal/cm^2)	연평균 무상일無霜日 (d)
서청구 西青區	온난대 반습윤 대륙성 계절풍 기후	566.4	11.6	26.0	~4.9	4,613.2	2,749.3	127.4	184
정해현 静海縣		573.9	12.0	26.2	~4.7	4,647.8	2,701.5	124.2	214
청현 青縣		557.5	12.1	26.3	~4.6	4,721.1	2,769.8	125.7	180
창현 滄縣		617.8	12.5	26.5	~3.8	4,829.7	2,890.1	130	196
박두시 泊頭市		529.8	12.7	26.7	~4.3	4,867	2,783.6	129.7	185
남피현 南皮縣		568.0	12.3	26.6	~4.3	4,771	2,938.6	133.6	183
동광현 東光縣		542.0	12.4	26.6	~4.1	4,778.9	2,169.3	127.39	195
오교현 吳橋縣		555.1	12.6	26.7	~4.1	4,862.9	2,693	125.48	192
경현 景縣		554	12.5	26.4	~4.1	4,834.7	2,576.8	121.042	192
고성현 故城縣		558.4	12.9	26.7	~3.5	4,867.8	2,581.0	122.279	190
부성현 阜城縣		538.9	12.5	26.6	~4.3	4,850.8	2,693.5	126.4	192
덕성구 德城區		571.3	13.1	26.8	~3.2	4,953.0	2,688.9	126.54	206
무성현 武城縣		500	12.7	26.0	~3.4	4,830	2617	-	203
하진현 夏津縣		559.4	12.7	26.5	~3.6	4,873	2,600.0	123.4	192
청하현 清河縣		505.5	12.8	26.8	~3.5	4,932.4	2,523.5	121.1	179
임서현 臨西縣		534.7	13.0	26.7	~2.8	4,941.1	2,497.8	119.2	192

주: 자료의 출처는 『서청구지西青區誌』의 1958~1995년 자료, 『정해현지静海縣誌』의 1959~1990년 자료, 『청현지青縣誌』의 1963~1989년 자료, 『창현지滄縣誌』의 1954~1985년 자료, 『박두시지泊頭市誌』의 1957~1990년 자료, 『남피현지南皮縣誌』의 1956~1986년 자료, 『동광현지東光縣誌』의 1965~1990년 자료, 『오교현지吳橋縣誌』의 1959~1985년 자료, 『경현지景縣誌』의 1970~1985년의 자료, 『고성현지故城縣誌』의 1961~1987년 자료, 『부성현지阜城縣誌』의 1967~1984년 자료, 『덕주시지德州市誌』의 1951~1990년 자료, 『무성현지武城縣誌』의 1965~1983년 자료, 『하진현지夏津縣誌』의 1959~1974년 자료, 『청하현지清河縣誌』의 1962~1986년 자료, 『임서현지臨西縣誌』의 1956~1989년 자료 등.

(3) 수해와 한해水旱災害

가. 수해洪澇災

남운하 유역은 수해가 빈번하여 남송 이전에는 끊임없이 황하 범람의 피해를 입었고 수량水量도 일정치 않았다. 남송 이후에야 해하 유역이 하나의 독립적인 지류가 되었다. 기록에 의하면 명·청 시기(1368~1911)에 남운하에서는 모두 60여 차례, 평균 5년마다 한 차례씩의 대규모 홍수가 발생하였다. 민국 시기(1912~1949)에는 3번의 초대형 홍수가, 신중국 건국 후에는 1956년과 1963년에, 두 번의 초대형 홍수가 발생하였다.[『漳衛南運河誌』, 2003]

1956년 국민 경제 대약진의 상황에서 남운하 상류에 장택漳泽, 후만後灣, 관하关河, 악성嶽城 등의 대형 저수지가 차례로 건설되었고 그 외에 25개의 중형 저수지와 300여 개의 소형 저수지가 건설되었다.[『漳衛南運河誌』, 2003] 1963년에 "해하의 수해를 반드시 근본적으로 예방하자."라는 구호 아래 다시 저수지를 만들고 하도를 준설하고 강바닥을 깊이 파는 등의 대규모 치수 공사를 진행하여 홍수 방재에 대한 대응력을 높였다. 1965년 이후 남운하의 홍수가 점점 사라졌지만 가뭄에 의한 재해는 해마다 가중되었다.

나. 한해旱災

가뭄으로 인한 재해 역시 남운하 수계에서 발생하는 주요한 자연 재해 중의 하나이다. 명·청 시기(1368~1911) 초대형 가뭄은 명대에 모두 8차례, 100년마다 평균 2.9차례 발생하였고 청대에는 모두 7차례, 100년 마다 2.6차례의 발생 빈도를 보였다. 민국 시기(1912~1949)에는 두 차례의 한해旱害가 발생하였다. 1949년 이후에는 장위漳衛 남운하 유역에는 거의 매년 한해가 발생하였고 물줄기가 완전히 말라버린 지역도 생겨났다. 임청 수문관측소水文觀測所 부근에서는 1918년 통제센터 건설 이후 처음으로 1965년에 물줄기가 완전히 마르는 일이 발생했고 이 상태가 28일간이나 지속되었다. 그 후 거의 매년 이런 일이 발생하였는데 가장 긴 기간 동안 완전히 건천된 날수는 207일이나 되었다.[『漳衛南運河誌』, 2003]

2.3 사회·경제

표 5.7 남운하 유역 주변 지역의 경제 상황(2002)

지역	총인구 (만)	비농업 인구 (만)	도시화율 (%)	인구밀도 (천 명/km²)	GDP (억 위안)	1차 산업 총생산 (억 위안)	제차산업 총생산 (억 위안)	3차 산업 총생산 (억 위안)	1인당 평균GDP (위안)	도시주민평균 가처분 소득 (위안)	농민 연평균 순수입 (위안)
남개구 南開區	77.96	-	-	1.9990	33.8116	-	6.3782	27.4334	4,337	9,338	5,315
홍교구 紅橋區	55.67	55.41	99.5	2.6509	30.2	-	3.5862	26.614	5,428		
서청구 西青區	30.60	7.69	25.1	0.543	100.033	5.3300	55.0900	39.5833	32,680		
정해현 靜海縣	50.86	8.22	16.2	0.344	78.1084	10.0568	45.9934	22.0582	15,357		
청현 青縣	38.9	5.4784	14	0.402	36.5787	6.0314	20.7144	9.8329	9,403	-	2,842
창현 滄縣	65.4	2.9422	4.5	0.428	64.0357	12.1252	30.0284	21.8821	9,791	-	2,893
창주시 滄州市	47.52	37.1431	78.2	2.59	67.7829	1.0368	35.5648	31.1813	14,264	6,150	2,549
박두시 泊頭市	55.3	10.9746	19.8	0.550	35.2213	6.6980	16.1085	12.4148	6,369	-	2,882
남피현 南皮縣	34.7	3.1396	9.05	0.437	18.0191	4.0123	7.9367	6.0701	5,192	-	2,270
동광현 東光縣	34.5	3.8162	11.06	0.493	24.7066	4.7814	12.2229	7.7023	7,161	-	2,414
오교현 吳橋縣	27.8	3.6471	13.12	0.461	20.2873	6.1271	7.0512	7.1090	7,297	-	2,635
고성현 故城縣	46.0	5.9194	12.86	0.489	29.5060	9.7866	10.0312	9.6882	6,414	-	2,627
경현 景縣	49.3	4.2748	8.67	0.417	32.5533	7.5188	15.9028	9.1317	6,603	-	2,751
부성현 阜城縣	32.1	2.9354	9.14	0.459	20.7977	4.5982	11.3533	4.8462	6,479	-	2,645
덕성구 德城區	54.23	34.25	63.15	1.006	33.5	5.05	14.1	14.35	11,602	6,598	-
무성현 武清縣	37.1	7.42	20	0.494	29.76	5.69	16	8.07	8,055	6,123	-
하진현 夏津縣	48.42	10.06	20.77	0.549	25.73	6.69	10.34	8.7	5,336	5,917	-
청하현 清河縣	35.60	14.13	39.69	0.710	44.9	2.9	30.3	11.7	12,655	-	3,666
임서현 臨西縣	32.3	2.99	9.26	0.593	20	5.2	8.2	6.6	6,192	-	2,760

2.4 물 환경

(1) 운하 수질

남운하의 오염 상태는 심각하여 장기간 동안 수질이 V급[4] 이하에 머물러 있고 물은 검은색으로 변하였다. 이곳의 주요 오염 물질은 암모니아 질소, 과망간산칼륨, COD, 휘발분, 총인량 total phosphorus 등으로 오염원은 주로 운하 연안의 건재, 제지, 화공, 제련 등의 산업체에서 운하로 배출하는 오염수이다. 남운하 사녀사수리관리센터와 제3지점第三店에서 다년간 수질을 측정한 결과 남운하의 수질은 1985년부터 계속 V급 이하였다. 남운하는 남수북조 동쪽 루트 수질 보호구로서 수질 개선 목표는 II급이지만 현재까지 많은 지표가 이에 미치지 못하고 있다.

표 5.8 연도별 남운하의 수질 측정 결과

수질	년도	1982	1985	1990	1997	2003	2004
단면	사녀사	Ⅲ	V급 이하	v급	V급 이하	V급 이하	V급 이하
	제3점	Ⅲ	V급 이하	V급 이하	V급 이하	V급 이하	V급 이하

자료 출처: 『장위남운하지漳衛南運河誌』, 2003; 장위남운하 홈페이지(www.zwnj.gov.cn)

(2) 운하·하천 오염원

장위 남운하 관리국이 1991년에 조사한 자료에 의하면 남운하의 주요 오염원은 관도현館陶縣과 임청시臨清市, 덕주시德州市에 집중되어 있다. 임청시의 북쪽에는 공업 오염수를 배출하는 공장이 몰려 있어 연 906.6만 톤의 오염수가 배출되고 있다. 주요 오염물은 COD, 휘발성 페놀, 암모니아 질소 등이다. 덕주시에서는 노호창老虎倉 등 여러 개의 배출구를 통해 매년 2,788만 톤의 오염 물질을 운하로 배출한다. 이곳의 수질 오염은 이미 남운하의 하류河流 생태계를 심각하게 파괴하였을 뿐만 아니라 연안 토양과 지하수까지도 오염시키고 있다. 임청시의 지하수 수질은 V급 이하의 수질로 철 함량이 환경 기준을 월등히 초과하고 있고, 덕주시의 지하수는 수심의 높낮이를 떠나 모두 V급으로 매우 나쁘며 심층수도 불소 화합물 함량이 환경 기준을 훨씬 초과하고 있다.[『漳衛南運河誌』, 2003]

---

4) §[수질의 분류] Ⅰ급: 주로 원천수를 말한다. Ⅱ급: 생활 음용수, 지표 수원지地表水源地 1급 보호구의 물, 희소 수생 생물 서식지, 어류의 산란 장소, 어린 어류가 자라는 곳 등이 해당된다. Ⅲ급: 생활 음용수, 지표 수원지 2급 보호구의 물, 어류가 월동하는 곳, 수산 양식장 등과 어업 수역, 수영이 가능한 물 등이 이에 해당된다. Ⅳ급: 일반 공업 용수 또는 인체에 직접 접촉되지 않는 오락 용수 등의 물. Ⅴ급: 일반 농업 용수.

(3) 지하수 수위

남운하 연안의 수자원은 상당히 부족하다. 장위 남운하 유역의 연평균 수자원 총량은 53.55억 m^3이며 1인 평균 수자원 량은 440m^3으로 중국 전체 1인 평균 수자원 량의 1/6에 불과하고 국제 수자원 기준인 1,000m^3에도 모자란다. 물이 부족한 까닭에 남운하 유역은 과도하게 지하수를 개발하여 덕주, 창주, 천진 등지의 지하수 수위는 계속해서 낮아져서 세 지역 모두 시 중심부의 지하수 수위가 가장 낮고 중심부에서 멀어질수록 수위가 올라가는 깔때기 모양이 형성되었다. 그중 덕성구德城區를 중심으로 하는 덕주 깔때기의 수위는 지하 98m까지 낮아졌으며 그 면적은 80km^2가 넘는다. 천진 깔때기의 중심 지역 수위는 이미 105m까지 내려갔다.[楊玉剛, 2003] 창주 깔때기의 중심은 1985년에 75.65m, 1997년에 92.42m로 연평균 1.4m씩 내려가고 면적은 10,000km^2가 넘어 천진 깔때기와 덕주 깔때기, 형수衡水 깔때기가 하나로 이어졌다.[鄭連生 등, 2002] 더욱 심각한 것은 지하수 수위가 낮아지는 속도가 점점 빨라지고 있는데 천진과 창주 깔때기 중심 수위의 하강 속도는 연평균 2m/년 이상이다.

3 요성 구간

대운하는 요성 지역 안에서 두 구간으로 나누어져 흐르는데, 첫 번째 구간은 원대에 굴착한 임청~장추張秋의 회통하會通河이며 또 다른 구간은 나중에 굴착한 임청~위산位山의 위임位臨운하이다. 현재 과거의 회통하는 소운하小運河로 불리며 위임운하는 지도상에 경항대운하로 표기되어 있다. 그러나 두 구간의 대운하 발전 역사상 지위에 근거하면 요성 구간 대운하에 대한 연구는 회통하가 중심이 되어야 한다.

3.1 역사 연혁

회통하는 원대 초기부터 26년(1289)까지 산동성의 양산현梁山縣 안산安山 서남쪽에서 임청까지 굴착하였다. 그 후에 다시 굴착한 임청~서주徐州 사이의 운하, 안산 이북~임청의 원래의 회통하, 안산~미산현微山縣 서북쪽의 노교魯橋 사이 원래의 제주하濟州河, 그리고 노교~서주의 사수泗水를 통틀어서 회통하라고 한다. 원대 말기에 회통하는 수량이 부족하여 폐기되었다가 명대가 개국하고 북경으로 천도하자 조운량이 증가하여 다시 물길을 열었는데 이 과정에서 강성패堽城壩 축대촌패築戴村壩 등 유명한 수리공정이 있었고 남왕호南旺湖가 생겨났다. 청대 강희(1662~1723) 시기 회통하는 비교적 번창하였는데 양안의 장추, 요성, 임청 등의 도시들은 모두 운하 연안을 따라 발전한 고도古都들이다. 광서(1875~1909) 때에는 각 호수 간에 통항이 가능하였으나 회통하의 북단은 침적으로 막혔다.[『聊城地區水利誌』, 1993] 민국 23년(1934), 황하 이북~임청의 회통하를 준설하였으나 항일전쟁이 발발하여 공정을 마무리하지 못하고 운하도 장시간 관리되지 않아 폐허가 되고 말았다.

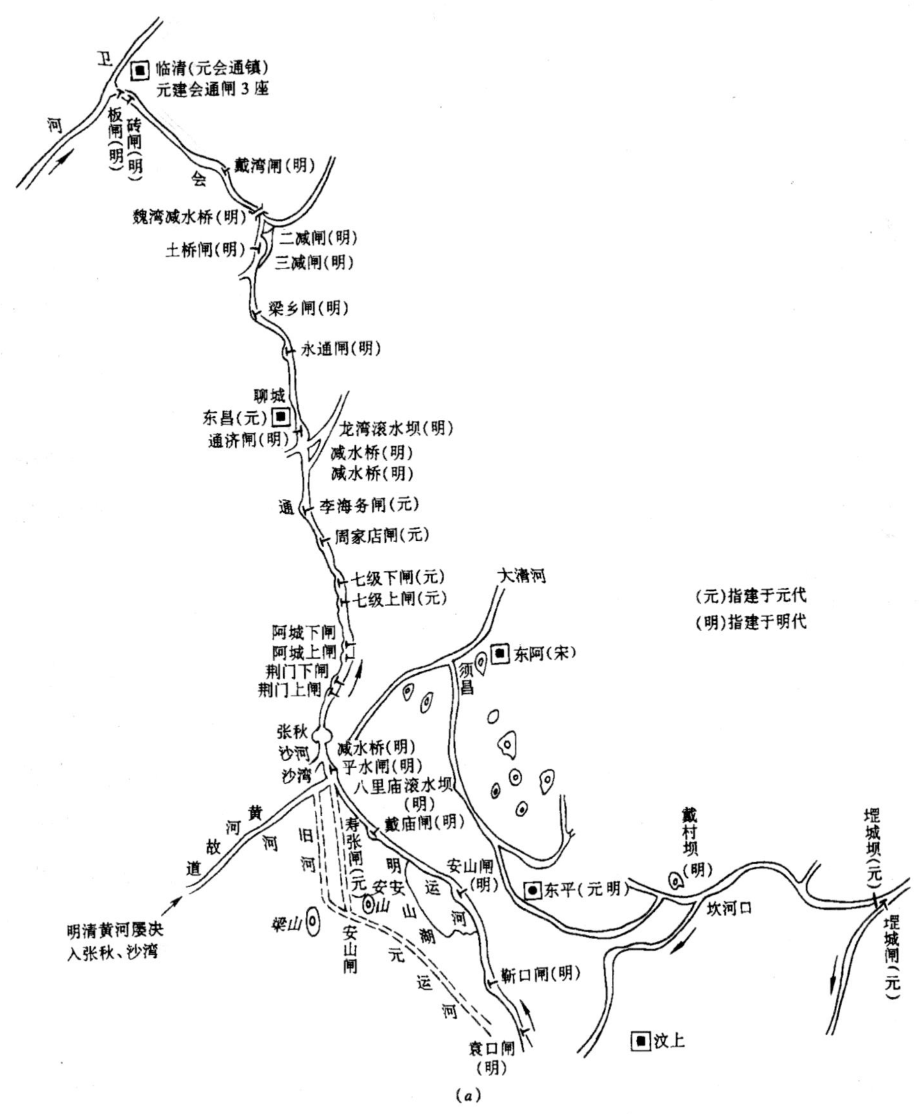

그림 5.1 역대 회통하 상의 제방[『요성 지구 수리지(聊城地區水利誌)』, 1993]

신중국 건국 후 1951년 소운하, 즉 황하 이북의 회통하는 다시 치수 공정을 시작하여 1952년 11월 말에 완공되었다. 1959년 10월부터 1960년 4월까지 위임운하(위산~임청)를 굴착하였으나 통항을 할 수 있는 정도에 도달하지 못하여 훗날 관개 수로와 수량 조절용 수로가 되었다.[『聊城地區水利誌』, 1993] 1970년대에 운하 연안 지역의 침수 피해를 예방하고, 알카리성 토양을 개조하고 관개 수로를 활성화하기 위해 소운하를 여러 구간으로 나누어 관리하였다. 회통하 요성 구간(황하 이북 구간)의 남쪽 구간은 배수로로 쓰이고, 중간 구간은 토사가 침적되어 폐쇄되었으며 북쪽 구간은 정비하여 황하의 물을 끌어들이는 관개 수로로 사용되고 있다.

3.2 자연 조건

(1) 하도 수계

대운하의 요성 구간은 대부분 해하 유역에 속하는데 회통하의 남단인 제녕에서 시작되고 북쪽으로 임청까지 총연장 125km로, 동평東平, 양곡陽谷, 동창부구東昌府區, 치평茌平, 임청 등을 경유한다. 황하가 범람하여 장추에서 운하를 휩쓸고 간 이후에 회통하는 남북 양 구간으로 분리되었다. 이 중 북쪽 구간(소운하)은 양곡·장추에서 임청까지 전장 110km이다.

여러 차례의 정비와 보강을 거쳐 현재의 소운하는 이미 운하라고 할 수 없을 정도로 변형되었고 일부 구간은 완전히 황폐화되었다. 현재의 상태에 근거하여 네 구간으로 분류할 수 있다.

가. 장추~주점周店 구간(양곡 구간)

이 구간의 수원은 금제하金堤河인데 1955년 4월 장추 북부의 금제金堤에 새로 수문을 하나 지어 금제하의 물을 소운하로 끌어들여 관개 수로와 배수로의 역할을 하였다. 1975년 장추갑문과 소운하를 기초로 하여 장추 관개 지구를 건설하였다. 1977년, 이 구간의 운하를 정비하여 주점 이하 구간을 위산位山에서 황하의 물을 유입하는 이간 수로二干渠가 점용하게 되면서, 이 구간의 소운하를 요성 왕장王莊 서북부에 연해 있는 당수구擋水溝에서 소리정蘇裏井 조왕하趙王河로 연결하는 공정을 시작하였고 1979년 11월에 완공하였다.

나. 주점周店~신갑辛閘 구간(요성 구간)

1970년, 위산에서 황하의 물을 관개 수로로 끌어들인 후, 소운하의 주점~사하두四河頭 구간을 황하의 물을 유입하는 이간 수로로 개조하고, 사하두~신갑 구간을 개조하여 소운하로 편입

시켰다. 용만배수갑문龍灣泄水閘은 매년 요성시 환성호環城湖로 630만 m^3의 물을 방류하여 수산 양식에 도움을 주고 도시 용수를 공급하고 있을 뿐만 아니라 운하 양안의 3,000hm^2가 넘는 농지에 용수를 공급하고 있다.

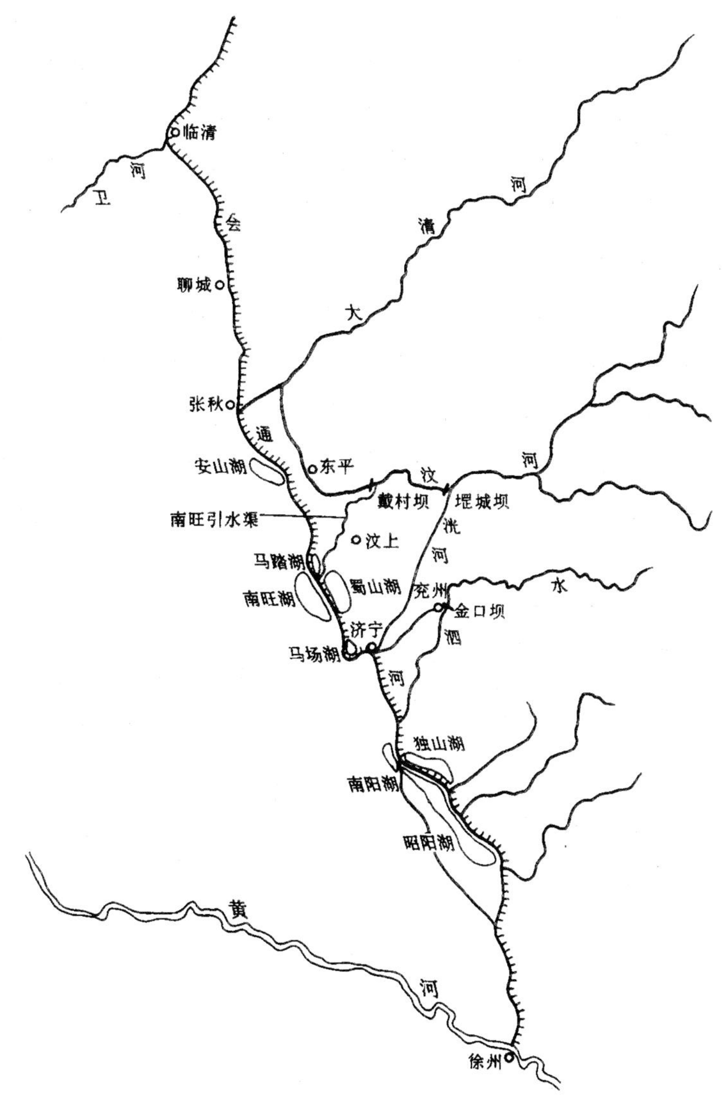

그림 5.2 명대 회통하 주변 지도(『聊城地區水利誌』, 1993)

다. 신갑~마협하馬頰河 구간(요성과 치평현茌平縣 경계 구간)

1967년 봄, 마협하를 보수할 때 소운하를 끊어서 신갑~마협하 구간은 완전히 폐쇄되었다.

라. 마협하~위운하衛運河 구간(임청 구간)

1958년 요성에 큰 규모의 하도 직선화 작업을 하였는데, 소운하 우안右岸의 대만서戴灣西~수성둔水城屯 북쪽까지 대수하戴水河를 굴착하여 진관영陳官營~료장廖莊 사이에 진요하陳廖河를 뚫었다. 1959년 다시 조장刁莊~금학장金郝莊까지 조금하刁金河-裕民渠를 개통하여 소운하의 지류가 되었다. 1959년 위산位山에서 황하의 물을 끌어들일 때 소운하는 임청으로 들어가는 간선 수로였으나 1962년 황하 물을 끌어들이는 공사가 중지되면서 그 기능을 잃었다. 1964년 두갑구頭閘口에 위하衛河 물로 관개하는 양수소揚水站를 건설하면서 소운하는 다시 간선 수로의 역할을 재개하였다. 1970년 위산으로 들어오는 수로가 다시 복구되어 위임운하는 위산의 삼간거三干渠가 되었고 소운하는 이 삼간거의 지선이 되었다.[『聊城地區水利誌』, 1993]

이상에서 살펴 본 것처럼 소운하의 네 구간은 각각 독립적인 계통이며 이들이 모두 완전하게 이어진 하류 체계가 아니다. 연속성과 완전성의 시각에서 볼 때, 위산 삼간거의 상황은 상당히 좋아 농지에 용수를 공급하며 1981년부터는 아홉 차례에 걸쳐 황하의 물을 천진에 공급하는 통로의 역할을 하고 있다. 남수북조 동쪽 루트 공정도 이 경로를 거쳐 물길을 잇게 된다.

(2) 기후 상황

요성 지역은 난온대 반습윤 대륙성 계절풍 기후대에 속하여 계절풍 기후의 특징과 계절의 변화가 분명하게 드러난다. 여름과 겨울은 길고 봄·가을이 짧으며 봄에는 바람이 많고 비가 적다. 여름은 무덥고 강우가 집중되며 가을은 기온이 알맞고 겨울은 한랭 건조하다. 이 지역의 연평균 강우량은 567.7~637.3mm, 연평균 기온은 12.8~13.4℃, 연 일조 시간은 2,463~2,740 시간이며 연평균 일조율은 56~62%이다.

표 5.9 운하 요성 구간 주변 지역의 기후

지역	기후 유형	연평균 강우량 (mm)	연평균 기온 (℃)	가장 더운 달 평균 기온 (℃)	가장 추운 달 평균 기온 (℃)	0도 적산 온도 (℃)	연 일조 시간 (h)	연 총복사량 (kcal/cm²)	평균 무상일無霜日 (d)
동창부구 東昌府區	난온대 반습윤 대륙성 계절풍 기후	594.0	13.2	26.8	~2.6	-	2,641.9	124.2	201
임청시 臨清市		587.6	12.8	26.6	~3.3	4,877.6	2,629.7	124.8	193.6
양곡현 陽谷縣		594.3	13.3	26.7	~2.3	-	2,385.5	122.9	217.4
치평현 茌平縣		603.2	13.1	26.7	~3.0	4,953.3	2,740.7	127.1	193
동아현 東阿縣		634.6	13.3	26.5	~1.9	5,025.8	2,545.8	122.9	199
관현 冠縣		588.0	13.1	26.7	~2.9	4,974.6	2,605.7	124.4	204

주: 동창부구의 자료는 『聊城市誌』의 1985년까지의 자료이며, 그중 연평균 기온은 1957~1980년 사이의 자료, 나머지 자료는 1957~1985년의 자료임; 임청시의 자료는 『臨清市誌』의 1990년까지의 자료이며, 그중 강우량은 1951~1985년의 자료, 연 총복사량은 1956~1985년의 자료임; 양곡현의 자료는 『陽谷縣誌』의 1987년까지의 자료이며, 그중 강우량은 1960~1987년의 자료임; 치평현의 자료는 『茌平縣誌』의 1985년까지의 자료이며, 그중 강우량은 1960~1985년의 자료임; 동아현의 자료는 『東阿縣誌』의 1985년까지의 자료이며, 그중 연평균 기온은 1962~1985년의 자료임; 관현의 자료는 『冠縣誌』의 1987년까지의 자료이며 그중 연 일조 시간은 1957~1984년의 자료임.

(3) 수재와 한재

가. 수재

요성시는 산동성 서북쪽 황범평원黃泛平原에 위치하여 있으며 역사적으로 수해를 가장 많이 입었던 산동성 도시 중의 하나이다. 황하의 범람은 요성시의 대규모 수해의 요인 중에서 그 영향이 가장 크다. 신중국 건국 후에 국가에서 황하 정비를 중요시하면서 황하에서 더는 홍수 재해가 발생하지 않았다.

임청 이북의 위하·남운하에서도 홍수의 위협이 있었는데 청나라 268년간 77차례, 민국 29년 동안 4차례, 신중국 건국 후 4차례 발생하였다.

나. 침수

요성시의 침수는 주로 비로 인한 침수였다. 사료에 따르면 청나라 1644년부터 1990년까지

347년 동안 121년 간 강우로 인한 침수가 발생했는데, 그중 초대규모 침수는 6년, 대규모 침수는 14년, 중규모 침수는 33년, 소규모 침수는 68년이었다.

요성시의 침수 재해는 주기성, 연속성, 돌발성, 계절성의 특징을 보인다.

다. 한재旱災

가뭄 피해는 요성시의 농업 생산과 대중 생활에 영향을 많이 끼쳤다. 요성시는 난온대 계절풍 기후暖溫帶季風氣候區 지대에 속하는 반건조 대륙성 기후로, 강수량이 많지 않고 강수 시간과 지역이 불균형하고 가뭄의 계절성이 강하다. 그리고 '십년구한十年九旱' 이라는 말이 나올 정도로 가뭄이 심한데, 실제로도 1949년부터 1996년 사이에 총 28번의 가뭄이 있었고 이는 평균 1.7년에 한 차례씩 가뭄이 발생한 꼴이다.[『기·술·사하도지(沂沭泗河道誌)』, 1993]

3.3 사회·경제

표 5.10 운하 요성 구간 주변 지역의 경제 상황(2002)

지역	총 인구 (만 명)	비농업 인구 (만 명)	도시화 비율 (%)	인구 밀도 (천 명/km²)	국내 총생산 (억 위안)	1차 산업 총생산 (억 위안)	2차 산업 총생산 (억 위안)	3차 산업 총생산 (억 위안)	1인 평균 GDP (위안)	근로자 연평균 (위안)	농민 연평균 순수입 (위안)
동창부구 東昌府區	98.91	34.96	35.3	0.789	61.62	13.93	28.80	18.89	6,230.1	10,570	요성시 2503
임청시 臨清市	72.21	18.23	25.2	0.760	50.13	10.51	27.22	12.40	6,942.6	8,346	
양곡현 陽谷縣	75.15	14.25	19	0.706	42.28	13.66	19.01	9.61	5,626.4	7,662	
치평현 茌平縣	56.71	7.44	13.1	0.507	35.79	12.50	16.63	6.66	6,311.9	8,389	
동아현 東阿縣	41.78	6.46	15.5	0.523	23.65	6.74	10.69	6.22	5,659.9	8,264	
관현 冠縣	73,61	7.27	9.9	0.634	34.38	13.93	10.39	10.06	4,670.8	7,352	

자료 출처: 『요성 통계 연감聊城統計年鉴』, 2003.

3.4 물 환경

(1) 운하 수질

운하 요성 구간의 수원은 대체로 황하, 금제하金堤河, 빗물 세 가지로 나눌 수 있다. 그중에 황하의 물은 수질이 좋을 때는 Ⅲ급에 도달하기도 하고 나쁠 때는 Ⅳ급이 되기도 하는데, 수질이 좋으면 관개용수뿐만 아니라 도시 용수로 공급하기도 한다. 금제하는 상류의 오염물 유입 때문에 수질이 나빠 Ⅴ급 물이다. 현재는 환경 보호 기관이 소운하의 물을 검측하지 않아서 대부분 유역의 수질 상황을 알 수 없다.

(2) 운하 오염원

운하 요성 구간의 오염원은 주로 공업 오염수와 농업용 화학 약품이다. 공업오염은 임청시와 요성시에 집중되어 있다. 공업 오염수를 많이 배출하는 공장은 주로 화학 공업, 제지, 방직, 인쇄 공장이며, 주요 유해 물질은 COD, 석탄산, 시안, 수은, 카드뮴, 크롬, 비소, 납 등이다. 이러한 유해 물질들이 일부는 휘발되거나 지하수에 배어들고 대부분은 폐수와 같이 수로를 통해 하류로 배출된다. 그리고 농업 기업이 발전하면서 나오는 오염물도 많아졌다. 농업에 대량 사용되는 농약과 화학 비료 중 일부는 농작물에 흡수되고 나머지는 농토에 침투되거나 강수, 관개로 인해 하류로 흘러들어 가 오염을 일으킨다.[『聊城水利志』, 1993]

(3) 지하수 수위

요성시는 천층淺層 지하수를 채취하기가 쉽고 개발 가능한 면적이 총 면적의 81.9%에 달하는 관계로 주로 천층 지하수를 개발해서 이용한다. 반면 심층 지하수는 채취가 어렵고 환경을 회복시키기가 어려워 개발 비율이 낮고, 주로 공업용수와 소량의 생활용수를 제공하는 정도에 그친다.

4 양제운하 구간

양제운하는 북쪽 양산현梁山縣 노나리촌路那裏村의 동쪽에서 시작하여 남쪽 제녕 외곽의 이집촌李集村 서남쪽의 남양호南陽湖와 운하가 서로 만나는 지점까지 전장이 총 87.8km이다. 이

간선 수로는 1959년부터 1986년까지 네 차례에 걸쳐 완공 되었다. 1960년 봄, 동평호의 배수를 위해 양제운하 장하구長河口에서 장구진長溝鎮까지 36km의 하도를 준설하였다.[『濟寧市水利誌』, 1997]

양제운하와 황하를 연결하기 위해 국나리國那裏에 황하와 연결하는 수문을 만들어 양산에서 제녕까지 통항을 시작하였으나 하도가 점점 침적되어 1981년에 사용이 중지되었다. 그 후에는 홍수 예방 위주의 하도로 변모되었다.[『梁山縣水利誌』, 1992]

4.1 역사 연혁

양제운하는 산동성 양산현~제녕시 사이의 운하를 일컫는 말이다. 이 구간의 운하는 제주 수로濟州渠 또는 제주하濟州河라고 불리었는데 그중 일부 공정은 수대 초기에, 제주하는 원대에 건설되었다. 그 전의 운항 루트를 보면 동쪽으로는 문하汶河와 광하洸河가 연결되고 서쪽으로는 환공구桓公溝와 고제수古濟水로 통항하였다. 원나라 사람들이 부르던 제주濟州治濟寧에서 수역須域(지금의 동평현東平縣) 안산진安山鎮 구간을 제주하라고 하고 안산 이북~임청 구간을 회통하라고 하였으며 나중에는 두 물줄기를 모두 회통하라고 혼칭하였다. 명대에는 두 물줄기를 하나로 이어서 두 구간으로 구분하였다.

제주 수로는 원대 3년(1276) 정월에 착공하여 20년 8월에 개통하였는데[姚漢源, 1998], 제녕부터 안산까지 75km로 남쪽으로는 사수泗水와 이어지고 북쪽으로는 대청하大清河와 통한다.[『山東省誌·水利誌』, 1994] 명대 영락 9년(1411)에 북쪽의 임청에서 남쪽의 제녕까지 전면적인 준설과 일부 구간 개선 작업을 진행하였다. 청대에는 회통하에 대한 관리와 보호가 원활하게 진행되었으나 훗날 황하의 범람으로 광서 27년(1901) 통항이 정지되었다.[『山東省誌·水利誌』, 1994] 제녕에서 안산 사이의 옛 운하는 북오호北五湖와 남사호南四湖가 함께 연결되어 1958년 이전에는 30톤 이하의 목선이 통항하였으나 양제운하가 개통된 후에는 모두 폐쇄되었다.[『濟寧市水利誌』, 1997]

현재 양제운하라고 불리는 운하는 1959년에 신운하가 굴착되면서 북쪽 양산현 노나리촌路那裏村의 동쪽에서 시작하여 남쪽 제녕 외곽의 이집촌李集村 서남에 남양호南陽湖로 들어가서 호수 내 운하와 서로 연결되는 전장 87.8km의 물길을 말한다. 1967년 항운 산업의 요구에 따라 6급 항로의 기준[5](100톤의 바지선 통항, 수심1~1.2m, 폭 15m, 회전 구간 반경 180m 이상 등)에 맞게

5) §100톤의 선박 통항, 수심1~1.2m, 폭 15m, 회전 구간 반경180m 이상 등.

정비되었다. 1970년 양산~제녕 사이의 운하가 개통되었으나 운하 바닥에 토사가 침적되고 황하로 들어가는 수문이 황하의 홍수 예방 기준에 미치지 못하는 등이 원인으로 작용하여 1981년 통항이 폐쇄되었다. 1989~1990년 운하에 대한 제4차 수리공정이 진행되었다.

4.2 자연 조건

(1) 하도 수계河道水系

양제운하는 북쪽 양산현 노나리촌의 동쪽에서 시작하여 양산, 문상汶上, 가상嘉祥과 제녕 시내를 거쳐 남쪽 제녕 외곽의 이집촌 서남쪽에서 남양호로 들어가 호수 내 운하와 연결되는 전장 87.8km의 운하로, 1959년에 굴착하여 홍수 예방, 배수, 관개 항운과 남수북조의 대형 종합 수리공정의 골간이 된다. 양제운하는 현재 38개의 크고 작은 지류와 3,306km^{2}에 달하는 유역 면적을 가지고 있다. 그중 주요한 지류는 아래의 〈표 5.11〉과 같다.

표 5.11 양제운하의 주요 지류 수계

하천명	하천 개요	산동성내 하천의 길이(km)	산동성 내 유역 면적(km^2)
송금하 宋金河	운성현郓城縣 임집臨集 부근에서 발원하여 진영陳營 노나리路那裏에서 양제운하로 합류한다.	18	626
대마하 戴碼河	북쪽의 양산현 대묘향戴廟鄉 맹해孟垓에서 양산梁山대묘戴廟 고속도로의 서쪽을 따라 남쪽의 소안산小安山 배수구를 지난 후 동평호 제방의 류장하柳長河 배수 갑문에서 양제운하로 들어가기 때문에 대류戴柳 배수구라고 한다. 1973년에 계절성 하도로 바뀐 후 대마하戴碼河로 개명하였다.	14	79.5
금마하 金碼河	1973년 봄에 굴착, 상류는 흑호묘향黑虎廟鄉 후장侯莊 북쪽의 금제金堤에서 시작하여 양산현의 후마두촌後碼頭村 까지 북쪽으로 양제운하에 흘러들어간다.	14.6	77
구산하 龜山河	양산현성梁山縣城 서쪽에 있으며 원래는 배수구였다. 남쪽의 목둔穆屯에서 시작하여 북쪽의 구산龜山 방향으로 흐르다 동쪽으로 굽어져서 임장任莊 북쪽에서 양제운하로 합류한다.	12.5	50.9
류장하 柳長河	동평호東平湖 인근의 침수 문제를 해결하기 위해 1964년에 굴착. 북쪽의 팔리만 갑문에서 남쪽의 장교張橋까지이며, 류장구柳長溝 갑문를 통과하여 양제운하로 합류한다.	20	225.58

하천명	하천 개요	산동성내 하천의 길이(km)	산동성 내 유역 면적(km^2)
류창하 流畅河	왕해둔汪海屯에서 동쪽의 후손장後孫莊까지 양연梁兖고속도로의 남측을 따라 동쪽으로 나란히 흐르다 양제운하로 유입된다.	8.6	56.3
류리하 琉璃河	1966년에 새로 굴착한 하천으로 상류의 조패趙壩에서 금제서하金堤西河와 합류하여 남쪽의 송금하의 예루倪樓까지 흐르다가 저장褚莊 고점촌高店村에서 동남쪽의 양제운하와 합류한다.	34.45	250
운성신하 鄆城新河	원래는 신하新河였다. 서쪽의 운거하鄆巨河 동안의 당점唐店에서 시작하여 동쪽의 양산현 방묘향方廟鄉 류리정촌琉璃井村 서쪽에서 산동성으로 들어와서 성의 남부 경계선과 나란히 신루향信樓鄉 육장陆莊 동남 지점까지 흐르다 양제운하로 들어간다.	27.9	229
호동배수구 湖東排水溝	1960년에 굴착한 운하로 북쪽의 동평현東平縣 대청하大清河 남안의 오가만吳家漫 장패구張壩口에서 시작하여 남쪽 방향으로 양산과 문상汶上 경계를 따라 개하開河를 거쳐 동사해촌東司垓村 서남쪽에서 양제운하로 유입된다.	49	312
소문하 小汶河	대문하大汶河와 양제운하의 중간에 있으며 문상현汶上縣을 남북으로 관통한다. 녕양현寧陽縣 사고집泗皐集의 동북쪽에서 시작하여 군둔軍屯, 양점楊店, 곽창郭倉, 인사寅寺, 류루劉樓를 거쳐 남왕진南旺鎮 십리갑촌十裏閘村 동남쪽에서 양제운하로 합류한다.	89.5	238
천하 泉河	남천하南泉河와 북천하北泉河 총천하總泉河로 이루어져 있다. 북천하의 발원지는 조영曹營이고 남천하의 발원지는 서소집西疏集이다. 남·북천하는 아하鵝河에서 합류하여 총천하로 불리며 양제운하로 들어간다.	32 24.5 11.3	252 217.75 626
조왕하 趙王河	조왕하는 원래 직접 남양호에 유입되었으나 1959년 겨울부터 1960년 봄 사이에 정비 공사를 한 후 양제운하로 유입되게 되었다. 서쪽의 거야현巨野縣 사토집沙土集에서 시작하여 거야巨野, 가상嘉祥, 시 외곽을 거쳐 진장陳莊에서 양제운하로 들어간다.	29.3	424
남약진하 南跃进河	제녕시 교외의 이영진李營鎮 백가와白家洼에서 발원하여 장구長溝와 남장현진南張鄉鎮 경계의 군왕촌軍王村 서쪽에서 양제운하로 들어간다.	17	110.5
행복하 幸福河	남장향南張鄉 왕증촌王增村 남쪽에서 발원하여 봉황대촌鳳凰台村에서 양제운하로 유입된다.	4.3	-
노운하 老運河	안거진安居鎮 화두만火頭灣에서 발원하여 남쪽의 서오리영西五裏營에서 양제운하로 합류한다.	-	-

자료 출처: 『제녕시수리지濟寧市水利誌』, 1997.

(2) 기후 상황

양제운하는 대부분 제녕시에 위치하고 있으며 난온대 대륙성 계절풍 기후대에 속하여 사계절이 분명하고 일조량이 충분하며 비는 여름에 집중된다. 건조한 날씨와 습한 날이 번갈아 나타나고 서리가 없는 날이 길며 가끔 재해가 발생하는 특징이 있다. 첫 서리가 내리는 날은 평균 10월 28일이고 마지막 서리는 이듬해 4월 11일에 내리며 서리가 없는 날은 평균 199일이다. 동토 시기는 11월 하순, 해빙 시기는 3월 상순으로 동토기는 1~10일간이며 깊이는 지표면으로부터 20~30cm이다. [『山東各地概況』, 1999]

표 5.12 양제운하 유역의 기후

지역	기후 유형	연평균 강우량 (mm)	연평균 기온 (℃)	가장 더운 달 평균기온 (℃)	가장 추운 달 평균기온 (℃)	0도 적산온도 (℃)	연 일조량 (h)	연 총복사량 (kc/cm²)	평균 무상기无霜期 (d)
양산현 梁山縣	난온대반습윤대륙성계절풍기후	601.1	13.4	26.8	~1.9	5,084.3	2,505.9	-	205
문상현 汶上縣		613.9	13.3	26.8 (최고기온 42.5)	~2.1 (최저기온 -18.9)	-	2,280.4	117.73	195
가상현 嘉祥縣		661	13.9	26.9 (최고기온 43.1)	~1.1 (최저기온 -18.3)	-	2,405.2	-	211.6
임성구 任城區		719.3	13.5	26.6 (최고기온 41.6)	~1.3 (최저기온 -18.2)	-	2,318.3	118.4	213
동평현 東平縣		640.5	13.3	31.6 (최고기온 41.0)	~6.3 (최저기온 -16.5)	4,994.8	2,474.2	120.63	199

자료 출처: 『양산현수리지梁山縣水利誌』, ~1985; 『문상현지汶上縣誌』, ~1985; 『가상현지嘉祥縣誌』, ~1990; 『임성구지任城區誌』, 1840~1995; 『동평현지東平縣誌』, ~1985.

(3) 수재와 한재

제녕시에는 가뭄, 침수, 우박, 바람, 지진 등의 자연 재해가 있다. 4~5년에 한 번씩 가뭄 피해를 입었고 그중 봄 가뭄의 피해가 가장 큰데, 발생 빈도는 평균 41.8%로 2~3년마다 한 차례씩 봄 가뭄의 재해를 당하였다. 연평균 가뭄 피해 면적은 전체 농경지의 30%이다. 침수 피해는 3~4년에 한 번 꼴이며 주로 봄·여름·가을에, 평균 빈도는 각각 15%, 20%, 26%이다.

양산현의 침수 피해는 주로 봄과 가을에 발생하지만 그중 가을에 발생하는 빈도가 더 높다. 한재는 봄·여름·가을에 주로 발생한다. 바람으로 인한 피해는 봄과 가을에 많으며, 바람의 방향은 보통 서쪽에서 동쪽이며, 때때로 천둥번개와 우박을 동반한다.

가상현嘉祥縣은 한재가 비교적 많고, 현縣으로 지정된 이후로 1949년까지 802년간의 기록 중에서 한재가 120차례로 평균 6~7년에 한 번 꼴로 발생하였다. 신중국 건국 후에 발생한 중급 이상의 한재는 13차례로 평균 3.8년마다 한 번 꼴로 발생하였다. 이곳은 남사호 하류에 위치하여 중·상류의 물이 합류하여 수해가 자주 발생한다. 신중국 건국 전 802년 동안 발생한 크고 작은 침수 피해는 모두 137차례로 평균 5.9년에 한 번 발생하였으나 신중국 건국 후에 침수 피해는 사실상 사라졌다. 신중국 건국 이전의 802년 동안 발생한 홍수 피해는 37차례로 평균 21.7년에 한 번 꼴로 나타났다. 신중국 건국 후에 발생한 홍수는 두 번으로 치수 정책 실시 후로는 범람이나 물길이 바뀌는 일이 발생하지 않았다.

문상현汶上縣은 가뭄 피해가 많은 지역이다. 신중국 건국 전에는 평균 12년에 한 번씩 가뭄 피해를 입었고 수해는 11년에 한 번 꼴로 나타났다. 1951년 이래 폭풍우와 침수 피해가 나타난 것은 4차례, 대규모 침수는 3차례, 가뭄만 나타난 것은 14차례이다.

임성구任城區의 봄 가뭄은 평균 2~3년에 한 차례, 가을 가뭄은 평균 3년에 한 차례, 여름 침수는 5년에 한 차례 꼴로 나타났다. 1957년 7월 10일~25일까지 660mm의 폭우가 쏟아져서 사하泗河, 부하府河 등 여러 곳이 범람하였으며 남양호와 그 남쪽의 제방이 모두 붕괴되었고 5.51hm^{2}의 농경지가 피해를 입었다. 그중 4.03만hm^{2}의 농경지에서 생산량이 전무하였고 33.2만 명의 이재민이 발생하고 9만 채의 가옥이 침수로 무너졌다. 우박 피해는 서북쪽 문상현 동·서 양쪽 모두에서 많았는데 동쪽에서는 2~3년에 한 차례, 서쪽에서는 3~5년에 한 번 꼴로 발생하여 대략 10년에 한 번씩 심각한 재해가 발생하였다. 식물 성장기에 냉해가 발생하는 비율은 5~10년에 한 차례이며 봄철에 결빙이 나타나는 봄철 혹한은 5년에 한 번 꼴이다. 건조하고 뜨거운 바람은 4~5년에 한 번 꼴로 나타났다.

태안시 동평현 신중국 건국 후에 가뭄은 4년에 한 번, 수해는 2년에 한 번 꼴로 나타났다. [『山東各地概況』, 1999]

4.3 사회·경제

표 5.13 양제운하와 폐기廢棄 옛 운하 유역 각 지역의 경제 상황(2002)

지역	총 인구 (만)	비농업 인구 (만 명)	도시화 비율 (%)	인구밀도 (천명/km²)	GDP (억 위안)	1차 산업 총생산 (억 위안)	2차 산업 총생산 (억 위안)	3차 산업 총생산 (억 위안)	1인 평균 GDP (위안)	도시주민 월평균 가처분소득 (위안)	농민연평균 순수입 (위안)
양산현 梁山縣	71.34	8.3	11.6	0.74	37.6	12.52	12.82	12.26	5,271	6,495	2,266
문상현 汶上縣	72.9	8.0	11.0	0.83	33.9	10.20	10.31	13.39	4,650	5,871	2,732
가상현 嘉祥縣	78.04	7.7	8.8	0.80	33.35	9.07	12.61	11.67	4,273	6,111	2,665
임성구 任城縣	63.38	8.6	13.6	0.72	45.95	9.65	18.38	17.92	7,250	7,285	3,200
동평현 東平縣	77.00	10.8	14.0	0.61	43	12.04	16.34	14.62	5,584	6,010	2,531

자료 출처: 『산동성연감山東省年鑒』, 2003.

4.4 물 환경

(1) 운하 수질

제녕시의 12개 현縣과 구區 중에서 매일 생활 오수와 공업 폐수 10만 톤 이상을 배출하는 곳은 제녕시의 중구中區, 5~10만 톤을 배출하는 곳은 연주兗州와 추현鄒縣, 1~5만 톤을 배출하는 곳은 7개 현, 1만 톤 이하를 배출하는 곳은 4개 현이다. 관내의 하도, 호수, 저수지 등의 수질은 국가 물 환경 1급과 2급 기준에 부합하는 곳이 한 곳도 없고 모두 유기물 오염물이 검출되었다. 그중에서 니산저수지尼山水庫와 수조신하洙趙新河, 남양호, 미산호微山湖의 수질이 비교적 좋은 편이다. 2급 호수는 2급 보 부근의 국지적 수역에서 비교적 수질이 나쁘다. 동어하東魚河와 만복하萬福河도 오염수가 유입되어 수질이 나빠지고 있으며 이외에 다른 하도, 즉 사하泗河, 백마하白馬河, 광부하洸府河, 옛 운하, 서지하西支河, 양제운하는 모두 오염의 정도가 심하다.[『濟寧市水利誌』, 1997]

(2) 운하 오염원

1987년에 출판된 『산동성 공업 오염원 조사와 평가山東省工業污染源調査與評價』에 의하면 남사호로 유입되는 폐수는 1.38억 톤으로 공업용 폐수가 환경과 유기물 오염의 주요 원인이다. 폐수 중 주요 유해 물질은 COD, 황화물, 석유류, 암모니아 질소, 휘발분 등이다.[『山東省誌·環境保護誌』, 1999]

표 5.14 양제운하 오염 상황

	배수구 숫자	1일 오염수량 (만 톤)	1일 평균 오염 물질 배출 총량						
			CODcr	페놀	NH_3~N	Hg	산화물	As	Cr^{6+}
양제운하	7	3.301	56,878	28.55	2,266	0	0.0322	0.230	0.722

자료 출처: 『제녕시 수리지濟寧市水利誌』, 1997.

(3) 지하수 수위

전담형全淡型 지하수는 주로 황하 이남의 견성鄄城~양산梁山 일대에 분포한다. 천층의 담수와 염수체(광화도 2g/l) 이상의 함수층은 대기 강수의 직접적인 영향을 받으며, 함수 사층含水砂層이 가장 두꺼운 곳은 옛 하도河道 벨트로 누적 사층의 두께는 보통 15~20m이며 어떤 곳은 25~30m에 달한다. 단층 두께는 3~10m이며 물의 용출성湧出性이 뛰어나서 용출량이 1,000~3,000m^3/1일인데 어떤 곳은 500~1,000m^3/1일인 곳도 있다. 수위는 지표면으로부터 1~4m로 상부는 지하수이며 하부는 피압수로 광화도는 1~2g/1이다. 심층 담수의 가장 윗부분은 지표면에서 100~300m의 깊이이며 함수층의 성분은 분사粉砂, 분세사粉細砂, 세사細砂, 중세사中細砂, 그리고 중사中砂 등 이며, 여러 층으로 겹쳐져 있다. 산동성의 서남부 지역, 주로 동명東明~양산, 동명~조현曹縣 일대의 누적 사층의 두께는 보통 20~40m이며 수위는 지표면으로부터 1~5m이다.[『山東省誌·地质矿产誌』, 1992]

문상현汶上縣의 지하수 수위는 강수량에 의해 결정되는데 이용 가능한 지하수 자원의 총량은 2.9억 m^3이다. 가상현嘉祥縣의 지하수는 대개 평균 지표면 깊이 2.34m이며 최대 5m, 이용 가능한 양은 1.18억 m^3이다. 임성구任城區 북부의 산기슭 충적 평원沖積平原 암반의 깊이는 145~303m인데 중세사中細沙의 함수층은 15~20m이고, 호동 평원湖東平原 암반의 깊이는 180~250m, 중세사 함수층은 7~15m이다. 호서황범 평원湖西黃泛平原의 암반은 300~ 493m 깊이에 있고 분세사粉細沙 함수층은 5~20m이다. 동평호東平湖 바닥의 지하수 깊이는 2~3m

이고 이용할 수 있는 양은 1.67억 m^3이다.[『山東各地概況』, 1998; 『嘉祥縣誌』, 1997; 『東平縣誌』, 1989; 『任城區誌』, 1999; 『汶上縣誌』, 1996]

5 남사호 구간

남사호南四湖는 남양호南陽湖, 소양호昭陽湖, 독산호獨山湖와 미산호微山湖 등 네 개의 자연 호수가 서로 연결되어 형성되었다. 호수의 모양이 좁고 길며 독산호 만운하에서 분리되어 있고 나머지 세 개의 호수는 서로 이어져 명확하게 구분되지 않는다. 남사호는 중국에서 여섯 번째로 큰 담수호로, 그중 가장 큰 호수의 면적이 1,266km^2이다. 1958~1961년에 호수의 중간쯤 되는 곳에 난호패攔湖大壩, 일류 제방溢流堰, 조절 갑문과 선박갑문 등을 포괄하는 2급 갑문 시설을 건설하여 남사호가 두 개로 나누어졌다. 댐의 북쪽을 상급호上級湖라 부르는데 면적은 602km^2이고 댐의 남쪽은 하급호下級湖로 면적은 664km^2이다.[『濟寧市水利誌』, 1997]

남사호 구역은 경항대운하의 상급호를 포함하여 양제운하가 호수로 유입되는 입구 지점에서부터 하급호의 2급댐 미산선박갑문의 항도航道까지이며, 하급호의 2급댐 이하에서 동서 양쪽으로 다시 나누어진다. 서쪽 지류는 미산선박갑문의 호수 서안을 따라 임가패藺家壩까지 58km으로 하류 방향으로 불뢰하까지 통한다. 동쪽의 지류는 미산선박갑문부터 동고인하東股引河를 경유하여 한장韓莊까지 50km로 한장 운하와 연결된다. 경항대운하 이외에도 호수 안에는 총연장 325.5km의 일반 항도航道가 있다.

5.1 역사 연혁

남사호는 송대 말기 황하가 남쪽으로 물줄기가 바뀌었을 당시에 황하 본류가 흐르던 곳이다. 그 후 황하의 본류는 다시 북쪽으로 물줄기를 바꾸면서 지금의 남사호가 형성되었다. 원대 초기에는 그 면적이 넓지 않아 반경 수 km에 불과하였다. 명대 영락(1403~1425) 시기에 남양의 서쪽과 남쪽에 호수가 형성되어 소양호昭陽湖라고 부르기 시작하였다. 가정(1522~1567) 이후 황하가 범람하여 사수泗水와 합류하자 소양호는 크게 확대되어 남북이 하나로 합쳐졌다. 가정 45년 황하의 진흙이 제녕 이남의 운하에 침적되는 것을 막기 위해 남양진南陽鎮에서 유성留城까지 70km 길이의 남양 신운하를 팠다. 이 신운하 공사를 하면서 양안에 새로 제방을 쌓아 동쪽 산지의 물이 고이면서 독산호獨山湖가 형성되었다. 이때 소양호는 이미 배가 통항을 할 수 있게 되었으며 현재의 미산호 내에서도 서로 연결되지 않는 작은 호수들이 생겨났다.

융경(1567~1573)부터 만력(1573~1620)까지 유성의 위, 아래와 서주의 황하 강바닥에 토사가 침적되어 수위가 상승하면서 여러 작은 호수들이 하나로 연결되었고 만력 말기에 이르러 현재의 모양과 규모를 갖추었다. 건륭 첫해에 어대魚台 아래쪽의 운하가 토사로 막혀 남양호가 형성되고 이때부터 남양호는 물을 비축하고 도강 운송과 황하의 홍수를 피해가는 운송로의 역할을 하였다. (劉玉平, 贾传宇等, 2003) 청대 시기에는 주로 남사호 지역의 운하에 대한 준설과 갑문·보를 수리하는 데 주력하였다. 신중국 건국 후에도 여러 차례에 걸쳐 이를 수리·보강하였고 1958~1959년에는 북쪽의 양제운하 호수 입구에서 남쪽의 임가댐까지 서대제방西大堤을 쌓고 130km의 경항대운하를 굴착하였다. 1958~61년 사이에는 호수의 중간 부분에 2급패壩 통제 센터를 건설하여 남사호가 상급호와 하급호로 분리되었다.

5.2 자연 조건

(1) 하도 수계

남사호는 산동성에서 가장 큰 호수로 남북의 길이는 125km, 동서의 너비는 6~25km이며 둘레는 311km, 가장 넓은 호수의 면적은 1,266km^2, 총저수량은 47억 m^{3}이다. 산동, 강소, 하남, 안휘 등 4개 성 32개 현과 시의 물이 모이며 유역 면적은 3.17만 km^{2}이고 그중 산동성이 2.57만 km^{2}을 차지한다. 호수로 유입되는 하천은 모두 53개이고 그중 호수 동쪽의 28개 하천은 산지에서 유입되며 서쪽의 25개 하천은 평원과 구릉지에서 유입되는 하천이다. 산동성 지역 내 유역 면적 1,000km^2 이상의 하천은 동어하東魚河, 만복하萬福河, 수조신하洙趙新河, 양제운하梁濟運河, 부하府河, 사하泗河, 백마하白馬河, 십자하十字河, 동어하東魚河의 세 지류(북지, 남지, 승리하) 등 모두 11개이며, 유역 면적 300~1,000km^{2}의 하천은 20개이다.(표 5.15 참조)

표 5.15 남사호 수계의 주요 하천

하천명	주요 경유 지역	산동성 내 하천 길이 (km)	산동성 내 유역 면적 (km^2)
양제운하	양산현梁山縣 노나리촌路那裏村 동쪽에서 문상汶上과 가상嘉祥을 거쳐 제녕시 외곽의 이집촌李集村에서 남양호로 유입된다.	88	3,306
조왕하趙王河	거야현巨野縣 사토집沙土集 남쪽부터 가상을 거쳐 제녕 외곽의 진장陳莊 서쪽까지 흐르다 양제운하로 유입된다.	41.8	381
천하泉河	북천하北泉河는 문상현汶上縣 조영曹營 서쪽에서 남쪽 방향으로 흘러 아하촌鵝河村에서 남천하南泉河와 합류하여 서남 방향으로 흐르다가 남왕南旺에서 양제운하로 들어간다.	42.8	626
호동배수하湖東排水河	동평현東平縣 노현성老縣城의 북쪽 무가만촌武家漫村에서 양산과 문상을 거쳐 가상현 왕장촌王场村에서 양제운하와 합류한다.	48.8	312
노수수하老洙水河	거야현巨野縣 십리포十裏鋪부터 가상, 제녕시 외곽을 거쳐 남쪽의 남양호로 유입된다.	48.5	57
수조신하洙趙新河	동명현東明縣 목장穆莊에서 하택菏泽, 견성鄄城, 운성郓城, 거야巨野, 가상嘉祥, 제녕시 외곽을 거쳐 미산현 후루候樓에서 남양호로 유입된다.	140.7	4,200
견운하鄄鄆河	견성현鄄城縣 좌영左營향 서쪽의 손사와孫沙窩부터 거야현 정장丁莊까지 흘러 수조신하洙趙新河로 합류한다.	46.6	975
삼분간하三分干河	견성현 북쪽 왕군王君에서 시작하여 운성현郓城縣 정영鄭營에서 수조신하로 들어간다.	43	313
기산하箕山河	견성현鄄城縣 남쪽부터 기산촌箕山村 동쪽까지 흘러 견운하 鄄鄆河로 합류한다.	33	365
운거하鄆巨河	운성현鄆城縣 이통장李統莊에서 거야현 우루갑문于樓閘에서 수조신하로 합류한다.	47.9	986
안흥하安興河	하택시菏泽市 개호둔個戶屯에서 정도定陶와 거야현 모관둔을 거쳐 수조신하로 합류한다.	41.5	360
수수하洙水河	하택시菏泽市의 가뭄 예방 수로를 사이펀식으로 역으로 흘러 안흥진安興鎮 서쪽에서 수조신하로 들어간다.	55.0	450
만복하萬福河	정도현定陶縣 대설장大薛莊 남쪽에서부터 거야巨野, 금향金鄉 어대魚台를 거쳐 제녕시 외곽의 대주장大周莊에서 남쪽으로 남양호로 유입된다.	77.3	1,283
구만복하老萬福河	금향현金鄉縣 류당패劉堂壩에서 어대현 오항촌吳坑村으로 흘러 남양호로 유입된다.	33.0	563
북대류北大溜	금향현 관제묘촌关帝廟村에서 시작되어 제녕시 외곽의 창왕루촌昌王樓村의 동쪽에서 남양호로 들어간다.	28.8	380
동어하東魚河	동명현東明縣 류루劉樓에서 시작하여 하택, 조현, 정도定陶, 성무成武, 단현单縣, 금향을 경과하여 어대현 서요촌西姚村 북쪽에서 소양호로 들어간다.	172.1	5,323

하천명	주요 경유 지역	산동성 내 하천 길이 (km)	산동성 내 유역 면적 (km^2)
북지 北支	동명현 왕이채王二寨에서 시작되어 하택과 정도를 거쳐 성무현 왕쌍루王双樓 동쪽에서 동어하東魚河로 들어간다.	96.0	1,443
남지 南支	조현 백모집白茅集 서쪽에서 시작하여 조현을 경과한 후 정도현 로장장老張莊에서 동어하로 들어간다.	52.4	1,239
승리하 勝利河	조현 태항제방(太行堤水庫) 제6 저수지에서 시작하여 성무를 거쳐 단현 류가루劉珂樓에서 동어하로 들어간다.	66.3	1,224
황백하 黃白河	조현曹縣 양제두梁堤頭 동쪽의 석향로石香爐에서 단현 백장白莊으로 흐른 후 승리하勝利河로 들어간다.	44.2	412
단결하 团结河	조현 류당부터 성무현 소맥청집小麦青集까지 흐른 후 동어하로 들어간다.	39.2	395
복신하 复新河	안휘성 탕산현砀山縣에서 발원하여 강소성 풍현丰縣를 거쳐 산동성 어대현魚台縣 화장華莊 남쪽에서 산동성으로 들어가서 서요촌西姚村 남쪽에서 동어하와 나란히 흐르며 소양호로 들어간다.	8.3	459
태행제하 太行堤河	단현单縣에서 수구水口를 지나 강소성 풍현丰縣 이루갑문李樓閘에서 신하新河로 다시 들어간다.	47.0	377
황하고도자하 黃河故道子河	하남성 란고현兰考縣에서 시작하여 산동성 조현으로 들어가서 단현 장하애張河崖에서 안휘성 탕산현으로 유입된다.	91.0	381
부하 府河	녕양현寧陽縣 천두촌泉頭村에서 시작되어 연주兖州를 경과하여 제녕시 외곽의 석불石佛에서 남양호로 들어간다.	75.0	1,367

자료 출처: 『산동성지 · 수리지山東省誌 · 水利誌』, 1993.

(2) 기후 상황

남사호는 주로 제녕시 미산현에 속해 있으며, 이곳은 난온대 대륙성 계절풍 기후로 산동성 남서 평원 기후 지역에 속한다. 연평균 기온은 13~14℃, 가장 더운 달의 평균 기온은 27℃, 가장 추운 달의 평균 기온은 -2~-1℃이다. 일 년 중 최고 기온은 40~42℃이며 최저 기온은 -22~-18℃이다. 10℃ 적산 온도는 4,000~ 4,700℃이며 서리가 없는 날은 190~220일이다. 일조량은 2,300~2,600 시간이다. 연평균 강수량은 700~900mm이며 홍수와 폭우 피해가 많다.[『산동성지 · 기상지(山東省誌 · 氣象誌)』, 1993]

표 5.16 대운하 남사호 구간 유역의 기후

지역	기후 유형	연평균 강우량 (mm)	연평균 기온 (℃)	가장 더운 달 평균 기온 (℃)	가장 추운 달 평균 기온 (℃)	0도 적산 온도 (℃)	연 일조 시간 (h)	연 총복사량 (1,000cal/cm²)	평균 무상일無霜日 (d)
태얼장구 台兒莊區	온난대 반습윤 대륙성 계절풍 기후대	811.6	13.5	26.8 (최고온도 39.1)	~1.5℃ (최저온도~15.8℃)	-	2,182.3	112.2	-
역성구 嶧城區		874.1	13.9	26.7 (최고온도 39.6)	~0.9℃ (최저온도~19.2℃)	-	2,368	117.5	195
제녕시 중구 濟寧市中區		719.2	13.5	26.9 (최고온도 41.6)	~1.9℃ (최저온도~19.4℃)	-	2,490.5	122	205
임성구 任城區		719.3	13.5	26.6℃ (최고온도 41.6℃)	~1.9℃ (최저온도~19.48℃)	5040.4	2,490.4	111.6	205
어대현 魚台縣		705.2	13.7	26.7 (최고온도 40.6)	~1.3℃ (최저온도~18.28℃)	-	2,318.3	118.4	213
미산현 微山縣		773.6	13.8 (육지); 14.3 (호내)	26.7 (최고온도 40.6)	~1.4℃ (최저온도~22.3℃)	-	2,515.5	119.7	205

자료 출처: 태아장구의 자료는 『태아장구지台兒莊區誌』의 1985년까지의 자료, 역성구의 자료는 『역성구지嶧城區誌』의 1990년까지의 자료, 제녕시 중구의 자료는 『제녕시 중구지濟寧市中區誌』의 1840~1995년의 자료, 임성구의 자료는 『임성구지任城區誌』의 1840~1995년의 자료, 어대현의 자료는 『어대현지魚台縣誌』의 1990년까지의 자료, 미산현의 자료는 『미산현지微山縣誌』의 1990년까지의 자료를 각각 참고함.

(3) 수해와 한해水旱災害

조장시棗莊市 태아장구台兒莊區는 수해와 한해, 폭우 등의 피해가 많은데 그중에서 가뭄과 폭우로 인한 피해가 가장 많다. 수재는 10년 중 일곱 해, 침수는 2~3년에 한 번 꼴이며 가뭄은 3~5년에 한 번 꼴이다. 폭풍우는 매년 발생하며 여름과 가을에, 특히 7, 8월에 집중적으로 발생한다.

조장시 역성구嶧城區는 한해와 침수, 폭우 등에 의한 재해가 많은데 그중에서 가뭄과 침수 피해가 가장 많다. 10만 묘(=66.67km²) 이상 면적의 수해는 3년에 한 번, 20만 묘 이상의 수해는 5년에 한 번 꼴로 발생한다. 가뭄은 6년에 한번, 극심한 가뭄은 10년에 한번 꼴이다. 동부 지역은 가뭄이 심하고 홍수가 적으며 운하 연안과 감로구향甘露溝鄕의 남쪽은 홍수가 잦고 가뭄이 드물다. 수해와 한해는 모두 주기성과 연속성을 띄고 발생하고 있다. 보통 강우량이 적은 주기는 6~7년에 한 번 꼴이며 홍수 피해는 매년 발생하고 있다.

제녕시 중구는 주로 수해가 많은데 1949~1977년 사이에 26차례가 발생하였고 그중 1957년에는 피해 면적이 1,102hm²로 전체 면적의 35% 달하였다. 1958년 이후 농지에 대한 수리 시설을 집중적으로 건설하였으나 1998년 말에 또다시 대규모의 수해가 발생하였다. 한재는 신중국 건국 후 근 30년 사이에 16차례 발생하여 연평균 19.7hm²의 면적이 피해를 입었다. 1980~1990년대에 가뭄 대책을 강화한 이후로는 가뭄 피해가 발생하지 않고 있다.

제녕시 임성구任城區는 주로 수재와 봄 가뭄이 2~3년에 한 차례씩 발생하고 가을 가뭄은 평균 3년에 한 번씩 발생한다. 여름의 수해는 5년에 한 번씩 일어난다. 1957년 7월 10~25일 사이에 660mm의 비가 내려 사하, 부하 등 여러 곳의 제방이 터지고 남양호와 호수의 서쪽에 있는 여러 하천의 제방이 범람하여 5.51만hm² 면적의 농지가 물에 잠겼다. 이 홍수로 인해 4.03만hm²의 농지에서 농작물을 전혀 수확하지 못하였고 33.4만 명의 수재민이 발생하였으며 9만 채의 가옥이 무너졌다.

제녕시 어태현魚台縣은 100년에 한 차례씩 초대형 수해가 발생하고 대형 수재는 6년에 한 번, 보통의 수해는 3년에 한 번 꼴로 발생하였다. 초대형 가뭄은 100년에 한번, 대형 가뭄은 17년에 한 번, 보통 가뭄은 3~4년에 한번 꼴로 발생한다.

제녕시 미산현은 수재와 한재의 발생 비율이 비슷하다. 수재는 6~9월 사이에 집중적으로 발생하는데, 수재 면적 6,666.7hm² 이상의 수해는 평균 3년에 한 번, 수해 면적 1.33hm² 이상은 평균 5년에 한 번 발생한다. 가뭄은 주로 구릉지를 중심으로 발생하는데 일 년 내내 가뭄 피해를 입는 경우는 평균 6년에 한 번, 엄중한 피해를 입는 경우는 평균 10년에 한 번이다.[『산동각지개황(山東各地槪況)』, 1999]

5.3 사회·경제

표 5.17 남사호 유역 각 지역의 경제 상황(2002)

지역	총 인구 (만 명)	비농업 인구 (만 명)	도시화 비율 (%)	인구 밀도 (천 명/km²)	GDP (억 위안)	1차 산업 총생산 (억 위안)	2차 산업 총생산 (억 위안)	3차 산업 총생산 (억 위안)	1인 평균 GDP (위안)	도시주민 월평균 가처분소득 (위안)	농민 연평균 순수입 (위안)
제녕시 중구	39.71	38.17	96.1	10.18	13.24	0.12	5.12	8.00	3,334	7,285	
제녕시 임성구	63.38	8.6	13.6	0.72	45.95	9.65	18.38	17.92	7,250	7,285	3,200
제녕시 어대현	45	6.31	14.0	0.69	31.55	8.93	10.35	12.27	7,011	4,150	2,960
제녕시 미산현	68.52	9.21	13.4	0.39	48	11.04	19.63	17.33	7,005	5,459	2,869

자료 출처: 『산동기년감山東省年鉴』, 2003.

5.4 물 환경

(1) 운하 수질

남사호는 나날이 수질이 오염되고 있어 어업과 어민 생활을 심각하게 위협하고 있다. 옛 운하老運河, 성곽하城鄰河, 설왕하薛王河 등이 호수로 유입되는 입구 부근의 수질 지수를 p(p ≥ 10이면 엄중한 오염)로 나타내면, 각각 18.9와 23.3, 그리고 31.1로, 물이 검은색이며 악취가 나고 어패류 또한 거의 멸종되었다. 심한 오염(5 ≤ p < 10) 수역은 양제운하와 광부하洸府河가 호수로 들어가는 부근 그리고 사제자沙堤子의 일부 호수 수역으로, 이곳의 오염 물질은 이미 지표수 환경 기준을 초과하고 있어 음용수나 어류 양식으로 이용하기에 적합하지 않다. 나머지 대부분 지역의 수질은 가벼운 오염 정도를 보인다.[『濟寧市水利誌』, 1997]

중국 환경보호총국이 발표한 2003년 환경 공보環境公報에 의하면 남사호 수역의 수질은 V급 이하에 속한다.

표 5.18 남사호 구간 남수북조 통제 기구 1995~2002년 수질 검사 결과

단면 명칭	수질 분류			
	1995년	1997년	2000년	2002년
전백구前白口	>V	>V	>V	>V
남양南陽	>V	>V	v	>V
2급댐二級壩	>V	>V	>V	>V
대연大捐	>V	>V	v	>V
미산도微山島 동쪽	>V	>V	IV	>V

자료 출처: 『남수북조 동선공정 산동 구간 수질 오염 예방 및 조치 계획南水北調東線工程山東段水汙染防治總體規劃』, 2003.

(2) 운하 오염원

남사호의 수질 오염원은 제녕, 하택菏泽, 조장枣莊, 태안泰安, 서주徐州 등 5개 지역 26개 현·시에서 비롯된 것이다. 공업 오염원이 129곳이고 이중 상급호로 배출되는 오염원은 113개, 하급호로 배출되는 오염원은 16개로, 모두 합쳐 연간 총 5,952만 톤의 공업 폐수를 배출한다. 공업 폐수 중 4종의 주요 오염 물질 9.1만 톤은 매년 호수로 배출한다. 제녕시 중심 지역의 오염원은 106 곳으로 연 폐수 배출량이 1,762만 m^3이다.[『濟寧市中區誌』, 1999]

농업 관개 수로가 설치된 지역은 화학 비료와 농약 등의 잔유물이 수시로 호수로 유입되는데 이 역시 남사호의 주요한 오염원이다. 이 밖에 호수에 연해 있는 도시 인구는 42만 명으로부터 발생하는 생활 오수 속에 포함된 대량의 탄수화합물, 동·식물성 지방과 비누, 세제 등도 호수로 유입되어 수질을 악화시키고 있다. 제녕시 시내에서만 19만 명이 매일 약 3,600톤의 오수를 배출하는데 이는 모두 남사호로 유입된다.[『濟寧市水利誌』, 1997]

(3) 지하수 수위

제녕시 중심가의 지하수는 제4기 퇴적층第四系沉積層의 공극수孔隙水로 수위는 1년에 2.67m씩 변화한다. 역성구嶧城區 지하수의 수위는 평균 심도 3~5m이다. 임성구任城區 북부 산록 충적 평원의 기반암은 깊이 145~303m 깊이에 묻혀 있는데 물을 함유하고 있는 중세사中細沙 층은 15~20m이다. 호수 동쪽 평원湖東平原 기반암의 깊이는 180~250m이고 물을 품고 있는 중세사 층은 지하 7~15m이다. 호수 서쪽에 있는 황범평원黃泛平原 기반암의 깊이는 300~493m이며 물을 품고 있는 분세사粉細沙층은 지하 5~20m이다. 미산현 지하수의 수위는 지하 3m 내외이

다.[『산동 각지 개황山東各地槪況』, 1998; 『임성구지任城區誌』, 1999; 『미산현지微山縣誌』, 1997; 『제녕시 중구지濟寧市中區誌』, 1999]

빈호 지대濱湖地帯(지면에서 높이 37m 이하의 지대에 위치함) 지하수는 주로 강우의 침투와 호수 측면으로 스며드는 물, 그리고 하류 지하수로 형성된다. 빈호 지대 지하수 중에서 채굴할 수 있는 양은 4.03억 m^{3}이며 이 중에서 상급호의 범위 안에 있는 것이 3.8억 m^{3}이다.[『제녕시수리지(濟寧市水利誌)』, 1997, p.177]

6 불뢰하 구간

불뢰하는 서주의 인가패藺家壩에서 대왕묘大王廟를 거쳐 중운하에 들어가며 이 구간에 인가패藺家壩, 해대解臺, 유산劉山의 세 개 갑문이 건설되어 있다. 서주는 북쪽으로 산동성, 남쪽으로 양자강과 회하 지역과 연결되어 있어 강소성의 에너지 공급을 담당하고 있다. 서주 경계를 경유한 불뢰하는 지금 이미 2급 항로의 기준에 맞게 정비되었다.[『京杭運河誌·蘇北段』, 1998)]

6.1 역사 연혁

불뢰하의 원래 이름은 형산하荊山河, 형산구하荊山口河였다. 이 형산하의 하류에 불로장不老莊이 있어서 하류 부분을 불로하不老河로 부르다가 나중에는 비슷한 발음의 불뢰하로 부르게 되었는데, 민국 시기에 이르면 전체 하천을 불뢰하不牢河라고 부르기 시작하였다. 형산하는 서주성 북쪽으로 10km를 흘러 미산호를 지나 반산班山에 이르러 두 갈래로 갈라지면서 제산계諸山溪와 소가산蘇家山방수로와 서로 만나며, 현재는 소북운하蘇北運河의 일부분이다.

명·청 시기의 형산하荊山河는 일 년 내내 물이 흐르지만 황하의 물이 덮쳐 여러 차례 범람과 준설을 반복하였다. 청대 강희 연간(1662~1723)에 갑문과 댐을 건설하여 도강과 운항에 사용하였다. 건륭 29년(1764) 형산하가 폐쇄되고 동북류東北流로 개조되었으며 다시 반가하潘家河에서 하성갑문河成閘까지 새로 굴착하여 운하로 연결하였다. 청대 함풍 5년(1855) 황하의 물줄기가 다시 북쪽으로 바뀌자 이 구간의 하도는 점점 침적되어 폐쇄되었다. 민국 연간 불뢰하는 주로 홍수 시에 미산호의 불어나는 물을 분산하는 역할을 하였다. 1935년 황하가 동장董莊에서 제방이 터져 미산호로 들어가고 임가댐이 홍수를 통제할 수 없는 상황이 되었을 때 불뢰하 연안의 모든 제방이 붕괴되었다. 신중국 초기에 불뢰하의 하상河床이 제각각으로 불규칙하여

1958~1961년 사이에 불뢰하에 대해 정비가 이루어졌는데, 이때 원래의 하도가 직선화되어 현재의 형태가 되었다.[『기·술·사하도지(沂沭泗河道誌)』, 1996]

6.2 자연 조건

(1) 하도 수계河道水系

불뢰하는 서쪽의 미산호 남단에 있는 임가댐통제센터부터 호수 내의 서쪽 항로와 서로 통하고 동쪽으로 비현邳縣 대왕묘大王廟 부근에서 운하로 들어가는 경항운하의 일부분이다. 중심 수로는 전장 73km이고 유역 면적은 1,343km²이다. 주요 지류로는 순제하順堤河, 도원하桃園河, 서패하徐沛河, 정만하丁萬河, 형마하荆馬河, 형산인하荆山引河, 방개하房改河, 둔두하屯頭河 등이 있다.

(2) 기후 상황

불뢰하는 서주 지역에 위치하고 있다. 서주시는 난온대 계절풍 기후대에 속한다. 불뢰하는 동서 방향으로 좁고 길어 해양성 기후의 영향을 받는 지역과 그렇지 않는 지역의 차이가 커서 동부는 난온대 습윤 계절풍 기후, 서부는 난온대 반습윤 기후에 속한다. 연평균 기온은 14℃이고 1월 평균 기온은 -0.7℃, 7월 평균 기온 27℃이다. 관측 이래 가장 높았던 기온은 43.3℃(1928

표 5.19 불뢰하 유역의 기후

지역	기후 유형	연평균 강우량 (mm)	연평균 기온 (℃)	가장 더운 달 평균 기온 (℃)	가장 추운 달 평균 기온 (℃)	0도 적산 온도 (℃)	연 일조 시간 (h)	평균 무상일無霜日 (d)
패현 沛縣	난온대 반습윤 계절풍 기후	789.1	13.8	27 (최고온도 40.7)	~1.4 (최저온도~21.3)	5,156.1	2,354.4	200
동산현 銅山縣	난온대 습윤·반습윤 계절풍 기후	868.9	14	27. 1 (최고온도 40.1)	~0.5 (최저온도~23.3)		2,157.9	206
서주시내 徐州市區	난온대 습윤·반습윤 계절풍 기후	814.1	14.2	27.0 (최고온도 40.6)	~0.1 (최저온도~22.6)	5,247.5	2,283.9	218
비주시 邳州市	난온대 습윤·반습윤 계절풍 기후	923	13.9	26.8 (최고온도 39.8)	~0.7 (최저온도~23)	5,139.3	2,348.3	209

자료 출처: 『강소시·현 개황江蘇市縣槪況』, 1985년 이후의 자료임.

년 7월 15일)이며 가장 낮았던 것은 -23.3℃(1969년 2월 6일)이다. 연평균 강수량은 800~930mm로 동부가 서부보다 많다. 연 강우량이 가장 많았던 곳은 비현邳縣으로 1,365.8mm이며, 연강수량이 가장 적었던 곳은 풍현丰縣으로 462.8mm이다. 1일 강수량이 가장 많았던 곳도 풍현으로 345.4mm이다. 연평균 강우 일수는 81~98일이고 그중 수녕현睢寧縣이 97.8일로 가장 많고 패현沛縣이 81.8일로 가장 적다.[『강소시·현 개황(江蘇市縣概況)』, 1989]

(3) 수해와 한해水旱災害

서주 지역의 자연 재해는 주로 가뭄, 침수, 바람, 우박 등이다. 신중국 건국 이래 전체 시의 가뭄 피해는 평균 6년에 한 번 꼴로 발생하였으며 풍현이 가장 많아 평균 5년에 한 번, 주로 봄에 발생하였다. 침수 피해는 평균 2년에 한 번 꼴로 발생하였는데 신기시新沂市가 가장 빈번해서 5년에 3번, 주로 7~8월에 발생하였다.[『강소시·현 개황(江蘇市縣概況)』, 1989]

패현은 주로 홍수와 가뭄의 피해가 많아 청대 순치 2년(1645)부터 민국 24년(1935)까지의 290년간 49차례의 수재가 발생하였고, 청대 순치 6년(1649)부터 민국 31년(1942)까지의 293년간에는 29차례의 한해가 발생하였다. 신중국 건국 후에는 대규모 재해가 발생하지 않았다.[『강소시·현 개황(江蘇市縣概況)』, 1989]

동산현은 삼국 시기 위명제魏明帝 원년(237)부터 1949년의 1,700여 년 동안 183차례의 수재, 31차례의 한재가 발생하였으며 1949~1985년까지는 4차례의 수재와 3차례의 한재가 발생하였다.[『江蘇市縣概況』, 1989]

비주시는 역사적으로 수재가 심각하였는데 서한부터 1948년까지 발생한 수재가 총 84차례로 100년마다 15차례씩 발생하였다. 신중국 건국 후에는 대규모 재해가 발생하지 않았다.[『江蘇市縣概況』, 1989]

6.3 사회·경제

표 5.20 불뢰하 유역 경제 상황(2002)

지역	총 인구 (만 명)	비농업 인구 (만 명)	도시화 비율 (%)	인구 밀도 (천 명/km²)	GDP (억 위안)	1차 산업 총생산 (억 위안)	2차 산업 총생산 (억 위안)	3차 산업 총생산 (억 위안)	평균 GDP (위안)	근로자 연평균 (위안)	농민 연평균 순수입 (위안)
패현	118.92	21.50	18.1	0.88	78.20	21.20	31.37	25.62	6,588	8,202	3,735
동산현	128.94	18.09	14.0	0.65	109.89	24.75	55.64	29.50	8,524	9,012	4,141
서주시	904.44	250.31	27.7	0.80	791.44	134.05	367.31	290.08	8,763	11,887	3,576
비주시	156.56	35.24	22.5	0.75	80.88	29.37	28.44	23.07	5,171	8,085	3,475

자료 출처: 강소 통계 정보망江蘇統計信息網, http://www.jssb.gov.cn/

6.4 물 환경

(1) 운하 수질

2000년 전체 서주 지역 근 30개 하천 구간과 수역을 대상으로 실시한 수질 모니터링의 결과에 의하면 지표수 Ⅱ급의 기준에 부합하는 비율은 전체 평가 하천·수역의 4.5%, Ⅲ급수는 30.1%, Ⅳ급수는 13.3%, Ⅴ급수 7.1%, Ⅴ급 이하는 44.7%였다.[『서주시 수리지(徐州市水利誌)』, 2003] 불뢰하 구간 운하의 수질은 Ⅴ급 이하에 속한다.[『강소성 환경 상황 공보(江蘇省環境狀況公報)』, 2003]

(2) 운하 오염원

1998년도와 비교해 볼 때 중오염重污染 구간이 더 많아지고 있는 추세이다. 기준을 초과한 주요 항목은 과망간산염, COD, 암모니아 질소, 용존 산소량(DO), BOD5(5일 생화학적 산소 요구량) 등이다. 중오염 하도는 경항운하 류신하구柳新河口에서 형산교 구간, 서주 시내 규하奎河 구간, 폐황하 시내 구간, 방정하房亭河 대묘大廟 구간, 신기총술하新沂總沭河 왕장王莊 구간, 패현의 운하 인근 시내 구간, 수녕현睢寧縣 소수하小濉河 구간 등이다. 비창분홍도邳蒼分洪道나 중운하의 비주 수문역水文站 이상의 구간에도 수시로 산동 지역에서 오염수가 유입되고 있다. 이와 함께 미산호 수질도 계속 악화되고 있어 지표면의 물에서도 산동 조장 설성薛城에 있는 코크스 공장과 노남 화공魯南化工 공장 폐수 속 고농도 암모니아 질소 오염수로 인해 암모니아 질소의 함량이 기준치의 3~5배를 초과하고 있다.[『徐州市水利誌』, 2003]

(3) 지하수 수위

운하 인근의 서주 지역 지하수는 충적층 공극수로 남부의 잠수층은 10m 이하이며 승압수층은 25~40m 사이에 있고 서북부의 승압수층은 20~50m 사이에 있다.[『서주시지(徐州市誌)』, 1994]

7 중운하 구간

중운하는 원래 산동성 사수泗水에서 발원하여 옛 하도로 흘러갔으나 나중에는 물길이 바뀐 황하와 합쳐졌다가 다시 남북 조운이 경과하는 경항대운하의 일부분이 되었다.

7.1 역사 연혁

중하中河 및 조하皂河 구간: 강희 18년(1680)년 황하가 북쪽으로 범람하여 낙마호駱馬湖의 수위가 점점 낮아지자 호수 서쪽 조하皂河 입구에 새로운 물길을 준설하면서 생겨났다. 조하는 상류에서 가하伽河와 연결되고 하류에서 황하와 통하는 20km의 물길로 강희 19년(1681)에 시작하여 22년(1684)에 완공하였다. 이때 중하는 아직 개통되지 않았고 청구淸口에서 숙천 운구運口 사이는 황하의 물길을 이용하여 운항하였다.[姚漢源, 1998] 강희 25년(1687) 중하가 개통되고 장장張莊 운구運口부터 청하淸河 중가장仲家莊까지 90km를 황하 본류가 아닌 독립적인 운하 루트가 형성되어 소북蘇北운하[6]의 기본적인 정형이 완성되었다.

가하加河 구간: 서주의 하천 범람과 서하徐河와 여하呂河 두 강의 홍수를 예방하면서 황하와 분리된 별도 운항 루트를 확보하기 위해 명대 융경 3년(1570)에 가하를 굴착하기 시작하여 만력 32년(1605)에 완공하였다.(『京杭運河誌·蘇北段』, 1998) 하진夏鎭에서 직하구直河口까지 약 130km로 황하 운항로가 매몰된 후 가하는 남북의 유일한 소통 통로가 되었다.

1958~1961년, 중국 정부는 소북운하에 대한 확대·정비를 실시하여 중운하 요만窯灣~조점자曹店子 구간에 9km의 새 운하를 굴착하고 이 구간을 제외한 나머지 구간은 기존의 운하를 확장하거나 바닥을 준설하였다. 운하의 노선 중 대왕묘大王廟~공도구龔渡口 구간과 삼차하三岔

6) §소북운하蘇北運河: 강소성 북부 지역을 잇는 운하로 서주에서 회안까지 전장 204km이며 중국 수운의 대동맥에 해당한다. 강소성의 경제에서 차지하는 비중이 상당히 높은데 특히 북쪽의 석탄을 남쪽으로 운송하는 가장 중요한 루트이다.

河~묘아와猫兒窩 구간은 옛 운하를 넓히거나 준설하여 이용하고 요만~조점자 구간은 새로 굴착하였으며 조점자~사양泗陽 구간은 옛 운하를 그대로 이용하였다. 그중 숙천갑문 상류의 항로 900m와 유로 골짜기劉老澗를 우회하는 2,800m, 앙화집재만仰化集裁弯 1,822m 구간의 일부 노선을 개조하였고 사양~양장楊莊 구간은 옛 운하를 준설하여 이용하였다.[『京杭運河誌·蘇北段』, 1998] 1959년, 중운하의 숙천갑문~양장 구간을 준설 및 확장, 보강하였고 1984년에는 회음淮阴~사양(사양 갑문 하류) 구간 항로에 대한 복원과 정리 사업을 11월 15일~12월 27일까지 실시하여 2급 항로의 기준7)에 맞게 정비하였다.

7.2 자연 조건

(1) 하도 수계河道水系

가. 배경 수계背景水系

황하 수계: 황하는 '북도北道', '동도東道'와 '남도南道'로 나뉜다. '북도', 즉 우도禹道는 중국의 전설 속에 나오는 대우치수大禹治水8)의 하도이며, '동도'는 현재의 하도이다. '남도'는 황하가 물길을 바꾸어 사수와 회수를 집어삼키고 북으로 서주북차성徐州北茶城 사수泗水를 만나 회안에서 회하와 합류하여 바다로 들어가는 하도이다. 남도는 황하의 서주 서쪽과 남쪽, 그리고 숙천의 작은 하천들을 모두 포함한다.

기·술·사 수계沂沭泗水系: 기·술·사 수계는 기하沂河, 술하沭河, 사하泗水를 이르는 말이다. 기하는 산동성 기원현沂源縣 노산魯山에서 발원하여 남쪽으로 산동성 남부의 낮은 산지와 구릉지를 지나 강소성의 낙마호로 들어가는 유역 면적 11,820km^{2}의 하천이다. 술하는 기하의 동쪽에 있으며 기하와 평행하게 남하하여 임술현臨沭縣 대관장大官莊에서 두 줄기로 나뉜다. 남쪽 줄기는 옛 술하老沭河로 강소성 신기시新沂市를 경유하여 신기하新沂河로 유입된다. 동쪽 줄기는 신 술하로 강소성 석양하石粱河 저수지를 경유하여 임홍구臨洪口에서 바다로 들어가며 유역 면적은 9,250km^{2}이다. 사하 수계는 기몽산沂蒙山 서쪽 기슭의 하천과 남사호의 각 지류가 합수하여 형성되는데 그중 비교적 큰 하천은 수조신하洙趙新河와 홍위하紅衛河 등으로 모두 남사호로 유입되며 유역 면적은 2,338km^{2}이다. 남사호를 지나 다시 한장韓莊운하와 중운하를

7) §2,000톤의 선박 통항, 수심 2.6~3.0m, 폭 40~100m, 회전 구간 반경 550~810m 이상 등.

8) §중국 고대 전설에서 대우大禹는 황제의 후대이다. 3황5제 시기에 황하가 자주 범람하자 대우는 아들과 민중들을 이끌고 치수에 나서 성공을 거두었으며, 그 후 대우는 중국인들에게 치수의 상징이 되었다.

거쳐 비창邳苍 지역의 하류와 합류하여 낙마호로 유입된 후 신기하를 거쳐 바다로 들어간다. 기·술·사 수계는 강우 시에 상류에서 유입되는 물이 폭발적으로 불어나는 하천으로 원류는 짧고 흐름이 급하며, 하류 수계는 복잡하고 굴곡이 심하여 하도가 자주 침적되어 홍수가 나면 강물이 바다로 빨리 흐르지 못하여 수해가 빈발하였다.[『京杭運河誌·蘇北段』, 1998]

나. 주요 하류主要河流

신기하新沂河: 1952년 개통되었다. 서쪽의 낙마호 동쪽 장산嶂山갑문에서 시작하여 숙천, 술양沭陽, 관남현灌南縣을 경과하여 관하에서 바다로 들어가는 길이 144km, 제방의 폭 3.3km로 기하, 술하, 사하의 홍수를 빠르게 바다로 흘려보내기 위한 주요 하도이다.

회술신하淮沭新河: 남쪽 홍택호 이하갑문二河閘에서 홍택, 회안, 사양, 술양을 거쳐 신기하로 들어가며 북쪽으로 술신沭新 간선 수로, 장미하薔薇河를 통해 운항시雲港市와 연결되며 총연장 173km이고 제방의 너비는 500~1,400m이다.

회하 간류淮河干流(회안~숙천) 구간: 안휘성에서 시작하여 사홍泗洪·우이현盱眙縣에서 홍택호로 들어간다. 부산浮山에서 노자산老子山까지 80.5km이다.

육당하六塘河: 낙마호에서 술양현沭陽縣 전집진錢集鎭까지를 모두 총육당하라고 부르는데, 남·북 육당하로 분류하며 모두 동북 방향으로 흘러 관하灌河로 유입된 후 바다로 들어간다. 숙천, 사양, 회안, 술양, 연수漣水, 관남灌南을 경유한다.[『江蘇市縣概況』, 1989]

다. 주요 호수

낙마호駱馬湖: 숙천과 신기 두 도시의 경내를 흐르며, 중운하의 동북쪽에 위치하여 기·술·사 유역의 대규모 홍수를 조절하는 저수지이다. 명대 만력 연간에 훈하训河가 개통되자 기하의 기능이 축소되고, 숙천과 신기의 저지대와 기존의 주호周湖, 유호柳湖, 옹두호喁頭湖가 합쳐져서 낙마호가 형성되었다. 현재 낙마호의 바닥 높이는 18~21m이다. 수위가 23m로 올라가면 호수의 면적은 375km²가 되고 저수량은 9억 m³가 되고, 수위가 25m가 되면 호수 면적은 450km², 저수량은 15.03억 m³가 된다. 비상 시기에 황돈호黃墩湖를 개방하면 양 호수의 수역 면적은 약 800km², 총저수량은 30억 m³가 된다. 상·중류의 남사호와 기하 본류, 그리고 비창邳苍 지역 등 5.1만 km² 면적의 세 갈래 물이 낙마호로 유입된다. 호수로 들어온 물은 장산갑문嶂山閘을 통해 신기하로, 조하갑문皂河閘과 숙천갑문宿迁閘을 통해 중운하로, 양하탄갑문揚河灘閘과 육당하갑문六塘河閘을 통해 래용來龍 관개 지구로 각각 보내어진다. 낙마호 1선 홍수 조절 기능은 조하갑문과 양하탄갑문, 그리고 길이 18.4km의 낙마호제방이 상호 연관되어 조절·봉쇄하고, 상류의 홍수로 수위가 24.5m를 넘을 때는 숙천의 2선 홍수 조절 시스템으로 전환되어 숙천배수갑문, 숙천 선박갑문, 육당하갑문, 장산갑문, 정아두댐, 폐황하 북제방廢黃河北堤이 서로 유기적으로 연결되어 특정 지역을 봉쇄하거나 수위를 조절한다. 1958년부터 낙마호는 평소에 물을 비축하였다가 겨울과 봄에 기·술·사에 물이 모자랄 때 흘려보내서 일정한 통항수위를 유지하게 하는 다목적 대규모 저수지가 되었다.

홍택호: 숙천과 회안, 두 도시의 지역 내에 있다. 평년의 평균 수심은 4m 이내이고 최대 수심은 8m이나 대부분의 수역에서 2m 내외이다. 수역의 면적은 2,069km²이며 홍수기에는 3,050km²까지 확대된다. 홍수 시 홍택호는 상·중류에서 내려오는 약 16만 km²의 물을 저장할 수 있는데 수위가 12.5m에 이르면 저수량은 31.7억 m³가 되고 수위가 16m가 되면 저수량은 135.14억 m³가 된다. 홍택호의 바닥이 동부 리하하裏下河 지역보다 5~9m가 높아서 병풍처럼 둘러쳐져 있는 고가언高家堰을 홍택호의 제방으로 의지하고 있다.[『京杭運河誌·蘇北段』, 1998]

(2) 기후 상황

중운하 유역의 서주시, 숙천시의 기후는 아래의 〈표 5.21〉와 같다.

표 5.21 중운하中運河와 이운하裏運河 유역의 기후

지역	기후 유형	연평균 강우량(mm)	연평균 기온(℃)	가장 더운 달 평균 기온(℃)	가장 추운 달 평균 기온(℃)	연 일조 시간(h)	연평균 무상일無霜日(d)
숙천시宿迁市	온난대 계절풍 기후	899.9	14.1	26.8	~0.1	2,299	210
사양현泗陽縣		890.9	14.1	27.0	~1.0	2,228	209
사홍현泗洪縣		893	14.3	27.4	0	2,354	210
비주시邳州市		927	13.9	26.8	0.7	2,350	209
신기시新沂市		904	13.7	26.7	~0.8	2,515	201

자료 출처: 『숙천시지宿迁市誌』, 1996; 『강소시·현 개황江蘇市縣概況』, 1989.

(3) 수해와 한해水旱災害

이곳의 자연 재해는 수재가 많고 다음은 가뭄, 바람, 우박, 냉해, 황해蝗災(메뚜기로 인한 피해)의 순서이다. 초주구楚州區의 가장 큰 피해는 홍수와 침수 피해이다. 회안의 주요한 자연 재해는 홍수, 바람, 우박, 냉해로 홍수는 평균 4~5년에 한 번, 바람과 우박은 평균 3년에 한 번 꼴로 나타났다. 사양泗陽은 주로 폭우와 회오리바람의 피해가 많은데 폭우는 3년에 한 번, 우박은 1년에 한 번, 회오리바람은 4년에 한 번 꼴이다. 숙천은 주로 수재와 풍재, 우박 피해가 많은데 대홍수는 수십 년에 한 번, 회오리바람은 보통 2년에 한 번, 우박은 1년에 한 번 꼴로 피해를 입힌다.[『江蘇市縣概況』, 1989]

7.3 사회·경제

표 5.22 중운하 유역 경제 상황(2002)

지역	총 인구 (만 명)	비농업 인구 (만 명)	도시화 비율 (%)	인구 밀도 (천 명/km²)	GDP (억 위안)	1차 산업 총생산 (억 위안)	2차 산업 총생산 (억 위안)	3차 산업 총생산 (억 위안)	1인 평균 GDP (위안)	도시주민 가처분 소득 (위안)	근로자 연평균 (위안)	농민 연평균 순수입 (위안)
숙천시	513	147.19	28.7	0.60	247.03	85.05	92.14	69.84	4,815	5,041	8,699	3,231
시내	26.00	23.57	90.7	1.91	24.56	0.88	12.95	10.73	9,446	-	11,357	3,559
숙성구 宿城區	23.38	21.46	91.8	1.91	13.54	0.88	6.42	6.24	5,791	-	7,480	3,559
숙예현 宿豫縣	96.12	20.01	20.8	0.61	46.41	14.91	20.85	10.65	4,828	-	8,340	3,170
사향현 泗陽縣	116.31	25.15	21.6	0.67	47.12	18.78	14.83	13.52	4,051	-	8,344	3,108

자료 출처: 『숙천 통계 연감宿迁統計年鉴(2003)』, 숙천시 정보는 http://www.jssb. gov.cn에서 참조.

7.4 물 환경

(1) 운하 수질

표 5.23 중운하 각 지역과 상관 하천의 수질 상황(2003)

하도	구간	수질	주요 오염 물질	주요 오염원	측정 장소	종합 오염 지수
경항대운하	회안리淮安裏 운하 구간	V급 이하	총인total phosphorus, 암모니아 질소, BOD5(5일 생화학적 산소요구량)	생활 오수, 공업 폐수	동풍제지 공장, 인하구引河口	13.63
	초주구楚州區 구간	Ⅳ급	대장균, 총질소total nitrogen	생활 오수, 공업 폐수	평교平橋	-
	회안淮安 시내 구간	V급 이하	총인total phosphorus, 암모니아 질소, BOD5 (5일 생화학적 산소요구량)	회음 발전소 냉각수	판갑板閘	10.75
					대운하교 大運河橋	10.11
					오한하구 五汊河口	11.39
	숙천 구간	Ⅲ급	화학적 산소요구량, 총질소	생활 오수 위주에 일부 공업 폐수	-	-
홍택호	-	Ⅳ급	총인, 총질소, 석유류, 과망간산칼륨, BOD5	-	-	-
낙마호	-	Ⅲ급 이상	-	-	-	-
폐황하 廢黃河	회안 구간	V급이하	대장균, 총질소total nitrogen, 총인, 암모니아 질소, BOD5	젖소 목장 오염수, 생활 오수	-	-
	숙천 구간	V급 이하	-	-	-	-
신기하 新沂河	숙천 구간	II급	-	-	-	-
육당하 六塘河	숙천 구간	V급	-	-	-	-

자료 출처: 『회안시 환경 질량 보고서淮安市環境质量報告書, 2003』; 『숙천시 환경 상황 공보宿迁市環境狀況公報, 2002』.

(2) 운하 오염원

2003년 한 해 동안 숙천에서 배출된 공업 폐수 총량은 3,576.12만 톤으로 시 전체 폐수의 30.2%를 차지하고 있다. 이것은 이미 적정 하수 배출 기준량인 3,408.45만 톤의 95.31%에 달하는 양이다. 비공업 폐수 중 화학적 COD 배출 총량은 5,391.69만 톤이다.[『숙천시 환경 공보(宿迁市環境公報)』, 2003]

(3) 지하수 수위

황범 충적 평원 지역: 회하 이북의 광활한 평원 지대에 분포되어 있다. 수위의 깊이는 서부의 사홍·숙천은 2~8m, 사양·회음·술양은 3~5m, 폐황하 자연 제방廢黃河自然堤은 5~6m, 연수漣水는 1.5~5m, 자연 제방 지대自然堤區는 5~6m이다.

기하·술하 충적 평원 지역: 술양현과 신기하 이북 및 숙천 시내의 동북부 지역에 분포되어 있다. 천층浅層 피압수承压水, confined water의 수위는 지면에서 1~3m 지점에 매립되어 있고, 암층의 깊이는 20~40m, 심층深層 피압수는 2m, 암층의 깊이는 45~60m이다. 개발할 수 있는 양은 1년에 0.15억 m^3이다.

황회 충적 평원 지역: 숙천의 시가지, 술양현의 남쪽 경계, 사양현, 연수현, 회양구와 초주의 관개 북쪽 구역을 포함하는 지역으로 천층 피압수 수위는 지하1~5m, 물을 포함하고 있는 암층의 깊이는 40~60m이다. 심층 지하수는 깊이 2~9m이며 난대수층 암층은 60~80m이다. 1년에 개발할 수 있는 양은 0.5억 m^3이다.[『淮陰市誌』, 1995]

8 이운하 구간

이운하는 회음 청강갑문清江大閘에서 한강邗江 과주瓜洲의 양자강 입구까지 170여km이고, 경항대운하 구간 중에서 가장 먼저 굴착되었던 부분으로 과거에는 한구邗溝라고 불렸다. 명대 후기에 운하는 회안 시내(현재의 초주구楚州區)에서 북쪽으로 청강清江 포하浦河와 직접 연결되었다. 이때부터 남쪽의 양주부터 북으로 회양(현재의 회안시 마두진)까지 강회江淮의 운하가 연결되었다. 청대에 회양(현재의 회안시)과 양주 간의 운하를 이운하라고 개칭하였다.[淮安市水利局, 2001] 현재 이운하는 항운과 관개 수로, 홍수시의 배수로 기능을 하고 있다.

8.1 역사 연혁

주경왕 34년(기원전 486), 오나라의 왕 부차夫差가 중국 역사상 최초로 역사에 기록된 양자강과 회하를 연결하는 인공 운하 13개를 굴착하여 회하의 지류인 사하와 기수를 연결하였다.[邹寶山等, 1990] 서한西漢 말년에 이 구간의 운하를 거수渠水라고 불렀으며 중요한 운송 루트가 되었다. 동한東漢 시기에는 양주에서 백마호白馬湖를 거쳐 황포黃浦까지, 황포계黃浦溪에서 사양호射陽湖를 경유하여 회안의 말구末口(지금의 초주구 고말구)까지의 운하 하도가 형성되었다. 그 후 호수를 거치지 않고 황포에서 말구까지 직접 잇는 항도가 생겼다.[姚漢源, 1998] 수나라 양제는 기존의 한구邗溝에 더하여 산양독山羊瀆을 준설하여 운하의 규모와 총연장을 확대하였다.[邹寶山 등, 1990] 당대 원화(806~820) 시기에 황포와 계수界首 사이의 한구 동쪽에 평진제방을 건설하여 남쪽으로 소백邵伯까지 연장하여 한구동제邗溝東堤가 되었다. 송대 경덕(1004~1007) 기간에 한구서제邗溝西堤 공사를 시작하였으나 완성하지 못하였다. 원대의 강회 운하는 모두 원래 있던 운도運道 위주로 운용되었다. 명대 영락(1403~1425) 때, 운하 운송의 부담을 해결하고자 사하沙河 노선에 근거하여 청강 포하浦河에 대한 굴착을 시작하여 명대 후기에 강회의 운하들과 연결하였다. 명대 조정에서는 여러 차례에 걸쳐 운하를 굴착하고 제방을 쌓았기에 이 구간 운하의 동서 양쪽 제방은 명대 말기에 기본적인 규모를 갖추게 되었다. 청대에 이르러 운하는 황하의 영향으로 바닥이 조금씩 높아져 오늘날의 천정천天井川이 되면서 이운하의 하류는 매년 수해가 발생하고 있다.

신중국 건국 후에 이 문제를 해결하기 위해 회하에 대한 정비 사업을 시행하였다. 1950년대에 운하 양주 구간에 대한 확장 사업을 진행하였고[『揚州水利誌』, 1999], 1960년 9월에 초주에서 회안까지의 대운하 공사가 시작되어 12월에 완공되었다.[淮安市水利局, 2001]

8.2 자연 조건

(1) 하도 수계河道水系

가. 배경 수계

회하 수계: 회하는 하남성 동백산桐柏山에서 발원하는 옛날 4독四瀆[9]의 하나였다. 하류의 옛

9) §4독四瀆: 옛날 중국 내륙에서 바다로 들어가는 네 줄기의 주요 하천을 이르는 말로, 이들 네 하천은 "江, 河, 淮, 濟"(長江, 黃河, 淮河, 濟水)를 말한다.

하도는 옛 사주성의 약간 동쪽과 구산龜山을 지나 동북 방향으로 방향을 바꿔 청구清口에서 사수와 만난 후, 동쪽의 회안성를 지나 연수 운제관雲梯关에서 바다로 들어갔다. 나중에 황하가 물길을 바꾸어 사수, 회수를 집어삼킨 후, 청구 이하의 회수 하도(지금의 옛 황하)는 황하 혹은 회수와 만나 바다로 들어가게 되었다. 그 후 회하의 물줄기가 막혀 우이현盱眙縣의 동쪽과 고가언高家堰 제방 서쪽의 작은 호수와 저지대가 홍택호로 변하였다. 청구 이하의 회수 물줄기는 다시 황하에 밀려온 토사에 막혀 직접 바다로 들어가는 자연 물길 대신 인공 물길을 뚫어 황하로 들어가게 되었다.

양자강 수계: 당대와 송대 이전에 강회 일대[10)]의 지형은 남고북저南高北低로 운하의 수원은 양자강과 연안의 호수였다. 황하가 회하를 덮친 후 오랫동안 토사가 침적되어 지형이 차츰 북고남저로 바뀌어 1950년대에는 운하의 주요 수원이 회수의 물이 되었다. 지금은 다시 바뀌어 북쪽의 서주 이북과 회하 이북 지역으로 강물을 보내고 있다.[『京杭運河誌·蘇北段』, 1998]

나. 주요 하류河流

회하수로: 회하 하류의 가장 큰 홍수 배출 하도河道로 제방의 너비는 2~3km이다. 북쪽 하안의 제방은 백마호白馬湖와 보응호寶应湖 지역의 홍수 예방 시설이며 이운하 지역의 제1 방어선이다.

강소성 북부 지역 관개 수로: 서쪽의 고량간高良涧에서부터 초주성의 남쪽을 지나 동쪽의 염성盐城 빈해현濱海縣에서 바다로 들어가는 전장 168km의 하도이다. 이 수로는 이하하裏下河, 거북渠北, 백마호 등지에서 물을 끌어들여 관개 수로망으로 공급하는 주간 하도主幹河道이며 홍수를 바다로 배출하는 통로이면서 평소에는 항운로로 이용되고 있다.

육당하六塘河: 낙마호에서 술양전집까지의 하도를 모두 합쳐 총육당하라고 부르는데 남, 북육당하로 나뉜다. 남, 북육당하는 모두 동북 방향으로 흐르면서 숙천, 사양, 회안, 술양, 연수, 관남灌南의 6개 현 등의 관개망을 지나 바다로 들어간다. 회북 지역의 주요한 홍수 배출 통로이다.

염하盐河: 위로 회안시 양장楊莊에서 경항대운하와 이어지고 밑으로는 연수, 관남, 관운灌雲을 지나 연운항連雲港까지 이어지는 152km의 하도이다. 688년에 처음 굴착하기 시작하여 역대 왕조를 거치면서 중요한 항도로서 기능하였으며 홍수 배출 기능도 겸하고 있다.[『강소시·현 개

10)§강회江淮: 양자강 중·하류와 회하 유역을 이르는 말.

황(江蘇市縣概況)』, 1989]

다. 주요 호수

소백호邵伯湖: 호수 전체의 길이는 17km이다. 가장 넓은 곳의 폭은 6km이며 호반의 면적은 77km^2, 호수 바닥 높이는 해발 3.2m, 평시 수위는 4.2m이며 이때의 저수량은 0.8억 m^{3}이다. 호수의 서쪽은 인공 간척 지역으로 강안을 직선으로 정비하였다. 수역을 보면, 주로 고우호高郵湖의 물이 유입되나 서쪽 지역 송가교送駕橋, 대의집大儀集, 방항方巷 등 구릉지의 물도 유입되고 있으며, 운염하運盐河, 금만하金灣河, 태평하太平河, 봉황하鳳凰河, 신하新河, 벽호하壁虎河로 나뉘어 강으로 흘러들어 간다. 경항대운하 구간에는 11.5km의 호수를 지나가는 지점이 있는데 홍수를 배출할 때에는 항운 안전에 영향을 미친다.

운동運東의 호수군湖水群: 리하하裏下河 지역은 원래 있던 고사호古瀉湖가 변해서 형성된 것으로 고대의 거대한 호수인 사양호射陽湖는 고사호의 잔류 부분이다. 현재 운하 제방 동쪽에 있는 호수인 대종호大縱湖, 오공호蜈蚣湖, 곽정호郭正湖, 득성호得勝湖, 광양호廣洋湖, 평왕호平旺湖, 오건탕烏巾蕩, 남탕南蕩 등은 모두 옛날 사양호가 침적되어 분리되어 나온 소형 호수들이다. 이런 작은 호수들은 대량의 토사가 쌓여 바닥이 점점 높아지고, 사람들이 끊임없이 간척을 하여 호수 면적이 나날이 축소되고 있다.

고우호: 고우 시내의 서쪽에 위치하고 있고, 행정적으로 강소성과 안휘성에 속하며 고우, 천장天長, 금호金湖, 보응寶应의 4개 현에 걸쳐 있다. 호수 바닥 높이는 해발 5m이며 저수 수위는 5.7m, 저수 면적은 663km^2, 관개 용량은 4.2억 m^{3}이다. 홍수 시 수위가 9.5m가 되면 저수량은 30억 m^{3}이 된다. 호수로 유입되는 주요 수원은 삼하三河, 자탑하自塔河, 동룡하銅龍河, 신개하新開河 등이다. 삼하는 입강수도入江水道를 통해 고우호로 유입된다. 차라신민탄車邏新民灘은 고우호와 소백호의 목에 해당하는 곳으로 고우호로 들어오는 물이 상류에 있는 장태갑문莊台閘, 신왕항만갑문新王港漫水閘, 신항만갑문新港漫水閘, 로왕항만갑문老王港漫水閘, 모항갑문毛港閘, 양장만갑문楊莊漫水閘을 거쳐 소백호로 들어간다. 유입되는 물이 많을 때는 측면으로 물을 보내 수위를 조절한다. 고우호와 경항대운하는 제방 하나를 사이에 두고 있는데 1985년 주호珠湖 선박갑문을 건설하여 호수와 운하의 물길을 연결하였다.

백마호: 보응의 서쪽 12km 지점에 있으며 저수 면적은 105km^2, 수위가 6.5m일 경우 관개 용량은 0.95억 m^3, 홍수 수위 8m일 경우 저수 용량은 2.54억 m^{3}이다. 동남 방향으로 보응호와 인접해 있으며 보응, 회안, 금호金湖, 홍택 4개의 현과 경계를 이루고 있다. 호수로 유입되는 하천은 신하, 용제하永濟河, 화하花河, 득하得河, 초택하草泽河, 완교하阮橋河, 영륙하永陆河, 당

가구唐家溝, 삼하三河 등이다. 삼하가 원래 가장 큰 수원이었으나 토사가 장기간에 걸쳐 침적되어 유입되는 수량이 줄었다. 1956년 겨울, 백마호를 분리하는 제방을 쌓고 완교갑문을 건설하여 백마호에서 994km²의 면적이 분리되면서 홍수 예방이 가능하게 되었다. 입강수도入江水道를 굴착한 후로 삼하의 물은 더이상 백마호로 유입되지 않게 되었다. 백마호는 현재 홍택과 금호 지역 관개 수로의 물만 유입되어 수위가 비교적 안정적이다. 그러나 1970년 초에 대규모 간척이 이루어지면서 수역이 대폭 축소되고 원래의 자연스러운 풍경이 사라졌다.

보응호: 면적은 192.1km²로 보응, 금호 두 현의 관할 아래 있으며 백마호와 고우호의 중간에 있다. 고우호의 수원은 홍택호로 대산자를 거쳐 들어가는데, 호수로 들어가는 하구에 순식간에 삼각주가 형성되면서 수역이 급속히 축소되었다. 입강수도入江水道와 대산자 제방이 축조된 후 보응호와 고우호는 분리되어 홍택호의 영향을 서로 받지 않는 내호內湖가 되었다. 보응호의 저수와 홍수 배출 문제를 해결하기 위해 유량 150m³/s의 5경간 수문을 건설하였다. 수위가 비교적 안정되어 주변의 갯벌 지역을 대규모로 간척하여 1980년대 초에는 호수 면적이 42.8km²로 축소되었다. 이 중 큰 웅덩이 지역은 넓은 수면을 유지하고 있고, 나머지 호수 지역은 이미 제방 안쪽만 하도의 형태를 유지하고 있고 제방의 바깥쪽은 호수의 모습을 찾아보기 어렵다.[『京杭運河誌·蘇北段』, 1998]

(2) 기후 상황

이운하가 경과하는 모든 회안시와 양주시 구·현의 기후 상황은 표 5.24을 통해 볼 수 있다.

표 5.24 이운하 유역 기후 상황

지역	기후 유형	연평균 강우량 (mm)	연평균 기온(℃)	가장 더운 달 평균 기온(℃)	가장 추운 달 평균 기온(℃)	연 일조 시간(h)	연평균 무상일無霜日(d)
초주구	난온대 계절풍 기후대	930	14.1	26.8	0.4	2,277	233
회안시		954.8	14.1	27.1	0.2	2,233	216
양주시	아열대 습윤 기후대	1,030	14.8	27.6	1.5	2,177	222

자료 출처: 『강소시·현 개황江蘇市縣概況』, 1989.

8.3 사회·경제

표 5.25 이운하 유역 경제 상황(2002)

지역	총 인구 (만 명)	비농업 인구 (만 명)	도시화 비율 (%)	인구 밀도 (천 명/km²)	국내 총생산 (억 위안)	1차 산업 총생산 (억 위안)	2차 산업 총생산 (억 위안)	3차 산업 총생산 (억 위안)	1인 평균 GDP (위안)	도시주민 월평균 가처분소득 (위안)	근로자 연평균 (위안)	농민 연평균 순수입 (위안)
회안시	517.68	132.96	25.7	0.51	375.02	100.5	161.22	113.29	7,267	-	7,159	3,365
청하구 清河區	23.43	21.7	92.6	0.80	8.04	0.2	2.85	4.99	13,864	-	9,793	-
청포구 清浦區	31.16	14.64	47.0	1.04	16.1	3.42	7.17	5.52	7,778	-	9,798	4,078
회명구 淮明區	85.64	16.22	18.9	0.68	50.18	17.19	20.94	12.04	5,864	-	8,794	3,153
초주구 楚州區	119.98	20.9	17.4	0.80	67.29	22.05	25.97	19.27	5,622	-	8,091	3,615
보응현 寶应縣	91.73	17.35	18.9	1.46	59.08	18.76	20.89	19.43	6,435	9,212	-	3,712
고우시 高郵市	83.16	15.55	18.7	1.96	61.22	18.29	21.76	21.18	7,368	8,742	-	3,728
한강구 邗江區)	54.89	10.28	18.7	0.73	83.19	8.04	45.16	29.99	16,944	9,187	-	4,375
광릉구 廣陵區	31.25	25.33	81.1	4.66	20.28	1.27	6.41	12.59	6,490	10,682	-	5,250
의정시 儀征市	59.35	19.25	32.4	0.8	61.03	6.51	35.79	18.72	10,266	13,263	-	3,649

자료 출처: 회안통계국淮安統計局, http://www.jssb.gov.cn.

8.4 물 환경

(1) 운하 수질

표 5.26 이운하 회안시 각 구간 수질 상황(2003)

하천, 하도	하천 구간	수질	주요 오염물	주요 오염원	관측 지점	종합 오염 지수
경항 대운하	회안리 운하 구간	V급 이하	총인total phosphorus, 암모니아 질소, BOD5(5일 생화학적 산소요구량)	생활 오수, 공업 폐수	동풍제지 공장, 강 입구	13.63
	회안 시가 구간	V급 이하	대장균, 총질소total nitrogen, 총인, 암모니아 질소, BOD5	회양발전소 냉각수	판갑板閘	10.75
					대운하교 大運河橋	10.11
					오차하구 五汊河口	11.39
	초주 구간	Ⅳ급	대장균, 총질소	생활 오수, 공업 폐수	평교平橋	
	한강구邗江區	Ⅲ급				
	보응현寶应縣	Ⅲ급				
	고우시	Ⅲ급				
	강도시江都市	Ⅲ급				
옛 운하	광릉구廣陵區	V급 이하				
	한강구邗江區	V급 이하				
	의정시儀征市	V급 이하				
홍택호		Ⅳ급	총인, 총질소, 석유류, 과망간산칼륨, BOD5			
폐황하	회안 구간	V급 이하	대장균, 총인, 과망간산칼륨, BOD5	젖소 목장 오염수, 생활 하수		
입강수도	회안 구간	Ⅲ급	암모니아 질소, 화학적산소요구량, 과망간산칼륨,			
소북관 개수로	회안 구간	Ⅲ급	암모니아 질소, 화학적산소요구량, 생화학적산소요구량, 과망간산칼륨			
염하	회안 구간	V급	암모니아 질소, 화학적산소요구량,과망간산칼륨, 불소화합물			

자료 출처: 『회안시 환경질량 보고서淮安市環境质量報告書(2003)』; 『숙천시 환경상황 공보宿迁市環境狀況公報(2003)』; 『양주시구 환경질량 공보揚州市區環境质量公報(2003)』; 『보응현 환경질량 보고寶应縣環境质量公報(2003)』; 『고우시 환경질량 공보高郵市環境质量公報(2003)』.

표 5.27 운하 수생 생물 현황(1) 2003년 회안 시내 하류河流 저서동물 측정 평가표

하천이름	측정단면	GOODNIGHT 수정지수법	평가결과	생물학 오염지수	평가결과
대운하	오차하구五汊河口	0.181	중重오염	2.01	β~중重오염
	대운하교大運河橋	0	중重오염	5.18	중重오염
	판갑板閘	0. 246	중中오염	1.17	α~중中오염
이운하	인하구引河口	0	중重오염	저서동물 없음	엄중严重오염
	동풍東风제지 공장	0	중重오염	저서동물 없음	엄중严重오염
청안하清安河	회안 농업학교農校	0	엄중严重오염	4.2	엄중严重오염

자료 출처: 『회안시 환경질량 보고서淮安市環境质量報告書(2003)』.

표 5.28 운하 수생 생물 현황(2) 2002, 2003년 홍택호 생물 관측 평가표

호수이름	관측지점	영양 상태 지수		영양 상태	
		2002	2003	2002	2003
홍택호	고간진高涧鎮	42.1	45.4	중영양中營养	중영양中營养
	성하향 중학교成河鄉中	43.9	52.8	중영양	중영양
	장패진蒋壩鎮	45.2	44.5	중영양	중영양
	노산향老山鄉	43.4	44	중영양	중영양
	임회향臨淮鄉	44.9	45.2	중영양	중영양
	성하향成河鄉 북부	42.6	43.8	중영양	중영양
	용집향龍集鄉 북부	35.4	44.7	중영양	중영양
	성하향 동부	45.9	44. 1	중영양	중영양
	성하향 서부	46.2	42.9	중영양	중영양

자료 출처: 『회안시 환경질량 보고서(2003)』.

(2) 운하 오염원

회안시 전체의 2002년 공업 폐수 배출량은 0.69억 톤으로 전체 폐수 배출량의 48%를 차지하고 있다. 공업 폐수에 배출된 각종 오염물 17,169톤으로, 그중 COD 9,867톤, 암모니아 질소 1,076톤, 휘발성분 7.97톤, 황화물42.7톤, 석유류 140톤을 포함하고 있다. 2002년 전체 시의 공업 폐수 배출 부하負荷 총량은 3,942톤이고 주요 오염원은 강소 금련 제지 회사(江蘇金蓮纸業有限公司: 24.3%), 강소 쌍합 화공 회사(江蘇双合化工公司: 19.9%) 연수현 화학 비료 공장(漣水縣化肥

廠: 10.4%), 청강 화학 비료 공장(清江化肥總廠: 9.7%), 회음구 화학 비료 공장(淮阴區化肥廠: 9.6%), 연수현 인산 비료 공장(5.4%) 폐수이다. 공업 폐수 오염물 중에서 암모니아 질소 오염 부하는 최대 1,076톤으로 27.3%를 차지한다.[『강소성 회안시 생태 건설 계획(江蘇省淮安市生态建设規劃)(讨论稿)』]

양주시 경내 수질 오염의 유형은 유기 오염형이다. 농촌을 포함한 시 전역에서 하수구로 배출하는 오염 물질 중 유기물은 약 66%, 이중 시내에서 배출하는 유기물이 전체의 약 62%에 달한다. 유기 오염은 주로 공장과 생활하수에서 비롯된다. 공업 오염원은 제지, 식품 가공, 제약, 유기 화공, 인쇄·제혁 등 5대 산업에 집중되어 있는데 그중에서 제지가 가장 큰 비중을 차지한다. 수질 오염과 관련하여 가장 큰 영향을 받는 부문은 음용수와 수산 양식업이다. 1985년 이후 양주와 의정, 정강靖江 시내는 강물을 수원으로 하는 신수원新水原을 건설한 후 음용수의 수질이 상당히 개선되었지만, 13개 도시의 수돗물 정수장, 이중 5곳은 양자강과 경항대운하의 물을, 8곳은 하천과 호수의 물을 수원으로 사용하기 때문에 여전히 위협이 존재한다. 농촌 지역은 보통 3~5m 깊이의 얕은 우물을 이용하여 수질이 좋지 않다. 환경 보호 부문의 분석에 의하면 전체 시의 음용수 중에서 음용수의 기준에 부합하는 물을 음용하는 비율은 5%에 지나지 않는다. 1981년 이후, 전체 시에서 매년 20~40건의 어류 양식 폐사 분쟁이 일어나고 있다. 과거에는 오수를 마구 버렸고 양자강의 수위가 올라가면 그 정도가 더욱 심해졌다. 오폐수 처리 시설이 갖추어지는 속도보다 오폐수의 양이 더 빠르게 증가했었는데, 최근에는 그나마 조금씩 호전되고 있다.[『揚州水利誌』, 1999]

(3) 지하수 수위

가. 회안 지역

구릉 지역: 우이유교盱眙維橋~구포舊鋪 연안의 서쪽, 회화의 남쪽 지역에 분포되어 있으며 갈수기에는 늘 물이 마른다.

강회 충적江淮沖積 지역: 회하와 폐황하 남쪽에 분포되어 있으며 우이현盱眙縣 동부, 홍택현, 금호현, 초주구, 회안 시내를 포괄한다. 회안시 황마黃碼~범집範集 연안 서쪽의 지하수 수위는 지표면 아래 4.33m이며 회안시 황마~범집 연안 동쪽 지역의 지하수는 지표면 아래 1.5~2.5m이다.

호적 평원湖積平原 지역: 사홍현泗洪縣과 우이현의 회하 이북 지역에 분포되어 있다. 천층 피압수는 지표면 아래 4.35m의 깊이에 있으며 난대수층 암층은 10~30m 깊이에 있다. 연간

0.16억 m^3의 개발이 가능하다.

해적 평원海積平原 지역: 관남현 전체와 연수의 동북쪽 모서리에 분포한다. 천층 지하수층은 지표면 아래 60~80m 깊이이고 심층 지하수는 지표면 아래 100~160m 깊이에 있다.

수망사 평원水網斜平原 지역: 사홍, 사양, 회음, 우이 등 4개현 경내의 홍택호, 백마호, 고보호의 주변 지역과 금호현의 전체 지역이 여기에 속한다. 천층 지하수는 지하 30~50m 지점에 10~20m 두께로 존재한다. 연간 개발 가능한 양은 2억 m^3이다.

낮은 산지 구릉 기반암 지역: 우이현의 중부, 남부와 홍택현 노자산구老子山區가 여기에 속한다. 유교維橋~계오桂五 연안의 암층의 깊이는 8.19~12.7m이며, 함수층의 두께는 49.3~61.81m이다. 마패馬壩, 계오桂五, 고상古桑, 하교河橋, 구집仇集, 용산龍山 등지 함수층의 두께는 81.58~86.94m이며 서부 지역 암층의 깊이는 50m 이내이며 동부 지역은 50~100m 사이, 천층 지하수 매립 깊이는 지하 약 25.15m이다.[『淮陰市誌』, 1995]

나. 양주 지역

양주 지역의 지하수 자원은 풍부하다. 광화도矿化度가 2g/L 이하인 천층淺層 지하수는 평균 19.51억 m^3이며 개발 가능한 양은 12.02억 m^3이다. 심층 지하수는 대략 지하 40~50m 깊이에 있으며 가장 깊은 곳은 80m이고 개발 가능한 양이 많지 않다. 종합적으로 보면 전체 시의 지하수 수질은 그리 좋지 않고 가격이 비싸 이용 효율이 낮다.[『揚州水利誌』, 1999]

9 강남운하 구간

강남운하는 북쪽의 진강시 양자강 간벽갑문谏壁閘에서 강소성과 절강성 등 두 개 성의 진강시, 상주시, 무석시, 소주시, 가흥시, 항주시 등 여섯 개 도시를 거쳐 남쪽의 항주시 전당강 삼보三堡 선박갑문까지 주선의 전체 길이가 337km인 운하이다.

9.1 역사 연혁

강남운하는 춘추 시대 후기에 처음 굴착하여 진대, 동한 말기와 삼국 초기에 이르기까지 기본적인 골격이 형성되었다.[姚漢源, 1998] 수대에 준설을 확대하여 이 구간의 운하가 정식으로 개통되었다. 강남운하는 폭이 넓고 경사가 완만하여 유지·보수하는 것이 중운하와 북운하보다

용이하여 명·청대까지 큰 어려움 없이 유지되었다.

북부 진강~상주 구간과 남부 항주 구간은 지형이 비교적 높고 수량이 부족하여 옛날부터 수문을 건설하여 수위를 조절하거나 호수와 못을 파서 물을 저장하거나 또는 강물을 끌어들여 수위를 유지하였다. 동진 원년(317)에 건설한 진강의 정묘태丁卯埭, 서진 광희 원년(306)에 건설된 단양성丹陽城 북쪽의 연호练湖, 당대 원년과 8년(813) 상주 서쪽에 맹독의 강물을 끌어들이기 위한 굴착 등이 모두 이에 해당한다.[姚漢源, 1998] 송대 말기부터 원대까지 서호의 물이 부족하여 항주~가흥 숭복崇福 구간은 모두 근처 지류의 물을 끌어들였고 원대 말기(1294)에 당서塘墅를 경유하여 항주로 가는 노선으로 변경되었다.[阙維民, 2000]

소주의 중부~가흥 구간은 태호太湖의 수량이 충분하여 수위를 유지할 수 있지만 바람 때문에 태호의 항운이 불안정하였는데, 이를 해결하기 위해 저수지와 제방을 건설하였다. 당대 원화元和 5년(810) 운하의 서안에 소주성城 남쪽에서 송릉松陵(현재의 吳江市)으로 직접 연결되는 노선을 건설하였고 그 후로 역대 왕조에서 조금씩 수리하였다.[『蘇州市誌』, 1995; 姚漢源, 1998]

(1) 진강 시내 구간

진강 시내 구간운하의 변천은 주로 운하가 양자강으로 유입되는 지점의 변화와 관련이 있다. 역사적으로 운하가 양자강으로 유입되던 곳은 일찍이 5곳으로, 대경구大京口, 감로구甘露口, 소경구小京口, 단도구丹徒口, 그리고 간벽구谏壁口 등이었는데, 현재는 이 중 뒤의 3곳만이 남아 있다. 역사적으로 양자강 연안선은 토사 침적 상황의 변화로 인해 5개의 유입구에 흥쇠가 있었고, 운하는 그 사이에서 노선이 바뀌기도 하고 어느 시기에는 여러 개의 유입구가 동시에 존재하기도 하였다. 1958년에 간벽구가 강남운하의 입구로 결정되면서 간벽 선박갑문이 건설되어 원래 통항에 이용되던 소경구~간벽 간의 16.7km 구간은 사용하지 않게 되어 옛 운하로 불리게 되었다.[『鎮江水利誌』, 1992; 『鎮江市誌』, 1993]

(2) 상주 시내 구간

당·송시기에 운하가 상주 시내를 통과한다는 기록이 있는데 이는 지금의 서수관西水关, 역교驿橋를 거쳐 비릉역毗陵驿, 청과항青果巷, 신방교新坊橋를 지나는 하도를 말한다. 원대 지정至正 연간(1341)에 그 남쪽에 서흥하西興河를 개통하여 명대 이후에는 운하의 주간 노선이 되었는데 이때부터 운하는 시내를 휘돌아 나가게 되었으며 명대 만력 9년(1581)에 서흥하西興河의 남쪽에 해자를 파서 운하의 주선은 다시 남쪽으로 바뀌었다. 신중국 건국 후에 이 구간의 운하를 준설하였고 1984년에는 4급 운항로[11]로 개조하여 현재와 같은 시내 구간 항로가 되었다.[『常州市誌』, 1995; 王博銘, 1997]

(3) 무석 시내 구간

무석 시내 구간의 운하는 명·청시기에 시내를 휘돌아 나갔는데 오교吳橋에서 황부돈黃埠墩을 돌아 강첨江尖에서 갈라졌고, 그중 서쪽 갈래는 인민교人民橋에서 당교塘橋를 지나 남쪽으로 향하고 동쪽 갈래는 연용교蓮蓉橋에서 시작하여 양요만羊腰灣에서 서쪽 갈래와 다시 합류한다. 신중국 건국 후 1958~1983년 사이에 무석시는 시내 서쪽에 새로운 운하를 건설하였는데, 이는 황부돈에서 하전하下甸河와 옛 운하가 합류하는 지점까지의 구간으로(浦学坤 등, 1997), 문화유적이 집중적으로 분포되어 있는 옛 운하의 양안을 피해서 새 운하를 설계함으로써 강남운하의 가장 완전한 보호 형태라 할 수 있는 옛 운하 역사 풍모 보호구인 남장가南長街를 형성할 수 있었다.

(4) 소주 시내 구간

소주 시내 구간의 운하 길이는 대략 14km로, 명·청 시기의 하도는 소주성 외곽 성곽을 따라 시내를 휘돌아 지나간다. 신중국 건국 후에 여러 차례에 걸친 노선 변경이 있었는데, 원래 운하는 풍교楓橋에서 동쪽으로 흐르다 창문閶門과 환성하環城河에서 합류하였지만, 1959년에는 횡당을 거쳐 서강胥江을 따라 호성하護城河(해자의 일종)와 합류하는 것으로 바뀌었다. 1985년 이후에는 횡당진橫塘鎮 남쪽에 새 운하를 만들어 서강胥江을 지나지 않고 담태호澹台湖로 흘러가도록 개조함으로써 보대교寶带橋 북토北埦에서 운하와 만나도록 하여 옛 성곽과 운하 양안의 풍모를 보호하는 데 중요한 역할을 하게 되었다.[『蘇州词典』, 1999]

(5) 가흥 시내 구간

가흥 시내 구간의 운하는 명·청 시기에 가흥 시내를 한 바퀴 돌아나갔다. 기록에 의하면 운하는 북쪽에서 두 줄기로 나누어져 남쪽 방향으로 성곽 사이를 흐르다가 성 남쪽의 남호南湖에서 다시 합류하여 성 밖으로 나간다.(姚漢源, 1998) 신중국 건국 후까지 사용다가 1998년 가흥

---

11) §500톤의 선박 통항, 수심 1.4~1.6m, 폭 30~55m, 회전 구간 반경 410m 이상 등.

시에서 성곽을 순환하는 운하를 만들면서 북쪽 운하가 현재의 주노선이 되었다.[『嘉興城市水系規劃』, 2003]

(6) 항주 시내 구간

항주 시내 구간 운하는 원대 말기에 물길을 바꾸어 북쪽 노선에 변동이 생긴 것을 제외하면 대부분의 변천 원인이 운하의 전당강 진입구 변화와 관련 있다. 역사적으로 보면 운하의 강 진입구는 두 군데였는데, 한 군데는 절강갑문浙江閘이고 다른 한 군데는 그 서쪽, 현재의 육화탑六和塔 밑의 용산갑문龍山閘이다. 일반적으로 수대에는 운하가 강으로 들어가던 곳은 류포柳浦라고 알려져 있었는데, 오대五代[12] 오월吳越[13] 시기에 이르러 류포에서 절강갑문으로 이름이 바뀌었다. 그리고 동시에 절강갑문에서 서남쪽으로 용산에 이르는 신운하인 용산갑문을 건설함으로써 전당강錢塘江의 조수潮水가 선박 운항에 미치는 영향을 피하고자 하였다. 남송시기 이후에는 용산하龍山河가 몇 차례 흥망을 거듭하다가 절강갑문이 주요 진입구가 되었다. 청대 말기에 전당강 북쪽 기슭을 따라 흙탕물이 불어나 운하와 강의 연결이 끊어지면서, 항주성 북쪽의 공서拱墅 일대가 대체로 경항대운하의 남단으로 인식되었다.[闕維民, 2000] 1983~1987년, 항주시는 성의 북쪽 외곽에 새로 전당강과 통하는 운하를 개통하고 세 곳에 선박 수문을 설치하여 경항대운하의 새로운 기점이 되었다. 항주 시내에는 중하中河, 동하東河, 첩사하貼沙河와 이미 폐쇄된 청호하清湖河 등 여러 개의 운하 지선이 있었는데 그중 중하가 중심 노선의 기능을 하였다.

9.2 자연 조건

(1) 하도 수계河道水系

가. 진강 구간鎮江段

지형에 근거하여 진강시를 보면 영진 산맥寧鎮山脉과 모산 산맥茅山山脉이 분수령을 이룬다. 물은 연강沿江 수계, 진회秦淮 수계, 호서湖西 수계로 나뉘는데 이들 수계들은 모두 양자강 수

12) §오대五代(907~960): 당대말~송대 초의 시기로 후량後梁·후당後唐·후진後晉·후한後漢·후주後周가 건립된 시기를 말한다.

13) §오월吳越: 오吳나라와 월越나라, 주周나라의 제후국이다.

계의 일부이다. 전체 시 수역 비율은 13.7%로 강소성 중에서 비교적 낮은 편에 속한다.(『鎮江市誌』, 1993) 시내는 양자강 구간과 대운하 구간이 주요한 하류이며 이 밖에 운량하運粮河, 사명하四明河, 옥대하玉带河 등의 소형 하도들이 있다. 이들 하도들의 특징은 구간의 흐름이 짧고 계절에 따른 차이가 크며 평소 수량이 많지 않다는 것이다. 이 중 양자강으로 직접 들어가는 옥대하를 제외하고 나머지는 모두 진강의 옛 항구로 들어간다.[『진강 요람(鎮江要览)』, 1989]

나. 상주 구간常州段

시내 하류는 양자강 수계 태호太湖 수역에 속한다. 북쪽으로 양자강에 접해 있고 남쪽으로 태호와 혼호混湖에 접해 있으며, 경항대운하는 서쪽에서 동쪽으로 시내를 가로질러간다. 운하 양쪽에는 하도가 종횡으로 밀집되어 있다. 시내는 관하关河, 시하市河가 고리 모양을 이루고 있고 경항대운하와 연결된다. 시내의 서쪽과 북쪽에는 덕성하德勝河와 봉황하鳳凰河, 북당하北塘河 등과 운하, 양자강이 서로 연결된다. 남쪽에는 남운하南運河와 백탕하白荡河가 격호滆湖로 통하며 동남쪽에는 채위릉항采菱港과 매항하梅港河와 태호가 연결되어 있다. 전체 시내에 200여 줄기의 간류干流와 지류支流가 강이나 호수와 서로 연결되고 하천과 못이 촘촘하게 분포되어 있다.[『常州市誌』, 1995, p.349]

다. 무석 구간无錫段

무석 시내는 강남 수역의 중심인 태호가 있어서 지표수 자원이 비교적 풍부하고 외부에서 유입되는 수자원도 적지 않다. 경항대운하와 망우하望虞河, 석징운하錫澄運河 등 많은 물줄기가 양자강과 태호 수계를 관통하면서 밀집된 수역망을 형성하고 있다.[무석수리국 홈페이지, http://www.wxwater.gov.cn, 2004]

라. 소주蘇州 구간

소주는 태호 유역에 자리잡고 있으며 지형이 평탄하고 수역이 광활하여 소주 당포塘浦 수계가 바둑판식으로 형성되어 있는 특징을 보인다. 이 지역 내의 주요 하류로는 오송강吳淞江, 태포하太浦河, 망우하望虞河를 비롯하여, 남북으로 흐르는 강남운하가 있다. 강남운하는 망정진望亭鎮에서 사돈항沙墩港(望虞河의 상류 구간)과 만나고, 오강시吳江市에서 오송강吳淞江, 태포하太浦河, 유엽당由頁塘 등의 하류와 서로 교차한다.[『蘇州水利誌』, 2003; 『蘇州市誌』, 1995]

마. 가흥 구간嘉興段

가흥시는 태호 동남쪽 항가호杭嘉湖 평원의 중심 지대에 있다. 시내 전체를 종횡으로 뻗어 있는 하도는 모두 57개로 총연장, 1.38만 km에 이르는 내부 항운이 발달되어 있다. 시내는 바다와 포浦로 들어가는 배수망으로 나누어지는데 바다로 들어가는 수계로는 장산하長山河와 해염을 중심으로 형성된 망, 염관상하盐官上河와 염관하하盐官下河를 중심으로 이루어진 남南배수망이 있으며, 포로 들어가는 배수망으로는 소주당蘇州塘(경항대운하의 소주~가흥 구간), 란계당瀾溪塘, 호허당芦墟塘, 홍기당红旗塘, 삼점당三店塘, 상해당上海塘을 간선 하도로 하는 배수망 등이 있다.[『嘉興市河道整治規劃』, 2004]

바. 항주 구간杭州段

항주시는 강이 종횡으로 이어지고 호수와 연못이 밀집되어 있다. 평원 지대의 수망水網 밀도[14]는 10km^{2}로 수자원의 양과 수력 자원이 풍부하다. 주요한 하류는 전당강을 포함하여 동초계東苕溪, 경항대운하 등이 있으며 전당강 수계와 태호 수계로 나눠진다. 주요 호수는 서호西湖, 천도호千岛湖, 상호湘湖, 청산호青山湖 등이 있다.[『항주시지(杭州市誌)』 제1권, 1995]

(2) 기후 상황

가. 진강 구간鎮江段

이 지역은 북아열대 계절풍 기후대의 온난아열대 기후대에 속하며 사계절이 분명하고 온난습윤하고 열량热量과 강수량이 풍부하다. 기후 조건이 비교적 좋으나 때때로 기후로 인한 재해도 나타난다.[『鎮江市誌』, 1993]

---

14) §수망 밀도水網密度: 구역 내 하류의 총연장, 전체 면적 대비 수역 면적과 수자원 총량의 비율을 나타내는 지수로 지역 내 수자원의 정도를 나타낸다. 계산 공식은 수망 밀도 지수 = Ariv × 하류 길이 / 구역 면적 + Alak × 저수지(근해)면적 / 구역 면적 + Ares × 수자원 총량 / 구역 면적. Alak: 호수 면적의 표준화 계수; Ariv: 하류 총연장의 표준화 계수; Ares: 수자원 총량의 표준화 계수.

표 5.29 강남운하 진강 구간 유역 기후 상황

지역	기후유형	연평균 강우량 (mm)	연평균 기온 (℃)	최고 기온 (℃)	최저 기온 (℃)	0도 적산온도 (℃)	연 일조량 (h)	연 총복사량 (1,000cal/cm²)	연평균 무상일수 (d)	비고
윤주구 潤州區	북아열대 습윤 계절풍 기후대	1,063.1	15.4	27.8	2.3	5,631.4	2,051.7	111.3	239	1949~1985년 자료
경구구 京口區		1,063.1	15.4	27.8	2.3	5,631.4	2,051.7	111.3	239	상동
단도구 丹徒區		1,071. 6	15.4	27.8	2.3	5,431.6~5,526.5	2,073.7	112.9	230	상동
단양시 丹陽市		1,056. 5	14.9	26.3	3.2	5,431.6~5,526.5	2,043.3	111.27	224	상동

자료 출처: 『진강시지鎭江市誌』, 1993.

나. 상주 구간常州段

이 구간은 북아열대 계절풍성 습윤 기후대에 속하며 일 년 내내 동남풍(동풍에 치우친 동남풍)이 불고 사계절이 뚜렷하며, 기후가 온난하고 습하다. 강우량이 많고 일조량이 많아 서리 없는 기간이 길다.[『常州市誌』, 1995]

표 5.30 강남운하의 상주 운하 구간 유역 기후 상황

지역	기후유형	연평균 강우량 (mm)	연평균 기온 (℃)	최고 기온 (℃)	최저 기온 (℃)	연 일조량 (h)	연평균 무상일수 (d)	비고
무진구 武进區	북아열대 습윤 계절풍 기후대	1,071	15.4	28.2	2.4	2,047.5	228	일조 시간은 1953~1985년, 기타 1952~1985년 자료
종루구 鐘樓區		1,071	15.4	28.2	2.4	2,047.5	228	상동
천녕구 天寧區		1,071	15.4	28.2	2.4	2,047.5	228	상동
척서언구 戚墅堰區		1,071	15.4	28.2	2.4	2,047.5	228	상동

자료 출처: 『상주시지常州市誌』, 1995.

다. 무석 구간无錫段

이 구간의 기후는 북아열대 습윤 기후대로 사계절이 뚜렷하고 기후가 온난하며 강우량이 풍부하고 일조량이 충분하여 서리가 없는 기간이 길다. 태호 수역과 의남宜南 구릉 산지의 복잡한 지형 영향으로 국부 지역의 기후 조건은 다종다양하며 남방과 북방의 농업이 모두 적합하여 파종 가능한 작물의 종류가 상당히 많다.[무석시 인민정부 홈페이지,http://www.wuxi.gov.cn, 2004]

표 5.31 강남운하 무석無錫 구간 유역 기후 상황

지역	기후 유형	연평균 강우량 (mm)	연평균 기온 (℃)	최고 기온 (℃)	최저 기온 (℃)	0도 적산온도 (℃)	연 일조량 (h)	연평균 무상일수 (d)	비고
북당구 北塘區	북아열대 습윤 계절풍 기후	1,035.9	15.4	28.0	2.5	5,652.7	2,019.4	220	1959~1985년의 자료
숭안구 崇安區		1,027.8	15.4	28.2	2.5	5,652.7	2,019.4	220	상동
남장구 南長區		1,035.9	15.5	28.5	2.5	5,652.7	2,019.4	220	기온은 1952~1987년 자료 강수량은 1922~1987년 자료 1959~1985년 자료 누락
혜산구 惠山區		1,035.9	15.4	28.0	2.5	5,652.7	2,019.4	220	1959~1985년 자료
빈호구 濱湖區		1,035.9	15.4	28.0	2.5	5,652.7	2,019.4	220	상동
석산구 錫山區		1,035.9	15.4	28.0	2.5	5,652.7	2,019.4	220	상동
신구 新區		1,035.9	15.4	28.0	2.5	5,652.7	2,019.4	220	상동

자료 출처: 『무석시지无錫市誌』, 1995; 『남장구지南長區誌』, 1991.

라. 소주 구간蘇州段

이 구간은 양자강 삼각주의 동남부에 위치하고 있으며 북아열대 습윤 계절풍 기후대에 속한다. 계절풍과 사계절이 분명하고 강수량이 많으며 서리가 없는 기간이 길다.[『蘇州市誌』, 1995]

표 5.32 강남운하 소주 운하 구간 기후 상황

지역	기후 유형	연평균 강우량 (mm)	연평균 기온 (℃)	최고 기온 (℃)	최저 기온 (℃)	10도 적산온도 (℃)	연 일조 시간 (h)	연 총복사량 (1,000cal/cm²)	연평균 무상일수 (d)	비고
상성구 相城區	북아열대 습윤 계절풍 기후대	1,063	15.7	28.2	3.0	-	1,965	111.2	233	연평균 강우량은 1924~1985년 자료 평균기온, 최고·최저 기온은 1951~1985년 자료
금창구 金閶區		1,063	15.7	28.2	3.0	-	1,965	111.2	233	상동
창랑구 滄浪區		1,063	15.7	28.2	3.0	-	1,965	111.2	233	상동
평강구 平江區		1,063	15.7	28.2	3.0	-	1,965	111.2	233	상동
소주 고신구 蘇州高新區, 호구구虎丘區		1,063	15.7	28.2	3.0	-	1,965	111.2	233	상동
오중구吳中區		1,129.9	15.9	29.2	3.1	5,096	2,005~2,179	112.7~117.8	235~244	1959~1985년 자료
오강시吳江市		1,045.7	15.7	28.1	3.0	4,986	2,086.4	-	226	상동

자료 출처: 『소주시지蘇州市誌』, 1995.

마. 가흥 구간嘉興段

이 구간은 북아열대의 남쪽 변에 위치하고 있으며 동아시아 계절풍대에 속한다. 사계절이 분명하고 일조량과 강우량이 풍부하며 온화하고 습도가 높다. 봄과 가을이 비교적 짧고 여름과 겨울이 상대적으로 길다.

표 5.33 강남운하의 가흥 운하 구간 유역의 기후

지역	기후 유형	연평균 강우량 (mm)	연평균 기온 (℃)	최고 기온 (℃)	최저 기온 (℃)	10도 적산온도 (℃)	연 일조 시간 (h)	연 총복사량 (1,000cal/cm²)	연평균 무상일수 (d)	비고
가흥 시내	북아열대 계절풍 기후대	1,089	15.7	28.0	3.2	4,985	2,109.4	110.9	245	1949~1990년 자료
동향시 桐鄕市		1,176	15.8	28.2	3.3	5,016	2,021.9	105.8	245	상동
해녕현 海寧縣		1,152	15.9	28.4	3.5	5,039	2,062.9	108.8	245	상동

자료 출처: 『가흥시지嘉興市誌』, 1997.

바. 항주 구간杭州段

이 구간은 아열대 계절풍 기후대에 속하여 사계절이 분명하고 사계절 동풍이 분다. 강수는 봄철의 강수, 여름철의 장마와 태풍 위주이다.[『항주시지(杭州市誌)』 제1권, 1995]

표 5.34 강남운하 항주 구간 유역 기후

지역	기후유형	연평균 강우량 (mm)	연평균 기온 (℃)	최고 기온 (℃)	최저 기온 (℃)	10도 적산온도 (℃)	연 일조 시간 (h)	연 총복사량 (1,000cal/cm²)	연평균 무상일수 (d)	비고
상성구 上城區	중북아열대 계절풍 습윤 기후대	1,321	16.2	27.6	6.9	5,117	1,905	105	245	1964~1980년 자료
하성구 下城區		1,321	16.2	27.6	6.9	5,117	1,905	105	245	상동
공서구 拱墅區		1,321	16.2	27.6	6.9	5,117	1,905	105	245	상동
강간구 江干區		1,321	16.2	27.6	6.9	5,117	1,905	105	245	상동
여항구 余杭區		1.350	15.9	27.6	6.9	5,044	1,805	108	245	상동

자료 출처: 『항주시지杭州市誌』 제1권, 1995.

(3) 수해와 한해水旱災害

가. 진강 구간鎭江段

청대 광서 2년(1876)에서 1985년까지의 통계 자료에 의하면 200mm 이상의 봄철 폭우가 내린 것은 평균 4년에 한 번이다. 여름철 폭우는 심각한 경우가 4~5년에 한 번, 가을철에 200mm

이상의 홍수는 대략 6년에 한 번 나타났다.

가뭄은 빈번하게 일어났는데 청대 광서 6년(1880)에서 1985년까지 모두 26차례로 평균 4년마다 한 번 한해가 발생하였고, 봄 가뭄의 발생 비율은 9%, 여름 가뭄의 발생 비율은 64%(그중 극심한 가뭄은 22%), 가을철 가뭄 42%, 겨울철 가뭄 29%로 여름, 가을의 가뭄 발생률이 봄, 겨울보다 높다.[『鎮江市誌』, 1993]

나. 상주 구간常州段

1949~1990년 사이 42년 동안 모두 열네 해에 홍수가 발생하여 그중 열두 해의 홍수가 수재로 확대되었고 발생 빈도는 4년에 한 번(그 중 초대형 수재는 1954년 한 차례), 대형 홍수는 5년(1949, 1969, 1974, 1983, 1987), 보통 홍수는 8년(1951, 1956, 1957, 1961, 1962, 1970, 1980, 1982)에 한 번 발생하였다.[『常州水利誌』, 2001]

1949~1990년 사이의 가뭄은 아홉 해였고 그중 가뭄이 한재로 확대된 것은 일곱 해이다. 발생 빈도를 보면 5년마다 한 차례 가뭄이 발생하였고, 일반적인 가뭄은 5년(1950, 1953, 1964, 1966, 1971)에 한 번이었다.[『常州水利誌』, 2001]

다. 무석 구간无锡段

1959~1985년 사이 무석 시내 1일 강우량이 100mm 이상 혹은 3일 강우량 150mm 이상을 기록한 것은 총 11년이었다. 연속 5일 이상 강수량이 0.1mm보다 많은 날을 연속 흐림비 기후라고 한다. 1959~1985년 사이에 무석 시내의 봄철(3~5월) 연속 흐림비는 모두 64차례, 평균 매년 2~3번 발생하였고 10일 이상의 장기간 연속 흐림비 기후는 24번 발생하였다. 1959~1985년 사이에 가을철(9~11월) 연속 흐림비는 43차례, 평균 매년 4.32번 발생하였다.

1959~1985년 27년간 무석시에는 39차례의 가뭄이 있었는데 그중 봄 가뭄은 1962년, 1975년 단 두 번 발생하여 농업 생산에 위협이 크지 않았다. 여름 가뭄은 모두 12차례 발생하여 밭작물에 대한 영향이 컸으며, 그중 가장 긴 가뭄은 1971년에 발생했던 58일 간의 가뭄이었다. 가을 가뭄은 모두 14차례 발생하여 밭작물에 큰 영향을 주었고 겨울 가뭄은 모두 11차례 발생하였다.[『无錫市誌』, 1998]

라. 소주 구간蘇州段

소주시에서 4~10월 사이에 연속 3개월의 강수 비율이 100%보다 크고 그중 최소 1개월이

150%보다 크거나, 연속 2개월이 100%보다 크거나, 혹은 6~9월 중 1개월이 200%보다 큰 수재의 기록이 봄에 발생한 경우는 8년에 한 번이며, 주로 흐림비 때문인 것으로 나타났다. 여름 수재는 4~5년에 한 차례씩 발생하였으며 주로 장마와 한여름의 열대성 폭풍우 때문에 발생하였다. 가을에는 10년에 한 차례 꼴로 발생하였는데 원인은 주로 흐림비와 열대성 폭풍우이다. 수재는 첫째, 강우 시간이 비교적 짧고 강도 높은 폭우가 내리거나, 둘째, 강우의 강도는 크지 않으나 흐림비의 시간이 비교적 길거나, 셋째, 흐림비의 시간이 길면서 강우량이 많은 형태 등의 세 종류로 나타난다.

6월 상순~9월 상순 사이에 연속 30일 간의 강수량이 20mm보다 적으면 여름 가뭄으로 보고 9월 상순~11월 하순 사이에 연속된 30일의 강수량이 10mm보다 적으면 가을 가뭄으로 보는데, 소주시에서 여름 가뭄이 발생한 빈도는 2.5년에 한 번, 연속된 50일의 강수량이 20mm 이하인 심한 가뭄은 평균 17년에 한 번, 가을 가뭄의 발생 비율은 평균 2.4년에 한 번, 연속된 50일의 강수량이 20mm 이하의 심한 가뭄은 평균 7년에 한 번 꼴로 발생하였다.[『蘇州市誌』, 1995]

마. 가흥 구간嘉興段

일 년에 세 번의 강우기가 있는데 4~5월의 봄비, 6~7월의 장마와 9월의 가을비가 그것이다. 매년 태풍과 장기 흐림비는 모두 수재로 이어지기도 한다. 1949~1990년 사이에 수재가 모두 21차례, 평균 2년에 한 번 꼴로 발생하였으며, 그중 큰 홍수는 8번 5.3년에 한 차례 꼴로, 초대형 수재는 3년에 한 번 꼴로 발생하였다. 연평균 강우량은 1,178mm이며 연평균 증발량은 1,313mm이다.

매년 7~8월에는 한여름 가뭄이 나타나서 긴급한 용수 조절이 필요하다. 1949~1990년 사이에 한재는 31차례, 평균 1.4년에 한 번씩 나타났는데 그중 극심한 가뭄은 두 번이었다.[『嘉興市誌』, 1997]

바. 항주 구간杭州段

항주의 기후는 온대 서풍대 기후 계통과 열대 동풍대 기후 계통이 교차하는 까닭에 계절에 따른 기온과 습도의 변화가 심하다. 자연 재해는 폭우로 인한 홍수와 가뭄이 주를 이룬다. 근 40년 사이에 엄중했던 수재는 1956년 8월 1일과 1988년 8월 8일의 강력한 태풍으로 인한 것이었다.[『杭州概览』, 1992]

항주의 홍수는 보통 5~10월 사이에 발생하며 장마와 태풍이 주원인이다. 1959~1985년 사이

홍수 발생 비율은 44~70%로, 1.4~2.3년에 한 번씩 발생하였다. 장마와 태풍으로 인한 수재는 임안臨安이 가장 자주 겪었는데 장마 홍수는 2.5년에 한 번, 태풍 홍수는 3년에 한 번 꼴로 발생하였다. 건덕建德과 순안淳安은 수재가 가장 적은 곳으로 태풍 피해는 13.5년에 한 번, 수해는 6.8년에 한 번 꼴로 발생하였다. 여항余杭은 벼락을 동반한 폭우로 인한 홍수가 가장 잦아서 3년마다 한 차례씩 피해를 보았다. 그밖에 여항과 소산蕭山 일대 동부 평원 지역은 지형이 평탄하여 폭우가 적지만 홍수의 흐름이 완만하여 침수 피해가 쉽게 발생한다.

항주에서는 7, 8월의 한여름 가뭄과 9, 10월의 가을 가뭄, 그리고 11월에서 익년 1월 사이의 겨울 가뭄이 종종 발생하는데 1959~1985년 사이에 발생한 빈도는 78~93%로 약 1.1~1.3년에 한 차례씩 발생하였으며, 서남부와 중부 지역에서 북부·동부보다 자주 발생하였다. 연속 가뭄도 가끔 발생하였는데 그중 여름에서 가을까지 연속으로 이어지는 가뭄의 발생 빈도가 75%로 가장 많았다.[『杭州市誌』 第1卷, 1995]

9.3 사회·경제

(1) 진강 구간鎮江段

표 5.35 강남운하의 진강 운하 구간 유역의 사회·경제 상황(2002)

지역	총인구 (만 명)	비농업 인구 (만 명)	도시화 비율 (%)	인구밀도 (명/km²)	총생산 (억 위안)	1차 산업 (억 위안)	2차 산업 (억 위안)	3차 산업 (억 위안)	1인당 평균 국내총생산 (위안)	근로자 연평균 월급 (위안)	농민연평균 순수입 (위안)
윤주구 潤州區	23.20	19.29	83.1	1.75	18.82	1.66	6.80	9.63	8,112	10,740	4,270
경구구 京口區	33.94	31.16	91.8	2.88	18.00	0.56	6.81	10.63	5,304	11,058	4,470
단도구 丹徒區	36.41	6.11	16.8	0.49	61.41	13.79	92.98	63.48	2,4697	10,413	4,098
단양시 丹陽市	80.37	22.37	27.8	0.77	170.30	13.77	93.06	63.48	2,1199	11,372	4,710

자료 출처: 『진강연감鎮江年鉴』, 2003; 『진강통계연감鎮江統計年鉴』, 2003; 단양시 통계정보망, www.dystats.com, 2004.

(2) 상주 구간常州段

표 5.36 강남운하의 상주 구간 유역 사회·경제 상황(2002)

지역	총 인구 (만 명)	비농업 인구 (만 명)	도시화 비율 (%)	인구밀도 (명/km²)	총생산 (억 위안)	1차 산업 (억 위안)	2차 산업 (억 위안)	3차 산업 (억 위안)	1인당 평균 국내총생산 (위안)	근로자 연평균 월급 (위안)	농민연평균 순수입 (위안)
무진구 武进區	92.8	19.348	20.91	0.75	265.60	16.01	162.55	87.04	28,620	14,056	5,505
종루구 鐘樓區	33.83	32.187	59.10	4.74	30.30	1.25	13.28	15.80	8,957	12,420	5,798
천녕구 天寧區	33.67	32.690	97.1	5.00	45.04	0.41	26.13	18.51	13,377	12,197	5,986
척서언구 戚墅堰區	8.94	5.381	60.2	2.55	8.00	0.38	7.31	1.32	10,067	14,026	5,886

자료 출처: 『상주연감常州年鉴』, 2003; 『상주통계연감常州統計年鉴』, 2003.

(3) 무석 구간无錫段

표 5.37 강남운하의 무석 운하 구간 유역의 사회·경제 상황(2002)

지역	총인구 (만 명)	비농업 인구 (만 명)	도시화 비율 (%)	인구밀도 (인/km²)	총생산 (억 위안)	1차 산업 (억 위안)	2차 산업 (억 위안)	3차 산업 (억 위안)	1인당 국내총생산 (위안)	근로자 연평균 월급 (위안)	농민연평균 농촌수입 (위안)
숭안구 崇安區	18.59	18.01	96.88	10.57	29.4	0.18	10.08	19.13	15,929	15,655	6,820
남장구 南長區	30.62	30.13	98.40	13.65	40.18	0.16	19.04	20.98	12,832	14,894	6,950
북당구 北塘區	25.02	23.96	95.76	8.07	41.01	0.53	18.72	21.76	16,316	11,452	7,116
석산구 錫山區	42.63	11.18	26.23	0.94	137.5	6.2	82.8	48.5	32,253	12,630	5,631
혜산구 惠山區	37.11	8.08	21.77	1.13	152.09	5.25	101.23	45.61	40,870	13,777	6,145
빈호구 濱湖區	44.24	28.06	63.43	0.70	145.00	3.2	82.3	59.5	35,500	14,800	6,271
신구 新區	17.71	12.05	68.04	1.28	163.57	2.56	128.35	32.66	88,266	15,815	6,600

자료 출처: 『무석연감无錫年鉴』, 2003; 『무석통계연감无場統計年鉴』, 2003.

(4) 소주 구간蘇州段

표 5.38 강남운하 소주 구간 유역의 사회·경제 상황(2002)

지역	총 인구 (만 명)	비농업 인구 (만 명)	도시화 비율 (%)	인구 밀도 (천 명/km²)	국내 총생산 (억 위안)	1차 산업 총생산 (억 위안)	2차 산업 총생산 (억 위안)	3차 산업 총생산 (억 위안)	1인당 국내 총생산 (위안)	근로자 연평균 월급 (위안)	농민 연평균 순수입 (위안)
상성구 相城區	33.79	6.67	19.74	0.7	76	7.34	40.48	31.08	22,177	16,123	6,116
금창구 金閶區	20.88	19.73	94.49	5.64	15.5	-	-	-	23,000	18,840	6,505
창랑구 滄浪區	32.19	31.83	98.88	10.73	7.2	-	3.20	4.03	-	18,840	6,140
평강구 平江區	23.88	23.22	97.24	9.47	8.1	-	-	4.19	-	18,840	6,140
고신구 高新區, 호구구 虎丘區	26.54	12.36	46.57	1.03	204	-	-	-	20,337	18,840	6,007
오중구 吳中區	54.09	17.8	32.91	0.65	147.5	15.18	66.39	52.35	29,415	18,840	6,170
오강시 吳江市	76.94	22.33	29.02	1092.9	234.6	13.55	171.15	96.35	36,462	13,605	5,942
시내 상성구, 금창구, 창랑구, 평강구, 고신구, 오중구, 공업단지 등 포함	-	-	-	-	727.15	23.71	427.39	276.05	34,475	18,840	6,140

자료 출처: 『소주연감蘇州年鉴』, 2003; 『소주통계연감蘇州統計年鉴』, 2003; 금간정부인터넷홈페이지金閶政府網站, 2004.

(5) 가흥 구간嘉興段

표 5.39 강남운하 가흥운하 구간 유역 사회·경제 상황(2002)

지역	총 인구 (만 명)	비농업 인구 (만 명)	도시화 비율 (%)	인구 밀도 (천 명/km²)	국내 총생산 (억 위안)	1차 산업 총생산 (억 위안)	2차 산업 총생산 (억 위안)	3차 산업 총생산 (억 위안)	1인 평균 GDP (위안)	도시주민 연평균 가처분소득 (위안)	농민 연평균 순수입 (위안)
수성구 秀城區	45.56	24.99	54.85	1.07	97.41	6.54	45.77	45.11	20,993	11,500	5,470
소주구 秀洲區	33.89	6.3	18.59	0.63	63.62	6.47	38.23	18.92	20,993	10,757	5,276
동향시 桐鄕市	65.99	11.78	17.90	0.908	147.2696	10.6547	86.3183	50.2966	22,316	11,600	5,148
해녕현 海寧縣	64.03	13.39	20.90	0.959	155.2774	10.9667	94.2884	50.0223	24,250	11,700	6,002

자료 출처: 『가흥시통계연감嘉興市統計年鉴』, 2003; 『가흥연감嘉興年鉴』, 2003.

(6) 항주 구간杭州段

표 5.40 강남운하 항주운하 구간 유역 사회·경제 상황(2002)

지역	총 인구 (만 명)	비농업 인구 (만 명)	도시화 비율 (%)	인구 밀도 (천 명/km²)	국내 총생산 (억 위안)	1차 산업 총생산 (억 위안)	2차 산업 총생산 (억 위안)	3차 산업 총생산 (억 위안)	1인당 평균 총생산 (위안)	도시주민 연평균 가처분소득 (위안)	농민 1인 평균농촌 수입 (위안)
여항구 余杭區	79.72	18.07	22.7%	0.65	175.39	20. 6	93.2	61.4	22,025	11,458	6,386
공서구 拱墅區	28.95	26.62	92.0%	3.29	23.7	-	-	-	-	11,778	7,655
하성구 下城區	32.85	31.96	97.3%	10.60	17.14	1.06	12.43	10.21	-	11,778	9,828
강간구 江干區	35.54	24.35	68.5%	1.69	52.16	-	-	-	-	11,778	8,053
상성구 上城區	31.46	31.44	99.9%	17.48	36.53	-	-	12.1	-	11,778	
시내	-	-	-	-	1,366.82	60.54	665.97	640.31	35,664	11,778	5,242

자료 출처: 『항주연감杭州年鉴』, 2003; 『항주통계연감杭州統計年鉴』, 2003; 항주시 여항구통계국, 2004.
注: '시내'는 상성구, 하성구, 공서구, 서호구, 강간구, 빈강구濱江區 소산蕭山區, 여항구 등 8개구를 말함.

9.4 물 환경

(1) 운하 수질

가. 진강 구간鎭江段

경구갑문京口閘에서 간벽谏壁 사이의 옛 운하 구간 수질은 Ⅳ급에 해당하여 일정한 유기성 오염의 상태로, 주요한 오염 지표는 암모니아 질소, 용존 산소량(DO), 휘발성 페놀, BOD, 과망간산염 지수 등이다. 대운하 견벽~단양 구간 수질은 Ⅲ급에 해당하며 주요 오염 지표는 음이온 표면 활성제, 암모니아 질소, 용존 산소량(DO), 휘발성 페놀, BOD와 과망간산염 지수 등이다.

표 5.41 진강 운하 각 지역의 수질 상황

지역	운하 수질
윤주구潤州區	VI급(옛 운하)
경구구京口區	Ⅵ급(옛 운하), Ⅲ급(대운하)
단도구丹徒區	Ⅲ급(대운하)
단양시丹陽市	Ⅲ급(대운하)

자료 출처: 『2003년 진강시 환경질량상황공보 2003年鎭江市環境质量狀況公報』, 2004.

나. 상주 구간常州段

상주 구간의 수질은 Ⅴ급 기준보다 열악하다.(『2002년 강소성 환경 공보(2002年江蘇省環境公報)』, 2003) 상주 구간 운하는 44km로 시내의 물줄기는 남과 북으로 양분되어 있으며 약 1/3의 수량이 상류에서 유입되며 2/3는 신맹하新孟河와 덕성하德勝河에서 들어온다.

오염의 특징은 시내의 서문西門 상류를 제외하면, 덕성하, 조항하澡港河와 북당하北塘河, 대만빈大灣浜 지역은 유기성 오염이 비교적 가볍고, 나머지 지류들은 유기성 오염이 심한데 그중 대통하大通河가 가장 심하다. 단면을 통해서 보면 운하 상류 각 단면의 수질은 기준에 부합하지만, 하류와 지류, 대통하 하성교夏城橋 단면, 조강하澡江河 용호당남교龍虎塘南橋 단면의 수질은 상대적으로 좋지 않다.[『2003년 상주시 환경공보(2003年常州市環境公報)』, 2004]

표 5.42 상주 운하 각 지역 수질 상황

지역	운하 수질
무진구武进區	V급 초과
종루구鐘樓區	V급 초과
천녕구天寧區	V급 초과
척서언구戚墅堰區	V급 초과

자료 출처: 『2003년 상주시 환경상황공보 2003年常州市環境狀況公報』, 2004.

다. 무석 구간无錫段

2003년 무석시 수자원측량국은 시 전체 42개 주요 하류와 양자강, 호수, 저수지 등에 65개의 수질변화를 살피기 위해 지표수 수질 측량소를 설치하였다. 이 측량소를 통해 수집된 자료를 분석하면 무석 지역의 수질은 전체적으로 여전히 오염 정도가 심한데 그중 의흥시宜興市의 수질만 상대적으로 양호하다. 강음江陰의 연강 지역은 양자강의 물을 끌어들여 부분적인 수질이 개선되었으며 무석 시내의 하도, 특히 동부의 일부 하도는 오염 정도가 매우 심하다. 의흥 횡산橫山 저수지, 양자강 강음江陰 구간, 태호太湖의 일부 수역은 Ⅱ~Ⅲ급이며 나머지 수역은 모두 Ⅲ급 이하이다. 측량 지점의 6.2%가 Ⅱ~Ⅲ급의 기준에 부합하며, 12.3%가 Ⅳ급, 12.3%가 Ⅴ급수, 69.2%가 Ⅴ급 이하이다. 환경 기준(『지표수 환경질량 기준』[GB3838~2002])을 초과한 주요 항목은 용존 산소량(DO), 과망간산염 지수, BOD5, 총인(TP), 암모니아 질소, 휘발성 페놀 등이다.

표 5.43 무석운하 각 구간의 수질 상황

지역	운하 수질
숭안구崇安區	V급 초과
남장구南長區	V급 초과
북당구北塘區	V급 초과
석산구錫山區	V급 초과
혜산구惠山區	V급 초과
빈호구濱湖區	V급 초과
신구新區	V급 초과

자료 출처: 『2003년 무석시 환경상황공보 2003年无錫市環境狀況公報』, 2004.

2003년 4월 16일~21일, 무석수리국은 시내에 이미 갖추어진 시설을 이용하여 성안盛岸제방, 북당련北塘联제방, 경독耕瀆제방의 물을 교환하고 오염을 해독하는 작업을 실시하였다. 이 작업은 최대 유량 23.5m³/초, 교환한 물의 총량은 564만 m³에 달하였다. 이 작업을 통해 해당 구역 환경은 효과적으로 개선되어 악취가 나고 검은색이던 하도의 물이 어느 정도 정화되었고 오염 지수도 낮아져서 소기의 목적을 달성하였다.[무석시 인민정부홈페이지, http://www.wuxi.gov.cn, 2004]

라. 소주 구간蘇州段

2000년 3월의 중국 물환경상황공보에 의하면 태호 유역 6개 측량소가 위치한 구간은 모두 오염되었고 그중 대운하 무석 구간과 소주 구간의 수질은 Ⅴ급 이하였다. 2003년 소주시 환경상황공보에서도 경항대운하 소주 구간의 오염 지수가 높게 나타나며 이 구간을 심각한 오염 하천으로 분류하고 있다. 『강소성 지표수 환경기능구획(江蘇省地表水(環境)功能區划)』에 의하면 경항대운하 소주 시내 구간 수역의 2010년도 기능 구획 목표는 Ⅳ급이다. 2003년도 경항대운하 소주 시내 구간 주요 측량소의 수질은 2010년도 기능 구획 목표에 도달하였으나 상류에서 유입되는 물의 영향으로 각 단면 암모니아 질소는 Ⅴ급수의 기준을 초과하고 있다.

표 5.44 소주 운하 각 지역의 수질 상황

지역	운하 수질
상성구相城區	V급 초과
금창구金閶區	V급 초과
창랑구滄浪區	V급 초과
평강구平江區	V급 초과
소주 고신구高新區, 호구구虎丘區	V급 초과
오중구吳中區	V급 초과
오강시吳江市	V급 초과

자료 출처: 『2003년 소주시 환경상황공보2003年蘇州市環境狀況公報』, 2004.

마. 가흥 구간嘉興段

1990년에는 Ⅱ급 혹은 Ⅲ급 수질이 전체의 50%를 차지하고 있었고, Ⅳ급 수질이 40%, Ⅴ급

이나 Ⅴ급 이하 수질은 10%를 차지하고 있다. 1994년에는 시내 구역에 수질 Ⅱ급 이상의 물이 없고, Ⅲ급은 16%, Ⅳ급은 37%, Ⅴ급 혹은 Ⅴ급 이하가 47%였다. 1995년에는 가흥 경내에 Ⅲ급수도 없어졌다. 2000년에 Ⅲ급수는 두 구간의 하도, Ⅳ급수는 열한 구간, Ⅴ급수는 스무 구간, Ⅴ급 이하는 세 구간이었다. 2002년에는 Ⅲ급수가 전체 하천 길이의 1%, Ⅳ급은 11.9%, Ⅴ급수는 9.2%, Ⅴ급 이하는 77.9%를 차지하여 전체적으로 운하 수질은 Ⅴ급에 속한다.

표 5.45 가흥 운하 각 구간 수질 상황

지역	운하 수질
가흥시내嘉興市區	V급
동향시桐鄕市	V급
해녕현海寧縣	V급

자료 출처: 『가흥시 하도정리계획嘉興市河道整治規劃』, 2004.

바. 항주 구간杭州段

운하 구간의 95%가 오염 정도가 심각한데, 주요한 오염지수는 과망간산염 지수, BOD, 비이온 암모니아, 휘발성 페놀 지수 등이다. 최근 운하의 수질은 Ⅳ급과 Ⅴ급이며 앞으로 Ⅳ급 내지 Ⅲ급으로 개선해 나갈 계획이다.

운하의 항주 구간 본류 수질은 2002년과 2003년에 큰 차이가 없고 대부분의 지수가 Ⅴ급수에 해당한다. 시내 하류 수질은 지난 해보다 조금 좋아졌고 상당하上塘河의 수질은 크게 개선되었다.[『2003년 항주시 환경상황공보(2003年杭州市環境狀況公報)』, 2004]

표 5.46 항주운하(옛 운하 포함) 각 구간의 수질 상황

지역	운하 수질
상성구上城區	V급
하성구下城區	V급
공서구拱墅區	V급
강간구江干區	V급
여항구余杭區	V급

자료 출처: 『2003년 항주시 환경상황공보2003年杭州市環境狀況公報』, 2004.

항주시의 '15' 환경보호계획[15] 과 2015년 환경계획에 의하면 운하와 기타 하천은 모두 '15' 기간 중에 중요한 정비의 대상이다. 2005년까지 운하 시내 구간의 물이 검은색이고 악취가 나는 문제를 해결하여 Ⅴ급 이하 수질을 개선하고 기초적인 수생 생태를 복원하며, 삼보三堡 선박갑문~패자교壩子橋 구간의 수질을 Ⅳ급수, 파자교~의교义橋 구간의 수질을 Ⅴ급수 수준으로, 운하 각 지류의 수질을 Ⅴ급~Ⅳ급, 첩사하貼沙河는 Ⅱ급, 중동하中東河는 Ⅳ급수 수준으로 개선한다는 계획이다.

(2) 운하 오염원

가. 진강 구간鎮江段

이 구간 운하의 주요 오염원은 공업 폐수와 생활하수 그리고 일부 지역의 농업 부문과 관련한 오염이다. 역사 발전 과정을 거치면서 진강시의 공업 구조는 전력과 건축 자재, 화공, 제련, 제지 산업이 중심을 이루게 되었고 배출되는 공업 폐수가 시내 물 환경에 가장 큰 영향을 미치게 되었다. 이 공업 폐수는 전체 시내 오염원 배출 총량의 95% 이상을 차지하는 구조적인 문제이다. 또한 시 외곽 운하 양안에 분포되어 있는 많은 농촌 지역의 기업들이 가지고 있는 낙후된 장비도 주요 오염원 중의 하나이다. 시내 구간을 통과하는 운하에서는 도시 주민들이 방류하는 생활 폐수가 가장 심각한 문제이다. 이와 함께 진강에 광범위하게 분포되어 있는 석회석 광산, 무연탄 광산, 유황 광산 등의 탄광들도 생태 환경과 물·토양을 오염시키고 있으며 농약과 화학비료의 무분별한 사용도 농업 생태를 파괴하고 있다. 물의 부영양화도 심해지고 있어서 하도의 침적과 수생 생태 기능 퇴화 등 운하의 수질에 적지 않은 악영향을 미치고 있다.[『2003년 진강시 환경질량상황공보(2003年鎮江市環境质量狀況公報)』, 2004; 진강시 환경보호국홈페이지, www.zjshb.gov.cn, 2004]

진강 구간의 운하는 양자강의 영향을 받고 있어 강남운하의 다른 구간에 비하여 수질이 좋은 편이다.

나. 상주 구간常州段

이 구간 운하의 주요 오염원은 공업 폐수와 생활 오수인데 그중에서도 생활 오수가 더 큰 비중을 차지하고 있다.[『2003년 상주시 환경공보(2003年常州市環境公報)』, 2004] 시내 북쪽 외곽의

15) §중국의 10번째 5개년 계획으로 2001~2005년을 말하는 것이다.

주요 오염원은 대량의 농촌 소재 기업이며, 남쪽의 주요 오염원은 운하 연안에 집중되어 있는 대규모 기업체들이다. 강철, 전력, 건재, 기계 등을 포함하여 많은 부문의 산업체가 이곳에 들어서 있는데 이들은 강소소강그룹(江蘇蘇鋼集團有限公司)과 같이 대부분이 대형 기업들이다. 이런 기업들은 운하 수질에 영향을 미치고 있지만 기업 현대화 수준이 비교적 높아 멀지 않은 미래에 수질 개선이 이루어질 것으로 보인다.

다. 무석 구간无錫段

무석시 운하 오염의 주요 원인은 오수와 쓰레기 처리장, 가축 양식으로 인한 오염이다. 운하에서 비교적 멀리 있는 강음시江陰와 의흥시宜興市는 강철, 발전소 관련 기업들, 건재, 도자기, 화공 부문 기업들이 방출하는 배출수가 운하의 수질에 영향을 미치고 있다. 운하와 가까이 있는 도시 중, 석산구錫山區의 전기 도금업, 가축 양식업, 혜산구惠山區의 염색공장, 빈호구濱湖區, 소계항小溪港, 대계항大溪港, 직호항直湖港 유역의 일부 기업들과 숭안崇安, 남장南長, 북당구北塘區 내 음식점들의 오·폐수 방류도 운하를 오염시키는 주요한 오염원이다.[무석시 환경보호국홈페이지, 2004]

라. 소주 구간蘇州段

소주 구간 운하 연안에 분포되어 있는 수많은 공업 용지 중, 소주 하이테크 단지(蘇州高新區), 허서관滸墅关 경제개발구, 오중구吳中區 경제개발구, 오강吳江 경제개발구의 전자, 기계 전기, 주형, 정밀 기계, 정제 화학, 신형 건재 부문 등의 일부 산업은 운하의 수질 악화에 큰 영향을 미치고 있다. 그 외에도 운하 연안을 따라 분포되어 있는 대규모의 창고와 건재, 연료, 각종 공업 원재료의 노천 적치장도 운하의 수질과 생태 환경에 좋지 않은 영향을 미치고 있다.[『2003년 소주시 환경상황공보(蘇州市環境狀況公報)』, 2004]

마. 가흥 구간嘉興段

이 구간의 운하를 오염시키는 주요한 원인은 생활 오수, 공업 폐수, 농업 오염수와 교통·항운 오염수 등이다. 가흥시의 공업 중 화학 원재료와 화학 제품 제조업이 차지하고 있는 비중이 상당히 높은데 이 부문의 기업체들이 공업 오염의 주요 원인이다. 농업 오염수는 농약과 화학 비료에 의한 것이다. 이 밖에 상류에 있는 소주시와 오강시 그리고 항주시의 오염이 심각해진 또 하나의 오염원은 바로 운하이다. 가흥시는 저지대에 위치하는데 지하수 개발 때문에 지세가 더 낮아졌으며 상류 지역의 오염이 하류의 수질 오염을 더욱 가중시키고 있다.[『가흥시하도보호계획(嘉興市河道治理規劃)』, 2004]

바. 항주 구간杭州段

항주 구간 운하 연안에 분포되어 있는 대규모 공업 용지는 운하의 수질에 영향을 미치고 있다. 그 외에 운하 연안의 창고와 건재, 연료, 각종 공업 원재료의 노천 적치장도 운하의 수질과 생태 환경에 많은 영향을 미친다.

2003년 항주시 환경상황공보를 보면, 2003년 전체 시 공업 폐수 배출량은 6.78억 톤이다. 공업 폐수 배출은 주로 제지와 종이 제품 관련 산업, 방직업, 화공 원료, 화학 제품 제조업에서 많이 발생한다. 시 전역의 공업 폐수 중 주요 오염물 배출 총량은 COD 8.09만 톤, 암모니아 질소 0.28만 톤, 석유류 287.93톤, 시안화물cyanide 3.44톤, 1류 오염물 2.32톤 등이다.

운하의 수원인 전당강의 수질은 2000년에 전체적으로 양호하여 I급과 Ⅱ급수의 비중이 전체 길이의 74.8%였다. 오염 수역은 주로 동양강東陽江 후금도하단後金渡河段 구간, 남강南江의 성두城頭와 남강교南江橋 구간이며 주요한 오염지표는 과망간산염, BOD, 휘발성 페놀 지수 등이다.[『2000년 절강성 환경상황공보(2000年浙江省環境狀況公報)』, 2001]

『2003년 항주 환경상황공보(2003年杭州環境狀況公報)』에 의하면 전당강의 I, Ⅱ급수와 같이 음용수로 사용이 가능한 수원의 비율이 줄어들었는데, 특히 I급수는 전체의 3%에 불과하였다.

(3) 지하수 수위

가. 진강 구간鎮江段

진강 시내 구역의 제4계 충적층 공극수의 수위는 지하 1~3m의 깊이에 분포되어 있으며 북부 평원 지대는 하천 부지 지하수 풍부 지대(漫灘河谷地下水富水帶)로 함수층은 1~10m이며 지하수는 지표면에서 0.5~35m 아래 깊이에 있다. 시내의 제4계 기반암 열하수裂隙水의 수위는 보통 지하 3.5m이다.[『진강시지(鎮江市誌)』, 1993]

나. 상주 구간常州段

함수층의 두께는 보통 지하 4~8m이다. 지하수는 이미 1990년부터 오염되기 시작하여 함수층의 수질 오염 종합 지수는 0.5 내외이다. 경미하게 오염된 지하수의 특징은 경도硬度가 비교적 높고, 트리아졸 오염으로 인위적인 오염은 크지않다.[『상주수리지(常州水利誌)』, 2001]

다. 무석 구간无錫段

무석은 지하수 자원이 풍부하여 시내의 매장량이 6,349만 m^3이며 연 보급량은 6,453만 m^3이다.[무석시 인민정부홈페이지, http://www.wuxi.gov.cn, 2004] 무석에서는 1927년에 처음으로 깊은 우물을 팠다. 최근에는 경제와 건설 부문의 발전으로 지하수 채굴이 점점 많아지고 있어 지하수의 수위가 내려가고 지면이 내려앉기도 한다. 시내 북부에 채굴이 집중되고 채굴량도 많으며 깊은 우물도 집중되어 있어 지하수의 수위가 1995년에 7.5m였는데, 1981년에는 64.44m로 더 깊어졌다. 시내 지하수의 수위는 1955~1983년 사이에 0.9m가 내려갔다. 그 후 정부의 정책으로 지하수 개발이 일정하게 통제되면서 채굴량이 줄어들었다.[『무석시지(无錫市誌)』, 1998]

라. 소주 구간蘇州段

운하 연안의 천층 지하수는 평균 지하 0.5~1.5m 깊이에 매장되어 있다. 태호 연안에는 지하 0.5m, 정의正儀~오강吳江 선상의 지역은 지형이 비교적 높아 지하 3m 이상의 깊이로 매장되어 있다.[『소주시지(蘇州市誌)』, 1995]

마. 가흥 구간嘉興段

가흥 지역 지하수의 매립 깊이는 대체로 얕으나 지형에 따라 다르고 계절별로도 다르게 나타난다. 북부 농지(논) 일대가 가장 높아서 겨울철의 수위는 지표면에서 아래로 1~1.5m 지점이며 우기에는 0.5m 이하이다.[『가흥시지(嘉興市誌)』, 1997]

바. 항주 구간杭州段

항주 운하 구역의 지하수 자원은 2.112억 m^3이다.[『항주시지(杭州市誌)』 제1권, 1995] 최근 항주시 지하수 개발 총량이 해마다 줄어들고 있어 지하수의 수위가 조금씩 높아지고 있다. 현재 항주시에서는 매년 5~6천 톤의 지하수를 사용하고 있는데 시내 물 공급량의 1/20에 해당하는 양이다.

제6장

경항대운하 물질 문화유산 자원

1 통혜하와 북운하 구간

(1) 경풍갑문 유적慶豊閘遺址

역사 개관 원대에 처음 건설한 갑문으로, 상류의 갑문은 1965년까지 사용하다가 철거하였고 하류의 갑문은 명대 중기에 폐기하였다.[『북운하의 수·한재(北運河水旱災害)』, 2003]

현황 및 특징 옛 갑문으로 적동籍東 갑문이라고도 부르며 두 개의 갑문이 있다. 상류 갑문은 현재의 동편문東便門 밖 풍갑촌豊閘村에 있고, 하류 갑문은 심구촌深溝村 근처에 있으며 행정 당국이 관리·보호하고 있다.

가치 문화재는 아니지만 운하의 중요한 유적이다.

(2) 통운교通運橋

역사 개관 명대 만력萬曆[1]) 시기에 건설되었다.[『동현지(通縣誌)』, 2003]

현황 및 특징 통주구通州區 장가만진張家灣鎭에 있다. 길이 45m, 폭 8.3m, 높이 7m로 외관이 소박하고 고풍스러우며 외관에서 세월의 풍파가 느껴진다. 난간 위에 있는 사자상은 부분적으로 심하게 손상되어 있지만 마치 살아있는 듯 생동감이 있다. 노면은 돌을 깔아 포장하였고 여러 곳에 손상이 있지만 전체적인 구조는 여전히 견고하다. 최근에 주변 환경을 고려하여 다리를 정비하였다. 주변은 농지와 전통 거리, 농촌마을이다.

가치 이 다리는 베이징시 문물보호단위이며 운하에서 중요한 유산으로, 현재 개방되어 교육용으로 사용되고 있다.

그림 6.1 통운교通運橋

1) §만력: 명대明代 신종神宗의 연호年號(1573~1620).

(3) 장가만현 성곽 유적張家灣縣城墻遺址

역사 개관 원대에 건설되었다.[『通縣誌』, 2003]

현황 및 특징 통주구通州區 장가만현張家灣縣에 있는 옛 성터이다. 원래의 성벽은 남아 있지 않고 비碑만 남아 있으며, 길이 120m, 폭 1m, 높이 5~6m의 성벽을 새로 중건하였다. 유적과 주변의 전통 거리, 촌락과 농지가 비교적 잘 어울린다.

가치 이 성곽은 운하의 중요한 유산이다. 현재 베이징시의 문물보호단위로 보호받고 있으며 개방되어 교육용으로 사용되고 있다.

그림 6.2 장가만진 성벽 유적張家灣縣城墻遺址

(4) 장가만張家灣운하 나루터運河碼頭

역사 개관 원대에 건설되었다.

현황 및 특징 장가만진의 동쪽에 있는 옛 나루터로 길이는 200m 가량이다. 현재는 유적이 존재하지 않으며 주변은 농지와 전통 거리, 그리고 촌락이다.

가치 문물보호단위는 아니지만 매우 중요한 운하 유산이다. 현재 실제적인 기능은 없어졌으며 황폐화되었다.

그림 6.3 장가만운하 나루터 유적張家灣運河碼頭遺址

(5) 장가만진 이슬람사원張家灣鎮清真寺

역사 개관 700년이 넘는 역사를 가지고 있으며, 원대에 창건되어 명·청 시기에 수차례에 걸쳐 수리하였고 도광 14년(1834)과 1998년에 각각 다시 수리하였다.[『통현지(通縣誌)』, 2003]

현황 및 특징 통주구 장가만진에 있는 고건축물로 사원 내에 수령 오백 년이 넘는 고목이 한 그루 있다. 원형의 보존 상태가 비교적 좋고 일부가 개축, 신축되었으나 전체적으로 온전한 형태가 유지되고 있다. 전체 2,385m²의 대지 면적 중 건축 면적은 1,496m²이다. 중건 후 주건물인 대전大殿은 3칸으로 된 맞배지붕 건물2) 4채가 앞뒤로 이어진 형태로 길이 28m, 폭 11m, 면적은 308m²이다. 남북 방향으로 각각 3간씩 이어진 전殿은 길이 10.4m, 폭 6m, 면적 124m²이다. 중국 전통 건축 양식으로 지어졌으며 맞배지붕과 팔작지붕3), 그리고 여러 채의 맞배지붕 건축물이 서로 연결된 건축 양식이 혼합되어 있다. 대전은 고건축의 전통적인 방식을 차용하면서도 창조적인 새로운 양식의 건축물이며 장가만진의 옛 촌락과 이슬람사원의 전경이 자연스럽게 어울린다.

가치 통주구의 문물 보호 대상이며 중요한 운하 유산이다. 현재도 종교인들의 종교 활동에 이용되고 있다.

그림 6.4 장가만진 이슬람사원張家灣鎮清真寺

2) §중국어 원본에는 경산정硬山顶으로 표기되어 있다. 현산정悬山顶과 비슷하나 현산정은 경산정에 비해 옆면의 벽이 돌출되어 있다. 한국에서는 이 두 가지 양식을 구분하지 않으므로 본서에서는 이 두 양식을 모두 맞배지붕이라 번역하였다.

3) §원본에는 '헐산정歇山顶'으로 표기되어 있다. 송대 때에는 '구척정九脊顶'이라 불렀으나 청대에서 헐산정으로 불렀다. 동아시아 대부분의 지역에서 찾아볼 수 있는 건축 구조이다. 한국의 팔작지붕과 유사하여 본서에서는 모두 '팔작지붕'으로 번역하였다.

(6) 향하현香河縣 공자사당文廟

역사 개관 청대 3대 황제 세조 순치順治 시기, 향하현에서 성인聖人들의 전각을 증축하였는데 이를 '성인사당聖人廟'이라고 부른다. 명·청 양대에서 여러 차례 개축하였으며 청대 강희康熙 52년(1893)에 다시 중건하였고 그 이름을 공자사당文廟으로 고쳐 불렀다.

현황 및 특징 사찰이다. 향하현香河縣 성서가로城西街路 북쪽의 제일소학교 근처에 있다. 현재 정전正殿 3칸만 존재하며 나머지 유산은 모두 유실되었다. 근처에 상가와 오락 시설, 체육 시설 등이 위치하여 주변 환경과 어울리지 않는다.

가치 문물보호단위가 아니지만 해당 기관과 개인의 보호를 받고 있다. 현재 그 실질적인 기능이 상실되어 이용되지 못하고 있다.

그림 6.5 향하현 공자사당

(7) 진영秦營 옛 나루터 유적

역사 개관 원대에 운하의 선박 정박을 위해 건설된 나루터이다.[『중국문물지도집 · 천진분책(中國文物地圖集 · 天津分冊)』, 2002]

현황 및 특징 무청구武淸區 대사하향大沙河鄉 진영촌秦營村 동쪽, 북운하의 서안에 있는 옛 나루터이다. 면적은 2,000m², 문화층은 지표면으로부터 0.8m이다. 현재 나루터는 존재하지 않고 옛 수로와 몇 그루의 버드나무만 남아 있다. 주변의 농지 · 경제림과 비교적 잘 어울린다.

가치 문물보호단위가 아니며 현재 황폐화되어 있다. 관리하는 사람이나 이용하는 사람이 없다.

그림 6.6 진영 옛 나루터 유적

(8) 삼각제방三角壩의 침몰선

역사 개관 원대에 침몰한 선박으로 1973년 운하를 개통할 당시에 발견되었는데 지표면에서 2m 아래의 땅 속에 있었으며 여러 개의 갑판용 널빤지와 백자 그릇 하나가 발견되었다. 선체가 완벽하게 보존되어 있으며 아직 땅 속에 묻혀 있다.[『중국문물지도집·천진분책(中國文物地圖集·天津分冊)』, 2002]

현황 및 특징 무청구武清區 대사하향大沙河鄉 목장촌木場村 동쪽, 북운하의 서안西岸에 있는 옛 침몰선이다. 지상에는 이미 흔적이 없으며 주변은 농지이다.

가치 문물보호단위가 아니다. 발굴 지점은 황폐화되었고 현재 관리하거나 이용하는 사람이 없다.

그림 6.7 삼각제방의 침몰선三角壩沉船

(9) 하서무河西務 이슬람사원

역사 개관 청대 말기에 건축되었다. 중앙의 꼭대기 부분에는 정자 모양의 망월루望月樓가 있다. 1966년에 심하게 파손되어 수리하였다.[『중국문물지도집 · 천진분책(中國文物地圖集 · 天津分冊)』, 2002]

현황 및 특징 하서무진河西務鎭에 있는 사원이다. 현재 보존 상태가 양호하고 비교적 완전하게 보존되어 있다. 주변 신중국 건국(1949.10.1.) 후에 조성된 주거 단지로 주변 환경과의 조화는 원만한 편이 아니다.

가치 무청구武淸區 문물보호단위이며, 아직도 이슬람교도들이 종교 활동을 하는 장소로 사용되고 있다.

그림 6.8 하서무 이슬람사원河西務淸眞峙

(10) 하서무 성터河西務城址

역사 개관 명·청대에 축성되었다. 건륭 『무청현지武清縣誌』에 융경 6년(1572)에 축성되었다고 기록되어 있다.[『中國文物地圖集 · 天津分冊』, 2002]

현황 및 특징 하서무진河西務鎮은 무청구武清區 운하 서안에 축성되었으며 평면 사각형이고 둘레는 500m이다. 성곽은 이미 존재하지 않으며 주변은 농지이다.

가치 일찍이 운하 상의 중요한 도시 중 하나였다. 문물보호단위가 아니며 관리 없이 방치되어 있다.

그림 6.9 하서무 성터河西務城址

(11) 창상 유적터倉上遺址

역사 개관 원대에 건립되었다. 정요백자定窯白瓷, 자주요磁州窯와 경덕진요景德鎮窯 그릇 등의 조각이 출토되었다. 서쪽 2km 지점에 있는 서구하西溝河는 소태후蕭太後[4] 시기에 양식을 운반하기 위해 만들었다고 전해진다.[『中國文物地圖集 · 天津分冊』, 2002]

현황 및 특징 무청구武淸區 사촌점향泗村店鄉 창상촌倉上村 서남쪽에 위치하고 있는 창고터로 면적은 15만 m²이다. 유적은 이미 없어졌고 주변은 농지이다.

가치 문물보호단위가 아니며 관리되지 않고 이용하는 사람도 없는 상태로 방치되어 있다.

그림 6.10 창상 유적터倉上遺址

4) §소태후蕭太後(953~1009): 중국 요遼나라 경종景宗의 비로, 훗날 태후로 책봉되었다. 982년 경종 사후에 성종聖宗이 즉위한 후부터 죽기 전까지 섭정하여 요나라 역사상 가장 번영한 시기를 누렸다.

(12) 광아항댐筐兒港壩

역사 개관 청대 강희 38년(1699)부터 건설하기 시작하였다. 1699년 북쪽 운하의 제방이 홍수로 무너지자 갑문이 있던 자리에 댐(壩)를 재건하고 다음 해에 돌제방을 개축하였다.[『中國文物地圖集·天津分冊』, 2002]

현황 및 특징 무청구武淸區 서관둔향徐官屯鄕 보가영寶稼營 북쪽에 위치한 옛 갑문이다. 현존하는 유적은 많지 않으며 패 옆에는 청대 강희 49년에 세운 강희어서비康熙御書碑[5])가 있는데 비문에 '도소제운导疏濟運'이라고 되어 있으며 높이는 3.8m, 폭 1.1m, 두께 0.46m이다. 현재의 수리공정 건축물은 신중국 건국 후에 댐이 있던 자리에 새로 갑문을 만든 것으로 길이 75m, 폭 3m, 높이 7m이며 주변은 농지이다.

가치 문물보호단위가 아니며 관리하는 사람이 없다. 현재 제 기능을 발휘하지 못하여 이용하는 사람이 없다. 중건한 광아항댐은 정상적으로 사용되고 있으며 주요한 기능은 수량과 수위를 조절하여 홍수를 예방하는 것이다.

그림 6.11 광아항댐筐兒港壩

5) §황실 혹은 황제와 관련된 내용의 책, 또는 황제가 쓴 책을 어서御書라고 하며 이의 내용을 새긴 비석을 어서비御書碑라 한다.

(13) 청대 세조가 심은 홰나무

역사 개관 청대 세조가 1651년에 심은 홰나무이다.

현황 및 특징 무청구 용봉신하龍鳳新河 오·폐수 배출 하천과 북운하 교차점인 광영원光榮院 내에 있으며 보호 상태가 비교적 양호하다. 나무의 높이는 5m이며 그 옆에 2003년 10월, 무청구 문물보호관리위원회에서 세운 비碑가 있는데 여기에 "청세조순치제수식홰, 1651년淸世祖順治帝手植槐, 1561年(청 세조가 심은 홰나무, 1651년)"이라고 새겨져 있다. 주변은 농지이고 주변 환경과의 조화는 보통이다.

가치 무청구 문물보호단위이며 보호와 관람, 교육용의 목적으로 이용되고 있다.

그림 6.12 청대 세조가 심은 홰나무

(14) 천목天穆 북北이슬람사원

역사 개관 명대 영락永樂 2년(1404)에 처음 건축되었다. 1928년 대전大殿을 해체한 후 중건하였고 1948년 국민당군이 훼손한 것을 후에 다시 중건하였다.[『中國文物地圖集 · 天津分冊』, 2002]

현황 및 특징 북진구北辰區 천목촌天穆村 북쪽에 있는 사원이다. 대지 면적은 4,666m^2, 건축 면적은 2,734m^2이며 대웅전과 강당, 욕실 등이 있다. 벽돌과 목재를 사용하여 지은 건축물로 현재 완전하게 보존되어 있다.

가치 문물보호단위가 아니다.

(15) 천목 남南이슬람사원

역사 개관 함풍咸風 4년(1854)에 건축하여 1948년에 국민당군이 파괴한 것을 훗날 다시 중건하였다.[『中國文物地圖集 · 天津分冊』, 2002]

현황 및 특징 북천구北辰區 천목촌天穆村 남쪽에 있는 사원이다. 1,278m^2의 면적에 건축 면적 825m^2, 벽돌과 목재로 만들었고, 완전하게 보존되어 있다.

가치 문물보호단위가 아니다.

그림 6.13 천진 천목 회족촌回族村

(16) 천진고루天津鼓樓

역사 개관 이 고루의 건축 시기에 대해서는 의견이나 고증이 일치하지 않고 있는데 『지여수필誌余隨筆』에 의하면 '고루의 건축은 명대 홍치[6] 시기(鼓樓之建, 當在明弘治間也)'라고 기재되어 있다. 민국 첫해(1912)에 철거한 것을 중건하였고 1952년에 철거되었다가 2001년에 다시 중건하였다.[『천진노성억구(天津老城憶舊)』, 1997]

현황 및 특징 천진시 남개구南開區에 있으며 전체 건물을 원래의 위치에 중건하였다. 고루는 3층인데 벽돌과 목재를 사용하였다. 동서남북 네 개의 아치형 문 위에 모두 편액이 있는데 각각 '진동鎭東', '안서安西', '정남定南', '공북拱北'의 글자가 쓰여 있다. 이곳은 금융·상업 지구로 주변 환경과 조화를 잘 이루고 있다. 현재 보호와 함께 관람과 교육의 장으로, 또 관광지로 개발되어 개발과 보호가 균형을 이루고 있다.

가치 천진시 문물보호단위로서 운하에서 매우 중요한 유적이다.

그림 6.14 천진고루天津鼓樓

6) §명대 효종孝宗의 연호(1488~1505).

(17) 광동회관廣東會館

역사 개관 청대 광서7) 33년(1903)에 건축하였다. 1985년 보수한 후 천진의 전통극 박물관으로 사용되고 있다.[『中國文物地圖集·天津分冊』, 2002]

현황 및 특징 천진시 남개구 남문리대가南門裏大街에 있는 회관이다. 면적은 1.5만 m^2이며 약간의 개조와 증축이 있었으나 원형 보존 상태가 비교적 양호하다. 주변은 상업·금융과 문화·오락, 체육 용지로 주변 경관과의 조화는 보통이다. 현재 보호와 관람, 교육용으로 사용되고 있으며 관광지로도 개발되고 있어 개발과 보호가 균형을 이루고 있다.

가치 국가급 문물보호단위이다.

그림 6.15 광동회관

7) §청대 덕종德宗의 연호(1875~1908).

(18) 구문화 거리

역사 개관 주요한 부분은 명·청대에 건설되었으며 현재는 완전히 새로 건설하였다.

현황 및 특징 역사·문화 거리 지구이다. 천진시 남개구 해하海河 바로 옆에 있으며 천후궁天後宮, 양가대원楊家大院, 옥황각玉皇閣 등을 포함하고 있다. 주변이 상업·금융 지구여서 환경이 비교적 깨끗하고 현재 재건축과 개발이 진행 중이다.

가치 문물보호단위가 아니다. 보호의 관건은 고유한 특성을 유지함과 동시에 도시 전체와 어떻게 융합될 수 있는가에 달려 있다.

그림 6.16 구문화 거리

(19) 천진 공자사당

역사 개관 명대 만력 연간에 건립되었고 명대 천순天順[8]·만력, 청대 강희·옹정雍正[9]·건륭·광서 연간에 증축·재건하였다. 1985년 개축 후 천진 공자사당 박물관으로 사용되고 있다.[『中國文物地圖集·天津分冊』, 2002] 현재 청소년들을 위한 애국주의 교육의 장소로 이용되고 있다.

현황 및 특징 천진시 남개구에 위치한 사당으로 상업·금융 지구인 주변 환경과의 조화는 보통이다. 현재 원래의 제사 기능과 보호, 전시와 교육 용도 이외에 골동품을 파는 등 상업의 기능이 더해졌다. 관광 개발이 진행되고 있고 개발과 보호의 균형을 유지하고 있다.

가치 천진시 문물보호단위이다

그림 6.17 천진 공자사당

8) 명明 영종英宗의 연호(1457~1464).

9) 옹정(1723~1735): 청대 세종世宗의 연호.

(20) 여조당呂祖堂

역사 개관 명·청 양대 왕조에서 여동빈呂洞賓을 모셨던 도교 사당으로 청대 강희·건륭·도광년에 여러 차례에 걸쳐 수리하였다. 광서 26년(1900) 의화단의 건자단乾字團 하부 조직이 여기에서 조직되었다. 1985년 수리 후에는 천진시 의화단 기념관으로 사용하고 있다.[『中國文物地圖集·天津分冊』, 2002]

현황 및 특징 천진시 남개구에 있는 사당이다. 주변은 상업·금융 지구이며 주변 환경과의 조화는 보통이다. 현재 제사를 지내는 것 이외에 보호와 전시, 교육의 목적 등으로 이용되고 있으며 골동품도 판매하면서 관광지로 개발을 진행하고 있다. 개발과 보호가 균형을 이루고 있다.

가치 국가급 문물보호단위이다.

그림 6.18 여조당呂祖堂

(21) 천후궁天後宮

역사 개관 원대 태정제泰定帝[10] 3년(1326)에 처음 건립되어 명·청대와 민국 시기에 여러 차례 보수와 증축을 하였다. 중국의 현존하는 천후궁 중에서 가장 오래된 것 중의 하나이다. 1985년부터 천진시의 민속박물관으로 사용되고 있다.[『中國文物地圖集·天津分冊』, 2002]

현황 및 특징 천진시 남개구에 있는 사원이다. 원형 보존이 잘 되어 있으며 5,360m²의 면적을 차지하고 있다. 주변은 전통 거리, 촌락과 상업·금융 용지이고 주변 환경과 아주 잘 어울리고 있다. 현재 제사를 지내는 기능 이외에 관광 개발을 진행하고 있으며 개발과 보호가 균형을 이루고 있다.

가치 천진시 문물보호단위이며 운하의 중요한 유적이다. 천진 시가지 형성과 발전의 역사가 함축되어 있는 곳이다.

그림 6.19 천후궁天後宮

10) §태정제泰定帝(1276~1328): 원대의 제6대 황제.

(22) 망해루 천주교회望海樓教堂

역사 개관 청대 동치同治[11] 8년(1869) 프랑스가 지은 천주교성당이다. 이듬해 6월에 발생한 '천진교회사건天津教案'[12] 당시 소실되었으나 제국주의 세력은 광서 23년(1897)에 청나라의 배상금으로 원래의 장소에 다시 교회를 세우고 각루角樓를 증설하였다. 1900년 의화단운동 기간 중에 다시 한 번 소실되었다. 현존하는 망해루는 광서 29년(1903) '경자庚子배상금'[13]을 이용하여 원형대로 중건한 것이다. 1976년 지진으로 심하게 훼손되었으며, 1983년 천진시 인민정부에서 수리하였다.[『中國文物地圖集·天津分冊』, 2002]

현황 및 특징 해하海河 북안 사자림교獅子林橋 동쪽 입구에 있는 교회이다. 대지의 북쪽에 남향으로 지어졌으며 청벽돌을 사용하였다. 길이 47m, 폭15m, 높이 22m이며 정면에는 3개의 촛불 모양의 탑루塔樓가 있다. 교회당 내부에는 두 줄의 기둥이 병렬로 서 있다. 내부의 창은 아치형이고 창면에는 오색 모자이크가 있으며 지면에 타일을 깔아 장식이 화려하다. 주변은 신중국 건국 후에 조성한 거주지와 상업·금융 용지이며 주변 환경과의 조화는 보통이다.

가치 국가 문물보호단위이며 운하와 관련한 중요한 유적이다. 현재 종교적 기능 이외에 보호, 관람, 교육의 장으로 활용되고 있다. 개발과 보호가 균형을 이루고 있다.

---

11) §청대清代 목종穆宗의 연호(1862~1874).

12) §1870년 천진의 천주교성당에서 천진 민중이 프랑스 선교사, 신부, 수녀, 영사관 관원 등 16명의 프랑스인, 3명의 러시아인 등 19명의 외국인과 30여 명의 중국인 신도들을 살해하고 성당과 기독교교회, 영사관 건물 등을 불태운 사건. 이 사건은 천진 민중들의 오해에서 비롯되었으나 당시 청나라 정부의 무능과 서양 세력의 무차별적 침략, 기독교와 천주교 등 서양 종교들의 경쟁적 선교 등에 대한 중국 민중들의 불만이 표출된 대표적인 사건이다.

13) §1900(庚子年), 의화단운동으로 촉발된 청나라와 서양 열강들 사이 마찰의 결과, 8개국 연합군이 베이징을 점령하고 1901년(辛丑年) 중국과 11개국 사이에 '신축조약'이 체결되었다. 이 조약의 규정에 따라 중국은 각국에 배상을 하게 되었는데 이 배상금을 '경자배상庚子賠償(Boxer Indemnity)'이라 한다.

그림 6.20 망해루 천주교회望海樓教堂

(23) 대비선원大悲禪院

역사 개관 청대 순치 시기에 건축하였고 강희 8년(1669)에 중건하였으며 민국 29년(1940)에 확장하였다.[『中國文物地圖集 · 天津分冊』, 2002]

현황 및 특징 천진시 하북구河北區 천위로天緯路 26호에 위치한 선원이다. 동원東院과 서원西院으로 나누어져 있으며 남향이다. 산문山門, 천왕전天王殿, 대웅보전大雄寶殿, 대비전大悲殿으로 구성되어 있고 10,600m²의 면적을 차지하고 있으며 보존 상태는 매우 좋다.

가치 천진시 문물보호단위이다.

(24) 금강교金剛橋

역사 개관 1924년 건설되었다가 1943년에 상부가 철거되었다.[『中國文物地圖集 · 天津分冊』, 2002]

현황 및 특징 천진의 해하海河, 남운하南運河, 북운하北運河 등 세 물줄기가 만나는 중산로中山路 서쪽 끝에 있다. 삼각 스틸트러스steel truss 도개교跳開橋로 길이 85.5m, 전체 폭 17m로 원형이 완전하게 보존되고 있다. 주변은 전통 거리, 촌락과 상업·금융 지구로 주변 환경과 비교적 조화를 이룬다.

가치 문물보호단위가 아니지만 중요한 운하 유적의 하나이다. 유관 기관과 개인이 보호하고 있으며 현재도 정상적인 교통로로서의 기능을 발휘하고 있다.

그림 6.21 금강교金剛橋

(25) 홍등조황련성모 선착장紅燈照黃蓮聖母停船場

역사 개관 청대 광서 26년(1900)에 건설되었다. 홍등조紅燈照는 의화단 청년부녀 조직의 이름으로 지도자는 선민船民 임흑아林黑兒로 자칭 '황련성모黃蓮聖母'라고 하였으며 남운하南運河 선착장을 중심으로 부녀들을 조직하여 반제국주의 투쟁을 전개하였다.[『中國文物地圖集·天津分冊』, 2002]

현황 및 특징 천진시 남개구 남운하 상에 있는 선착장이다. 현재 유적은 남아 있지 않고 문물보호 표지판만 서 있다. 주변은 상업과 금융 구역이다.

가치 천진시 문물보호단위이며 현재 보호, 관람 그리고 교육의 목적으로 사용되고 있다.

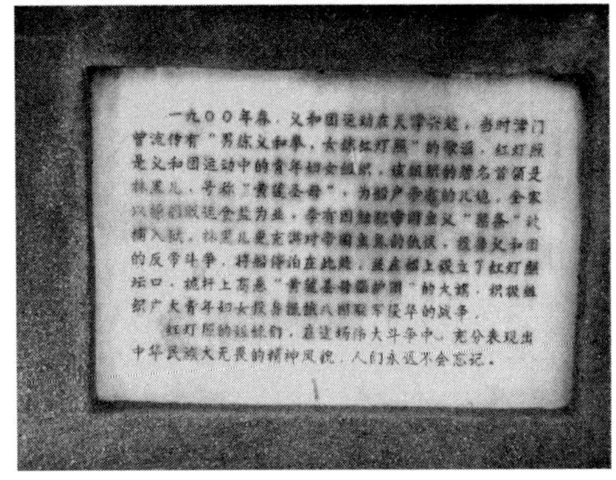

그림 6.22 홍등조황련성모 선착장紅燈照黃蓮聖母停船場

2 남운하 구간

(1) 인란입진 引灤入津 기념비

역사 개관 신중국 건국 후에 건립되었다.

현황 및 특징 삼차하구三岔河口 옆에 위치하고 있는 신축 기념 건축물이다. 원형을 그대로 갖추고 있으며 주변은 전통 거리, 촌락과 상업·금융 구역으로 주변 환경과 비교적 잘 어울린다.

가치 문물보호단위는 아니지만 운하에서 중요한 유적으로, 관련 기구와 개인이 보호하고 있다. 현재 기념, 전시와 교육의 기능을 하고 있다.

그림 6.23 인란입진引灤入津 기념비

(2) 석가대원石家大院

역사 개관 청대 동치同治 12년(1873)에 건립되었으며 존미당尊美堂이라고도 한다. 주인인 석원사石元士는 천진 8대 가문 중 하나인 양류청楊柳青에 있는 석씨 집안의 대표적인 인물이다. 1990년 양류청박물관으로 명칭을 바꾸었다.[『중국문물지도집 · 천진분책』, 2002]

현황 및 특징 서청구西青區 양류청진楊柳青鎭에 위치하고 있는 민가이다. 현재 전부 새로 건축되었다. 전체 주택의 동서 폭이 72m, 남북 길이가 100m이고, 총 18개의 정원이 있으며 전용면적은 6,080m²이다. 주변에는 금융 · 상업 용지와 도시 공원 등이 있으며 주변 환경과 조화를 이루고 있다.

가치 천진시의 문물보호단위로 운하 주변의 중요한 유적이다. 현재 보호, 전시와 교육의 장으로 이용되고 있으며 관광 개발이 진행 중이다. 보호와 개발이 균형을 이루고 있다.

그림 6.24 석가대원石家大院

(3) 양류청 문창각楊柳青文昌閣

역사 개관 명대 만력 4년(1576)에 건립되어 명대 숭정崇禎 7년(1634), 청대 함풍咸豐 10년(1860), 민국民國 30년(1941)에 각각 증·개축하였다.[『中國文物地圖集·天津分冊』, 2002]

현황 및 특징 양류청진楊柳青鎭에 위치한 사찰이다. 현재 있는 건축물은 개축된 것으로 길이는 5m, 높이는 15m이다. 비교적 완전하게 보존되어 보호되고 있으며 주변은 신중국 건국 후에 조성된 주거 단지로 주변 환경과의 조화가 비교적 잘 이루어지고 있다.

가치 중국 북방 지역에 있는 명대의 건축물 중에서 가장 완전하게 보존되어 있으며 가장 특색 있는 문화재로 성급 문물보호단위이다. 현재 보호, 전시와 교육용으로 이용되고 있고 관광 개발이 진행되고 있으며 보호와 개발이 균형을 이루고 있다.

그림 6.25 양류청 문창각楊柳青文昌閣

(4) 서조태西釣臺 옛 성터

역사 개관 서한 시대 유적이다. 서쪽 성벽에서 일찍이 왕망王莽 시기의 소형 전실묘[14] 1기가 발견되었다.[『중국문물지도집·천진분책』, 2002]

현황 및 특징 정해현静海縣 진관둔향陳官屯鄉 서조태촌西钓臺村 북서쪽 400m에 위치하고 있다. 현재 약간의 유적만 남아 있으며 개축을 많이 하여 원형을 회복하기 힘든 상태다. 성터는 정방형으로 동서 520m, 남북 510m이다. 성벽이 무너져 주변 평지보다 1m가량 높은 형태이다.

가치 성급 문물보호단위로 지정되었으나 현재는 실제적인 기능이 없어 제대로 이용되지 못하고 있다.

그림 6.26 서조태西釣臺 옛 성터

14) §전실묘塼室墓, 무덤 내부가 벽돌로 만들어진 묘.

(5) 당관둔唐官屯 이슬람사원

역사 개관 신중국 건립 이전에 회족回族과 함께 건설하였으며 1981년에 수리·복원하였다.[『静海縣誌』, 1995] 사원 안에 1995년에 세워진 '이슬람사원 민관회'라는 비석이 있는데 이 비문에는 사원이 청대에 건설된 것으로 기록되어 있다.

현황 및 특징 정해현静海縣 당관둔진唐官屯鎮에 위치하고 있는 사원이다. 원래의 건축물은 남아 있지 않으며 현재의 건축물은 모두 재건축한 것이다. 주변은 전통 거리와 촌락으로 주변 환경과의 조화는 보통이다.

가치 천진시 정해현의 당관둔 이슬람사원관리위원회에서 보호 관리하고 있다. 현재 종교적 용도로 사용되고 있으며 보호, 전시와 교육의 기능의 장으로 활용되고 있다.

그림 6.27 당관둔 이슬람사원唐官屯清真寺

(6) 구선갑문九宣閘

역사 개관 1881년 청대 광서光緖 7년에 재건되었다. 실마창室馬廠의 방수로 종합 공정[15]의 일환으로, 오랫동안 운하 수량 조절과 홍수 방지에 큰 역할을 하였다. 다듬은 돌을 쌓아서 만들었으며 4개의 교각과 5개의 갑문이 있다.[『中國文物地圖集·天津分冊』, 2002]

현황 및 특징 정해현 대장둔향大張屯乡에 있는 옛 갑문이다. 현존하는 것들은 모두 중건한 것이다. 주변은 농지로 주변 환경과 비교적 잘 어울린다. 현재 폭 6m 규모의 수문이 5개가 있고 설계 유량은 80m³/s이다.

가치 문물보호단위가 아니지만 유관 기관과 개인이 보호하고 있다. 현재 정상적으로 사용하고 있으며 수량과 수위를 조절하거나 홍수의 예방, 그리고 홍수 시 수량을 분산시키는 기능을 하고 있다.

그림 6.28 구선갑문九宣閘

---

15) §방수로 공정減河: 홍수 예방과 수량 조절을 위해 인공적으로 굴착한 수로나 이와 관련된 공정을 '감하減河'라고 하며, 특히 홍수 시에 물을 여러 갈래의 수로로 분산시키거나 분산된 물을 빨리 바다로 흘러가게 만드는 것이 목적이다.

(7) 남운하 근관둔갑문비靳官屯閘碑

역사 개관 전각 시기는 청대 광서 17년 12월이다.[『中國文物地圖集·天津分冊』, 2002.]

현황 및 특징 천진시 정해현 대장둔향에 있는 비각碑刻이다. 비문에는 수위 조절 공정을 위한 굴착의 필요성과 굴착 상황에 대해 기록되어 있으며 리홍장李鴻章의 글과 글씨가 새겨져 있다. 비석의 높이는 4.2m, 폭은 1.4m이다. 일부분 개축하였지만 원형 보존이 비교적 양호하고 완전한 편이다. 농지인 주변 환경과의 조화는 보통이다.

가치 문물보호단위가 아니고 운하와 관련한 중요한 유물도 아니지만 유관 기관과 개인의 보호를 받고 있다. 현재 기념비로서의 역할을 하고 있다.

그림 6.29 남운하 근관둔靳官屯갑문비閘碑

(8) 조병부묘趙兵部墓

역사 개관 명대 가정嘉靖[16]에 중건되었으며 속칭 '조씨묘趙家坟'라고 불린다. 1985년 문물 조사에서 돌비석石碑 1개, 석사자石獅子 2개, 석제삿상石供桌 1개, 망주석 2개, 석마石馬 1쌍, 석인石人 1쌍, 석패방石碑坊 1개가 발견되었다. 1983년에 묘와 부속 유물을 정비하였다.[『青縣誌』, 1999]

현황 및 특징 하북성河北省 청현青縣 현성縣城 북쪽 15km, 류하진流河鎮 북동방향 1km 지점에 있는 무덤이다. 현재 상태는 대부분의 원형이 파괴되었거나 유실되고 소량만이 남았으며 주변 농지와의 조화는 보통이다.

가치 창주시滄州市 문물보호단위이며 운하 가까이에 있다. 현재 관리하는 사람은 없고 황폐해진 상태이다.

그림 6.30 조병부묘趙兵部墓

16) §가정(1522~1566): 명대 세종世宗 주후총朱厚熜의 연호.

(9) 마창영방馬廠營房

역사 개관 청대 직례 총독直隸總督 이장홍李鴻章이 목종穆宗 황제에게 건의하여 동치 10년(1871) 2월 청현 마창에 방어용 병영을 건설한 것이 그 시초이며, 현존하는 것은 1957년에 중건한 것이다.[『창주문사자료제1집(滄州文史資料第一集)』, 1987]

현황 및 특징 청현青縣성 북쪽 18km 지점에 있는 군사 유적으로 남운하 주변에 있다. 현재 원래의 유적은 존재하지 않으며 유적터에 마창 군영을 새로 건설하였다. 주변은 농지이며 주변 환경과의 조화는 보통이다.

가치 문물보호단위가 아니며 현재 군용지로 사용되고 있다.

그림 6.31 마창영방馬廠營房

(10) 마창포대馬廠炮台

역사 개관 청대 동치 10년(1871) 2월에 직례 총독 이홍장의 건의로 산동 제녕에 있던 회군淮軍[17]의 일부를 청현 마장으로 옮겨서 포대를 건설하였다.[『青縣誌』, 1999]

현황 및 특징 청현성 북쪽 15km에 있는 군사 유적이다. 동쪽으로는 경복(북경~복건) 도로에 접해 있고 서쪽으로는 운하가 있으며 북쪽으로는 천진~보정 도로에 접해 있다. 주변은 농지이며 주변 환경과의 조화는 보통이다.

가치 운하에 접해 있는 성급 문물보호단위이다. 청대 말기 수도 방위·외적 방어와 관련된 현장이다. 현재 관리하는 사람 없이 황폐화되어 이용하지 않고 있다.

그림 6.32 마창포대馬廠炮台

17) 회군淮軍: 청 말기 증국번曾國藩의 지시로 이홍장이 모집하여 훈련시킨 군대. 주로 안휘성 일대의 사람을 모집하여 조직하여서 '회군淮軍'이라 하였다.

(11) 대소장한묘군大邵莊漢墓群

역사 개관 한나라와 송나라시기에 만들어졌으며 1986년 3월에 발견되었다.[『青縣誌』, 1999, p.680]

현황 및 특징 청현성 북쪽 8km 지점의 무한 청왕青王 고속도로 동쪽에 있는 고분이다. 현존하는 것은 한나라 묘 8기, 송나라 묘 2기로, 이미 발굴되었으나 현장에서는 관계된 유적을 발견하지 못하였다. 주변은 농경지이다.

가치 현급 문물보호단위이다. 현재 관리하는 사람이 없어 황폐화된 채 방치되어 있다.

그림 6.33 대소장한묘군大邵莊漢墓群

(12) 동공성터 유적지東空城遺址

역사 개관 『민국청현지民國青縣誌』의 기록에 의하면 옛 성은 송대의 명장 양연경楊延景이 변경에 군대를 주둔시킬 때 군량미를 저장하기 위해 지었으나 나중에 저장할 양식이 없어져서 '공성空城'이 되었다고 한다.[『青縣誌』, 1999]

현황 및 특징 청현성 북쪽에서 서쪽 방향으로 10km 정도 떨어져 있는 왕진점향王鎮店鄉의 동공성촌東空城村 200m 지점에 있는 옛 성터이다. 성지는 남북 길이 300m, 동서 폭은 300m이며 소량의 유적만이 남아 있다. 주변은 농경지이고 주변 환경과의 조화는 비교적 좋은 편이다.

가치 현급 문물보호단위이나 현재 관리인이 없어 황폐화되어 있다.

그림 6.34 동공성터 유적지東空城遺址

(13) 반구사盤古祠

역사 개관 원대 세조~원대 15년(1278) 사이에 건축되었으며 명대 홍치 17년(1504), 숭정 9년(1636)에 중건하였다. 청대 강희 27년(1688)에 옛날 장소의 서남쪽에 중건하였다. 민국 5년(1916)에 소실된 것을 다소 작은 규모로 재건하였다. 그 후 1947년에 다시 훼손된 것을 1986년 중수하였으며 1997년 완전히 중건하였다.[『青縣誌』, 1999]

현황 및 특징 청현성 남쪽에서 서쪽 방향으로 6km 지점의 대반고촌大盤古村에 있는 사원이다. 현재 옛날 흔적은 찾아볼 수 없고 현존하는 사당 한 채와 채색된 소상塑像은 모두 1997년에 중건된 것이며 '선천지존先天至尊' 비석이 나란히 서 있다. 주변은 전통 거리와 촌락, 경제림과 공원이며, 주변 환경과의 조화는 보통이다.

가치 반구사는 운하 상의 중요한 유적으로 현급 문물보호단위이다. 현재 유관 기관과 개인이 보호하고 있으며 제사 보호와 전시, 교육 등의 기능으로 이용되고 있다.

그림 6.35 반구사盤古祠

(14) 이슬람북대사清真北大寺

역사 개관 명대 영락 초년(1403) 창주에 들어온 회족들이 자금을 마련하여 13년 동안 건축하여 명대 영락 18년(1420)에 준공하였다. 1966년 문화대혁명 시기에 일부 파손된 것을 고쳐 공장으로 사용하다가 1980년 공장을 이전하고 사원을 중수하였다.[『창주시문화지(滄州市文化誌)』, 1993]

현황 및 특징 창주 시내 해방중로解放中路에 있는 사원이다. 현존하는 것은 예배당 한 채이며 이밖에 나중에 세워진 북쪽의 곁채와 욕실 등이 있다. 원형의 보호 상태는 양호하다. 건축 면적은 3,200m^{2}이며 주변 상업·금융 용지와의 조화는 보통이다.

가치 성급 문물보호단위이며 운하 상의 중요한 유적이다. 종교용 건축물이면서 보호, 전시와 교육의 용도로 이용되고 있다.

그림 6.36 이슬람북대사清真北大寺

(15) 창주시 공자사당滄州市文廟

역사 개관 명대 홍무 원년(1368)에 처음 지은 후 민국 6년까지 17차례 보수를 하였다. 1981년 하북성에서 다시 보수하였다.[『滄州市文化誌』, 1993]

현황 및 특징 창주시 효시가曉市街 북쪽에 있는 사당이다. 부지는 2,734m^{2}이며 이중 대성전은 162m^{2}이다. 팔작지붕이며 두공枓拱[18])이 처마를 받치고 있다. 현재 원형의 보호는 양호하고 주변은 신중국 건국 후에 조성한 주거 지역이며 주변 환경과의 조화는 보통이다.

가치 시·현급 문물보호단위이다. 현재 제사 기능 외에 보호, 전시와 교육 기능으로 이용되고 있다.

그림 6.37 창주시 공자사당滄州市文廟

18) §두공枓拱: 중국·한국·일본 등 동아시아 국가들의 전통 목조 건축물에서 사용하는 지붕 받침대. 대들보 위에 복잡하게 엮은 까치발의 목조 구조를 말한다.

(16) 창주 구성滄州舊城

역사 개관 창주시는 남북조 시대에 건설되었고, 창주성滄州城 축성은 수·당대에 이루어졌다.[『滄州市文化誌』, 1993]

현황 및 특징 옛 성곽으로 창현滄縣 동남쪽 20km 지점의 동관촌東关村 서쪽에 있다. 성안 지하에는 많은 유물이 묻혀 있는데 현재 발굴된 것은 철사자鐵獅子, 철금고, 철화로, 밀운사비密雲寺碑 등의 유물이다. 현재는 전부 농토가 되었고 성벽만 남아 있다. 주변 환경과의 조화는 비교적 좋은 편이다.

가치 성급 문물보호단위이나 현재 관리하는 사람이 없어 황폐화된 상태이며 이미 실질적 기능을 잃고 마땅한 이용 가치를 찾지 못하고 있다.

그림 6.38 창주 구성滄州舊城

(17) 창주 철사자滄州鐵獅子

역사 개관 오대五代에 주조되었다.[『滄州市文化誌』, 1993] 원래 개원사開元寺 경내에 있던 것으로 절이 황폐화되면서 철사자만 남았다. 1984년 11월 22일 창주시 정부가 철사자를 북쪽으로 8m 옮겨 철근 콘크리트 기단 위에 올려놓고 가소성可塑性 재료를 이용하여 사자 발을 보수하였다.[『창주시문화자료제1집(滄州市文化資料第一集)』, 1987]

현황 및 특징 창주 옛 성 안의 서남쪽 언덕 위에 있다. 철사자의 전체 몸통 높이는 5.4m, 길이는 6.13m, 폭은 2.85m이고 이미 많이 부식되어 원래 있던 장소에서 옮겨졌다. 주변은 농경지이고 주변 환경과의 조화는 비교적 양호하다.

가치 비교적 높은 역사·예술·과학적인 가치가 있어 1961년 국무원의 승인으로 첫 번째 전국 중점문물보호단위로 선정되었다. 현재 보호, 전시와 교육 등에 이용되고 있으며 관광 개발도 진행되고 있다. 보호와 이용이 균형 있게 진행되고 있다.

그림 6.39 창주 철사자滄州鐵獅子

(18) 등영교登瀛橋(두림석교杜林石橋)

역사 개관 명대 만력 23년(1594)에 건설하였다. 청대 광서 23년(1894)에 대홍수로 다리 본체와 서쪽 2개의 갑문이 파괴되었다가 광서 33년(1907)에 마을 사람들이 자금을 모아 6년에 걸쳐 중수하였다. 다리목에는 원래 석사자 한 쌍이 있었으나 문화대혁명의 피해를 우려한 마을 사람들이 이를 보호하기 위해 땅속에 묻은 후 아직까지 발굴하지 못하고 있다.[『滄州市文化誌』, 1993]

현황 및 특징 현성縣城의 서북 방향 13.5km, 옛 창하로滄河路와 호타하滹沱河 옛 수로가 만나는 지점이다. 교량의 길이는 66m, 폭은 7.8m, 경간11.3m이고, 난간석과 동자석에 모두 아름다운 조각이 있다. 현재 원형의 보호 상태는 양호하나 구조에 얼마간의 결함이 있다. 주변은 전통 거리와 촌락, 농지로 주변과의 조화는 비교적 좋은 편이다.

가치 성급 문물보호단위이다. 지금도 교통로로 이용되고 있으며 보호와 전시, 교육의 장소로도 이용되고 있다.

그림 6.40 등영교登瀛橋

(19) 류도묘劉燾墓

역사 개관 류도는 왜구 퇴치에 공을 세운 명대의 무장으로 정덕 7년(1512)에 태어나서 만력 26년(1598)에 죽었다.[창주시문관처(滄州市文管處), 1995]

현황 및 특징 창주성 남쪽 3km 떨어진 양관둔에 있는 고대의 능으로 훼손된 부분이 많다. 주변은 농지로 주변 환경과의 조화는 비교적 좋은 편이다.

가치 시·현급의 문물보호단위이다. 운하와 인접해 있으며 현재 보호, 전시와 교육의 장소로 이용되고 있다.

그림 6.41 류도묘劉燾墓

(20) 첩지배수갑문捷地減水閘

역사 개관 명대 홍력弘历 3년(1490)에 시설이 미비하여 갑문이 넘치자 건륭 3년(1737)에 수리하였고 건륭 36년(1771)에 물이 흘러 넘어가는 돌 갑문으로 개조되었다.[『青縣誌』, 1995]

현황 및 특징 창현滄縣 첩지진捷地鎮 첩지촌捷地村에 있는 옛 갑문이다. 옛 갑문은 없어지고 그 자리에 새로운 갑문을 다시 설치하였다. 주변은 농지로 주변 환경과의 조화는 보통이다.

가치 문물보호단위는 아니지만 중요한 운하 유적이다. 지금도 정상적으로 사용되고 있으며 수량·수위 조절, 홍수 예방과 조절의 기능이 있다.

그림 6.42 첩지배수갑문(새로 중건된 갑문)

(21) 첩지배수갑문 건륭비捷地減水閘乾隆碑

역사 개관 건륭 36년(1771) 첩지갑문의 기능이 정지된 후 건설되었다.

현황 및 특징 첩지배수갑문의 옆에 있는 비각으로 너비 1.25m, 높이 1.79m, 두께 0.3m이며, 받침의 너비는 0.58m, 길이는 1.3m, 높이는 0.75m이다. 원래 모양대로 비교적 양호하게 보존되어 있다.

가치 시·현급 문물보호단위로 보호, 전시와 교육에 활용되고 있다.

그림 6.43 첩지배수갑문 건륭비捷地減水閘乾隆碑

(22) 청대 동치 연간의 첩지배수갑문비捷地減水閘清同治年間立碑

역사 개관 청대 동치 연간에 세운 비이다.

현황 및 특징 첩지갑문 관리소 내에 있는 비각으로 원래의 모양대로 보존되어 있으며 주변은 전통 거리와 촌락이다. 주변 환경과의 조화가 비교적 양호하다.

가치 문물보호단위는 아니지만 보호, 전시와 교육의 기능을 수행하고 있다.

그림 6.44 청대 동치 연간의 첩지배수갑문비

(23) 첩지 돌할매상捷地石姥姆座像

역사 개관 명대에 조각되었으며 석상의 높이는 1.18m, 연화 높이는 0.79m, 밑 부분의 직경은 0.54m이다.[『滄縣誌』, 1995]

현황 및 특징 첩지촌에 있으며 원형 보존 상태는 양호한 편이나 원래의 자리에서 옮겨졌다. 주변은 전통 거리와 촌락으로 주변 환경과의 조화는 보통이다.

가치 시·현급 문물보호단위이며 현재 제사 외에 보호, 전시와 교육의 장소로 이용되고 있다.

그림 6.45 첩지 돌할매상捷地石姥姆座像

(24) 고피성古皮城

역사 개관 춘추 시대 제나라 환공이 이곳에서 가죽을 수선했다.[『남피현지(南皮縣誌)』, 1992]

현황 및 특징 남피현성南皮縣城 북쪽으로 6km, 지점 장삼발촌張三拨村 서쪽 약 300m에 위치하고 있다. 성지는 동서의 길이 465m, 남북의 너비가 426m, 면적은 19.8만 m^2이다. 현재 훼손 정도가 심하여 소량의 유적만 남아 있다. 주변은 농지이며 주변 환경과의 조화는 보통이다.

가치 문물보호단위가 아니며 현재 관리하는 사람이 없어 황폐화된 상태이다.

그림 6.46 고피성古皮城

(25) 범단거範丹居

역사 개관 동한東漢 환제桓帝 때 범단範丹이 당고지화党錮之禍를 피하기 위해 머물렀던 곳이다.[『南皮縣誌』, 1992]

현황 및 특징 고피성 서문 밖 0.5km 지점에 위치한 유적으로 면적은 약 3만 m^2이다. 현재 유적을 식별하기가 매우 어려운 상태이며 현지인의 말에 의하면 농작물 수확이 끝난 후에는 비교적 판별하기가 쉽다고 한다. 주변은 농지이고 주변 환경과 비교적 조화롭다.

가치 문물보호단위가 아니며 현재 관리하는 사람이 없고 황폐화된 상태다.

그림 6.47 범단거範丹居

(26) 남피 석금강南皮石金剛

역사 개관 『남피현지南皮縣誌』의 기록에 따르면 "식자識者들이 제조 기술과 예술에 근거하여 고찰한 결과 이 문물이 당대에 만들어졌다.(識者以藝術考之, 為唐代所造)"라고 기재되어 있다. [『장위남운하대관(漳衛南運河大觀)』, 1998]

현황 및 특징 남피현성 동북쪽 대자각만大慈閣灣 북쪽, 현정부縣政府 북서 방향 300m 지점에 위치하고 있는 석각石雕으로 '남피석금강정南皮石金剛亭'이 갖추어져 있다. 기단 길이는 16.2m, 너비 12.5m이며 내부에는 석금강 두 기가 있다. 연좌의 높이는 2.96m이며 인근에 명성이 널리 퍼져 많은 사람들이 찾아온다. 원형 보존 상태는 양호하지만 신중국 건국 후 조성된 주변의 거주 지역과 잘 어울리지 않는다.

가치 성급 문물보호단위로 현재 보호, 전시, 교육 등의 기능으로 이용되고 있다.

그림 6.48 남피 석금강南皮石金剛

(27) 명대 홰나무明槐

역사 개관 명대 초기에 심어진 나무이다.

현황 및 특징 남피성 안의 서가西街 야채 시장 동남쪽에 있는 고목으로 나무의 높이는 5m, 둘레는 약 1.7m이다.

가치 문물보호단위가 아니며 보호와 전시, 교육용으로 이용되고 있다.

그림 6.49 명대 홰나무明槐

(28) 육합무도관六合武館

역사 개관 육합권六合拳 제8대 계승자 석동정石同鼎이 2002년에 거액을 투자하여 건축하였다. [白維平·石同鼎, 2004]

현황 및 특징 박두시泊頭市 이슬람사원 거리 남단에 자리하고 있는 무도관이다. 원형 보존 상태가 완전하며 주변의 상업·금융 구역과도 잘 어울린다.

가치 문물보호단위가 아니며 현재 주로 무술 교육의 장소로 이용되고 있고 무형문화유산으로 보호, 전시와 역사 교육의 장소이다. 육합무도관의 건립은 특색 있는 이슬람문화를 더욱 확대 발전시켰다.

그림 6.50 육합무도관六合武館

(29) 박두 이슬람사원泊頭清真寺

역사 개관 명대 영락 2년(1404)에 건립되었다.[『泊頭市誌』, 2000]

현황 및 특징 박두 시내 이슬람사원 거리 남단에 위치하고 있는 사원이다. 현재의 건축물은 전부 중건한 것으로 면적은 약 11,200m²이다. 주변은 신중국 건국 후에 조성한 주거 지역과 상업·금융 용지로 주변 환경과 비교적 조화롭게 어울린다.

가치 국가급 문물보호단위이며 운하 상의 중요한 유적이다. 종교 건축물이며 현재 보호, 전시, 교육의 기능으로 이용되고 있다.

그림 6.51 박두 이슬람사원泊頭清真寺

(30) 박두성냥공장泊頭火柴廠

역사 개관 1908년에 건립되었다.[『泊頭市誌』, 2000]

현황 및 특징 박두시 해방서로解放西路에 있는 오래된 공장으로 원형 보존상태가 비교적 양호하다. 주변은 신중국 건국 후에 조성된 주거 지역과 상업·금융 용지로 주변 환경과 비교적 조화를 이룬다.

가치 문물보호단위가 아니며 아직도 정상적인 생산을 하고 있다.

그림 6.52 박두성냥공장泊頭火柴廠

(31) 동광 마두진부두 유적지東光碼頭鎮碼頭遺址

역사 개관 건립 시기가 분명치 않다.

현황 및 특징 마두진碼頭鎮 마두교碼頭橋 근처에 있는 부두이다. 현재는 몹시 낡았고 유적도 많지 않다. 옆에 있는 비석은 동광현東光縣 인민정부에서 세웠으며 위에 '고운하유지古運河遺址'라고 쓰여 있다. 주변의 전통 거리, 농지와의 조화는 보통이다.

가치 시·현급 문물보호단위이다. 현재 보호, 전시와 교육의 기능으로 활용되고 있다.

그림 6.53 동광부두 유적東光碼頭遺址

(32) 동광현 철불사東光縣鐵佛寺

역사 개관 원명은 보조사普照寺로 송대 개보開寶 5년(973)에 건립되었다. 『대청일통지大清一統誌』의 기록에 따르면 보조사는 명대 영락 연간에 중건된 적이 있다. 철불은 북송 시기에 주조된 것으로 홍수 피해를 막기 위해 지어졌다고 전해 온다. 원래 '창주 사자 경주탑, 동광현의 철보살滄州獅子景州塔,東光縣的鐵菩薩'의 이름으로 불렸다. 1929년에 직계 군벌 오패부가 쓴 '鐵佛寺'라는 현판이 문 위에 걸려 있어서 보조사는 보통 철불사鐵佛寺로 불린다. 신중국 건국 후 하북성의 중점문물보호단위로 지정되었으나 문화대혁명 중에 철불은 부서지고 사당도 철거되어 남아 있는 것이 없다. 1986년, 동광현이 옛날 자리에서 동남쪽으로 1km 떨어진 곳에 철불사를 다시 지은 후 철불사를 중심으로 하는 주변 20묘亩(1묘=666.6m2)를 통칭하여 보조사 공원이라 부른다. 현재 '鐵佛寺' 현판은 정협 부주석이자 중국불교협회 회장 조박초趙朴初에 의해 쓰여졌다.[『東光縣誌』, 1999]

현황 및 특징 창주시滄州市 서남쪽 60km, 동광현성東光縣城 내에 위치하고 있는 사당이다. 불전 뒤 양측에 원래 천불각千佛閣과 종고루鐘鼓樓가 있었으나 지금은 산문, 천왕전天王殿, 대웅보전과 동서쪽의 곁채로 구성되어 있다. 대웅보전 정중앙의 석가모니불은 철로 주조되었고 높이가 8.24m, 무게가 48톤이다. 현존하는 것은 중건된 것이고 영청관永清觀, 태산행궁泰山行宮, 마치원기념관馬致遠紀念館과 같이 하나의 관광지를 형성하고 있으며 전용 면적은 7,334m^{2}이다. 주변은 신중국 건국 후에 조성된 거주 지역으로 주변 지역과의 조화는 보통이다.

가치 성급 문물보호단위이다. 현재 전시와 교육을 위한 장소로 이용되며 관광 개발도 진행 중이다. 보호와 이용이 균형을 이루고 있다. 대웅보전 정중앙의 석가모니불은 중국에서 가장 큰 철로 만든 좌식座式 불상이다.

그림 6.54 동광 철불사東光鐵佛寺

(33) 태산행궁泰山行宮

역사 개관 건립 시기는 분명하지 않고 2000년 4월 완전히 중건하였다.

현황 및 특징 철불사 경내에 있으며, 이랑강二郎崗의 영청관永清觀을 사이에 두고 영청호永清湖와 마주보고 있는 행궁으로, 부지 면적은 4,675m²이다. 주변은 신중국 건국 후에 조성한 거주 지역으로 주변 환경과의 조화는 보통이다.

가치 보호, 전시와 교육 등의 기능으로 활용되고 관광 개발도 진행되어 보호와 개발이 균형을 이루고 있다.

그림 6.55 태산행궁泰山行宮

(34) 마치원기념관馬致遠紀念館

역사 개관 새로 건립된 기념관이다.

현황 및 특징 철불사 관광지 내에 위치하고 있다. 주변은 신중국 건국 후에 조성된 주거 지역으로 주변 환경과의 조화는 보통이다.

가치 보호, 전시, 교육 등의 기능으로 활용되고 있으며 보호와 개발이 균형을 이루고 있다.

그림 6.56 마치원기념관馬致遠紀念館

(35) 영청관永清觀

역사 개관 명대 가정 13년(1534)에 건립하였다가 가정 41년(1562)에 다시 보수하였다. 청대 건륭 26년(1761)에 동네 사람들이 개·보수한 후에 많은 송백나무를 심었다. 1967년에 사당이 훼손되었으며 현존하는 것은 중건된 것이다.[『東光縣誌』, 1999]

현황 및 특징 현성縣城 서문 밖 남쪽 호읍령護邑岭 위, 철불사 경내에 있는 사찰이다. 주변은 신중국 건국 후에 조성한 거주 지역으로 주변 환경과의 조화는 보통이다.

가치 보호, 전시, 교육 등의 기능으로 활용되며 관광 개발도 진행 중으로 보호와 개발이 균형을 이룬다.

그림 6.57 영청관永清觀

(36) 경현 사리탑景縣舍利塔

역사 개관 경주탑景州塔이라고도 하며 탑 꼭대기에 철제 현판이 걸려 있고 "齐, 隋重修"라는 문구가 있다. 송, 금, 명, 청, 민국 시기에 모두 개축하였다. 산동성 고고학자들의 평가에 따르면 현재의 보탑은 송대의 양식이라 한다.[『景縣誌』, 1991]

현황 및 특징 경현정부景縣政府 서북쪽 경현 중·고등학교에 있는 고탑이다. 탑 높이 63.85m, 기단 둘레는 50.5m이며 모두 13층 전탑으로 각 층의 내부는 원형 회랑이 있다. 원형 보존 상태는 비교적 양호하며 주변은 신중국 건국 후에 조성된 주거 지역, 교육·과학 연구 용지로 주변 환경과 비교적 잘 어울린다.

가치 국가 문물보호단위이다. 운하 상의 중요한 유적으로 보호, 전시와 교육 등의 기능으로 활용되고 있으며 관광 개발이 진행되고 있어 보호와 개발이 균형을 이룬다.

그림 6.58
경현 사리탑景縣舍利塔

(37) 봉씨 무덤군封氏墓群

역사 개관 봉씨 가문 무덤이라고도 하고 '십팔란총十八亂塚'이라고도 한다. 북위北魏 명문대가 봉씨 가문의 묘지이다.[『景縣誌』, 1991]

현황 및 특징 현성 동남쪽 7.5km의 고지에 있는 분묘이다. 면적은 약 14hm^{2}이며 원형 보존 상태는 양호하다. 연구를 통해 농지 가운데 비교적 큰 무덤이 있다는 것이 밝혀졌다. 주변은 인공림과 경제림으로 주변 환경과 비교적 잘 어울린다.

가치 국가 문물보호단위이며 운하 상의 중요한 유적이다. 현재 보호, 전시와 교육 등의 기능으로 활용되고 있다.

그림 6.59 봉씨 무덤군封氏墓群

(38) 손빈석우孫臏石牛

역사 개관 명대 홍치 15년(1502)에 만든 것으로 원래 성관진城关鎮 동남쪽 소신장小辛莊에 있었다. 1955년 오교성吳橋城 안으로 옮겨졌다. 1957년 하북성에서 석우정石牛亭을 지었으나 문화대혁명 기간에 정자가 파괴되었다. 1987년 석우石牛가 성관진에서 상원진桑園鎮으로 옮겨진 이후부터 현성縣城에 방치되고 있다.[『吳橋縣誌』, 1992]

현황 및 특징 석우는 오교성吳橋城의 서커스 재물 사원財神廟院 안에 방치되어 있다. 원래 성城의 동남쪽 손공사당孫公廟의 장식품이었던 것인데 현재는 위에 정자를 하나 세웠다. 석우는 입상으로 길이 1.85m, 높이 0.97m이다. 기단은 2층으로 상층은 길이 1.21m, 폭 0.7m, 높이 1.35m이며, 하층의 길이는 1.45m, 폭 0.77m, 높이 0.33m이고 석각 전체 높이는 1.47m이다. 석우의 원형 보존은 약간의 흠이 있으나 비교적 양호한 편이다. 주변은 신중국 건국 후에 조성한 주거지역과 관광지로 주변 환경과 비교적 잘 어울린다.

가치 성급 문물보호단위이며 현재 보호, 전시와 교육 등의 기능으로 활용되고 있다.

그림 6.60 손빈석우孫臏石牛

(39) 오교 당대 홰나무吳橋唐槐

역사 개관 700년 전후에 당나라 사람이 심어 약 1,200년의 역사를 지니고 있다.[『吳橋縣誌』, 1992]

현황 및 특징 성관진城关鎮 북관北关 동남부의 마을 옆에 있는 고목이다. 나무의 높이는 8m 가량이고 둘레는 4.5m이다. 나무줄기는 이미 마르고 갈라져 속이 훤하게 비었지만 가지와 잎은 여전히 무성하다. 보존과 보호 상태는 양호하고 신중국 건국 후에 조성된 주변의 주거 지역, 농지와 잘 어울린다.

가치 현재 보호, 전시와 교육 등의 기능으로 활용되고 있으며 관광 개발도 진행되고 있어 보호와 개발이 균형을 이루고 있다.

그림 6.61 오교 당대 홰나무吳橋唐槐

(40) 오교 3리정 누운 홰나무吳橋三裏井臥槐

역사 개관 수령은 알 수 없다.

현황 및 특징 마을 옆의 농지 가운데 있는 고목이다. 차지하고 있는 면적이 매우 크며 줄기가 밑으로 휘어져 있고 가지와 잎은 무성하다. 줄기는 속이 비었고 나무 아래에 오래된 우물도 하나 있어 정취를 더해 준다. 원형 보존이 잘 되어 있으며 주변 농지, 전통 거주 지역과 비교적 잘 어울린다.

가치 현재 보호, 전시와 교육 등의 기능으로 활용으로 이용되고 있으며 관광 개발도 진행 중이어서 보호와 개발이 균형을 이루고 있다.

그림 6.62 오교 3리정 누운 홰나무吳橋三裏井臥槐

(41) 고정감천苦井甘泉

역사 개관 우물을 판 시기는 불명확하다. 우물의 입구는 원래 원형이었으나 현재는 한쪽은 원형, 또 다른 쪽은 사각형이다.[『吳橋縣誌』, 1992]

현황 및 특징 오교현吳橋縣 쌍정왕双井王 마을 동쪽에 있는 두 개의 우물이다. 두 우물은 동서로 90cm 떨어져 있는데 동쪽 샘은 단맛이 나고 서쪽 물은 쓴 맛이 난다고 한다. 두 우물은 마을 중간에 있고 우물 입구 직경은 대략 1m이다. 부분적인 개·보수를 거쳐 현재 두 우물 모두 가장자리를 시멘트로 메꾸었다. 현재 우물 안에는 물이 말랐고 주변에는 난간을 설치하였다. 옆에 홰나무 고목 한 그루가 있으며 주변은 농지와 전통 거주지로 주변 환경과 비교적 잘 어울린다.

가치 현재 현지 관광지로 개방되었다.

그림 6.63 고정감천苦井甘泉

(42) 란양서원瀾陽書院

역사 개관 건립 시기는 불명확하고 1951년 오교 제1중·고등학교로 개축되었다.[『吳橋縣誌』, 1992]

현황 및 특징 오교현吳橋縣 철성진 중·고등학교鐵城鎮中学 내에 자리하고 있다. 이층 건물로 베란다가 있으며 민국 시기의 건축 양식으로 지어졌다. 원형 보존이 비교적 잘 되어있고 주변의 전통 거리, 교육·과학용 부지와 비교적 잘 어울린다.

가치 시·현급 문물보호단위이다. 현재 학교 건물로 이용되면서 보호, 전시와 역사 교육 등의 기능으로 활용되고 있다.

그림 6.64 란양서원瀾陽書院

(43) 소록왕묘蘇祿王墓

역사 개관 명대 영락 15년(1417), 소록국蘇祿國(현재의 필리핀) 동, 서의 두 왕이 삼백 사십여 명의 친족들을 데리고 중국을 방문하고 돌아가는 길에 동왕이 덕주에서 병사하자 명나라 영락 황제 주체朱棣는 동왕을 '공정왕恭定王'으로 봉하고 장례를 성대하게 치러주었다. 이듬해에 묘 앞에 비를 세우고 사당을 지어 제사를 지냈으며 왕비와 둘째, 셋째 왕자가 3년간 묘를 지킨 후 덕주에 정착하였다. 그들은 죽은 후 왕의 무덤 동남쪽 100미터 되는 곳에 묻혔다. 명대 선덕宣德 연간에 묘 옆에 이슬람사원을 세우고 청대 옹정 9년(1731)에 묘를 지켰던 사람들의 후손들이 중국 국적을 취득하여 덕주에 정착하였다. 소록왕묘는 1977년 12월 성급 중점 문물보호단위로 선포되었다가 1988년 전국 중점문물보호단위로 승격되었다. 1965~1987년에 7차례의 보수를 거쳐 무덤의 규모가 현재의 크기로 커졌다.[『德州市誌』, 1997]

현황 및 특징 덕주성德州城 북쪽 1km 북영촌北營村에 있는 고대 왕릉이다. 앞은 사당殿이고 뒤는 무덤으로 봉분의 높이는 6m, 직경은 17m이다. 묘 앞은 제사를 지내는 사당으로 동서의 곁채가 회랑回廊으로 연결되어 있다. 사당 앞은 예문儀門과 능원陵園의 통로이다. 통로 양측에는 석수石獸, 석용石俑이 있다. 왕묘 동남쪽은 영락제 어비정御碑亭이고 그 옆에는 왕비와 두 왕자의 묘가 위치해 있고, 능원 남쪽에는 이슬람사원이 있다. 왕릉은 원형으로 무덤 위에는 잡초가 무성하다. 무덤 앞에는 비석이 있고 그 앞에는 석안石案이 있다. 묘는 원형이 완전하고 보존 상태가 양호하다. 주변은 전통 거리와 촌락으로 주위 환경과의 조화는 보통이다.

가치 전국 중점문물보호단위이다. 현재 관람, 보호와 교육 등의 기능으로 활용되고 관광 개발이 진행 중이며 보호와 개발이 균형을 이루고 있다.

그림 6.65 소록왕묘蘇祿王墓

(44) 사녀사중앙四女寺中樞방수로

역사 개관 명대 홍치 2년(1489)에 덕주성 서남 39리(15.3km)에 축성된 사녀사四女寺[19] 운하 동쪽 해안의 방수로이다. 가정 14년(1535) 사녀사배수갑문을 수리·복원하였다. 명대 만력 원년(1573)에 장수漳水의 북쪽 물이 부양하滏陽河로 흘러들어 가지 않게 되면서 갑문은 점차 쓸모가 없게 되었다. 청대 강희 36년(1697), 장수의 물이 다시 유입되면서 44년(1705)에 사녀사갑문을 중건하였다. 청대 옹정 2년에 가정 시기 당시에 건설한 갑문이 낡고 오래되어 무너지면서 방수로가 진흙에 묻히자 사녀사배수갑문을 고쳐 제방을 만들었다. 옹정 4년과 8년, 건륭 27년, 28년, 38년에 각각 증축하였다.[姚漢源, 1998] 현재의 사녀사중앙방수로 1957년 11월부터 1958년 5월, 1972부터 1973년 7월 사이에 각각 확장 개·보수공사가 진행되었다.[『故城縣水利誌』, 1994]

현황 및 특징 무성현武城縣 사녀사촌四女寺村 동북위운하東北衛運河와 장위신하漳衛新河, 남운하南運河가 만나는 지점에 있는 수문댐이다. 중추中樞 공정은 남북의 갑문, 수량 조절 갑문, 선박항행 갑문, 관개 수로 구역의 인수 수로 引水水路 등의 부분으로 구성되는데, 항행용 갑문은 남운하南運河와 위운하衛運河의 항도 중심축으로 400~1,000톤의 선박이 통과할 수 있다. 철근 콘크리트 구조이며 현재도 사용하고 있다.

가치 장위하漳衛河 중·하류의 수량을 조절하는 중추이다. 홍수와 침수 방지뿐 아니라 관개와 운송에도 이용되고 있다.

그림 6.66 사녀사중앙四女寺樞紐방수로

19) §네 자매가 결혼을 하지 않고 부모를 모셔 그 효성을 기리기 위해 세운 사당.

(45) 임청 사리탑臨清舍利塔

역사 개관 건축 시기는 알 수 없으며 명대 만력 39년(1611)에 중수하였다.[『臨清市誌』, 1997] 그러나 명대 만력 41년(1613)에 다시 중수하였다는 설도 있다.[『京杭運河(聊城段) 沿線文物調查報告』, 2003]

현황 및 특징 임청성臨清城 북쪽의 영수사永壽寺 남쪽에 있는 고탑이다. 벽돌과 목재로 쌓은 8각의 누각식 구조로 외관은 9층이고 높이는 약 60m이다. 기단의 둘레는 39m, 높이는 약 5.3m이다. 남쪽으로 문이 있고 9층의 탑신은 위로 갈수록 좁아진다. 외관의 보존 상태는 양호하다. 주변은 농지와 호수이며 주변 환경과 잘 어울린다. 그러나 여행객을 과도하게 받아들여 탑 내부의 계단과 벽면의 훼손이 심하고, 특히 많은 여행객이 낙서하는 등의 문제가 발생하고 있는데, 앞으로 탑의 보호와 관리에 더 많은 주의가 요구된다.

가치 운하 상의 중요 유적으로 1956년 문물보호단위로 지정되었으며 『중국명승사전中國名勝辞典』에 수록되었다.[『臨清市誌』, 1997] 현재 국가 문물보호단위이며 '임청 16경' 중 으뜸이다.

그림 6.67 임청 사리탑臨清舍利塔

3 요성 구역

(1) 임청 이슬람북사원臨淸淸眞北寺

역사 개관 건축 시기는 명확치 않으며 명대 홍치 17년(1504)과 가정 43년(1564)에 중수하였다. [『京杭運河(聊城段)沿線文物調查報告』, 2003] 1983년 다시 개축하였고 1992년 성급 중점문물보호단위로 지정되었다.[『臨淸市誌』, 1997]

현황 및 특징 임청시 도원가桃園街 서쪽에 있는 사원이다. 사당은 동향이며 현존하는 것은 대문과 종고루鐘鼓樓, 망월루望月樓, 천청루穿廳樓, 정전正殿(예배당), 북강당北講堂, 목욕실沐浴室, 후문 등으로 80여 칸의 건축물이 차지하는 면적은 약 1만 m^2이다. 원형대로 보존되고 있으며 보존 상태도 양호하다. 전통 거리, 촌락인 주변 환경과도 잘 어울린다.

가치 전국 10대 이슬람사원 중 하나로 운하 상의 중요한 유적이다. 국가급 문물보호단위이며 운하 주변 회족들이 아직도 종교 활동을 하는 장소로 이용되고 있다.

그림 6.68 임청 이슬람북사원淸眞北寺

(2) 문진교問津橋(元寶橋)

역사 개관 명대 만력 (1572~1619) 연간에 중수했으며 숭정(1628~1644) 시기에 다시 보수하여 문진교问津橋라 이름 지었다. 원보석元寶石을 이용해 지어서 원보교元寶橋라고도 불린다. 1972년 대규모 운하를 정비할 때 제방을 뒤로 물리고 다리를 철거하였다.[『臨清市水利誌』, 1989]

현황 및 특징 원래의 회통하會通河가 위운하衛運河로 들어가는 지점에 있는 다리와 배수로이다. 운하의 물길이 바뀌면서 원래 물길은 도로로 바뀌었고 다리는 철거되었으며 유일하게 남아 있는 유적은 원보석 몇 덩이뿐이다. 주변은 농지이다.

가치 문물보호단위가 아니다. 과거에는 운하 상의 중요한 유적이었지만 현재는 관리가 안 되고 있다.

그림 6.69 문진교问津橋

(3) 이슬람동사원清真東寺

역사 개관 명대 성화 원년(1465)에 건축되었다.[『京杭運河(聊城段)沿線文物調查報告』, 2003]

현황 및 특징 임청 선봉先锋 동사무소 동쪽, 옛 운하와 위운하가 합류하는 곳에 있는 사원이다. 동사원東寺의 부지 면적은 8,000m², 건축 면적은 2,000m²이다. 남향으로 배치되어 있으며 입구에서부터 전후 4열[20]이고 평면상 열십十자 형이며 약간의 개·증축이 이루어졌다. 원형 보존이 비교적 잘 되어 있으며 신중국 건국 후에 조성된 주변의 주거지와 비교적 잘 어울린다.

가치 운하 상의 중요한 유적이며 국가급 문물보호단위이다. 아직도 운하 주변의 회족들이 종교 활동을 하는 장소로 이용하고 있으며 관광 개발도 이루어지고 있다.

그림 6.70 이슬람동사원清真東寺

20) §중국의 전통 저택은 가장 바깥쪽에 담이 있고 그 안에 여러 개의 공간이 있다. 정문에서 하나의 문을 지나면 다음 문까지의 사이에 양쪽으로 공간이 있는데, 이 '문과 다음 문 사이의 공간'을 '진進'이라 한다. 본서에서는 중국어의 '進'을 '열'로 번역하였다.

(4) 회통 홰나무 고목會通古槐

역사 개관 명대에 심은 홰나무 고목이다.[『臨清市誌』, 1997]

현황 및 특징 임청시 백부 골목白布巷 36호 정원 안에 있는 고목이다. 아직도 가지와 잎이 무성하고 수형이 양호하여 주변의 전통 거리, 농지, 인공조림과 잘 어울린다.

가치 문물보호단위가 아니지만 특정 보호 범위에 포함되었다.

그림 6.71 회통 홰나무 고목會通古槐

(5) 월경교月徑橋(비둘기 다리)

역사 개관 청대 순치 9년(1651)에 건설되었으며 민국 18년에 중수되었다.[『臨清市水利誌』, 1989]

현황 및 특징 임청시 관역가官驿街 서단에 위치한 교량과 배수로이다. 교량 본체는 벽돌과 석조로 이루어진 1칸 홍예교이며, 모양은 아치형으로 직경 4.6m, 홍예虹蜺 높이 2.3m이다. 위에는 "월경교月徑橋"라고 쓰여진 돌 편액이 박혀 있다. 현재 많은 부분이 파손되고 소실되었으며 주변 전통 거리와의 조화는 보통이다.

가치 시·현급 문물보호단위로 운하 상의 중요한 유적이다. 현재 관리하는 사람이 없고 여전히 교통로로 이용되고 있다.

그림 6.72 월경교月徑橋

(6) 천교天橋(永濟橋)

역사 개관 명대 성화成化 연간에 지현知縣[21] 관걸关杰이 건설하고 홍치 시기에 훼손된 것을 가정 시기에 중수하였다. 1965년 도시를 재개발하면서 벽돌 구조 2칸 홍예교로 개조되었다.[『臨清市水利誌』, 1989]

현황 및 특징 임청시 시내에 곽시가郭市街 북쪽에 위치하고 있는 다리와 갑문이다. 벽돌로 지어졌고 쌍아치형으로 홍예 높이는 3.5m, 경간 거리는 3.2m이다. 전체 길이는 17.25m, 폭은 15m이다. 현재 많은 부분이 파손되고 유실되었다. 주변은 전통 거리와 촌락이며 근처 수로에 많은 양의 쓰레기가 쌓여 있어 주변 환경이 좋지 않다. 노점상들이 교량 노면 양측을 가득 메우고 있고 관리하는 사람이 없다.

가치 문물보호단위가 아니며 여전히 교통로로 이용되고 있다.

그림 6.73 천교天橋

21) §중국 명대 이후의 관직. 현縣의 가장 높은 행정 책임자를 말함.

(7) 회통갑문會通閘

역사 개관 원대 종원宗元 2년 공사를 시작하여 대덕大德 2년에 준공(1269~1298)하였다. 후에 회통교로 바뀌었다.[『臨清市水利誌』, 1989]

현황 및 특징 임청시 복덕가福德街 북문 밖에 있는 수문댐이다. 벽돌과 돌로 이루어졌고 1칸 홍예교이다. 홍예의 폭은 6.2m, 높이는 4m이며 길이는 6.4m, 경간 거리는 3.2m이다. 다리 남쪽에 길이 2.8m의 교량 날개벽이 남아 있다. 교량 본체는 많은 부분 유실되었다. 주변의 전통거리와 비교적 잘 어울린다.

가치 시·현급 문물보호단위이며 운하 상의 중요한 유적이다. 현재 관리가 이루어지지 않고 갑문은 이미 오래되어 훼손되었다. 현재 운하 상의 교통로로 활용되고 있다.

그림 6.74 회통갑문會通閘

(8) 대녕사大寧寺

역사 개관 명대 가정 연간(1522~1566)에 건립되었으며 만력 47년(1619)에 중수하였다.[『京杭運河(聊城段)沿線文物調查報告』, 2003]

현황 및 특징 신성新城 중주대사가中州大寺街 북측에 위치하고 있는 불교 사원이다. 현재 대웅보전만 남아 있으며 원형 보존 상태는 양호한 편이다. 신중국 건국 후에 조성된 주변의 주거단지와의 조화는 보통이다.

가치 현·시급 문물보호단위이다. 지금도 종교 활동의 장소로 이용되고 있다.

그림 6.75 대녕사大寧寺

(9) 통제교通濟橋(工農橋)

역사 개관 명대 홍치 연간에 건설되었으며 가정 연간에 석교를 갑문식으로 고쳤고 여러 차례에 걸쳐 중수하였다. 1965년 주변 경관을 개선하기 위해 개조하였고 그 후에는 '공농교工農橋'로 불린다.

현황 및 특징 시내 오두기鰲頭磯 북쪽에 위치하고 있는 갑문식 다리이다. 많은 부분이 개축되어 원형을 찾아보기 힘들다. 쌍아치형 벽돌 다리로 아치의 폭 2.3m, 높이 3.2m, 길이 14.25m, 폭 23.2m이다. 주변의 전통 거리와 유적지 구역, 시내 공원과 비교적 잘 어울린다.

가치 문물보호단위는 아니지만 운하 상의 중요한 유적이다. 지금은 갑문으로서의 기능은 없어지고 운하를 건너가는 교통로로 이용되고 있다.

그림 6.76 통제교通濟橋

(10) 오두기鰲頭矶

역사 개관 명대 정덕 연간에 건립되기 시작하여 가정 연간까지 건축하였다. 1984년 성 문물국의 재정 3.5만 위안으로 오두기 건축군은 새로 수리와 정비를 한 후 임청시 박물관을 세웠다. 1992년 성급 중점문물보호단위로 지정되었다.[『臨淸市誌』, 1997]

현황 및 특징 임청시 중구中區 문하汶河 분기점에 위치하고 있는 고건축군이다. 오두기 건축군은 원형이 잘 보존되어 있고 관리도 양호한 편이다. 북전北殿은 3칸으로 이공사李公祠라고도 불리며 서전西殿도 3칸으로 여조당呂祖堂이라고도 한다. 남루南樓도 3칸으로 망월루望月樓라고 부르며 동루東樓 역시 3칸으로 건물 위에 관음각을 지었다. 방형方形이며 처마는 비담飛檐 형식으로 처마의 네 귀가 하늘로 들어올려져 있다. 아래쪽은 벽돌을 쌓아 축대를 세웠고 동서 사이에 문동門洞[22]이 있다. 신중국 건국 후에 조성한 주변의 거주 지역, 공원과 비교적 잘 어울린다.

가치 운하 상의 중요한 유적이며 국가급 문물보호단위이다. 현재 보호, 전시와 교육 등의 기능으로 활용되고 있고 관광 자원으로 개발되었다. 옛 운하 주변의 대표적인 명승고적인데 과도한 개발이 문물 보호에 좋지 않은 영향을 미치고 있다.

그림 6.77 오두기鰲頭矶

22) 성이나 큰 건물의 대문과 같이 비교적 길면서 천정과 벽이 있는 터널형 대문.

(11) 오양송五樣松

역사 개관 명대 영락 연간 금의위錦衣衛[23] 진씨陳氏가 묘지에 심은 향나무다.[『京杭運河(聊城段)沿線文物調查報告』, 2003]

현황 및 특징 임청시 신화가新華街 동사무소 근처 진분촌陳坟村의 동쪽 삼간거三幹渠에 접해 있는 향나무다. 나무의 높이는 15m, 둘레는 7m이며 수형이 마치 거대한 우산을 펴놓은 듯하며 나무줄기 가운데가 비어 있다. 주변의 농지와 조화를 이루고 있다.

가치 시·현급 문물보호단위이며 현재 보호, 전시와 교육 등의 기능으로 활용되고 있다. '임청 10경臨清十景'에 '동교고송東郊孤松'으로 포함된다.[『京杭運河(聊城段)沿線文物調查報告』, 2003]

그림 6.78 오양송五樣松

23) 명明나라에서 천자를 호위하고 궁성을 수비하던 군대.

(12) 임청초관臨清钞关

역사 개관 명대 선덕 4년(1429)과 융경 원년(1576)에 걸쳐 건립되었으며 건륭 15년(1750) 두 번에 걸쳐 증축하였다.[『京杭運河(聊城段)沿線文物調查報告』, 2003]

현황 및 특징 임청시 청년가青年街 동사무소 관할의 청년로青年路 남쪽, 옛 운하 서안에 위치하고 있는 조운 관리 건물이다. 현존하는 것은 2열짜리 건물로 동향이며 면적은 1,600m²이다. 많은 부분이 개축되어 옛 모습을 찾아보기 힘들다. 신중국 건국 후에 조성된 주변의 주거지와 잘 어울린다.

가치 국가 문물보호단위이며 운하 상의 중요한 유적으로 명·청대에 조운세를 거두는 일을 관리하는 중앙 정부 직속의 관리 기관이다. 현재 보호, 전시와 교육용으로 이용되며 관리하는 사람이 없다.

그림 6.79 임청초관臨清钞关

(13) 2갑문二閘

역사 개관 명대 영락 15년(1417)에 건립되고 정덕 8년(1513)에 중건되었다. 원래 돌로 쌓은 1경간 수문으로 높이는 약4.5m이다. 1965년 벽돌을 이용한 아치형 다리로 개축하였다.[『京杭運河(聊城段)沿線文物調查報告』, 2003]

현황 및 특징 임청시 성구城區 차영가車營街 북단에 있는 갑문이다. 많은 부분 개축되어 원래 갑문의 모양을 찾아보기 힘들다. 현재 교량은 벽돌로 된 아치형 구조이며 2경간 수문, 경간 직경 2.6m, 길이 12m이며 폭은 7.2m이다. 현재 이곳 운하를 개조하는 작업을 하고 있다. 주변은 신중국 건국 후 조성한 주거 지역, 행정·사무 용지와 상업·금융 용지로서 주변 환경과의 조화는 보통이다.

가치 문물보호단위가 아니지만 관련 기관이나 개인이 유지·관리하고 있다. 개조가 끝난 후에도 교통과 수량 조절 관리용으로 이용될 것으로 보인다.

그림 6.80 2갑문二閘

(14) 머리갑문頭閘

역사 개관 명대 영락 15년(1417)에 지어져서 정덕 8년(1513)에 중건되었다. 현재 갑문의 교각에 다리 상판을 깔아 놓았다.[『京杭運河(聊城段)沿線文物調査報告』, 2003]

현황 및 특징 임청시 청년가青年街 동사무소의 협도가夾道街 북쪽 시작 지점에 위치하고 있는 갑문이다. 파손이 심하고 갑문 입구는 이미 배수 펌프장으로 개조되었다. 신중국 건국 후에 조성된 주변의 주거 단지, 농지, 수변 등과 잘 어울린다.

가치 문물보호단위가 아니며 관리하는 사람이 없으나 회통하會通河의 중요한 갑문 통제 시설로 선박 항행용 갑문 중 하나였다.

그림 6.81 머리갑문頭閘

(15) 헐마정 고대 대묘歇馬亭古岱廟

역사 개관 명대 만력 초년에 건립되었다.[『京杭運河(聊城段)沿線文物調查報告』, 2003]

현황 및 특징 임청시 동쪽 외곽의 대신장진大辛莊鎮 헐마정촌歇馬亭村 옛 운하 서안에 있는 사원 건축군으로 안에는 성모전圣母殿, 옥황전玉皇殿, 벽하궁碧霞宮, 왕모궁王母宮 등이 있다. 헐마정 동남쪽 모퉁이에 '어인정御饮井'이라는 우물이 하나 있는데 건륭 황제가 하사한 이름이다. 대묘의 면적은 약 40,000m²로 약간의 개축과 증축이 이루어졌으나 보존 상태가 좋고 주변의 전통 거리, 농지, 인공림 등과 비교적 잘 어울린다.

가치 문물보호단위가 아니나 특정 보호 범위로 포함되어 있다. 지금도 제사를 지내는 장소로 이용되고 있으며 일정한 범위 안에서 관광 개발과 대묘 보호를 하고 있다.

그림 6.82 헐마정 고대 대묘歇馬亭古岱廟

(16) 대만갑문戴灣閘

역사 개관 명대 성화 7년(1471)에 건설되었다. 1965년에 철거되었다가 1967년에 중건되었다.[『臨清市水利誌』, 1989]

현황 및 특징 대갑촌戴閘村 남쪽, 시내와 15km 떨어져 있는 옛날 댐갑문이다. 돌로 축대를 쌓았고 콘크리트로 노면을 포장하였다. 폭 2.8m, 길이 7m이며 당시의 돌덩이들이 남아 있다. 많은 부분 개축이 이루어져 옛날 모습을 찾아 볼 수 없다. 주변의 전통 거리, 인공림 등과 비교적 잘 어울린다.

가치 문물보호단위가 아니지만 운하의 중요한 유적이다. 갑문은 이미 오래전에 못 쓰게 되었고 현재는 교통로로 이용되고 있다.

그림 6.83 대만갑문戴灣閘

(17) 위만초관魏灣钞关

역사 개관 고대 조운을 관리하던 직속 기구로 건축 연대는 확실치 않으며 광서27년(1910) 조운이 멈춘 후에 찻집으로 개조되었다가 1970년대 초에 철거되었다.[『京杭運河(聊城段)沿線文物調査報告』, 2003]

현황 및 특징 임청시 위만진魏灣鎮 위만촌魏灣村 운하 북안에 있는 조운 관리 건물이다. 민간에서는 옛날 초관을 '삼산협일정三山夾一井'이라 했다고 한다. 현재 초관은 원형이 없어졌으며 유일한 유적은 길옆 작은 집 내부에 있는 우물이다. 우물의 직경은 약 1m이며 주변 전통 거리와 농지, 인공림 등과 비교적 잘 어울린다.

가치 문물보호단위가 아니지만 특정 보호 범위에 포함되어 있다. 관리하는 사람이 없고 우물은 아직 이용되고 있다.

그림 6.84 위만초관魏灣钞关

(18) 삼공교三孔橋

역사 개관 명대 경태景泰 4년(1453)에 건설되었다. 민국 시기 콘크리트로 교량 바닥을 개·보수하였다. 1970년 대규모 치수 사업 때 철거되었다.[『臨清市水利誌』, 1989]

현황 및 특징 위만魏灣 남쪽 1km 회통하會通河와 마협하馬頰河가 합수하는 곳에 있는 수문댐이다. 유적은 이미 남아 있지 않으며 주변은 전통 거리이다.

가치 문물보호단위가 아니지만 운하의 중요한 유적이다. 현재 교통 기능 이외에 다리 어귀 공간은 주민들이 더위를 식히는 휴식 공간으로 이용되고 있다.

(19) 토갑문土閘

역사 개관 명대에 건축되었으며 원래 이름은 '흙다리 갑문(土橋閘)'이다.[『京杭運河(聊城段)沿線文物調查報告』, 2003]

현황 및 특징 동창부구東昌府區 양수진梁水鎮 토갑촌土閘村 옛날 운하에 있는 옛 수문댐이다. 갑문은 동서 길이 약 15m이며 이미 황폐화되어 갑문의 모습을 찾아볼 수 없고 원래 갑문 근처에 축대를 쌓을 때 사용된 몇 덩이의 돌들이 흩어져 있다. 최고 높은 곳은 약 4.2m 정도이고 주민들의 말에 의하면 진흙 아래 아직 높이 약 1.5m의 구조물이 있다고 한다. 주변은 전통 마을과 농지로 주변 환경과 비교적 잘 어울린다.

가치 현재 관리하는 사람도 없고 이용하는 사람도 없어 황폐화된 상태이다.

그림 6.85 토갑문土閘

(20) 량향갑문梁鄉閘

역사 개관 명·청 시기에 건축되었다.[『京杭運河(聊城段)沿線文物調查報告』, 2003]

현황 및 특징 요성시 동창부구東昌府區 량수진梁水鎮 량갑촌梁閘村 중부의 남쪽에 있는 옛날 갑문이다. 돌을 쌓아 남북으로 홍예를 만들었다. 길이는 약 20m, 높이는 5m이다. 갑문의 기능은 이미 오래 전에 사라졌고 일부는 파손·손상되었다. 이곳 운하의 옛 물길은 이미 물이 말라 갑문 아래에는 진흙이 쌓여 있으며 갑문 옆 강바닥 곳곳에 백양나무가 심어져 있다. 주변은 전통 거리와 촌락, 덤불, 황무지, 호수 등으로 주변 환경과 비교적 잘 어울린다.

가치 문물보호단위가 아니지만 운하의 중요한 유적이다. 현재 관리하는 사람이 없고 현지 주민들의 통행로로 이용되고 있다.

그림 6.86 량향갑문梁鄉閘

(21) 신갑문辛閘

역사 개관 명나라에 건축되었다.[『京杭運河(聊城段)沿線文物調查報告』, 2003]

현황 및 특징 동창부구東昌府區 양집향楊集鄉 신갑촌辛閘村 서쪽 옛 운하 수로 상에 있는 수문 댐이다. 현재 갑문 축대의 많은 부분이 파손되었고 일부의 석축용 돌들이 남아 있다. 갑문 축대의 높이는 4m이며 그 위에 시멘트로 교량 노면을 포장하였다. 다리 어귀 석사자는 아직 하나가 남아 있으나 장작더미 속에 묻혀 있다. 아래 석사자 사진은 답사단이 장작더미를 헤치고 찍은 것이다. 주변의 농지, 인공림과 비교적 잘 어울린다.

가치 문물보호단위가 아니지만 운하의 중요한 유적이다. 이미 특정한 보호범위에 포함되어 있다. 현재 갑문의 기능은 사라졌고 통행용 교량으로만 이용되고 있다.

그림 6.87 신갑문辛閘

(22) 요성 철탑聊城鐵塔

역사 개관 건립 시기에 대한 기록이 없으며 남송 혹은 요금辽金 시대로 추정하고 있다. 원래 탑은 명대 영락 연간(1403~1424)에 무너져 천순 연간(1457~1464)에 중건되었다. 1973년 3월 철탑을 보수하던 중 지하에서 석함石函, 은관银棺 등 진귀한 유물이 출토되었다. 현재 '철탑연비鐵塔烟霏'로 요성 팔경 중 하나이다.[『京杭運河(聊城段)沿線文物調査報告』, 2003]

현황 및 특징 요성시 동관東关 옛 운하 변의 소예배사가小禮拜寺街, 호국 융흥사護國隆興寺 내 동남쪽 모퉁이에 있는 고탑이다. 탑은 무쇠로 주조되었고 내부가 꽉 차있다. 외형은 8각형의 누각식이며 13층, 높이는 약 15.8m이고 탑밑 기단의 면적은 16m²이다. 원형 보존이 비교적 잘 되어있으나 신중국 건국 후에 조성된 주거지와 덤불, 호수와 그다지 어울리지 않는다. 현재 개방되어 보호와 교육의 장소로 이용되고 있으며 관광 개발도 진행 중이다.

가치 '동창부 3보東昌府三寶'중의 하나이며 운하의 중요한 유적이다. 성급 문물보호단위이다.

그림 6.88 요성 철탑聊城鐵塔

(23) 왕구 홰나무 고목王口古槐

역사 개관 심겨진 연대는 알 수 없으나 현지 주민들은 '당대 홰나무(唐槐)'라고 부른다.[『京杭運河(聊城段)沿線文物調査報告』, 2003]

현황 및 특징 요성시 융흥사隆興寺 철탑 북쪽 1km 지점의 운하 서안, 왕구교王口橋 남쪽에 있는 고목이다. 높이는 18m, 둘레는 4.2m이며 수형이 양호하고 주변의 전통 거리와도 잘 어울린다.

가치 시·현급 문물보호단위이다. 현재 명승지에 걸맞은 관광 개발이 진행되고 있다.

그림 6.89 왕구 홰나무 고목王口古槐

(24) 소예배사小禮拜寺

역사 개관 명대 영락 연간에 건립되어 500여 년의 역사를 가지고 있다.[『京杭運河(聊城段)沿線文物調查報告』, 2003]

현황 및 특징 요성 동관대가東关大街 북쪽, 옛 운하의 동측, 철탑 이남의, 동쪽으로 운하와 약 150m 떨어진 지점에 있는 사원이다. 동향이며 부지 면적은 3,000m², 지붕은 녹색 유리 기와로 되어 있다. 원형 보존이 잘되어 있고 주변의 전통 거리와의 조화는 보통이다.

가치 시·현급 문물보호단위이다. 지금도 주변 회족들의 예배 장소로 이용되고 있다.

그림 6.90 소예배사小禮拜寺

(25) 갑문 북측 홰나무 고목閘北古槐

역사 개관 수령은 약 5백 년 정도이다.

현황 및 특징 운하 서안 큰 부두(大碼頭) 유적 부근에 있는 고목으로 수형이 양호하며 주변의 상업·금융 용지와도 비교적 잘 어울린다.

가치 현재 명승지로 관광 개발이 진행되고 있다.

그림 6.91 갑문 북측 홰나무 고목閘北古槐

(26) 요성 이슬람사원聊城清真西寺

역사 개관 명대 홍무 17년(1384)에 건립되고 가정 연간(1532~1566), 청대 강희 병자년(1696) 이슬람교도들의 기부금으로 두 번에 걸쳐 중건되었다.[『京杭運河(聊城段)沿線文物調查報告』, 2003]

현황 및 특징 요성 광악루光嶽樓 동예배가東禮拜街에 있는 사원이다. 부분적으로 개·증축이 이루어졌다. 주변의 전통 거리, 인공림, 농지와 비교적 잘 어울린다.

가치 시·현급 문물보호단위이며 아직도 주변 회족 주민들이 종교 활동을 하는 장소로 이용되고 있다. 사원 내의 유물은 요성의 역사와 이슬람교 연구의 중요한 자료이다.

그림 6.92 요성 이슬람사원聊城清真西寺

(27) 광악루光嶽樓

역사 개관 원래 성의 고루鼓樓였으며 군사 초소와 성을 방어하는 용도로 사용되었다. 명대 홍무 7년(1374)에 건립되어 성화 22년(1486)에 중수되었다. 그 후에도 여러 차례 보수하였으며 1984년 5월부터 1985년 12월 사이에 마지막으로 수리하였다. 4중 겹처마와 십자형 팔작지붕 구조이다. 기단 위에 있는 4층짜리 건축물로 높이는 33m, 부지 면적은 1,236m²이다. 기단은 벽돌과 석조로 된 정사각형으로 밑변 한 변의 길이는 34.43m, 높이는 9.38mm, 서까래 한 변의 길이는 31.93m이다. 4층짜리 건축물은 모두 목조로 되어 있고 방형方形의 복도가 있으며 건물 전체 높이는 24m이다. 지붕은 팔작지붕으로 용마루 가운데 높이 3m, 직경 1.5m의 호리병 모양의 철제 첨탑이 있다. 1977년 성급 중점문물보호단위로 지정되었다.[『京杭運河(聊城段)沿線文物調查報告』, 2003]

현황 및 특징 요성시 고성구古城區 중심에 위치하고 있는 목조 건축의 문루門樓이다. 비교적 보존 상태가 온전하고 상업·금융 용지의 상징물로서 주변 모습과도 비교적 잘 어울리며 중요한 의미를 갖고 있다.

가치 국가급 문물보호단위이다. 현재 개방되어 있으며 전시와 역사 교육용으로 이용되고 관광개발도 진행 중이다.

그림 6.93 광악루光嶽樓

(28) 큰 부두大碼頭

역사 개관 명·청 연간에 건립된 요성 숭무역崇武驿의 큰 부두大碼頭이다. 원래 부두의 길이 17.5m, 폭 3.8m의 '거巨'자형 관용 부두였다. 명·청 시기 요성의 경제 전성기에는 부두 부근에 조운선이 빼곡하고 왕래가 빈번했다. '숭무연장崇武連檣'이라 불렸으며, '요성 팔경聊城八景' 중의 하나였다.[『京杭運河(聊城段)沿線文物調査報告』, 2003]

현황 및 특징 요성시 대마두가大碼頭街에 위치하고 있는 부두이다. 큰 부두는 원래 화물 운송용 부두로 이용되었다고 한다. 현재 유적이 남아 있지 않고 원래의 자리에는 1999년 요성 인민정부에서 세운 요성 문물보호단위 표지 비석만 남아 있다. 비석에는 "大碼頭"라는 세 글자가 새겨져 있으며 주변은 도시 공원이다.

가치 시급 문물보호단위로 경항대운하의 중요한 항구였다. 현재는 요성 시내 운하 변 녹지 지대의 상징물이다.

그림 6.94 큰 부두大碼頭

(29) 해원각海源閣

역사 개관 유명한 장서가藏書家 양이증楊以增이 청대 도광 20년(1840)에 지은 장서루다. 문화대혁명 시기에 양씨의 5열짜리 집이 모두 소실되었고 현재의 건물은 요성시 정부가 1992년 원래의 자리에 원형을 복원하여 중건한 것이다.[『京杭運河(聊城段)沿線文物調查報告』, 2003]

현황 및 특징 요성 구성舊城의 중심 만수관가로萬壽觀街路 북쪽, 광악루光嶽樓 남쪽 200m 지점에 있는 장서루(도서관)다. 건물은 우진각지붕의 홑처마 2층 건물이며 정원에 양이증의 흉상이 있다. 주변은 전통 거리로 주변 환경과의 조화는 보통이다.

가치 중국 4대 서고 중 하나로 성급 문물보호단위 이다. 현재는 진열관으로 해원각의 역사, 청대 요성 풍경, 운하 역사 관련 사진과 양씨의 소장 도서 일부가 전시되어 있다.

그림 6.95 해원각海源閣

(30) 기독교회당基督教堂

역사 개관 청대 말년 미국 선교사의 주관 아래 건설되었다.[『京杭運河(聊城段)沿線文物調查報告』, 2003]

현황 및 특징 요성 동관 옛 운하의 서안, 산섬회관山陝會館 북쪽 50m 지점에 있는 교회이다. 건물 외관이 독특하고 내화耐火 벽돌을 쌓아 만들었으며 지붕은 붉은 기와로 되어 있다. 원형이 잘 보존되어 있고 주변 주거 지역과의 조화는 보통이다.

가치 시·현급 문물보호단위이다. 현재까지 종교의 장소로 이용되고 있다.

그림 6.96 기독교회당基督教堂

(31) 산섬회관山陝會館

역사 개관 산서山西와 섬서陝西 상인들이 청대 건륭 8년(1743)에 건설하였으며 건륭 31년(1766)에 망루를 짓고 청대 가경 8년(1803)에 춘추각春秋閣, 종고루鐘鼓樓와 향정享亭 등을 지었다. 청대 도광 21년 (1841)에 화재로 소실되었다. 현재의 대회당戲樓, 산문, 종고루는 청대 도광 25년(1845)에 중건된 것이다. 1977년 산동성 중점문물보호단위로 지정되었다가 1988년 전국 중점문물보호단위로 승격되었다.[『聊城市誌』, 1999]

현황 및 특징 요성 시내의 남부, 동관 옛 운하의 서안에 있는 회관이다. 회관 내에는 과거에 중수한 크고 작은 비각 19기가 있다. 회관은 동향이며 강을 마주보고 있다. 벽돌과 목재로 지었으며 동서 너비는 77m, 남북 길이는 43m, 총면적은 3,311m^2이다. 산문, 대회당, 종고루, 남북비각南北碑亭, 향정, 남·북·중의 전殿과 회랑, 춘추각, 망루 등의 전각당루殿閣堂樓 160여 칸이 있다. 산문은 3칸이고 패방牌坊식의 문루로 기세가 호탕하고 두홍과 겹처마의 구조이며 단청이 아름답다. 현재 원형 보존 상태가 좋고 주변은 신중국 건국 후에 조성된 주거지이며 주변 환경과도 비교적 조화를 이루고 있다.

가치 국가급 문물보호단위이며 운하와 요성 시내의 매우 중요한 유적이다. 현재는 보호, 전시와 교육 등의 기능으로 활용되고 있으며 관광지 개발이 진행되고 있다.

그림 6.97 산섬회관山陝會館

(32) 통제갑문通濟閘

역사 개관 명대에 건축되었다. 현재는 이미 철거되었고 그 자리에 동관대교東关大橋를 건설하였다.[『京杭運河(聊城段)沿線文物調査報告』, 2003]

현황 및 특징 요성 동관东关 갑문 입구의 옛 운하에 위치하고 있다. 옛 유적은 이미 남아 있지 않고 모두 중건된 것이다. 주변은 신중국 건국 후에 조성된 주거 지역으로 주변 환경과의 조화는 보통이다.

가치 운하의 중요한 유적이다.

(33) 작은 부두小碼頭

역사 개관 명·청대에 건설되었다. 석회석으로 보를 쌓았으며 '요凹'자 모양으로 우묵하게 들어간 형태이다. 폭은 8m로, 좌우에 각각 돌계단이 있고 계단 꼭대기의 석회석에 원형 구멍이 뚫려 있는데 배를 묶을 때 쓴다. 원래는 상인들의 개인용 부두였으며 주로는 여객 운송용이었다. 한동안 보존이 잘 되었다.[『京杭運河(聊城段)沿線文物調査報告』, 2003]

현황 및 특징 요성시 대마두가大碼頭街, 운하 서안 동관 갑문 입구 남쪽 500m에 있는 옛 부두이다. 지금은 많은 부분이 개축되어 소량의 석재만 남아 있다. 원래 자리에는 요성시 인민정부에서 1999년 6월 10일에 세운 요성시 문물보호단위 표지석이 세워져 있다. 표지석에는 "小碼頭"라는 세 글자가 새겨져 있다. 주변은 신중국 건국 후에 조성한 주거 단지와 도시 공원으로 주변 환경과의 조화는 보통이다.

가치 시급 문물보호단위이다. 명·청대 조운의 발전을 보여주는 현장이다. 지금은 요성 시내 운하변 녹화 지대의 표지석일 뿐이다.

그림 6.98 작은 부두小碼頭

(34) 부이점傅以漸[24]의 묘와 부씨 선영傅氏先塋

역사 개관 청대에 조성되었으며 문화대혁명 초기에 묘 앞의 석상, 석마, 석비, 석패방石牌坊까지 심하게 훼손됐다.[『聊城市誌』, 1999]

현황 및 특징 요성 옛 성 남쪽으로 1.5km 지점에 위치하고 있는 묘지로 길이 360m, 폭 120m, 면적 43,200m^{2}의 규모이다. 묘지에는 두 개의 문이 북향으로 지어져 있고 모두 팔작지붕과 홑처마의 형태이다.

가치 문물보호단위가 아니다.

그림 6.99 부이점묘와 부씨 선영傅以漸墓及傅氏先塋

24) §부이점(1609~1665): 청대의 관리, 산동성 요성 출생, 청대 제1대 장원.

(35) 이해무갑문李海務閘

역사 개관 원대 원정 2년(1296)에 건설되었다. 2월 2일 시공하여 5월 20일 완공되었다.[姚漢源, 1997]

현황 및 특징 요성시 동창부구東昌府區에 위치하고 있는 옛 갑문이다. 지금은 운하의 물길이 바뀌면서 남아 있는 유적이 거의 없다. 원래 자리는 이미 숲으로 변했고 당시의 석축이 일부 남아 있다. 현지의 한 노인은 이해무댐은 일찍이 '厲害務(중국발음으로 '리하이우', 이해무李海務의 발음과 같다)'로 불렸으며 이해무갑문 주변 운하 물길에서 남방을 순시하던 황제의 배가 침몰하였는데, 신중국 건국 후 침몰한 배에서 보석을 발굴한 사람이 있다고도 하였다.

가치 문물보호단위가 아니나 운하의 중요한 유적이다. 지금은 관리하는 사람이 없고 황폐화되었다.

그림 6.100 이해무갑문 유적李海務閘遺址

(36) 주점갑문周店閘

역사 개관 원대 대덕 4년(1300)에 건축되었다. 지금 남아 있는 갑문은 민국 25년(1936)에 중수한 것이다.[『京杭運河(聊城段)沿線文物調查報告』, 2003]

현황 및 특징 요성시 동창부구 이해무진李海務鎮 주점촌周店村 옛 운하에 있는 갑문이다. 갑문의 규모가 비교적 크고 물이 들어가는 갑문과 나오는 갑문의 두 부분으로 나뉘어져 있다. 현재는 많은 부분이 파손되고 유실되었다. 주변의 전통 거리와의 조화는 보통이다.

가치 운하의 중요한 유적이다. 현재 황폐화되었고 관리하는 사람 없이 방치된 상태이다.

그림 6.101 주점갑문周店閘

(37) 칠급 북대교七級北大橋

역사 개관 다리가 만들어진 시기는 분명치 않다. 운하의 나루터는 아니었던 것으로 보이나, 교량 노면, 교각, 교각 보조 석축의 구조를 갖추고 있고 다릿목의 진수석수鎮水石獸가 있는 점 등은 옛 나루터에서 원래 보여지던 유물의 면모이다.[『京杭運河(聊城段)沿線文物調查報告』, 2003]

현황 및 특징 칠급진七級鎮 중심부의 옛 운하에 있는 다리이다. 다리의 폭은 16m, 깊이는 5m, 교각 보조 석축은 7.5m이다. 현재 다리의 많은 부분이 파손되었으나 다리의 진수석수鎮水石獸[25]는 비교적 보존이 잘 되어 있다. 교각 석축에 새겨진 조각은 여전히 정밀한 무늬를 볼 수 있다. 남쪽으로 5m 지점이 옛 나루터인데 나루터는 이미 폐쇄되었다. 주변은 전통 거리와 촌락, 농지, 인공림으로 주변 환경과의 조화는 보통이다.

가치 문물보호단위가 아니나 운하의 중요한 유적이며 특정한 보호 범위에 포함되어 있다.

25) 중국의 건축물이나 교량의 입구에 세우는 조형물로 머리는 용, 몸은 사자의 형상이다.

(38) 칠급진七級鎮 옛거리古街

역사 개관 원대 시기 개통된 회통하會通河는 칠급진七級鎮을 관통하는데 당시 나루터에 7층의 계단이 설치되어 '七級'이라는 이름이 생겼다. 명·청대 운하 조운이 나날이 발달함에 따라 양곡陽谷 동부의 중요한 부두이자 화물 집산지로서 크게 번창하였다. 시내는 가로 세로 각각 8개와 6개, 그리고 14개의 긴 거리가 있어 바둑판 모양으로 이루어져 있다.[『京杭運河(聊城段)沿線文物調查報告』, 2003]

현황 및 특징 양곡현陽谷縣 칠급진七級鎮에 위치한 전통 거리이다. 현재는 운하 근처에 부분적으로 남아 있다. 거리의 폭은 2.2m, 남아 있는 거리의 길이는 200여 m 정도이며 거리에서는 아직도 옛날 판잣집을 볼 수 있다. 주변은 전통 촌락으로 주변 환경과 비교적 잘 어울린다.

가치 전형적인 운하 도시로 도시의 흥망성쇠가 운하의 개착, 조운의 발달, 쇠락과 긴밀한 연관관계를 가지고 있다. 도시가 발달했을 당시의 모습 중에서 유일하게 남아 있는 귀중한 유적이다. 현재 남아 있는 전통 거리와 골목, 그 안에 부서져 흩어져 있는 석각과 비석 조각들은 운하 발전사 연구에 중요한 자료들이다.

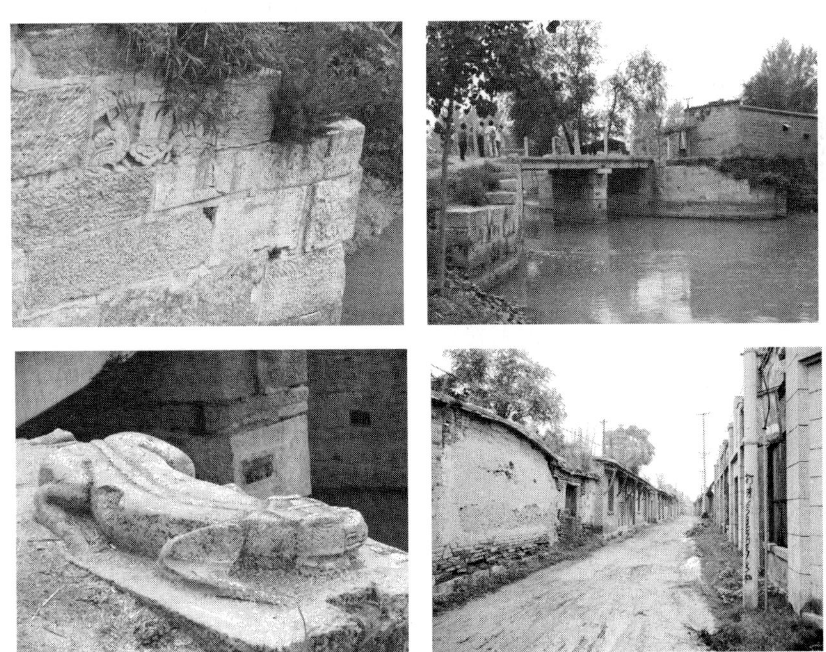

그림 6.102 칠급진 구도심의 북대교北大橋와 옛거리

(39) 류루갑문劉樓閘

역사 개관 건설된 시기는 분명치 않다.

현황 및 특징 양곡현陽谷縣 아성진阿城鎮 류루촌劉樓村에 위치하고 있는 갑문이다. 현재는 심하게 파손되었고 갑문 축대의 석축이 부분적으로 남아 있고 희미한 조각 무늬를 볼 수 있다. 갑문 상판은 이미 사라졌고 일부 목재들만 교량 바닥의 흙에 초라하게 묻혀 있다. 주변의 농지와 호수, 민가와 비교적 잘 어울린다.

가치 문물보호단위가 아니지만 운하의 중요한 유적이다. 현재 관리하는 사람이 없고 현지 주민의 교통로로 사용되고 있다.

그림 6.103 류루갑문劉樓閘

(40) 해회사海會寺

역사 개관 청대 경희 연간에 창건되었다.[『京杭運河(聊城段)沿線文物調查報告』, 2003]

현황 및 특징 양곡현陽谷縣 아성진阿城鎮 남가南街에 위치하고 있는 불교 사찰이다. 목재와 석재 구조의 당시 대웅보전이 남아 있다. 대들보와 도리에 정교하고 섬세한 용과 봉황의 채색화가 그려져 있는데 부분적으로 색이 바래긴 했지만 선은 선명하게 볼 수 있다. 벽과 주춧돌의 목조, 석조와 석각 모두 정교하고 섬세하며 복잡하다. 주춧돌에는 두 마리의 용이 여의주를 두고 다투는 도안이 새겨져 있다. 가운데 대들보에는 "乾隆十三年歲次戊辰三月十八日辰時阿城監運司"라는 글자가 쓰여 있다. 대웅전의 문짝은 이미 유실되었고 신상神像과 상석, 포단蒲團이 있고 오래된 불전은 방치 상태에 있다. 해회사는 이미 불교 사찰의 기능이 없어졌고 관리하는 사람도 없어 보호 상태가 좋지 않다. 전내殿內의 벽에는 문화대혁명 시기의 구호가 남아 있다. 불전 바깥에는 비석의 잔해들이 흩어져 있는데 그중 용의 비석 머리에는 "永遠垂禁(머리 숙이는 것을 영원히 금지함)" 4글자가 새겨져 있다. 또 다른 두 개의 돌조각에는 각각 "회관會館", "운사運司"의 글자가 새겨져 있다. 해회사 내부에는 보존 상태가 비교적 좋은 비석이 있는데 비문의 내용은 "乾隆二十九年浴佛日御筆"으로 『般若波羅密多心經(반야바라밀다심경)』에서 유래한 것이다. 사찰의 부지 면적은 6hm^{2}이며 이미 광범위한 증축과 신축이 이루어졌다. 주변의 전통 거리와 비교적 잘 어울린다.

가치 화북華北 5대 사찰 중의 하나로 시·현급 문물보호단위이며 운하의 중요한 유적이다. 지금도 종교 활동과 종교 교육, 참배의 장소이며 관광 개발이 진행되고 있다.

그림 6.104 해회사海會寺

(41) 아성갑문阿城閘

역사 개관 원대 대덕 3년(1299) 3월 5일 시공하여 7월 28일 준공하였다.[『京杭運河史』, 姚漢源, 1997]

현황 및 특징 양곡현陽谷縣 아성진阿城鎮 북쪽으로 5.5km 지점에 위치하고 있는 갑문이다. 현재 갑문 교각만이 존재하며 다리 노면은 시멘트로 개축하였고 양변에 시멘트로 난간을 만들고 "교통교交通橋"라는 글자를 새겼다. 주변의 전통 촌락과 농지, 인공림과 비교적 잘 어울린다.

가치 문물보호단위가 아니나 운하의 중요한 유적으로 특정 보호 범위에 포함되어 있다. 갑문의 기능은 이미 없어지고 교통용 교량으로만 사용되고 있다.

그림 6.105 아성갑문阿城下閘

(42) 장추 옛 촌락張秋古鎮

역사 개관 오대五代 시기에 장추구張秋口라고 불렸다. 금·원대에서는 경덕진景德鎮이라고 불리기도 했다. 원대에 회통하가 개통되어 이 촌락을 관통하였다. 명대에 다시 안평진安平鎮으로 불리었으며 가장 융성하던 시기에는 '작은 소주'라고 불릴 만큼 번창하였다.[『京杭運河(聊城段)沿線文物調查報告』, 2003]

현황 및 특징 양곡현에 위치한 사방 5km²의 옛 촌락이다. 운하가 촌락 한가운데를 가로지른다. 현재 성벽은 없어졌고 옛날 골목도 대부분 철거되었으며 남·서 이슬람사원, 민가와 일부 상점만이 남아 있다.

가치 전형적인 운하 도시이다. 운하사 연구에서 중요한 가치를 지닌다.

(43) 장추 옛 나루터 석교張秋古渡石橋

역사 개관 건설 연대는 불명확하다. 현존하는 다리는 옛 나루터의 석재와 철거된 주변의 석조 부재部材를 쌓아 올린 것으로, 주로 명청 시기의 석각이 새겨져 있다.[『京杭運河(聊城段)沿線文物調查報告』, 2003]

현황 및 특징 장추에 위치한 다리와 배수로이다. 원래 석교였으며 양쪽 난간 형식이 정교하고 아름답다. 동자석의 머리는 다면체多面體이고, 복숭아 모양과 북을 눕혀 놓은 모양 등 다양한 모양이 있다. 난간에는 세로 홈이 파인 특이한 문양이 보인다. 다리 난간의 양쪽 끝에는 각각 석사자 조각이 있으나 지금은 하나는 유실되고 세 개만 남아 있다. 석교는 개축이 이루어졌고 개축된 부분은 붉은 벽돌을 쌓아 개축하였다. 다리 옆에 요성시 정부에서 세운 "장추 석교張秋石橋"라고 쓰여진 중점문물보호단위 비석이 풀밭에 쓰러져 있다. 현재 다리 난간과 동자석의 일부분이 파손되어 있고 석사자의 얼굴 부분은 심하게 훼손되어 있는 등 전체적으로 관리가 잘 되지 않고 있다. 주변은 전통 촌락과 농지로 주변 환경과의 조화는 보통이다.

가치 장추 옛 나루터 석교는 운하의 중요한 유적이며 시급 문물보호단위이다. 현재 교통로로 이용되고 있다.

그림 6.106 장추 옛 촌락과 석교張秋古鎮與石橋

(44) 장추 5체13비張秋五體十三碑

역사 개관 명대 정덕 13년(1516)에 양순楊淳이 계자사季子祠를 세우고 비를 세워 시를 남겼다. 그 후 명대 융경과 만력 연간, 청대 강희 연간에 문인묵객들이 계속 계자사를 수리하였고 비석에 시를 새겼다. 그중 13개의 비각이 아직까지 보존되어 있는데 글자체는 해서楷, 행서行, 초서草, 예서隸, 전서篆를 모두 포함하고 있다.[『京杭運河(聊城段)沿線文物調查報告』, 2003]

현황 및 특징 요성시 장추진, 운하에서 서쪽으로 300m 떨어져 있는 비각이다. 현재 보호 상태가 좋지 않아 비석의 일부분이 떨어져 나가 주변에 흩어져 있다. 이로 인해 전시와 교육 등의 소재로도 활용하지 못하고 있다. 주변은 전통 촌락 구역이다.

가치 시·현급 문물보호단위이다.

그림 6.107 장추 5체13비張秋五體十三碑

(45) 진가고택陳家老宅

역사 개관 청대 북방의 전형적인 소도시 민가이다.[『京杭運河(聊城段)沿線文物調查報告』, 2003]

현황 및 특징 요성시 장추진 북가北街에 위치한 민가이다. 동쪽으로 운하와 300여 m 떨어진 지점에 있다. 현재 1열짜리 정원이 있으며 보존 상태는 비교적 좋다. 주변은 신중국 건국 후에 조성한 주거 단지로 주변 지역과의 조화는 보통이다.

가치 시·현급 문물보호단위이다. 지금도 주택으로 사용되고 있다.

그림 6.108 진가고택陳家老宅

(46) 장추 이슬람남사원張秋清真南寺

역사 개관 지어진 연대는 알 수 없으며 이 지역의 회교도 사옥沙钰의 기부로 건립되었다고 전해진다.[『京杭運河(聊城段)沿線文物調査報告』, 2003]

현황 및 특징 요성시 장추진, 운하 서쪽으로 300m 지점에 위치한 사원이다. 벽돌과 목재로 지어졌으며 부지 면적은 700m²이다. 현재 여러 곳이 파손되어 있으며 파손 정도도 심한 편이다. 동쪽에 있는 강당은 지붕이 낡아 비가 새고 곧 무너져 내릴 듯하다. 주변의 전통 거리 구역, 농지와 비교적 잘 어울린다.

가치 시·현급 문물보호단위다. 현재는 관리자와 이용하는 사람이 없어 황폐화된 상태이다.

그림 6.109 장추 이슬람남사원張秋清真南寺

(47) 장추 이슬람동사원張秋清真東寺

역사 개관 명대 홍치 8년(1495)에 건립되었다. 대전은 1940년 일본군에 의해 소실되고 북강당만 남아 있다.[『山東自助旅遊叢書·聊城卷』, 2002]

현황 및 특징 요성시 장추진에 위치하고 있는 사원이다. 대부분 개축한 것으로 원래 모양을 찾아보기 힘들다. 주변의 전통 거리와의 조화는 보통이다.

가치 문물보호단위가 아니며 현재에도 종교 활동의 장소로 이용되고 있다.

그림 6.110 장추 이슬람동사원張秋清真東寺

(48) 장추 산섬회관張秋山陝會館

역사 개관 관왕묘(关帝廟)[26]라고도 불리는데 건축 연대는 분명치 않다. 회관 산문山門에 "건곤정기乾坤正氣"라 쓰여진 돌 편액이 걸려 있는데 낙관이 "강희계서맹추곡단康熙癸西孟秋穀旦, 산섬동서상인동창건山陝東西商人同創建"이라고 되어 있는 것으로 보아 청대 강희 연간으로 추정된다.[京杭運河(『聊城段』沿線文物調查報告』, 2003]

현황 및 특징 장추진 남가南街, 운하에서 동쪽으로 70m 지점에 있는 회관이다. 남북 길이는 약 32m, 동서 폭이 약 40m이며 부지 면적은 약 1,280m²이다. 여러 곳이 파손되어 있으며 주변 전통 거리와의 조화는 보통이다.

가치 문물보호단위는 아니나 중요한 운하 유적이다. "乾坤正氣"가 음각되어 있는 편액은 현·시급 문물보호단위이다.[『陽谷縣誌』, 1991] 현재 개인 소유로 되어 있으며 보호 상태는 그리 좋지 않고 방치된 상태나 마찬가지여서 교육이나 관람 등에 사용되지 못하고 있다.

그림 6.111 장추 산섬회관張秋山陝會館

26) 관우를 모시는 사당.

(49) 장추 아랫갑문張秋下閘

역사 개관 명대에 양곡현에 설치한 여섯 개의 갑문 중 하나이다.[『京杭運河(聊城段)沿線文物調査報告』, 2003]

현황 및 특징 양곡현 장추진 하갑촌下閘村 서쪽, 아성진阿城鎮 송장촌宋莊村 동쪽, 윗갑문(上閘)과 남쪽으로 약 1,000m 떨어져 있는 갑문이다. 갑문과 배수로는 남북 길이 12m이며 동서의 폭은 8m이다. 현재 여러 곳이 파손되어 있다. 다리목에는 두 개의 석사자石獅子가 있는데 그중 하나의 머리 부분이 심하게 훼손되어 있다. 주변 전통 거리와의 조화는 보통이다.

가치 문물보호단위가 아니나 운하의 중요한 유적이다. 유관 기관과 개인에 의해 유지·관리되고 있다. 현재 주민들의 교통로로 이용되고 있다.

그림 6.112 장추 아랫갑문張秋下閘

(50) 장추 윗갑문張秋上閘

역사 개관 명대 영락 9년(1411)에 건설되었다.[『京杭運河(聊城段)沿線文物調査報告』, 2003]

현황 및 특징 양곡현 장추진 상갑촌上閘村 서쪽에 위치한 갑문이다. 석회암을 쌓아서 만들었으며 남북 길이가 10m, 동서의 폭은 13m이다. 갑문의 보조 축대 길이는 8m이다. 심하게 훼손되어 있으며 결실 부분이 많다. 갑문판은 이미 유실되었고 석수石獸는 아직 남아 있다. 주변의 전통 거리와의 조화는 보통이다.

가치 문물보호단위가 아니나 운하의 중요한 요충지였다. 해당 기관과 개인에 의해 보호되고 있다. 현재는 현지의 교통로로 이용되고 있다.

그림 6.113 장추 윗갑문張秋上閘

(51) 금제갑문金堤閘

역사 개관 건설된 시기는 분명치 않고 1940~1950년대에 개축이 이루어졌다.[『京杭運河(聊城段)沿線文物調査報告』, 2003]

현황 및 특징 요성시 장추진에 있는 갑문으로 운하가 요성으로 들어가는 제1통로이다. 갑문 폭은 3.8m, 높이는 7.4m이며 배수로의 길이는 100여 m이다. 수문댐은 주변에 있던 비석을 쌓아서 만들었는데 대부분 명대 성화 연간의 비석들이다. 일부 남은 예석의 필적은 아직도 선명하고 글자체에 힘이 있어 매우 높은 예술·역사적 가치를 가지고 있다. 주변 전통 거리와의 조화는 보통이다.

가치 문물보호단위가 아니며 지금도 교통로와 수위 조절 기능을 겸하는 수문식 교량으로 정상적으로 이용되고 있다.

(52) 경양강景陽崗

역사 개관 1973년 '용산문화龍山文化' 유적으로 지정되었다.(『陽谷縣誌』, 1991). 문화층의 퇴적 두께는 약 1.5m이다. 1994년 양곡현에서 3년의 시간과 1,156만 위안을 들여 경양강景陽崗을 수리·복원하면서 산신당山神廟, 손이랑점孫二娘店, 삼완불과강 호텔(三碗不過崗酒店), 경양강 문물전시관, 산문山門, 지하 궁전 등 20여 개의 관광 명소를 새로 더 지었다.[『中國歷史文化名城·聊城』, 1999]

현황 및 특징 장추진 경양강촌景陽崗村에서 서쪽으로 약 100m 지점에 있는 옛날 유적이다. 남북의 길이 250m, 동서 폭은 약 200m이다. 사당 앞의 비석에 '경양강景陽崗' 이라고 새겨져 있다. 옆에 있는 측백나무 고목과 잘 어울린다.

가치 성급 문물보호단위다. 현재 보호와 전시, 교육 등의 기능으로 활용되고 있으며 관광 자원으로 개발되고 있는 현내縣內 중요한 관광 명소 중 하나이다.

그림 6.114 경양강景陽崗

4 양제운하 구간

제녕濟寧 땅은 문汶[27]과 사泗[28] 두 강의 대수계大水系 중간에 위치하고 있어 "호수와 강으로 둘러싸이고 교통이 발달하여", "많은 인재들이 이곳으로 모인다"는 곳이다. 남북조 시대 북위 때부터 제녕은 계속 군郡, 현縣 등의 관청이 설치되었고 당대에는 2백여 년을 흥성한 도시였다. 원대에 운하가 관통한 이후, 운하의 북안北岸에 제녕토성을 쌓았으며, 관청도 나날이 승격되어 주州에서 부府로, 다시 로路[29]로 커졌다. 경항대운하가 남북을 관통하자 제녕은 "운하의 중심"이 되어, 남으로는 강회江淮[30]로 통하고, 북으로는 경기京畿[31]지방으로 이어지며, 남방에는 배가 있고 북방에는 말이 있어 만물·백화가 모였다. 높은 제방을 따라 배는 북쪽으로 가고, 시장은 온갖 물건과 강남에서 온 손님들로 넘쳐나면서 거리마다 사람들이 구름처럼 운집하고 그들이 떠드는 소리로 시끌벅적하였다. 그리하여 빠른 속도로 사람과 화물의 집산지, 세곡漕粮[32] 운송의 중계지가 되었다. 경항대운하가 있었기에 제녕이라는 도시가 생겨났다고 할 수 있다.[劉玉平, 賈傳宇等, 2003]

원대 이후에는 빈번한 세곡의 운반과 상품의 유통으로 운하 부근 지역 상품 경제의 발전이 촉진되었고 운하 연안의 항구와 부두 덕분에 수많은 도시가 형성되었는데 그중에서도 안산진安山鎮, 근구진靳口鎮, 원구袁口, 남왕진南旺鎮, 장구진長溝鎮, 노교진魯橋鎮, 남양진南陽鎮, 곡정진谷亭鎮, 하진夏鎮 등의 도시를 중심으로 유명한 9진鎮을 형성하게 되었다. 세상 풍파를 겪는 동안 경항대운하는 제녕에 수많은 역사·문화의 흔적을 남겼다.

(1) 태백루太白樓

역사 개관 원래는 당대의 하란 씨賀蘭氏가 경영하던 술집으로 이백이 술을 마시던 곳이다. 송, 금, 원대에서는 술집이 원형대로 보존되었으며, 명대 홍무洪武 24년(1391) 중수할 때 성곽 위로

---

27) §문수水, 문하河라고도 한다. 산동성 래무萊芜시 북쪽에서 발원하여 제수濟水로 유입된다.

28) §사수泗水, 사하泗河라고도 한다. 산동성 사원四原에서 발원하여 회하淮河로 유입된다.

29) §로路는 송·원대의 행정 구역이었는데, 송나라의 로는 명·청대의 성省에 해당하며 원대의 로는 명·청대의 부府에 해당한다.

30) §강회江淮, 장강長江 중하류와 회하淮河 유역.

31) §당대에 수도와 인근 지방을 일컫는 말.

32) §조세로 징수되던 곡식.

이전하여 '태백루太白樓'라 하였다. 1952년 옛 성곽 위에 중건하였다. 내부에는 송, 금, 명, 청, 민국 시기 역대 문인 묵객들의 시가·가부歌賦와 건륭乾隆의 〈등태백루登太白樓(태백루에 오르다)〉가 새겨진 비각 60여 개가 있다. 1987년에 이 누각을 '이백 기념관'으로 개조하였다.[『제녕시 중구지(濟寧市中區誌)』, 1999]

현황 및 특징 제녕시 중구中區 태백중로太白中路에 있으며 중건 후의 태백루는 4,000m^{2}의 면적에 누각의 본체를 이층으로 하고, 벽돌과 목재를 사용하여 겹처마에 팔작지붕의 구조로 건축하였다. 보존 상태는 비교적 양호한 편이다. 현재는 이백기념관으로 사용되고 있으며 이백의 비석, 사진 등의 자료가 진열되어 있다. 제녕의 상징적인 문물 유적이며 문화 휴식의 중심이면서 관광 명소 중의 하나이다. 주변은 상업 용지와 휴식 광장, 주거지이며 건축물의 풍격과 이백루가 잘 어울린다.

가치 제녕운하의 중요한 상징물 중의 하나이며 높은 역사적 가치를 가지고 있다.

그림 6.115 태백루太白樓

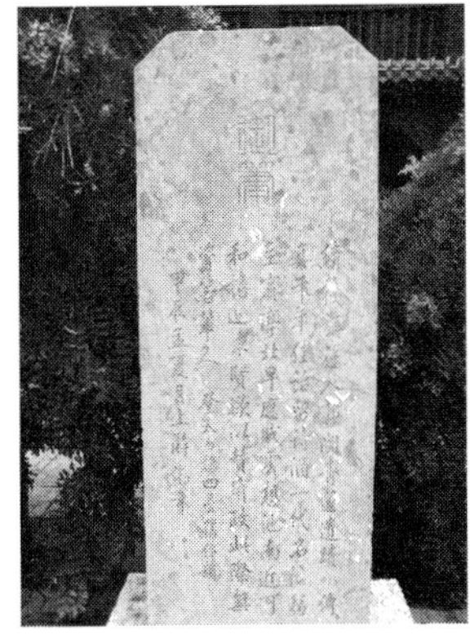

그림 6.116 태백루 어비太白樓御碑

그림 6.117 태백루 장관비太白樓壯觀碑

(2) 동대사東大寺

역사 개관 명대 선덕(1426~1435) 연간에 건축이 시작되어 역대 왕조에서 계속 조금씩 규모가 확대되다가 청대 건륭乾隆 연간에 현재의 규모가 되었고 1980년 이후 전면적인 수리가 진행되었다.

현황 및 특징 제녕시 남관南關 회족回族 거주지 내에 있다. 규모가 매우 큰데 전체 사원의 대지 면적은 6,200m^{2}가 넘고 건축 면적만 해도 4,518m^{2}이상이다. 건물 배치는 서쪽에 앉혀져서 동향으로 배치되었는데 주요 건축물로는 패방石坊, 대문大門, 방극정邦克亭, 본전大殿, 망월루望月樓, 후문패루後門牌樓가 동서 방향으로 배열되어 있고 좌우로 강당과 수방水房[33] 등이 있다. 본전大殿의 건축 면적은 1,057m^{2}이고 가장 넓은 곳은 길이 27.5m, 깊이 41.5m이다. 1.3m의 기단 위에 건축되었으며, 내부에는 40개의 주홍색 나무기둥과 12개의 석주石柱가 받치고 있다. 본전은 권붕전捲棚殿[34]과 전전前殿 그리고 후요전後窯殿의 세 부분이 탑처럼 연결되어 있는데 후요전은 3층의 누각으로 되어 있고 윗부분은 6각 우산 모양으로 지붕을 덮었다. 높이는 30m이며 꼭대기에는 도금을 한 청동 찬첨[35]을 장식했다.[『濟寧東大寺』, 2001] 아직까지 제녕시 이슬람교 활동의 중요한 장소이며 산동 서남 지역 이슬람교 활동의 중심이다. 옛 운하변에 있으며 강변에는 수양버들이 하늘거린다. 주변은 주거지와 상업 지역으로 현대식 건축물이 들어서서 주변 환경과 그다지 조화를 이루지 못하고 있다. 후문에 원래는 유명한 죽간거리(竹竿巷)가 있었으나 지금은 철거되고 고건축을 모방한 건물들이 들어선 상업 거리가 조성되었다.

가치 제녕운하 문화는 이슬람문화의 대표이며 운하 주변 지역 이슬람사원과 이슬람교 활동 상황에 대한 연구에 있어서 가치가 높다.

33) §세면장 혹은 온수를 공급하는 장소 또는 물을 저장하는 장소를 통칭하는 말.

34) §권붕捲棚, 중국의 건축용어로, 팔작지붕이나 맞배지붕, 우진각지붕의 용마루에 기와를 얹지 않고 그냥 밋밋하게 곡면으로 해서 앞뒤의 지붕면을 잇는 형식을 말한다.

35) §중국 건축에 있어서 지붕의 한 형식. 옛날에는 투첨鬪尖이라 함. 정방형, 다각형 또는 원형 플랜으로 건물에 시공된 추형(송곳 모양)의 지붕.

그림 6.118 동대사 정문東大寺前門

그림 6.119 동대사 후문東大寺後門

그림 6.120 동대사 본당東大寺大殿

(3) 죽간거리竹竿巷

역사 개관 명말·청초부터 형성되기 시작하여 산동 서남부까지 확대되어 이 일대 사람들 사이에 유명한 '제녕죽간항濟寧竹竿巷'(『제녕고대간사(濟寧古代簡史)』, 2003)은 강에 인접한 강남江南 소주蘇州의 가항街巷과 닮았다. 보통 말하는 죽간항은 죽간항을 비롯하여 지방가纸坊街[36], 한석교漢石橋, 지점가纸店街와 청평항清平巷, 타승항打繩巷, 영풍항永豐巷, 대갑구하남가大閘口河南街 일대의 연하沿河 지역을 일컫는데, 과거에 이곳은 제녕 수공업이 밀집되고 상업이 가장 발달한 곳이었다. 제녕에서는 대나무를 심지 않지만 원대에 운하가 개통된 이래로 절강모죽浙江毛竹, 고죽篙竹, 황죽黃竹, 반죽斑竹, 연간죽煙桿竹 등 남방의 대나무들이 모두 운하를 통해 북방으로 운송되었고, 제녕은 큰 항구였기에 자연히 죽공예품을 비롯한 많은 상품들이 이곳에서 교역되었다. 따라서 제녕은 빠른 속도로 산동에서 가장 큰 죽공예품 시장이 되었으며 그중에서도 죽간항에서 집중적인 교역이 이루어졌다. 청대 말기에 이미 37개, 민국 시기에 60여 개, 일본 침략 직전에는 130여 개의 죽공예 공장이 있었으며 현재까지도 죽간항은 제녕시 죽공예 산업의 본거지이다. 남방의 대나무를 이용하는 죽장竹匠[37]의 건축 방식과 백 년이 넘는 경험을 축적한 북방의 미장공泥瓦匠[38] 방식이 끊임없이 교류·상호 발전하여 청대에 이르러 이 일대의 건축은 제녕 내의 다른 지역과 확연하게 달라졌다. 강남의 풍격과 북방의 멋이 더해져서 '강북의 작은 소주'로 불리게 된 것이다.[『제녕운하문화(濟寧運河文化)』, 2003]

현황 및 특징 과거의 건물은 모두 철거되고 옛 건축 방식을 모방한 전통 거리를 새로이 복원하여 제녕시 죽공예품 시장의 본거지라는 명성을 지금까지도 이어가고 있다.

가치 제녕운하의 상업과 수공업 문화를 대표하며 운하 주변 지역에서 발흥한 수공업·상업 용품 연구와 관련해 중요한 가치를 지니고 있다.

그림 6.121 죽간거리竹竿巷

36) §지방纸坊: 수공으로 종이를 만드는 곳.

37) §대나무를 이용하여 생활용품을 만들거나 건축을 하는 기술자.

38) §벽돌을 쌓고, 벽면 미장을 하고, 기와를 얹는 종류의 일을 하는 기술자를 총칭하는 말.

(4) 안산갑문安山閘

역사 개관 명대 성화成化 8년(1472)에 건설되었으며 안산진安山鎭에 위치하고 있어서 안산갑문이라 불리게 되었다. 갑문을 건설하는 과정은 복잡하고 세밀한 공정이 필요하다. 하천의 물을 수문 바닥까지 안정적으로 공급하기 위해서 수문 바로 밑에 1~2m 길이의 편백나무 말뚝을 촘촘히 박고 말뚝 위에 초산을 바른 종이(火紙)를 깔고 그 위에 다시 평평하게 홍예 기석基石을 쌓았다. 기석의 두께는 0.3m, 크기는 2~3m²이다. 수문구는 동서 방향을 향하고, 댐 본체는 남북 방향으로 향하여 서로 마주하는 모양새로 건설되었고, 수문구의 너비는 4m, 동서 수문 벽의 폭은 11m이다. 그리고 남북으로 수문구를 따라서 표준적인 규격의 큰 돌을 평평하게 깔았는데, 이 돌들은 강 아래를 향해 약간 기울어져 있어 벽석壁石의 장력과 교량의 안정성을 높여 준다.

현황 및 특징 안산갑문의 대부분 건축물은 원래의 모습을 유지하고 있으나 갑문의 상부만을 다리의 상판으로 개조하여 사용하고 있다. 옛 갑문 축대 양측의 제비날개와 갑문 내부 물막이 돌의 돌출부는 원형 그대로이다.

가치 운하 연안에서 중요한 수리공정 건축이며 고대 수리공정 발전의 산증거물로 중요한 연구 가치가 있다.

그림 6.122 안산갑문安山閘

(5) 안산운하 옛 제방安山運河古堤

역사 개관 안산갑문의 부설附設 공정은 안산갑문이 갖는 역사적 연원과 함께, 분망한 부두로 한 때 명성이 높았다. 안산진安山鎭은 운하의 제녕~동창부東昌府 구간 내에서 가장 큰 부두 도시로 경제가 매우 번창하였고, 주변 백리(50km) 안에서도 으뜸이었다. 옛 시내 안에 1.5km 길이의 거리가 운하와 나란히 건설되었는데, 운하 남안에 3~4백 호의 농가와 선가船家[39], 어가漁家가 있었으며 운하 북안에 6~7백 호의 농상 창고업소 및 중매업소, 숙박업소 등이 있었다. 안산갑문 바로 옆이 1,5km에 달하는 거리의 동쪽 끝이며 번화가이다.[劉玉平, 賈傳宇等, 2003]

현황 및 특징 이미 완전히 중건되었으나 옛 유적의 흔적이 약간 남아 있다.

가치 운하 연안의 중요한 수리공정 건축이며 고대 수리공정 발전의 증거로 중요한 연구의 가치가 있다.

그림 6.123 안산운하 옛 제방安山運河古堤

39) §뱃사공이나 짐꾼 등과 같이 배에 의지해서 사는 사람들의 집.

(6) 근구 옛 운하갑문靳口古運河閘

역사 개관 원대에 건설되어 역대 왕조에서 수리와 보강을 하였다. 운하의 수문댐은 모두 돌을 쌓아 축성하였는데, 먼저 운하의 양안에 각각 5~7m 길이의 교각을 세우고 교각의 위아래에 八자 모양의 날개를 쌓고 교각의 돌에 홈을 만들어 그 홈에 나무를 포개 만든 갑문판을 끼워 넣는다. 수문의 폭은 6~8m의 직사각형이고 관리원이 축을 돌려 감아올리는 방식으로 갑문을 열었다.[劉玉平, 賈傳宇等, 2003]

현황 및 특징 양산梁山의 동쪽, 양산 현성에서 15km 떨어진 곳에 양산, 동평東平, 문상汶上 등 3개 현이 교차하는 지점에 위치하여 원래 운하로 이름난 도시 근구靳口 안에 있었으나 현재는 흔적을 찾을 수 없다.

가치 운하 연안의 중요한 수리공정 유적이며 고대 수리공정 발전의 증거로 중요한 연구 가치가 있다.

그림 6.124 근구 옛 운하갑문靳口古運河閘

(7) 원구 옛 운하갑문袁口古運河閘

역사 개관 명대 정덕正德 원년(1506)에 원구에서 수량을 조절하는 갑문을 만들기 시작했는데, 이곳은 매년 홍수 때까지 남방과 북방의 배들이 번번하게 드나들었다. 육지 교통으로는 동서 방향의 역로驛路가 있어서 동쪽으로는 문상汶上, 연주兗州까지 이어지고, 서쪽으로는 수박양산水泊梁山[40], 운성鄆城, 견성鄄城까지 이어진다.[劉玉平, 賈傳宇等, 2003]

현황 및 특징 이미 존재하지 않으며 유적지에는 1칸 홍예 석교가 건설되었다.

가치 운하 연안의 중요한 수리공정 유적이며 고대 수리공정의 수준을 보여주는 현장으로 중요한 연구 가치가 있다.

그림 6.125 원구 옛 운하갑문袁口古運河閘

40) §산동성 서남부의 양산현梁山縣에 있으며 전체 면적 3.5km²이며 양산梁山, 청룡산青龍山, 봉황산鳳凰山, 귀산龜山 등 4주봉主峯과 호두봉虎頭峰, 설산봉雪山峰, 적산봉郝山峰, 소황산小黃山 등의 7개의 봉우리로 이루어져 있다. 산세가 험준하고 수려한 중국의 AAAA급 관광지이다. 고전소설 『수호전水滸傳』의 공간적 무대이다.

(8) 개하 옛 운하갑문開河古運河閘

역사 개관 원대부터 건설하기 시작하여 역대 왕조에서 중건되었다. 이 갑문의 영향으로 운하상의 중요한 도시가 형성되었다. 부근에서 발견된 개하開河 석비에 명대에 개하 옛 갑문의 중건에 관한 기록이 새겨져 있다.

현황 및 특징 이미 다리로 바뀌었으며 석비는 여러 곳이 파손되어 있으나 비교적 원형을 유지하고 있다.

가치 운하 연안의 중요한 수리공정 유적으로 석비에 운하의 중건과 관련한 내용이 기록되어 있다. 고대 수리공정의 수준을 보여 주는 증거이며 중요한 연구 가치가 있다.

그림 6.126 개하 옛 운하갑문開河古運河閘

(9) 남왕분수 용왕사당南旺分水龍王廟

역사 개관 명대 영락永樂 연간(1403~1424)에 건설되기 시작하여 청대까지 여러 차례 중건되어 사당이 집중된 건축군이 되었다. 용왕사당 대전龍王廟大殿을 포함하여 대회당戲樓, 우왕전禹王殿, 수명루水明樓, 송례사宋禮祠, 백영사白英祠, 관우 사당關帝廟, 관음각觀音閣, 모공사莫公祠, 문공사文公祠, 마책사당蚂蚱廟과 승려 선실 등 10여 개의 건물이 지어졌고, 남북 길이 220m, 동서 너비 255m, 대략 56,100m²의 대지 중 건축 면적은 9,338m²를 차지하고 있다. 용왕사당 대전은 명대 영락永樂 연간에 지어졌으며, 송공사宋公祠, 백영사白英祠는 명대 정덕正德 7년(1512), 우왕전과 수명루는 청대 강희 18년(1679) 5월에서 19년 10월 사이에, 모공사는 청대 가칭嘉慶 연간(1796~1820), 관음각은 청대 도광11년(1831), 마책신사당蚂蚱神廟은 청대 함풍咸豐 8년(1858)에 지어져 건축 연대와 양식이 모두 다르지만 사찰 내 건축물의 배치가 상당히 조화로우며 서로 교차하고 있어 명·청 시기 사찰 건축의 대관원大觀園[41]이라고 할 수 있다. 건축군 근처 수백 미터 지점에 네 개의 흙산이 우뚝 솟아 있는데 높이는 60m로 건축군을 향해 인사를 하는 모양으로 네 산이 호위하는 형태를 보인다. 용왕사당 건축군의 위치는 운하 오른쪽 하안으로 네 개의 대문이 직접 운하를 마주보고 있으며 기세가 뻗어나가는 모양새이다. 사나운 문수汶水가 동쪽에서 서쪽으로 흘러와서 대운하와 T자 모양으로 합류하기 때문에 물길의 충격을 막기 위해 높이 4m, 길이 220m의 돌 언덕을 쌓았고 네 개의 대문으로 이어지는 계단을 만들어 관원과 상인이 이곳에서 배를 내려 올라올 수 있게 하였다. 강변에는 8개의 거대한 돌짐승이, 돌 제방 아래에는 12개의 돌 말뚝이 세워져 있어 배를 묶을 수 있게 되어 있다.[劉玉平, 賈傳宇 等, 2003]

현황 및 특징 현재 존재하는 것은 우왕전, 송공사, 관제사당, 관음각, 문공사, 마책신사당 등의 건축물과 관음각 뒷벽에 있는 비늘로 덮인 네 개의 긴 다리를 가진 괴수 벽화와 비이다. 현존하는 모든 건축물은 모두 심하게 훼손되어 있다.

가치 남왕분수南旺分水 공정의 기념비적 건축군이며 잔존하는 건축물의 풍격이 다양하고 규격화 수준이 비교적 높으며, 고대 건축에 대한 연구에 일정한 가치가 있다.
남왕분수 공정은 고대 노동자들이 완성한 위대한 공정으로, 제녕 일대 고지대인 '운하 등뼈' 구간의 복잡한 수리 기술의 난제를 해결한 고대 수리공정 발전의 현장이다. 따라서 공정 기술 연구에 있어서 중요한 가치가 있다.

41) §대관원大觀園: 청대의 소설 『홍루몽』에 나오는 화려한 정원.

그림 6.127 남왕분수 용왕사당南旺分水龍王廟

(10) 유림갑문柳林閘

역사 개관 명대에 건설된 운하 연안의 또 하나의 대규모 갑문이며 남왕분수 공정의 일부이다. 부근에 있는 청대에 세운 석비에 운하를 이용하여 양식을 실어 나른 기록이 있다. 남왕분수구南旺分水口를 만든 후 용수의 절약을 위해서 그로부터 남북 양쪽으로 2.5km 지점에 십리갑문(十裏閘)과 유림갑문(柳林閘)을 각각 만들어 남왕분수를 통제·조절하였다. 북쪽에 물이 부족하면 유림갑문을 통제하며 십리갑문의 갑문을 열어 북쪽으로 물을 보내고, 반대로 남쪽에 물이 부족하면 십리갑문의 문을 잠그고 유림갑문의 문을 열어 남쪽으로 물을 보냈다.[劉玉平, 賈傳宇 等, 2003]

현황 및 특징 다리로 개조되어 사용되고 있으며 석비는 심하게 파손되어 글자의 내용이 분명치 않다.

가치 남왕분수 공정의 일부분으로 수리공정 기술 연구 분야에서 중요한 가치가 있다.

그림 6.128 유림갑문柳林閘

(11) 장구갑문長溝閘

역사 개관 명대에 처음 건설하기 시작하여 역대 왕조에서 보수·중건하였으며 나중에 다리로 개조하였다. 이곳도 갑문이 있어서 운하 상의 중요한 도시로 발전한 곳이다.

현황 및 특징 이미 존재하지 않는다.

가치 남왕분수 수리공정의 일부분으로 운하 연안의 중요한 수리공정 유적이며 고대 수리공정 발전의 증거로 중요한 연구 가치가 있다.

그림 6.129 장구갑문長溝閘

(12) 십리갑문十裏閘

역사 개관 명대에 건설된 운하 연안의 큰 갑문이며 남왕분수 공정의 일부분이다. 근처에서 발견된 청대의 석비에 운하 조운漕運과 관련한 기록이 있다. 남왕분수 건설 후 용수의 절약을 위하여 남북 각각 2.5km 지점에 십리갑문과 유림갑문을 설치하여 남왕분수를 조절·통제하였다. 구체적인 조작 내용은 앞의 '유림갑문' 참조.

현황 및 특징 신중국 건국 후에 2칸 홍예교로 개조되었지만 다리의 기초에는 아직도 옛 갑문의 모양이 남아 있다.

가치 남왕분수 공정의 일부분으로 수리공정 연구 방면의 높은 가치가 있으며 고대 노동자들의 지혜의 상징이다.

그림 6.130 십리갑문十裏閘

5 남사호 구간

5.1 남양진 옛 운하南陽鎮老運河

남양진은 남양호南陽湖, 소양호昭陽湖, 독산호獨山湖, 세 호수의 경계이면서 수륙 교통의 요지이며 경항대운하가 관통하는 지점에 있다.

원대 지순至順 2년(1331)에 사수泗水와 경항대운하가 만나는 곳에 갑문을 건설하여 남양갑문이라 하였다. 남양 옛 운하는 명대 가정嘉靖 45년(1566)에 착공을 시작하여 남양에서 유성留城 구간까지의 공정을 용경隆慶 3년(1569)에 준공하였다.(『運河名鎮~南陽』, 2001). 명대 중기에 이르러 남양은 이미 진鎮이 되었고 '조운신거漕運新渠'[42]가 개통 이후 남양진은 수상 운수와 상품 교역의 교차점이자 중요한 상업 부두가 되었다. 남북방에서 오는 각종 상품들이 남양에 집중되면서 남양의 수운은 빠르게 번영, 발전하는 기회를 얻게 된 것이다. 청대 초기에는 육지 위 호수 한가운데 섬으로 변모하였다.[『濟寧運河文化硏究』, 2002]

남양진에는 황궁소皇宮所, 황량점皇粮店, 관우사당關帝廟, 괴성루魁星樓, 문공사文公祠, 우사당禹廟 등 곳곳에 문물과 유적이 산재해 있었으나 항일전쟁과 문화대혁명을 거치면서 상당수 파괴되고 현재는 소수의 역사 유물만이 남아 있다.

---

42) §명대 가정 44년~융경 원년(1565~1567) 사이, 북쪽의 남양南陽(원래 연주부兗州府 어태현漁臺縣, 지금의 미산현微山縣)에서 남쪽으로 유성留城(당시에는 남경南京 패현沛縣에 속했으나 명대 만력萬曆 연간에 미산호微山湖에 수몰되었음. 미산도微山島 남쪽 3km 지점)까지 총 70.5km의 새로운 운하가 건설되었는데 이를 조운신거(양식을 나르는 새로운 운하)라고 불렀다. 하진신운하夏鎮新河 또는 남양신운하南陽新河라고도 부른다.

(1) 남양 이슬람사원南陽清真寺

역사 개관 명대에 건축하였으며 약 0.2hm²의 면적을 차지하고 있다. 원래는 남북의 강당과 대전大殿, 망월루 등이 있었으며 대전은 9칸, 망월루는 1칸, 정전대문正殿大門 12선[43]이었다. 본당의 지붕은 두공을 받쳐 귀마루가 하늘로 치솟아 있으며飛檐[44] 장엄한 맛이 있다.[『運河名鎮——南陽』, 2001]

현황 및 특징 남양진의 중심부에 있으며 현재는 보통의 민가로 변했다. 대문은 동향이며 문의 양측에 석사자가 한 마리씩 앉아 있고, 아직 남아 있는 방 한 칸의 보존 상태는 비교적 양호하며 나머지는 중건하였다. 주변은 전통 거리와 행정·사무구역, 주거 지역 등으로 건축물의 양식이 대체로 일치하며 전체적으로 조화로운 편이다.

가치 운하 부근 회교들에 대한 연구에 중요한 의의가 있으며 남양진의 발전과 번영의 산증거로서 역사적 가치가 있다.

그림 6.131 남양 이슬람사원 대문南陽清眞寺大門

그림 6.132 현존하는 남양 이슬람사원 방 南陽清眞寺殘餘一間房

43) §선扇: 중국어에서 창문이나 문을 세는 단위.

44) §비첨飛檐혹은 비우飛宇, 중국 고대 건축 양식의 일종으로 서까래 끝에 부연을 달아 기와집의 네 귀가 높이 들린 처마를 가리킴.

(2) 남양진 동서 옛 상업 거리와 옛 민가 구역南陽鎭東西古商業街古民居區

역사 개관 옛날의 남양진은 상업 부두로 명성을 얻었고 명·청대에 호황을 누렸던 '경광백잡화京廣百雜貨'45)가 모이고 분배되는 상업 부두였다. 이곳에는 다양한 산업이 발달하였는데 양식과 관련된 것만도 12곳의 양곡상과 소금 상회皇家盐店)46)가 있었으며 문화도 번성하여 연극을 관람하는 대회당과 찻집 등도 많았다. 시내의 상업 지역은 약 2km의 동패방 거리東牌坊街)와 북소정자가北小井子街)로 'L'자형이며 석회암으로 포장하였다. 양측에 가득 들어선 가게들은 대부분 청벽돌과 목재로 지어졌고 중간 중간에 2층으로 된 술집과 식당이 10여 군데 있는데 아래에는 돌계단을 쌓고 위에는 처마를 올렸다.[『運河名鎮~南陽』, 2001]

현황 및 특징 현재 거리 구역의 석회석 노면은 아직 완전하게 보존이 되어 있으나 양측의 가게들은 낡아서 일부 건축물은 개축하였다. 주변은 전통 거리, 행정·사무용지, 주거지, 시 정부의 공공시설 용지이며 건축 형식이 비교적 일정하고 전체적으로 조화로운 편이다.

가치 운하의 공·상업과 남양진 역사와 관련된 연구에 중요한 가치가 있으며 보존 상태가 비교적 완전하다. 관광 개발의 잠재 가치가 있다.

그림 6.133 남양진 동서 옛 상가 거리와 건축물들南陽鎮東西古商業街及建築

45) §북경(京)과 광동(廣)의 백가지 잡화라는 뜻으로 '세상의 모든 물건'을 의미한다.

46) §당시의 소금은 국가가 생산과 유통을 엄격하게 관리하고 있었다.

(3) 옛 운하 잔여 물길古運河殘道

역사 개관 원대부터 파기 시작한 운하는 남양진을 세로로 가로지르는데, 명대 가정 44년에 굴착을 시작한 조운신거漕運新渠는 남양진을 북쪽 기점으로 하고 있고, 남양진의 중심 운하는 다시 조운신운하漕運新河의 기점이 되었다. 신중국 건국 후에 새로 굴착하기 시작한 경항대운하의 호수 구간 또한 남양도南陽島의 북측을 관통한다.

현황 및 특징 남양진의 중심부에서 남북 방향으로 관통하며 운하의 양측은 돌층계를 쌓고 내륙 부두를 건설하였다. 부두에서는 물을 길을 수 있고 빨래를 할 수 있으며 배의 정박과 교역도 가능하다. 현재 옛 운하의 잔여 물길은 비교적 완전한 상태로 보존되고 있으나 주민 주거지에서 운하 양안을 잠식하고 파괴하는 행위가 점점 심해지고 있다. 주변은 전통 거리 구역과 행정·사무용지, 주거지, 시 정부의 공공시설 용지 등이며 전통 거리와 운하의 풍경이 비교적 조화를 이루고 있다.

가치 제녕운하 전 구간에서 유일하게 흙으로 침적되지 않은 구간으로 중요한 역사적 가치와 관광 개발의 잠재력을 가지고 있다.

그림 6.134 남양 옛 운하의 잔여 물길南陽古運河殘道

(4) 신운하 신묘新河神廟

역사 개관 원래는 운하 남안, 즉 현재의 남양중·고등학교에 있었다. 명대 융경 2년(1568) 공부工部47) 상서尙書48) 주형朱衡과 도어사都御史49) 반계순潘季馴이 남양 신운하를 파기 시작하면서 지주知州50) 경일원景一元, 판관判官51) 정몽릉鄭夢陵이 중건한 후, 신운하 신묘는 북쪽에 전용 면적 500m²로 지어졌다. 명대 만력 연간에 신운하 신묘와 함께 남양서원南陽書院도 중수되었다. 원래 있던 석비 8기 중 2기가 용두비이다.[『運河名鎮~南陽』, 2001]

현황 및 특징 신묘와 원래의 석패는 모두 존재하지 않고 중수한 신운하 신묘의 석비가 존재하는데 그중 돌거북은 무게 10톤으로 현재 남양중·고등학교 교정 안에 있다.

가치 남양 신운하의 굴착은 운하 역사상 상당히 중요한 전환점에 해당하는데 신운하 신묘는 이 기간의 역사를 증거하고 있는 중요한 의의를 지닌다.

그림 6.135 신운하 신묘의 잔존 석비
新河神廟残存石碑

47) §공부工部, 수·당 시기부터 청대까지 설치된 중앙 행정 기구인 육부의 하나로 나라의 공사, 교통, 수리, 둔전屯田 등을 관장하였다.
48) §명·청대 각부의 최고 행정 장관.
49) §도어사都御使, 명대 도찰원都察院의 장관, 좌·우도어사가 있었다.
50) §지주知州, 명·청대 주州의 일급 행정 수장.
51) §판관判官, 지방 관리의 공부를 돕던 관리.

(5) 남양갑문南陽閘

역사 개관 원대는 원 19년(1282)까지 제녕에서 수성須城[52]에 이르는 제주운하濟州河를 굴착하면서 제녕에서 패현沛縣까지의 구사수古泗水운하 상에 14개의 갑문을 건설하였다. 그중 남양갑문을 만들 때에는 나무 구조로 만들었으나 명대 선덕宣德 7년(1432)에 널판 갑문으로 바꾸었다가 다시 석石갑문으로 개조하였다. 청대 건륭 3년(1738)에 다시 수리하면서 윗부분에 2겹의 돌을 더 올렸는데 너비는 2장 2척(1장은 3.33m, 1척은 0.33m), 높이는 1장 9척 2 촌(1촌은 3.3cm)이다. 1958년에 허물어졌다.[『運河名鎮~南陽』, 2001]

현황 및 특징 현재는 갑문의 하부 토대만 존재하며 다리로 건설되었다.

가치 운하의 역사에서 상당히 중요한 수리공정 관련 건축물이며 그에 상응하는 역사적 가치가 있다.

5.2 미산현 옛 운하微山縣老運河

명대 가정 말년에 하진夏鎮에서 남양까지 연결되는 운하가 개통되면서 하촌夏村에 내륙 부두가 설치되고 공·상업이 날로 번창하여 융경 3년에 진鎮으로 승격되었다. 운하는 서북 방향에서 동남 방향을 향해 구불구불 이어지는데 내륙 수운이 흥성함에 따라 수상의 건축물에도 사람들이 집중적으로 거주하기 시작하면서 물줄기를 따라 긴 촌락이 형성되었다. 상업과 교역이 흥성하자 하진은 주위 수백 리 안에 있는 상업 화물의 집산지가 되었다. 아쉬운 것은 운하가 크게 발전할 당시의 역사 문화유산이 대부분 사라지고 극히 일부의 흔적만이 남아 있다는 것이다.

노교魯橋는 운하 상의 오래된 도시이다. 당대에 이미 사수 운하 상의 중요한 진이어서 남방의 배들은 이곳을 통해서만 북상했고, 모두 '차황행운借黃行運'[53]이라 하여 서주徐州에 도착한 후 사수 운하에서 노교로 거슬러 올라가서 다시 문사수로汶泗水道를 따라 북상하였다. 원대에 회통하會通河[54]가 개통되고 노교는 부두에 접한 도시가 되었고 명대부터 상업이 흥성하기 시

52) §현재의 산동성 동평현東平縣 부자파埠子坡.

53) §대운하 구간 중에서 황하의 물길을 이용하여 운항하는 구간을 가리킴.

54) §회통하會通河: 처음에 회통하의 범위는 임청에서 수성須城을 지칭하는 것으로 비교적 좁은 지역을 가리켰으나 명대에 이르러서는 범위가 확대되어 임청, 회통진會通鎮 이남~서주차성徐州茶城 혹은 하진夏鎮 이북

작하였다. 청대 이후에는 시내의 운하 양안에는 상점과 점포가 빽빽하게 들어섰고 1.5km에 달하는 상업 지구가 형성되었으며 제녕 지구 남부의 중요한 상업 화물 집산지가 되었다. 노교진의 역사·문화에 대한 자세한 고찰은 아쉽게도 답사 노선과 시간의 제약으로 인해 누락되었다.

(6) 갑구교閘口橋

역사 개관 역사상의 중요한 갑문으로 운하를 왕래할 때 사용되었으며 인근 지역은 하진의 전통 상가가 되었다.

현황 및 특징 미산현微山縣 하진夏鎭의 구도심 가운데 있으며 1990년 옛 갑문의 자리에 새로이 1칸 홍예 석교를 건설하였다. 석교의 몸체는 보존이 완전하며 길이는 대략 30m, 폭은 6m로, 하진 옛 운하의 일풍경一景을 이룬다. 주변은 전통 거리, 주거지, 공공시설용지 등이며 전체적으로 옛날 진과 운하의 풍경이 비교적 조화롭다.

가치 운하 역사에서 중요한 수리공정 건축물이며 하진의 흥성과 운하의 역사를 한눈에 보여주는 현장이다.

그림 6.136 미산현 하진 갑구교微山縣夏鎭閘口橋

의 운하까지를 모두 일컫게 되었다.

(7) 여공당 춘추각呂公堂春秋閣

역사 개관 명대에 건설하여 후대에 여러 차례 개조·중건하였다.

현황 및 특징 옛 운하의 바로 옆, 한 소학교 교정 안에 있다. 벽돌과 나무로 지어진 2층 건물이다. 청벽돌을 사용하였고 지붕은 겹처마이다. 현재는 건물 두 채만이 남아 있는데 주전主殿은 1, 2층 모두 완전히 보존되어 있고 다른 건물은 심하게 파손되었다. 두 기의 석비에 이 누각의 유래와 재정 기부자, 변천 등에 관한 기록이 있다. 주변은 전통 거리, 거주지, 소학교 등이며 주변 환경과 비교적 조화를 이룬다.

가치 옛 운하 변의 역사 유적으로 그 역사적 가치에 대해 더 깊은 연구가 필요하다.

그림 6.137 여공당 춘추각과 비呂公堂春秋閣及碑

(8) 중자사당仲子廟

역사 개관 당대 개원開元 7년에 임성현任城縣 현령縣令 하성賀姓이 공자가 제자 중자를 얻은 것을 기념하기 위해 창건하였으며 송대, 명대, 청대 등의 왕조에서 여러 차례에 걸쳐 확장·중건하였다. 동서의 길이는 100m, 남북의 폭은 40m이며 배치가 치밀하고 소박하며 내부에는 강희, 옹정, 건륭이 하사한 편액과 대련이 있다. 현재의 사당은 명·청대에 중수한 것이다.[『微山縣誌』, 1997]

현황 및 특징 노교진 중천촌仲淺村 안에 있다. 동향이며 사당 뒤쪽 150m지점에 남사호南四湖댐이 있고 앞에는 옛 운하가 북쪽에서 남쪽 방향으로 흘러가고 있다. 오래된 홍예 석교가 사당 앞을 흐르는 운하 위에 놓여 있다. 현존하는 본당은 5칸, 대청穿堂은 3칸, 침전寢殿은 3칸으로 이층으로 되어 있고 남북에 무庑는 각각 5칸이 있다. 1984년, 2000년에 각각 중수하였다. 주위에 담장을 둘러 주변 민가와 격리되어 있으며 필자가 답사를 할 당시에는 수리 중이었다.

가치 역사가 오래되어 많은 문인 묵객이 여기에 시가詩歌와 가부歌賦를 남겼다. 옛 운하의 강변에 있으며 하진 옛 운하의 길고 깊은 역사와 문화를 이어받고 있다.

그림 6.138 중자사당仲子廟

(9) 성모샘과 비圣母池泉群及碑

역사 개관 명대는 운하의 수량 부족 문제를 해결하기 위해 샘물을 제녕운하로 끌어들이는 조치를 취하였다. 미산현 봉황산 남쪽 기슭 복희사당伏羲廟 뒤편에 여섯 개의 맑은 샘이 있고 그 샘가에 8기의 명·청대 석비가 세워져 있는데 그중 한 석비 윗부분에 "성모의 샘圣母池泉"이라고 새겨져 있다. 이 석비에 의하면 샘물이 서남 방향으로 흘러가서 남양갑문을 통해 운하로 유입된다는 것을 알 수 있다. 또한 당시 운하 수리水利를 책임지던 관리들이 운하의 수원 확보를 위해서도 애를 쓴 것을 엿볼 수 있다.

현황 및 특징 현재 이 샘의 수질은 그리 좋지 않지만 물속에서 샘물이 솟아나오는 것을 볼 수 있다. 주변에는 잡초가 우거져 있고 샘은 담장으로 둘러싸여 주변의 산, 농지와 격리되어 있다.

가치 당시 운하의 수량水量 공급에 중요한 역할을 하였으며 그 역사적 가치가 크다.

5.3 태아장 옛 운하臺兒莊老運河

태아장臺兒莊운하는 강소와 산동의 경계 지점에 있으며 명대 만력 21년(1593)부터 만력 32년(1604)까지 10여 년에 걸쳐 수로를 4차례 바꾸는 대공사 끝에 준공된 중요한 성과물이다. 조운이 원활해지자 태아장은 내륙항이 되었고 청대의 강희·건륭 연간에 태아장운하의 조운은 최고의 호황기를 맞았다. 이곳은 조운의 중추 지역이었을 뿐만 아니라 수륙 교통이 편리하고 강소와 산동, 하남, 안휘에서 강회江淮, 절강, 상해 지역에 이르는 중요한 화물의 집산지이며 사람과 물류의 유통이 활발하여 각지 상인이 운집하는 곳이었다. 유명 상점과 가게가 들어서고, 운하에는 선박의 왕래가 빈번하여 온통 번영·발전하는 형상이었다. 황제의 유람이나 순행이 이루어지고, 민간 문화, 조운 경제, 술·음식 풍습 등이 축적되어 풍부하고 농후한 운하 문화를 형성하였다. 그러나 1938년의 태아장지구전투[55]는 이운하의 고도를 폐허로 만들고 말았다. 그나마 다행인 것은 이 구간의 운하가 보존되었다는 것과 귀중한 역사 문화유산의 일부가 남겨졌다는 것이다.

55) §중국의 항일전쟁 기간이던 1938.3.16~4.14까지 진행된 국민 혁명군(국공 합작군)과 일본군 사이의 전투, 국민혁명군 29만 명과 일본군 5만 명이 전투에 참가하였으며 주요 전장은 산동성 남부의 태아장臺兒莊과 조장枣莊 일대이다. 이 전투에서 일본국이 패하여 일본군 불패의 신화가 붕괴됨으로써 양측의 전세가 역전되는 분기점이 되었다.

(10) 월하가月河街

역사 개관 태아장 구시가 지역에 있는 길이 200m, 폭 4m의 거리이다. 남쪽으로는 옛 운하에 접해있고 명·청대에 조운이 흥성함에 따라 매우 번영하였으며 석회암으로 도로를 포장하고 도로변은 조약돌을 깔았다. 길옆으로는 가게들이 줄지어 들어서 있고 상업과 교역이 발달하였으며 길가의 건축물은 남북방의 건축 방식이 합쳐진 모습이다. 1939년부터 2층짜리 건물이 하나씩 철거되면서 거리는 점점 적막해지고 쇠락을 거듭하였다.

현황 및 특징 거리의 구조는 비교적 잘 보존되어 있으며 일부 명·청대의 건축물도 남아 있다. 주변은 전통 거리 구역과 주거지, 시 정부의 공공시설 용지이며 건축 양식이 대체로 일치되어 있고 전체적으로 주변 환경과 조화를 이루고 있다. 옛거리와 주거지, 옛 부두 등이 오밀조밀하게 모여 있다.

가치 운하의 상업과 교역, 태아장의 역사 등에 관한 연구에 중요한 현장이며 역사적인 가치가 있다. 보존이 비교적 완전하며 태아장운하 문화 관광지의 중요한 일부분이다.

그림 6.139 태아장 월하가臺兒莊月河街

(11) 태아장 구이슬람사원臺兒莊清真古寺

역사 개관 명대 초에 상우춘常遇春[56]이 창건하였고 청대 건륭 7년(1742)에 아홍阿訇[57] 이중화李中和가 중건하였다. 태아장 대북문大北門 안에 있으며 면적은 2.6hm²이다. 사원 정문은 동향이며 남북의 대회당은 각 5칸, 동서의 소회당은 각 3칸, 서쪽의 수방水房은 3칸이며, 본당은 25칸이고 후문은 서쪽을 향하고 있다. 사원 안에는 측백나무 고목과 참죽이 하늘을 찌를 듯하다. 청대 말년에 남쪽 회당을 대문루大門樓로 개조하였다.[『運河古鎮臺兒莊』, 2002] 항일전쟁의 중요한 전투 중 하나인 태아장지구전투 기간 중 일본군이 방화하여 참혹하게 무너지고 훼손되었다.

현황 및 특징 일부의 고건축물은 이미 복원하였으며 전체 3,000m²의 대지면적 중 건축 면적은 대략 800m²이다. 1985년에 망월루望月樓의 원래 자리에 서대전西大殿을 중수하였다. 최근에 또 다시 중수를 하였으며 '일월담日月潭' 등 새로운 건축물과 정원, 옛 사원 등이 서로 조화를 이루고 있다. 현재 이슬람 옛 사원은 회교도들이 예배를 드리는 장소이면서 사람들에게 항일전쟁 유적지 참관의 기념 장소가 되었다. 주변은 전통 거리 구역, 주거지, 문물 유적 구역이며 건축 양식이 대체로 일치하고 전체적으로 주변 환경과 조화를 이루고 있다.

가치 운하 부근 회교도들의 생활에 대한 연구에 중요한 의의를 지니고 있으며 태아장 지역의 흥망성쇠를 보여주는 현장으로 역사적 가치를 지니고 있다. 현재 회교도들의 예배 장소로 사용되고 있으며 또한 전쟁 유적으로 비교적 많은 관광객의 발길이 이어지고 있다.

그림 6.140 태아장 구이슬람사원臺兒莊清真古寺

56) 상우춘常遇春(1330~1369): 원말·명초의 장군, 명조의 개국 공신 중의 한 명.
57) 아홍阿訇: 이맘imam, 이슬람교의 예배 인도자.

(12) 이슬람남사원清真南寺

역사 개관 명대 만력 연간에 외지에서 이곳으로 들어와서 상업에 종사하던 회교도들이 건축하였으며 청대 건륭 연간에 중건되었고 태아장지구전투 당시 심하게 파손되었다.

현황 및 특징 30묘亩(1묘=666.6m²)를 점유하고 있으며 현재도 수리를 하고 있다. 원래 있던 사원의 비는 후원에 방치되어 있는데 그중 일부 비는 보존 상태가 좋고 글자의 흔적이 선명하다.

가치 예전부터 현지 회교도들이 예배를 드리던 장소였으며 운하 주변 회교도들의 생활에 대한 연구와 관련하여 일정한 가치를 갖는다.

그림 6.141 태아장 이슬람남사원臺兒莊清真南寺

(13) 태화호太和号와 주변 상호

역사 개관 이곳에서 상호가 흥성한 주요한 시기는 명·청대였는데 운하의 편리한 교통을 이용하여 상업이 발전하면서 주로 전장錢莊[58], 약재업과 소금업 등을 주로 경영하였다. 민국 초기까지는 이러한 추세가 계속 이어졌으나 항일전쟁이 발발한 이후부터는 전쟁의 영향으로 쇠락하기 시작하여 그 후로는 부흥하지 못하였다.[『臺兒莊運河文化』, 2002]

현황 및 특징 태아장 옛 운하변에 있으며 가게는 거리를, 정원은 운하를 향하고 있다. 건축 양식은 남·북방의 건축 양식이 모두 결합되어 있고 대문은 격선문格扇門[59]이며 정원이 있다. 대부분의 건축물이 원형을 유지하고 있으며 일부는 현대식 민가로 개조되었다. 보존되고 있는 건축의 대부분은 이미 많이 낡았는데 그중 일부는 아직 주민이 살고 있기도 하지만 또한 일부 건축물은 오랫동안 사람이 살지 않아 문과 창이 파손된 상태이다. 현재 정부로부터 보호물로 지정되어 개인이 철거하거나 중건할 수 없으나 아직 정부의 보존·수리 작업이 시작되지 않고 있다. 주변은 전통 거리 구역, 주거지, 문물 유적 용지이며 건축 양식이 대체로 비슷하고 주변 환경과 조화를 이루고 있다.

가치 상호가 있던 곳에 아직 글자의 흔적이 있고 옛 주택 안에도 적지 않은 명·청대의 문물이 남아 있다. 현지에서는 이운하와 거리에 있던 상호를 원래의 모습대로 복원하여 관광 산업을 활성화하고 역사적 현장을 재현할 계획이어서 운하와 태아장 옛 도읍의 역사를 이해하는 데 좋은 현장 자료로 활용할 수 있을 것으로 보인다.

그림 6.142 태화호와 주변 상호太和号及旁边商号

58) §지금의 은행과 비슷한 역할을 하였는데, 개인이 환전과 대부업을 겸하던 가게를 말한다.

59) §격선문: 중국 건축에서 격자를 응용한 선扇을 장치한 출입구로, 송나라에서는 격자문이라 하였다. 주간柱間 1칸에 4, 6, 8매의 문짝扉(비)이 쓰이며, 전부 열 수 있게 되어 있다. 광框(문테)의 단면이나 격자의 형식에 의해서 궁식宮式, 규식葵式, 만자식卍式, 여의如意, 해당海棠, 빙문氷文 등의 명칭이 있다.[네이버 지식백과] (미술대사전: 용어편)

(14) 태아장 선박용 갑문臺兒莊船閘

역사 개관 선박 운항에 필요한 갑문으로 1968년에 착공을 시작하고 1972년에 준공하여 운하의 제녕 구간부터 태아장까지의 항운이 다시 시작되었으며 이 방면에서 중요한 역할을 하였다. 그러나 통항 능력의 한계가 드러나 현재 방치 상태이다.

현황 및 특징 태아장 조절용 갑문 좌측에 있으며 길이 120m, 폭 10m, 상류 갑문의 조절 수위는 23.3m, 하류 갑문의 조절 수위는 18.3m, 설계 최고 수위 25.5m, 최저 수위 20.5m이다.[『沂沭泗河道誌』, 1996] 선박갑문은 이미 파손되어 통항의 기능을 상실했으며 갑문의 윗부분은 사람이 건너다니는 교량의 상판 역할을 하고 있다. 주변은 공업 단지, 전통 거리, 거주지이며 역사 거리 구역과 바로 붙어 있고 주변 환경은 보통이다.

가치 경항대운하 산동 구간 태아장~제녕의 항운이 재개되어 산동, 강소, 절강, 상해, 안휘 등의 수로 운수가 연결되고 오랜 세월 동안 침체되어 있던 경항 운하가 활기를 되찾는 데 역사적인 의의가 있다. 현재 방치되어 있지만 당연히 보호받아야 할 유적이다.

그림 6.143 태아장 선박용 갑문臺兒莊船閘

(15) 산서회관山西會館

역사 개관 청대 옹정 13년(1735) 산서山西 상인들이 자금을 모아 관우사당을 지었는데, 처음에 춘추루春秋樓, 관공전關公殿, 동·서쪽의 사랑채 등을 만들었고 청대 건륭 30년(1765)에 예문禮門[60] 3칸, 동·서 전 각 5칸과 누각 5칸을 지었다. 건륭 50년(1785)에 다시 동·서 원문轅門[61]과 문병照壁[62] 등을 더 지었다.[『臺兒莊運河文化』, 2002] 예전에는 루樓·전殿·선사禪舍 백여 칸이 30묘, 건축 면적 6,000m^{2}에 달했으며 참배객과 상인이 운집하여 북적거렸으나 1938년 태아장 지구전투 당시 대부분 소실되었다.

현황 및 특징 운하 거리 동사무소街道辦事處[63] 대남문大南門 안의 차대로車大路 서쪽에 있다. 원래의 사당은 대부분 공장과 거주지로 바뀌었고 현재는 관공전 3칸만 몇 번의 보수를 거쳐 원래의 모습을 보존하고 있다. 주변은 공업 단지, 거리, 주거지로 주변 경관과 잘 어울리지 않는다.

가치 태아장 조운이 흥성할 당시의 상업, 종교 문화의 번영과 관련된 역사를 반영하고 있다. 운하 부근에 사는 산서인들의 생활에 대한 연구에 일정한 가치를 가지고 있다.

그림 6.144 태아장 산서회관臺兒莊山西會館

60) §예문 혹은 예의문, 손님을 맞이하거나 배웅할 때 주인이 나오는 곳에 세워진 문.

61) §원문轅門: 군영軍營의 문, 혹은 관공서의 바깥문.

62) §문병門屏: 밖에서 대문 안이 들여다보이지 않도록 대문 안에 세운 벽.

63) §街道辦事處: subdistrict office, 한국의 동사무소에 해당하는 행정 기구.

(16) 옛 부두古碼頭

역사 개관 명·청대에 조운이 발달함에 따라 운하 주변 점포와 상호들은 운하에서 화물 하역의 편리를 위해 태아장운하의 북안北岸에 돌을 쌓아 부두를 만들었는데 이 부두를 '수문水門'이라고 불렀다. 이 수문은 화물을 하역하는 장소이면서 선박의 정박 장소이다. 평소에는 빨래를 하고 나물을 씻으며 물을 긷는 장소로도 쓰였는데, 이런 수문이 태아장 서문에서 소남문까지 모두 10여 곳에 있었다. 청대 말년에 이르러 조운이 쇠락하고 불경기가 닥치자 대부분의 부두가 방치되었다.[『태아장운하 문화(臺兒莊運河文化)』, 2002] 현존하는 부두는 낙가부두駱家碼頭, 욱가부두郁家碼頭, 왕공교부두王公橋碼頭 등 5개이다.[『운하 고진 태아장(運河古鎮臺兒莊)』, 2002]

현황 및 특징 전부 석회암을 이용하여 만들었으며 계단은 대부분 마모되었으나 약간의 흔적이 남아 있다. 전통 거리 구역과 붙어 있으며 주변은 공단, 전통 거리 구역, 주거지 등이고 주변 환경과 어울리지 않는다.

가치 태아장 역사에서 조운이 흥성하던 시기의 남북 화물 교역, 인원 왕래, 문화 교류의 현장이며 역사·문화적으로 중요한 가치가 있다.

그림 6.145 태아장 옛 부두臺兒莊古碼頭

6 불뢰하 구간

(1) 건륭행궁乾隆行宮

역사 개관 건륭 22년(1757) 4월, 건륭은 숙천현宿遷縣 순하집順河集에서 배에서 내려 육로로 서주徐州에 가서 수해 상황을 둘러보면서 지방 행정관에게 행궁의 건설을 지시하였다. 행궁은 동쪽으로 어교御橋, 서쪽으로는 현재의 중산로中山路, 남쪽으로는 운룡산雲龍山, 북으로는 토산土山에 이르는 방대한 구역에 세워졌다. 전후좌우에 3열짜리 건물을 지었는데 건물이 즐비하게 늘어서 있는 기세가 웅대하고 경치는 보는 이의 마음을 즐겁게 한다. 그 후로 건륭은 27년(1762), 30년(1765), 49년(1784)에 각각 서주의 현지 순시를 통해 황하의 치수 상황과 제방 공사에 대해 살펴보는 등 정사政事에 힘쓰고 백성을 위로하는 수많은 미담을 남겼다.[『漢風』, 2001]

현황 및 특징 서주시 운룡산 북쪽 기슭에 있다. 현존하는 대전大殿과 양측의 곁채는 6채이다. 대전은 동서 길이 13.3m, 남북 폭은 6.8m이며, 건물의 골격을 이루는 기둥과 들보는 모두 유명한 사천의 황백나무를 사용하였고 남향으로 배치되었다. 홑처마에 마루 끝이 하늘로 올라간 지붕의 구조를 가지고 있고 황색 유약을 바른 반원통형 기와를 얹었다. 서까래와 도리에 단청을 하였으며 들보에 새겨진 날아가는 금색 용 등의 모습이 장관이다.[『漢風』, 2001] 1960년 서주박물관으로 바뀐 후, 행궁 동쪽에 비원碑園을 세웠고 1999년 건륭행궁터 위에 서주박물관 신관이 준공되어 시민들에게 개방되었다. 주변은 관광지이나 거리 맞은편이 비교적 지저분한 상가와 주거지여서 미관이 좋지 않다.

가치 서주 지역 황하 홍수 피해의 역사와 폐황하廢黃河[64]가 서주의 역사에서 가지는 위치를 보여주고 있다.

---

64) §폐황하廢黃河: 회하淮河 유역의 북부 지역, 하남성 란고蘭考에서 시작되어 황해로 들어가는 황하의 옛 물길의 하나이다. 과거에 황하는 범람할 때마다 물줄기가 바뀌었는데 이전에 황하가 흐르던 물길을 폐황하라고 한다.

그림 6.146 건륭행궁乾隆行宫

그림 6.147 북동산 서한초왕릉北洞山西漢楚王陵

그림 6.148 산서회관山西會館

(2) 북동산 서한초왕릉北洞山西漢楚王陵

역사 개관 출토된 문물을 근거로 추측하면 이 고분은 서한西漢 초기의 것으로 고분의 주인은 한대 초기에 제5대 초왕楚王으로 분봉分封된 서주의 류도劉道로 추측된다. 현세의 생활 모습을 분묘 속에서 완전히 재현하기 위해서 장례와 매장의 구조를 매우 복잡하게 하였다.

현황 및 특징 서주 북쪽 모촌향茅村鄉 동산촌洞山村에 있다. 묘는 남쪽을 향하고 있으며 산을 능으로 삼아 산을 깎고 바위를 뚫어 동굴묘를 만들었다. 위쪽에는 밀폐용 흙더미가 있고, 현존하는 것은 10m 분묘의 구조로 상당히 크며 그 기세가 당당하다. 분묘 내부에는 모두 19개의 묘실이 있는데 전체의 길이는 46m, 가장 넓은 곳의 폭은 33m이며 면적은 500m^{2}이다. 복도와 문, 그리고 무덤길(묘도墓道) 몇 곳은 막음돌(폐색석閉塞石)을 끼워 봉쇄해 놓았는데, 막음돌은 모두 36개로 좌우 두 줄로 두 겹씩 쌓아 올리고 그 사이에 순자[65]를 넣어 끼워 맞추었다. 묘실 통로의 나머지 부분은 흙을 달구질하여 단단하게 다져 막았다. 분묘는 주실主室과 측실側室, 감실龕室 등 세 부분으로 되어 있다. 분묘에서 출토된 토용土俑[66] 222개에는 모두 단청이 칠해져 있으며 높이는 55cm이다. 조형이 우아하고 각각 다른 모양을 하고 있으며 색깔이 화려하고 산뜻하여 중국에서 보기 드문 채색 토용들이다.[『徐州市誌』, 1994]

가치 서한 역사와 고건축을 연구하는 데 진귀한 실물 자료로 국가급 문물보호단위이다. 개방하여 참관을 허용하고 있으나 주변이 마을이고 진입로가 굴곡이 심한 데다 표지판도 제대로 갖추어지지 않아 찾는 사람이 거의 없고 보호 시설이 허술하게 되어있다.

---

65) §순자笋子: 한 부재部材의 구멍에 끼울 수 있도록 다른 부재의 끝을 가늘고 길게 만든 부분. 묘실을 막아 놓은 돌이 서로 맞물려 밖에서 뺄 수 없도록 하기 위함이다.

66) §토용土俑 또는 도용陶俑: 흙으로 만든 인형, 옛날에 순장할 때 사람 대신 토용을 함께 순장하였다.

(3) 산서회관山西會館

역사 개관 회관 내에 있는 비석의 비문에 의하면 이 회관은 순치 18년(1661)에 세워졌으며 원래 관우의 제사를 모시던 곳이다. 순치 이후 관성전關圣殿을 상산신사당相山神祠으로 바꾸고 복마제군伏魔帝君, 화신火神, 수신水神 등의 신에게 제사를 지냈다. 서주에 거주하는 산서山西인들은 이곳에서 제사를 지내고 모임의 장소로 사용하였다. 청대 건륭 7년(1742), 서주에서 상업에 종사하는 산서인들이 돈을 모아 개축하였다. 원래는 무너진 상산신 사당을 산서인들의 교역과 왕래, 물자의 집산, 동향인들의 숙소 등을 위한 장소로 개조하려 하였으나 관우 대제에게 제사를 지내는 곳이 되었다. 그 후로 다시 세 번에 걸쳐 대규모로 중수·확장하였으며 마지막으로 광서 12년(1888)에 중건하였다. 이 몇 번의 중수와 중건을 기록한 비는 아직까지 완전하게 보존되고 있다.[『漢風』, 2001]

현황 및 특징 서주시 운룡산 동쪽 기슭에 있으며 현재의 산서회관은 서주성城 안에서 보존 상태가 가장 완전한 건축물이다. 산에 기대어 동향으로 지어졌으며 서쪽이 높고 동쪽이 낮은 형태이고 회랑过廊과 본당大殿이 있다. 회랑은 2층으로 되어 있으며 위와 좌우에는 10여 칸의 방이 있다. 본당에는 3개의 밝은 방과 5개의 어두운 방이 있는데, 밝은 방에는 붉은 칠을 한 둥근 기둥과 회랑, 꽃문양이 양각된 창과 문이 있으며 전반적으로 우아하고 고풍스러운 분위기를 풍긴다. 어두운 방은 본당 앞의 남쪽과 북쪽에 있는 건물에 각각 가리워져 있으며 밝은 방과 통하지 않는다. 신중국 건국 후에 상당히 오랫동안 방치되어 있다가 1987년에 문물보호단위로 편입되었다. 서주 지역에서 건축 골격이 완전하게 보존되어 있는 유일한 회관이다. 1995년 운룡산 관광지 관리사무소에서 관우상關羽像을 다시 조각하였고 본당의 남북 두 개 방에 화신火神, 재신상財神像을 세우고 대외 개방을 하여 많은 참배객들이 방문하고 있다. 운룡산 기슭에 있으며 산과 함께 마치 한 폭의 그림처럼 잘 어울린다.

가치 운하 부근의 회관 연구에 있어서 중요한 실증적 가치를 갖는다.

(4) 황루黃樓

역사 개관 소식蘇軾[67]이 서주에서 관직에 있을 때 황하가 범람하여 서주까지 큰물이 닥쳤다. 서주성이 위험에 처하자 그는 성안에 있는 군대와 관민을 인솔하여 홍수에 대처하였는데 강둑을 견고하게 쌓고 성루를 더 높여 홍수를 이겨냈다. 원풍 원년 2월, 물이 들이닥치는 성의 동문에 2층짜리 성루를 건설한 후 흙으로 물을 억제하기 위해서 황토를 발랐는데 이로부터 '황루黃樓'라는 이름이 붙었다. 여기에는 '흙은 물을 이긴다'라는 뜻도 담겨 있다. 소식은 황루의 준공을 축하하는 낙성식에 많은 손님을 초대하여 주연을 베풀면서 〈九月黃樓作 (9월에 황루를 짓다)〉라는 시를 읊었다.

황루는 처음 만들 때 동문 성벽 위에 2층으로 만들었는데, 높이는 10장丈(1장은 3.3m)이고 5장 높이의 깃대를 세웠다. 나중에 지상으로 옮겨서 다시 지은 후에 여러 차례 무너지고 다시 짓기를 반복하였다. 청대에서 민국까지 시간이 흐르면서 허물어져서 신중국 건국 초기 붕괴 위험에 처하자 철거하였다. 문화대혁명의 대혼란 시기에는 남아 있던 비석들마저 모두 파괴되었고 '황루부비黃樓賦碑'만이 유일하게 남아 황루의 마지막 유물이 되었다.[『漢風』, 2001]

현황 및 특징 서주시 북쪽 옛 황하 강변에 우뚝 솟아 있다. 현존하는 것은 1988년 옛 황하 강변에 중수한 것으로 지붕은 2층 겹처마에 팔작지붕이며, 비첨과 황색 유리기와를 얹었다. 아래층은 바닥에 금색 벽돌을 깔았고 위층에서는 먼 곳까지 볼 수 있다. 주위에 정교하게 만든 독특한 모양의 난간을 설치하였으며 측면 벽에는 물고기와 풀 등의 무늬를 조각했다. 패루牌樓, 철제 물소상鎮海鐵牛[68] 등의 치수 유적治水遺跡과 함께 옛 황하故黃河 공원의 일부분을 이루고 있으며 주변의 현대화된 도시 풍경과 대비되고 있다.

가치 서주의 황하 유역 홍수 피해와 역사와 대책에 관한 연구에 일정한 역사적 가치가 있다.

---

67) §소식蘇軾(1037~1101): 호는 동파東坡. 북송 시기의 정치가, 문학가.

68) §오래 전부터 물소는 물을 두려워하지 않는다고 하여 홍수 예방의 상징으로 물소상을 만들어 놓았다.

그림 6.149 황루黃樓

그림 6.150 패루牌樓

(5) 패루牌樓

역사 개관 처음 건축하기 시작한 것은 청대 가경 23년(1818)으로 하도 총독河道總督[69] 여세서黎世序[70]가 치수의 성과를 축하하기 위해 지었다. 당시 패루는 3.3m 높이의 석회암 기단 위에 우뚝 솟아 있었는데 일렬로 된 주홍색 둥근 기둥 위의 두공이 겹처마를 받치고 그 위에 지붕을 얹었다. 지붕은 평면 사각형이고 처마가 기둥과 벽보다 바깥쪽으로 튀어나와 있으며 풍경을 달았다. 양쪽의 편액에는 "오성통구五省通衢"[71], "대하전횡大河前橫" 이라는 글자가 각각 앞뒤로 걸려 있어 과거에 이곳 서주가 교통의 요지였다는 것을 보여주고 있다. 옛 문헌에 의하면 패루는 당시에 서주 북문인 '무녕문武寧門' 밖에 지어졌는데 그곳은 청대에 황제의 조서詔書를 받거나 관원을 영접·송별하는 부두였다. 황하의 물줄기가 북쪽으로 바뀐 후에 부두는 점점 한산해졌고 패루도 조금씩 처음의 화려함에서 멀어졌다. 백여 년의 풍설을 버티던 패루는 1964년에 무너져서 철거되었다가 1987년에 다시 세워졌다.[漢風, 2001]

현황 및 특징 1987년 11월 서주의 옛 황하 강변에 중건되었다. 길이 9.9m, 패방牌坊의 형식으로 경운교慶雲橋 동쪽에 높이 솟아 있는데, 기둥과 대들보가 단청으로 화려하게 채색되어 있고 사각지붕의 귀마루가 모두 하늘로 치솟아 있으며 지붕은 녹색 유약을 바른 반원통형 기와로 덮여 있다. 양쪽에 걸려 있는 가로 편액에는 "五省通衢"와 "大河前橫"이 각각 쓰여 있는데 이 편액은 중건하기 이전부터 있던 것이다. 황루와 철제 물소상 등의 치수유적治水遺跡은 같은 곳에 있어서 옛 황하 공원의 중요한 구성 요소이다. 근처에 있는 건물들도 모두 황루와 비슷한 모양으로 건축되었지만 현대 건축물과 황루는 서로 다른 강렬할 대조를 이루고 있다.

가치 교통의 요지로서의 서주의 지위와 운하의 관계, 차황 항운의 역사를 연구하는 데 있어 구체적이고 중요한 의의를 지닌다.

---

69) §중국의 역대 왕조에서 강과 제방 운하 등과 관련된 시설을 총괄하던 고위 관리.

70) §여세서黎世序(1772~1824): 혹은 승덕承德, 자는 景和, 호는 湛溪, 하남 나산羅山 출신으로 청대의 대신이다.

71) §청대에 서주를 부르던 별칭이다. 직례直隸, 산동, 하남, 강남, 절강의 5개 지역의 접경지대에 있어 사통팔달의 교통의 요지를 상징한다.

(6) 흥화사興化寺

역사 개관 건축과 조각은 북위北魏 시기에 시작되었다. 명대 홍무 31년(1398)에 고승 승길勝吉이 산세를 이용하여 절을 창건하여 큰 석불을 중심으로 대웅보전을 지었다. 그 후 흥화사를 크게 지어 명대 만력 연간에 현재 모습과 같은 규모가 크고 웅장한 불사 건축군이 되었다.

현황 및 특징 운룡산雲龍山 북향 첫 번째 줄기의 동쪽 산허리에 있으며 중국의 유명한 불사 중의 하나이다. 경내의 주요한 건축물로 대웅보전大雄寶殿, 대석불전大石佛殿, 당송마애석각唐宋磨崖石刻, 사대천왕전四大天王殿, 종루鐘亭 등이 있다. 그중에서 대웅보전은 깊이 20.78m, 폭 19.60m의 팔작지붕으로 안에 71개의 감실佛龕과 185기의 불상이 있다. 산중턱쯤에 숲에 둘러싸여 있는 이 절은 마치 자연의 일부인 것처럼 주변 환경과 아주 잘 어울리며 현재 서주시 운룡산 관광지의 중요한 명승고적으로 관광객에게 개방되고 있다.

가치 운하가 흥성하던 시기 서주의 불교 전래 상황과 고건축의 유지 상황을 살펴보는 데 있어 일정한 역사적 가치를 갖는다.

그림 6.151 흥화사 대웅보전興化寺大雄寶殿

(7) 사자산 서한초왕릉과 병마용獅子山西漢楚王陵及兵馬俑

역사 개관 사자산 초왕릉은 서한의 제3대 초왕 류무劉戊의 무덤이다. 이 능의 서쪽 300m 지점에 있는 한대 병마용도 이 왕릉의 일부분으로 왕릉을 지키는 부대라는 것을 상징하고 있으며, 두 유적은 모두 2,100년이 넘는 역사를 함께하고 있다. 이 초왕릉은 규모가 클 뿐 아니라 기세도 등등하며 구조 또한 이전에 볼 수 없던 것으로, 이 왕릉에서 출토된 2,000여 개의 각종 유물 중 상당수가 문물이 중국에서 처음 출토된 진귀한 것들이다.

현황 및 특징 규모가 상당히 크고 기세가 높으며 구조가 독특하다. 입구에서 후실까지 거리가 117m, 면적은 850m^{2}이고 돌을 파낸 양은 5,000m^{3}이다. 서쪽 300m 지점에 있는 한대 병마용에는 모두 5개의 갱이 있는데 모든 갱마다 천 개가 넘는 병마용이 있다. 초왕릉에서 출토된 많은 문물은 모두 상당히 높은 역사적·예술적 가치가 있다. 한대 병마용은 중국의 중요한 문물이며 이미 유명한 관광지가 되었다. 현재 매년 평균 30만 명의 관광객이 이곳을 찾고 있으며, 그중 대부분이 외지 관광객이다. 모든 사자산이 하나의 능원陵園처럼 조성되었는데 북서쪽에도 순장지가 있다. 묘는 산을 파서 조성하였기 때문에 환경과 상당히 잘 어울린다.

가치 출토된 많은 문물은 모두 높은 역사·예술적 가치를 가지고 있다.

그림 6.152 사자산 서한초왕릉과 병마용獅子山西漢楚王陵及兵馬俑

(8) 희마대戱馬臺

역사 개관 기원전 206년, 진나라를 무너뜨리는 과정에서 큰 공을 세운 항우项羽는 스스로 서초패왕에 올라 팽성彭城에 수도를 정하였다. 그 후 그가 남산(명대 天启 4년에 戶部山으로 개칭) 위에 숭대崇臺를 세우고 그곳에서 병사들의 훈련하는 모습과 경마하는 광경을 지켜보았다고 하여 사람들은 그곳을 '희마대戱馬臺'라고 불렀다.[『走近徐州』, 2003] 그 후 각 왕조마다 대두臺頭, 삼의 사당三义廟, 명신사名宦祠, 취규 서원聚奎書院, 용취 산방聳翠山房, 비정碑亭 등의 건축물을 차례로 세웠다. 세월이 흘러 오래된 건축물들은 이미 자취를 감추고 말았다.

현황 및 특징 풍운각風雲閣을 중심축으로 하여 동서 양쪽에 두 개의 건물이 있다. 이 정자의 이름이 새겨진 비는 겹처마의 육각지붕으로 된 풍운각 안에 세워져 있는데 높이가 2m가 넘고, "戱馬臺"라는 세 글자는 명대의 서주 병비우참정兵備右參政 광서廣西 류성柳城 출신의 막여제莫與齊가 썼는데 필체가 굳세고 힘이 느껴진다. 1982년 서주 시 정부에서 희마대를 문물보호단위로 지정한 후, 1986년 원래 있던 장소 7,000m^2 면적의 토대에 명대 만력 11년 당시의 옛날 비碑를 중심으로 중건하여 현재는 서주의 중요한 관광지가 되었다. 호부산戶部山에 기대어 세웠는데 호부산 백성들의 주거 구역과 건축물들이 완전하게 어울리고 주변 환경과도 조화를 이루고 있다.

가치 중요한 역사적 가치를 지닌 문물이며 서주의 초한楚漢대 문화를 대표하고 있다.

그림 6.153 희마대戱馬臺

7 중운하 구간

7.1 요만진 운하窯湾鎮運河

요만진은 서주 신기시新沂市 남서쪽, 경항대운하와 낙마호駱馬湖의 교차점에 위치하며 3면이 물로 둘러싸여 있다. 비주邳州, 숙천, 수녕睢寧 지역과 물을 사이에 두고 마주하고 있는데 1,300년이 넘는 역사 깊은 물의 고성古城으로 오래전부터 강소 이북의 '작은 상해小上海'라고 불리었다. 그만큼 요만진은 경항대운하의 중요한 부두 중의 하나이다. 명·청대 조운과 소금 운반이 절정에 달했던 시기에 가장 중요한 남북 수로의 요지였으며 선박들은 이곳에서 남쪽으로는 소주와 항주, 북쪽으로는 베이징과 천진으로 이어져 상업 교역이 일시에 대성황을 이루었다. 청대 말기와 민국 초기 이곳에는 상점들이 빽빽하게 들어서고 상인들도 모여들었다. 통계에 의하면 당시 중국 18개 성의 상인들이 이곳에 상회商會 사무소와 경영 사무소를 개설하였고 전 세계 10개국의 상인과 선교사들이 상호商號와 교회를 만들어 경영과 선교에 종사하였다고 한다. 요만진은 일시에 전 중국 내의 중요한 상업 도시, 강소 북부 지역의 중요한 정치, 군사, 문화와 경제의 중심 도시가 되었다.

요만진의 고건축물 중 현존하는 청대와 민국 초기의 고민가古民家는 813채로 이들 건축물이 차지하고 있는 면적은 14,121m^{2}이다. 명말 청초明末淸初에 형성된 두 곳의 옛거리는 아직 원래의 모습을 간직하고 있는데 하나는 중령가中寧街로 남북 방향의 길이며, 다른 하나는 서대가西大街로 동서 방향의 길이다. 그밖에 현존하는 고상회관古商會館, 구사당古廟, 구교古橋, 회화나무 고목古槐, 소나무 고목古松, 명인비정名人碑亭 등 인문·자연 경관이 20여 곳에 이른다.[『窯湾古鎮情況介紹』와 요만진 정부가 제공한 자료를 근거로 작성]

요만진의 역사적 가치와 현존하는 고건축물군의 문물 가치 내지 잠재적인 관광 가치는 이미 많은 전문가와 언론의 주목을 받고 있고, 이곳의 관광 자원 개발은 이미 궤도에 올라 있다.

(1) 구요만진窯湾古鎮 중령가中寧街

역사 개관 명말 청초에 형성된 요만의 전통 거리로 석회암으로 포장되어 있으며 원래의 규모는 길이는 1km, 폭 3m이었다.

현황 및 특징 현존하는 거리는 대략 200m 길이의 거리와 일부 고건축물들이다. 일부 건축물은 이미 철거되었고 또 다른 일부는 점포로 사용되고 있다. 거리의 노면은 석회암으로 포장이 되어 있고 점포들이 빽빽이 들어서 있으며 건물 처마의 길이가 길고 대체로 일정하다. 현존하는 요만진 전통 거리의 보존 상태는 비교적 양호하지만 시내 전체 공간을 보면 보존 상태가 그리 좋지 않고 현대 건축물과 고건축물이 눈에 띄게 비교된다. 진鎮 정부政府가 일대의 고건축물 복원을 시도하고 있다.

가치 관광 자원으로서의 개발 잠재력이 크며 이를 계기로 운하와 요만의 공상업과 근대 자본주의 경제에 대한 연구도 가능하다.

그림 6.154 구요만진窯湾古鎮 중령가中寧街

(2) 요만 산서회관窯湾山西會館

역사 개관 요만 서대가에 있으며 원래는 관우를 모시는 당대唐代의 사당이었다고 전해진다. 청대 강희 연간에 산서에서 이쪽으로 이동한 산서인들이 관우사당을 산서회관으로 개조하였다.

현황 및 특징 정원 안에 현존하는 청벽돌로 지은 집 한 채가 있으나 이미 심하게 파손되었고 근처에는 300년이 넘은 회화나무 고목이 한 그루 있으며 정원에는 잡초가 무성하다. 회관과 녹음이 서로 어우러져 있고 주변은 민가 지역이다. 보호 대상으로 지정되어 있으나 아직 수리와 관리가 안 되고 있다.

가치 중수하면 관광지로 개발될 수 있으며 그것을 계기로 요만 운하의 역사에 대해 연구할 수도 있다.

그림 6.155 요만 산서회관窯湾山西會館

7.2 숙천시 운하宿遷市運河

숙천은 산동 남부 구릉 지대와 강소 북부 평원 지대에 걸쳐 있는데 오래전부터 '홍수가 지나가는 길(洪水走廊)'이라 불릴 만큼 수재를 자주 겪었다. 사수가 황하로 합류하고 다시 회수의 물이 합류될 때 가장 먼저 이곳으로 들이친다. 상류인 산동 남부의 이몽산沂蒙山 지역의 면적이 넓어서 홍수의 수량과 기세가 폭발적으로 변하기 때문에 갑자기 불어난 물이 폭포처럼 낙마호로 쏟아지고 하류의 배수는 원활하지 못해서 수시로 범람하여 종종 강과 호수가 경계가 없는 일망무제의 광경을 연출하곤 한다. 수천 수백 년 동안 숙천 백성들은 깊고 큰 수해의 고통을 겪어 왔고 역대 왕조들도 수차례에 걸쳐 관내 수해 관리를 위한 대책을 세우기도 하였다. 청대에서는 중운하와 총육당하總六塘河[72] 운하를 파고, 갑문과 댐을 만들었으며, 민국 시기 도회위원회導淮委員會[73]는 중운하에 류로간갑문劉老澗船閘[74]을 건설하는 등의 공정을 통해 수해 방지에 일정하게 효과를 보기도 했으나 근본적인 대책을 세우지 못하였다. 신중국 건국 후에 숙천 인민 정부는 관내에 완전한 수리 체계를 수립하여 수해 예방 대책을 수립하는 데 큰 성과를 냈다.[『宿遷市誌』, 1996]

숙천시에는 300여 곳(개)이 넘는 고건축과 유적, 그리고 기념지 등이 있다. 그중 성급省級 문물보호단위는 4곳, 시급市級 문물보호단위는 4곳, 현급縣級 단위는 87 곳이며, 박물관 3개, 박물관 소장 문물 1,700여 점, 그중 2급 문물 7점, 3급 문물은 50점이 있다.[『宿遷市文物景點基本概況』, 2001]

72) §총육당하總六塘河: 원명은 란마하欄馬河, 강소성 회음시淮陰市 북쪽에 있는 강. 청대 강희 연간에 홍수 예방을 위해 6개의 댐을 차례로 만들면서부터 총육당하로 불린다.

73) §민국 시기 회하 수역의 홍수 문제를 해결하기 위해 설립되었던 기구. 그러나 당시 군벌들 간의 혼전과 재정 결핍으로 인해 성과를 보지 못했다.

74) §숙천 시 강소 북운하 중부에 있는 갑문으로 1934년에 처음 만들어졌다. 현재 선박이 통과할 수 있는 갑문이 3개가 있다.

(3) 용왕사당행궁龍王廟行宮

역사 개관 청대 강희 23년(1684)에 건축하여 옹정 5년(1435)에 중수하고, 건륭 연간에 확대 건축하였으며, 가경 18년(1813)에 다시 수리하였다. 건륭 황제는 6차례 남방 순행을 하였는데 그중 5번을 이곳에서 제사를 지냈기 때문에 건륭행궁乾隆行宮이라고도 한다. 1982년 강소성 문물보호단위로 선포된 후 1983년에 수리하였다. 원래는 청대 황제들이 수신水神에게 홍수의 우환을 해소하고 강의 안정을 기원하는 제사를 지내는 사당이었으나 나중에 옹정, 건륭, 가칭 연간에 몇 차례의 수리와 확대를 거쳐 현재의 규모로 확장되었다.[『宿遷市文物景點基本概況』, 2001]

현황 및 특징 원래의 장소에서 비교적 양호하게 보존되고 있으며 현재 관광 자원으로 개발되고 있다. 주변은 민가와 농지이다.

가치 청대의 대표적인 대형 건축군이며 국가급 문물보호단위이다. 또한 현존하고 있는 황제 행궁 중에서 보존 상태가 가장 좋은 유적 중의 하나로, 터 선정과 건축 설계, 건축, 재료 선택 등 모든 방면에서 청대의 '공부공정작법칙례工部工程作法则例'의 규율을 엄격하게 지켰으며 북방 궁궐 건축 양식과 민간 건축 양식의 기법을 합쳐 놓은 건축이다. 건축군은 배치가 치밀하며, 고대 건축과 역사 연구에 있어서 보물과도 같은 현장 자료이면서 높은 역사관과 과학관, 그리고 독특한 예술관을 가지고 있는 실증 자료이다.[『宿遷市文物景點基本概況』, 2001]

그림 6.156 용왕사당행궁龍王廟行宮

(4) 마릉공원馬陵公園

역사 개관 민국 24년(1935)에 조성하였는데 원래는 진무전真武殿, 망하루望河樓, 양공정楊公亭, 예서선 도서관倪瑞璇图書館 등이 있었으나 항일전쟁 시기에 소실되고 현재의 건물들은 신중국 건국 후에 중건한 것이다.[『宿遷市國家, 省市級文物保護單位概況一覽表』, 미출판]

현황 및 특징 강소성 숙천시宿遷市 숙성宿城 모퉁이의 마릉산馬陵山에 있다. 원래의 건물들은 존재하지 않고 현지 정부가 원래의 장소에 새롭게 다목적 공원을 만들었다. 꽃나무와 대나무, 가산, 계곡 등과 함께 어린이 놀이동산, 스케이트장을 만들었고, 특히 항일전쟁과 해방전쟁,[75] 기타 혁명열사 기념탑, 탑과 정자, 비 등이 공원에 가득 들어차 있다. 또한 내부에 소북대전蘇北大战[76] 기념탑도 세워서 공원과 묘역의 기능을 동시에 갖추어 대외 개방을 하고 있으며 시민들의 휴식 공간이면서 참배와 애국주의 교육의 장소로 이용되고 있다. 대로에 붙어 있으며 주변은 새로 건축한 주거지와 상업 지역이다.

가치 숙천 시내의 중요한 유적이며 애국주의 교육의 장소이고 서민들의 휴식과 오락의 공간이다.

그림 6.157 마릉산공원 정문馬陵公園正門

75) §일본이 항복한 이후 1945년 8월부터 1949년 9월까지 중국 대륙에서 중국 공산당군과 국민당군 사이에 벌어졌던 전쟁.

76) §1946년 산동성 남부 일대의 해방구를 국민당군이 네 방향에서 포위 공격하자 공산당군이 이에 맞서 1946년 12월 13일부터 19일까지 7일간의 전투 끝에 국민당군을 격퇴시켰다. 마릉산馬陵山은 이 전투의 주요한 무대였으며, 총 41만 명의 마릉산 일대 민중이 전투에 참여하거나 후방 지원을 하였다.

(5) 극락율원極樂律院

역사 개관 명말의 승려 지항智恒에 의해 건설된 율원으로, 속칭 극락암極樂庵이라 불린다. 원래의 이름은 마신 사당馬神廟이며 명대 숭정 17년(1644)에 창건되고 강희 연간에 대규모로 중건되어 가경, 도광을 거쳐 청말까지 발전과 절정기를 맞이하였다. 민국 18년(1929)에 숙천도회 폭동宿遷刀會暴動 사건에 연루되어 점점 쇠락하다가 문화대혁명 기간에 심각하게 파괴되었으며 1996년에 이르러 다섯 채의 건물만 남게 되었다.[『宿城區文物保護單位』, 2001; 『宿遷市文物景點基本概況』, 2001; 『宿遷市國家, 省市級文物保護單位概況一覽表』, 미출판]

현황 및 특징 숙천시 양식국粮食局77) 북쪽 마당, 숙성구宿城區 박물관 안에 있다. 원래의 유적은 상당히 파괴되어 거의 원형을 찾아볼 수 없으며 파괴된 건축물 잔재들이 정원에 방치되어 있다. 주위는 새로 조성한 주거 단지와 상업 지구이다.

가치 성급 문물보호단위이다. 대웅보전과 장경루藏經樓는 극락율원 안에 있는 건축물의 핵심이며 그 규모가 양자강 이북에서 첫 손에 꼽힌다. 사람 인人자 모양의 대들보는 소수민족의 건축물 중에 가끔 볼 수 있지만 한족의 건축물에서는 아직까지 볼 수 없었던 것으로 고건축사 연구에 있어 높은 연구 가치가 있는 문화재다.

그림 6.158 극락율원極樂律院

77) §중국 내 양식의 생산, 저장, 유통, 수출입 등에 관한 계획과 실행을 담당하는 행정 기관. 개혁 개방 이전에는 배급까지 담당했었다.

(6) 항우고향공원项王故裏公園

역사 개관 강희 40년(1763) 지현知縣 호삼준胡三俊이 항우의 고향비를 세웠고 그 후 민국 24년(1935) 항우의 고향집을 복원하여 공원을 조성하였으나 훗날 파괴되었다. 1982년 숙천현 정부가 복원 계획을 세워 1984년에 400m 길이의 옛 담장과 영풍각英鳳閣, 고택기념관故居紀念室 등을 조성하였고, 1987년 회음시淮陰市 문물보호단위로 선포하였다.[『淮陰文物誌』, 1994; 『宿城區文物保護單位』, 2001; 『宿遷市文物景點基本概況』, 2001; 『宿遷市國家, 省市級文物保護單位概況一覽表』, 미출판]

현황 및 특징 숙천성城 남쪽 운하 서안 1km 위치에 있다. 원래의 모습을 유지하고 있으며 보존상태가 좋고, 근현대 서예가들의 서첩도 추가되어 있다. 현재는 보수중이며 주변은 전통 거리와 도시, 농지 등이다. 이미 중요한 관광지로 개발되었으며 전문 관리인이 관리하고 있다.

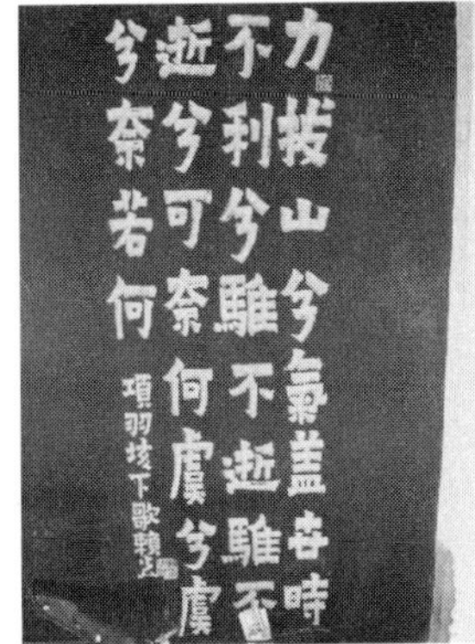

그림 6.159 항우고향공원项王故裏公園

8 이운하 구간

8.1 회안시 운하淮安市運河

회안淮安은 소북 평원蘇北平原[78] 중부, 이하하裏下河 지역의 서북부에 있다. 경항대운하의 중요한 길목이며 청대 조운의 중심이었다. 이곳 북쪽의 운하는 수심이 얕아서 남북의 각 성省을 왕래하는 관원과 상인들은 모두 여기서 배에서 내려 육로를 통해 북경으로 들어갔기 때문에 이곳은 '남선북마南船北馬(남쪽으로 배를 타고 북쪽으로는 말을 탄다)', '구성통구九省通衢: (9개의 성으로 통하는 갈림길)'의 땅이 되었으며 동시에 4대 운하 도시 중의 하나가 되었다. 역대 왕조에서는 남하 총독南河總督[79] 등 20~30 개의 부서를 설치하고, 여러 번에 걸쳐 군郡, 주州, 로路, 부府 등의 지방 관청을 개편하였다. 명·청대 이후, 총독조운부원總督漕運部院[80], 호부戶部[81], 세무서鈔關 등의 기구들이 군성郡城의 안팎에 현지 출장소를 설치하여 회관들이 촘촘히 들어섰고 상가와 많은 서원書院들이 건설되면서, 거상巨商이 운집하고 문인 묵객들이 유람하는 땅이 되어 고귀한 문화유산을 많이 남겼다.

현존하는 국가급 문물보호단위가 1곳, 성급 문물보호단위는 5곳, 회음시급淮陰市級 문물보호단위는 6곳이며 회안시급淮安市級은 36곳이다. 1986년에 중국 역사문화명승도시로 선정되었다.[『淮陰文物誌』, 1994; 『淮安名勝古迹』, 1998]

---

78) §소북 평원蘇北平原: 강소성 회하 이북에 있는 평원. 넓이 35,443km², 거주인구 4천만 명, 주요 생산품은 논농사 작물과 보리, 땅콩, 면화, 옥수수 등이다.

79) §남하 총독南河總督: 청대에 청강포江浦(지금의 강소성 회안시)에 설치한 고급 관직으로 강소의 강과 하천의 준설과 제방을 책임지던 자리였다.

80) §조운을 담당하던 행정 기구.

81) §호적과 재정을 담당하던 중앙 부서.

(1) 청강포루清江浦樓

역사 개관 청강포清江浦는 송대에서는 사하沙河라고 불렀으나 명대 영락 연간에 평강백平江伯 진선陳瑄이 사하를 준설한 이후로 청강포(현재의 裏運河)라고 고쳐 부르게 되었다. 후에 다시 줄여서 청강清江이라고 부르게 되었는데 지금의 회음시 일대를 말한다. 이 누각은 청대 옹정 7년(1729)에 지었다.[『淮陰文物誌』, 1994; 『淮安園林』, 2004]

현황 및 특징 회음 시내 이운하裏運河의 항로상에 있으며 청강갑문의 중주도中州島 동쪽 끝에 있다. 원래의 누각은 회안시 이운하 서단에 있었으나 이미 존재하지 않는다. 원형대로 복원하여 전시와 관광, 교육 등에 사용하고 있다. 옛 운하의 풍경 범위 안에 있으며 주변 건축물은 과거의 건축풍이 주를 이루고 있고, 건너편에는 공장과 화물 하치장 등으로 주변 환경이 좋지 않다.

가치 1987년 회음시 문물보호단위로 선정되었다. 청강포루는 청강포 지명의 상징이면서 동시에 회음시 변화와 발전의 산 증거이며 또한 역사상 치수와 관련된 중요하고도 상징적인 건축물이다.

그림 6.160 청강포루清江浦樓

(2) 청강 공자사당清江文廟

역사 개관 명대 가정 9년(1530) 공부주사工部主事가 숭경당崇景堂을 건축하기 시작하여 청대 초기에 완성하였으며 강희 37년(1698)부터 공자사당 혹은 산양 현학山陽縣學이라고 불렀다. 도광 3년(1823) 총하總河[82] 여세서黎世序가 남쪽으로 옮겨 2년 동안의 공사를 거쳐 다시 세웠다. 함풍 10년(1860)에 전화로 소실된 것을 동치 4년(1823) 조감 오당吳棠[83]이 다시 대성전大成殿을 세웠다.

현황 및 특징 잡화가 쌓여 있고 문 앞에는 잡초가 우거져 있어 보호 상태가 좋지 않다. 주변 환경은 고풍스러운 건물이 주를 이루고 있고 청강포루와 청강갑문이 맞닿아 있으며 건축풍이 비교적 통일되어 있다. 다리 서쪽은 조운동로漕運東路이며 서쪽은 운하광장이다. 원형 보존 상황은 비교적 양호하며 보호와 이용이 동시에 이루어지고 있다. 주변은 거리와 거주지, 그리고 물가이다.

가치 1987년 회음시 문물보호단위로 선정되었다. 현존하는 건축물은 전형적인 청대의 건축이며 고대 건축 연구에 있어 중요한 참고물이다.

그림 6.161 청강 공자사당清江文廟

82) 총하總河: 명·청대의 관직, 강과 운하를 총괄하던 자리.

83) 오당吳棠(1813~1876): 강녕江寧 포정사布政使 겸 조운 총독, 사천 총독四川總督 겸 성도 장군成都将軍 등을 지낸 청말의 정치가. 『望三益齋诗文集』 등을 남겼다.

(3) 자운선사慈雲禪寺

역사 개관 원래의 이름은 자운암慈雲庵이며 회남淮南과 회북淮北의 8대 사찰 중에서 으뜸이다. 명대 만력 43년(1615)에 처음 짓기 시작해서 청대 강희 15년(1676) 저명한 승려 대각보제용인국사大觉普濟能仁國師가 남방 순례를 할 때 여기서 별세하였다. 훗날 옹정의 칙령을 받들어 자운암을 기초로 하여 사찰을 다시 건설하기 시작하였다. 건륭 4년(1739)에 완성하여 자운사라고 개명하였다. 함풍 10년(1860)에 전화로 파괴되었고 동치 원년(1862)에 중건하였다. 20년에 걸쳐 수리하여 옛 모습을 다시 찾았으나 대웅보전은 민국 7년(1918)에 소실되었고 1994년 12월 15일 중수되어 자운선사로 개칭하였다.[『淮陰文物誌』, 1994]

현황 및 특징 승덕남로承德南路 북단과 윤부로輪埠路의 교차 지점에 있다. 수리와 보호가 잘되어 원형 보존 상태가 비교적 완전하며 관광객에게도 개방하고 있다. 주변은 민가와 공공용지이며 근처에 초수원楚秀園과 회안 전통 거리인 동대가東大街와 서대가西大街가 있다.

가치 1987년 회음시 문물보호단위로 선정되었다. 전체 중국 종교계에서 비교적 높은 지위를 차지하고 있으며 운하와 종교의 관계에 관한 연구에 있어서 가치가 높다.

그림 6.162 자운선사慈雲禪寺

(4) 동대가東大街, 서대가西大街

역사 개관 청대 이전에는 상가였다.

현황 및 특징 서대가西大街는 서쪽의 인민남로人民南路에서부터 동쪽 회해남로淮海南路까지의 약 500m이며, 청대 이전부터 존재하였으나 지금은 원형이 거의 사라졌다. 대부분의 건물은 현대식 상업 건축물이며 극소수의 전통 민가만 남아 있다. 동대가東大街는 서쪽 회안남로淮安南路부터 동쪽 환성동로環城東路까지 약 500m이다. 두 길은 시내의 갑문교水門橋 남단의 동쪽에 있는데 입구에 각각 하나씩의 패방이 있으며 거리 양측에 고건축 형식의 건물들이 들어서 있는 보행 및 상가 거리이다. 거리에는 고목이 늘어서 있고 서점과 신문사, 사무실, 서화書畫 전문점 등이 있다. 원래의 기능이 잘 보존되어 있으며 여행과 관광지로 개발된 중요한 전통·역사 거리이다. 부근에는 초수원楚秀園과 자운선사慈雲禪寺가 있고 멀지 않은 곳에 경항대운하와 운하 문화 광장이 있으며 전체적으로 주변의 환경과 조화를 이루고 있다.

가치 많은 점포들이 우아하고 독특한 분위기를 가지고 있으며 차를 마실 수 있는 공간을 갖추고 있고 술을 파는 곳과 지역 특산 요리를 하는 식당들도 있어 현지인들의 경제 생활에서 중요한 장소이다.

그림 6.163 동대가와 서대가東西大街

(5) 소완변구정부 유적蘇皖边區政府舊址

역사 개관 1945년 11월 1일 회안에서 소완변구정부蘇皖边區政府가 성립되었는데 이는 중국 공산당의 영도 아래 있던 강소의 중부와 북부, 안휘성의 남부와 북부 등 4개 해방구[84]의 인민 민주 연합 정부이다.

현황 및 특징 회음시 회해남로淮海南路 30번지, 서대가와 회해남로의 교차점에서 남쪽으로 50m 지점에 있다. 건물 일부가 화재로 소실되어 원래의 모습으로 복원되었으며 현재 변구 정부 사료의 진열실로 사용되고 있다. 원래의 모습과 비교하면, 작은 강당이 유실되었고, 담장이 남문을 막고 있고, 동대문을 나중에 새로 건축한 것 등을 제외하고는 대체로 원형을 보존하고 있다. 일부의 공간은 행정 기관의 사무실로 사용하고 있다.[『淮陰文物誌』, 1994] 입구에 현대식 상점과 상업용 간판이 있고 구유적은 낮은 벽돌 건축물이다. 주변에 있는 현대식 주거지의 색깔, 건축 형식 등과 눈에 띄게 불협화음을 이루고 있다.

가치 보존 상태가 비교적 완전하며 1985년에 강소성 문물보호단위로 선정되어 애국주의 교육과 중국 공산당사 교육의 중요한 장소로 이용되고 있다.

그림 6.164 서완변구정부 유적蘇皖边區政府舊址

84) §신중국 건국 이전 시기 중국 공산당이 장악하여 통치하던 지역. 해방구 내의 행정, 군사 등의 업무를 자치정부가 주도하면서 항일전쟁과 해방 전쟁의 근거지가 되었다.

(6) 청안원淸晏園

역사 개관 원래는 청대의 강·운하 총독河運總督 소속 관아의 관사였으며 이미 310년이 넘는 역사를 가지고 있다. 황하가 물길을 바꾸어 회하와 합쳐졌을 때[85], 청나라 정부는 여기에 강을 관리하는 관아를 세웠다. 이 관아의 관사를 건설하기 시작한 연대는 불명확하나 강희 17년(1678) 하도 총독 근보靳輔[86]가 여기에 파견 나와 있을 때는 회원淮園이라고 불렀으며 그 후 옹정, 가칭, 광서 연간의 역대 하감河督들에 의해 건물이 증설되면서 이름도 담원澹園, 청안원淸晏園, 류원留園 등으로 바뀌었다. 1929년에 관아로부터 행락 장소로 분류되어 성남공원城南公園이라 불렀고 1946년에 사고로 숨진 엽정葉挺[87]을 추모하기 위해 엽정공원葉挺公園으로 개명했다가 다시 1948년에 성남공원으로 바뀌었다. 1983년 시 정부가 대규모로 수리하여 1991년 다시 청대의 명칭인 청안원으로 회복되었다.[『淮陰文物誌』, 1994]

현황 및 특징 회안시 인민남로人民南路 서쪽 92호에 있다. 현존하는 문화재는 수리와 정비를 거쳐 현지의 가장 중요한 관광 자원이 되었다. 주위는 상업, 금융, 주거, 교통 용지이다.

가치 원래 청대의 하도총감부河道總監府 사무 공간이었으며 남북 건축의 양식이 혼합되어 있다. 중국 조운사漕運史에서 유일하게 남아 있는 관료의 관사로 소북蘇北 지역의 가장 대표적인 전통 정원 유적이다. 정원의 어제비문御製碑文 중에서 치수의 힘겨움과 조운 상황을 알 수 있는, 진귀한 수리 사료水利史料이자 역사 문물이다. 현재는 현지인들의 문화 활동의 중심이며 화훼, 서예 등의 전시회가 매년 열린다.

그림 6.165 청안원淸晏園

85) §황하는 역사상 수차례에 걸쳐 홍수의 범람으로 그 물길이 바뀌었는데 여기서 말하는 시기는 1194~1855년까지 물줄기가 남쪽으로 내려가 안휘성의 북부와 강소성의 북부를 거쳐 산동반도의 남쪽에서 황해로 들어가던 시기를 말한다.

86) §근보靳輔(1633~1692), 청대 순치의 내중서內中書, 강희 초의 내각학사內閣學士, 강희 10년(1671) 안휘순무巡抚, 강희 16년(1677) 하도총독 등을 지낸 청대의 하천 관리 방면에서 이름난 명신이다.

87) §엽정葉挺(1896~1946): 중국 인민 해방군 창시자, 신사군의 주요 지휘관, 군사 전략가. 1946년 4월 8일, 주요 동료 및 부인과 함께 중경重慶에서 연안延安으로 가던 중 국민당군의 공작에 의한 비행기 사고로 숨졌다.

(7) 혜제사惠濟祠

역사 개관 명대 정덕 연간에 처음 건축하여 청대 건륭 16년에 중수하였고 혜제사라는 비를 세웠으며 비문은 건륭 정축년(1751)과 건륭 16년에 나누어서 새겼다.[乾隆, 『南巡盛典』] 비문에서는 강희의 수차례 남순과 황하, 회하 수리공정, 조운 선박이 황하의 수해 위험에서 벗어나게 된 것 등의 업적을 칭송하고 있다.

현황 및 특징 회안시 마두진碼頭鎮에 있다. 훼손 상태가 심하며 글자의 흔적이 희미하게 방치되어 있다. 주변은 마을과 농지이다.

가치 문물보호단위가 아니지만 현지의 주민들은 상당히 중요하게 여긴다. 혜제사와 건륭행궁은 중앙 정부가 치수를 중시했다는 것을 보여주는 산증거이다. 또한 현지 주민들은 이곳을 마조신 사당妈祖廟[88]으로 여기면서 아직도 여기서 제사를 지내고 있는데, 마조신 신봉 문화는 원래 운하를 통해 외부에서 이곳으로 전달된 것이므로, 운하와 종교의 관계에 관한 연구에 있어서 중요한 의의를 지니고 있다.

그림 6.166 혜제사惠濟祠

---

88) §마조신馬祖神을 모시는 사당.

(8) 마두진碼頭鎮

역사 개관 진秦 시기에 회음현淮陰縣이 설치되었고, 서한西漢, 동한東漢, 위魏, 서진西晉, 동진東晉, 제齊, 당唐, 오대五代, 송宋, 원元 시기에도 모두 현縣이 설치되었다. 그 사이 동시에 광령군廣陵郡, 회음군淮陰郡, 또는 지명을 바꾸어 청青, 연兖, 서徐, 북연사주北兖四州와 동평군東平郡의 관공서 소재지가 되기도 하였다. 명·청대에는 부두 주변이 번성하여 마두진('마두'는 부두라는 뜻)이라 불리었다. 운하의 수로가 바뀐 후에는 시내와 거리가 멀어지고 교통이 불편해지면서 쇠락했다.

현황 및 특징 회안시 마두진에 있다. 민국 16년에 세운 석패방石牌坊 위에 "안란마두진安瀾碼頭鎮(태평성세 마두진)"이라 쓰여 있다. 현재 훼손 상태가 심각하며 거리도 번화했던 옛 모습은 찾을 수 없다. 거리의 고건축물들도 파손 상태가 심하며 소수의 명·청대 건축만이 현대식 주거단지 사이에 남아 있다. 많은 고대건축물과 유적을 관리하는 사람이 없어 현지의 주민들이 다른 용도로 사용하고 있다. 경제 상황이 좋지 않아 고건축물을 철거하고 재건축을 한 곳도 많지 않다. 주변이 낙후한 농촌이어서 옛거리의 모습이 비교적 많이 남아 있고 주변 환경과도 비교적 조화로운 편이다.

가치 현지 주민들은 아직도 당시의 찬란한 역사에 대한 자부심을 가지고 있지만 경제 상황이 좋지 않아 이에 걸맞은 보호를 하지 못하고 있으며 심지어는 생활상의 압박 때문에 유적을 훼손하기도 한다. 운하의 흥망성쇠는 운하 주변 사회 경제 발전에 중대한 영향을 미쳤는데, 마두진은 '성공도 실패도 운하와 함께한' 전형적인 지역으로, 마두진에 대한 연구는 경항대운하가 역사상 운하 주변 지역에 미친 중대한 영향을 드러낼 수 있다. 만약 기타 지역의 유사한 상황과 비교할 수 있다면, 지역 경제학, 역사학, 혹은 교통 지리 등의 분야를 가리지 않고 모두 상당한 의의가 있는 연구가 될 것이다.

그림 6.167 마두진碼頭鎮

(9) 표모사漂母祠

역사 개관 『중수산양현지重修山陽縣誌(산양현을 중수한 기록)』에 의하면 옛 사당은 동문 안에 있었고 명대 성화成化 초기에 서문 밖으로 옮겼으며 후에 다시 조어대釣魚臺 옆으로 옮겼다. 강희 23년(1864) 지현知縣 왕명선王命選이 모금을 하여 수리하였고, 건륭 연간과 동치 9년(1870)에 각각 크게 수리했으며, 한일 전쟁 시기에 불탄 것을 1982년 회안현 정부가 다시 중수하였다.

현황 및 특징 회안성城 북서쪽 모퉁이 옛 운하 동쪽 기슭에 있다. 북쪽에서 남쪽을 향해 있는 정원과 건축물이다. 북쪽에 정자와 전殿이 있는데 맞배지붕에 이중 대들보의 구조를 가지고 있으며 건물 내부에는 표모漂母의 조각상이 있다.

가치 현지에서는 아직도 표모를 섬기는 사람이 많을 만큼 영향력이 크고 이와 관련한 전설도 광범위하게 전해지고 있다.

(10) 고말구古末口

역사 개관 춘추 시대 노魯나라 애공哀公 9년(기원전 1486), 오나라 왕 부차夫差가 북진北進을 위해 중원에서 물자를 운송할 목적으로 굴착해서 강회江淮까지 연결했는데 그곳은 한구邗溝와 회하가 만나는 교통의 요지로 예로부터 '말구末口'라 불리었다. 당대에는 말구 인근에 한반도에서 건너온 교민들이 모여 살던 '신라방新羅坊'이 있었고 오대五代 때는 말구에 북신제방北神埝을 쌓았다. 북송 천성天圣 4년에 제방 서쪽에 월하月河를 굴착하여 북신갑문北神閘을 만들었는데 이는 인류 역사상 가장 먼저 만든 선박용 갑문 중의 하나이다. 원대 말기에 회안을 새로 건설할 때 이곳을 회안 신도시의 북측 하도관문水關으로 남겨 놓았다. 1982년 회안시 정부가 이곳에 패방을 세웠다.[『淮安市各級文物保護單位簡介』, 2003]

현황 및 특징 회안시 초주구楚州區 회성진淮城鎮 신성촌新城村에 있으며 현재의 위치는 원래의 위치에서 조금 옮겨졌다. 원래 있던 곳은 완전하게 보호되지 못하고 있으나 보호와 이용이 비교적 균형을 이루고 있다. 주변은 새로 조성한 주거지와 농지, 그리고 교통 용지이다.

그림 6.168 고말구古末口

가치 회하와 운하의 역사 내지 회안 옛 성古城의 발전사 관련 연구에 중요한 의의를 갖는다.

(11) 오승은吳承恩[89]고택故居

역사 개관 건축 연대는 불명확하다. 오승은은 후손이 없어 이 고택은 주인이 여러 번 바뀌다가 전쟁 때 소실되었다. 1982년 오승은 별세 400주년을 맞아 회안현 정부가 옛 기록에 의거하여 거주지를 중건하였다.[『淮陰文物誌』, 1994]

현황 및 특징 회안성 북서쪽 하하타동 골목(河下打銅巷) 남단에 있다. 새로 지은 건축은 전문 기관에서 책임 관리를 하여 보존 상태가 좋고, 중요 관광, 교육의 장소로 이용되고 있다.

가치 1987년 회음시의 문물보호단위로 지정되었다. 현지의 문화적 재부財富와 인문주의 정신을 보여주고 있으며 현지 주민과 행정 당국의 관심과 애정을 받고 있는 강소성의 애국주의 교육 장소이다.

그림 6.169 오승은고택吳承恩故居

89) §오승은(약 1500~1582): 명대의 소설가로, 『서유기西遊記』의 저자.

(12) 옛 하하읍河下古鎮의 석판 거리石板街

역사 개관 하하河下는 명·청대에 회염淮鹽[90]의 집산지였다. 청대 강희 연간에 거리를 만들었는데 '정程'씨 성을 가진 안휘 상인이 비용을 부담하였다. 운하가 이곳을 지나갈 당시에는 번화한 지역이었으나 훗날 점점 쇠락하였다.

현황 및 특징 초주구楚州區 하하河下 옛 시가에 있다. 돌판으로 도로를 포장하였는데 거리는 열십자(十) 모양으로 되어 있고 총연장은 5km이다. 거리에는 고대 건축풍의 건축물이 주를 이루고 있으며, 파손되었거나 개축한 것이 많지 않고, 회안시에서 보존 상태가 비교적 좋은 옛날 돌판 포장 거리이다. 현재는 평민 거주지로 기초 시설과 설비가 부족하고 위생 조건이 좋지 않다. 서쪽으로는 옛 운하와 붙어 있고 근처에 매정枚亭 등의 문화재가 있으며 하천을 따라 자동차 도로가 있다. 주변에서 개발이 시작되어 이 거리의 보존에 일정한 영향을 미칠 것으로 보인다.

가치 운하 제방 위에는 운하의 흥성과 쇠퇴에 따라 형성된 옛 상가가 있다.

그림 6.170 옛 하하읍河下古鎮의 석판 거리石板街

90) §강소 염전江蘇盐場에서 생산되는 소금. 강소 염전은 회하淮河 하구의 양안으로 펼쳐져 있어서 회염淮鹽이라 부른다.

(13) 천후궁天後宮

역사 개관 청대 복건福建 상인들이 해신海神에게 제사를 지내기 위해 만든 회관 겸용의 건축물이다.[『淮陰文物誌』, 1994]

현황 및 특징 숙천시 사양현泗陽縣 라마가騾馬街에 있다. 수리한 적이 없으며 앞에 있는 전殿은 대중목욕탕으로 사용되고 있고 지붕과 내부는 모두 개조하였다. 대전大殿은 붕괴 위험에 처해 있다. 주변은 주거지와 공장이 난잡하게 들어서 있고, 건물들이 초라하여 천후궁과 조화를 이루지 못하고 있다.

가치 전국의 많은 곳에 천후궁이 있는데, 예를 들면 복건福建의 보전莆田, 미주湄洲의 조묘祖廟, 대만臺湾의 북항조천궁北港朝天宮, 천진의 천후궁天津天後宮 등으로 이들 간의 비교 연구가 가능하다.

그림 6.171 천후궁天後宮

(14) 총독조운공서 유적總督漕運公署遺址

역사 개관 남송 건도乾道 6년(1170)에 처음 건축하기 시작하여 원·명대에 회안로淮安路 총관부總管府로 사용되었고 명대 만력 7년(1579)에는 조운 총독부漕運總督府가 이곳으로 옮겨왔으며, 청말에는 운하를 수리하지 않아 조운이 정지되고 부서가 폐지되면서 육군학당陸軍學堂으로 바뀌었다. 그 후 항일전쟁 시기에 소실된 것을 1988년 회안시 정부에서 현관홀 9칸을 중건하였고 2002년 8월에 나머지 건물을 중건하였다.[『淮陰文物誌』, 1994; 『總督漕運公署遺址簡介』 유적지 문 앞의 비각 중에서]

현황 및 특징 회안시 초주구楚州區 남문대가南門大街 북단의 시내 중심지에 있다. 전당前堂과 현관홀 등의 부분적인 고건축물을 중건하였으며 후당後堂과 좌우 양측의 관사는 아직 중건되지 않았다. 그러나 유적 둘레로 돌난간을 쌓아 놓았으며 유적에서 떨어진 돌기둥 등을 이미 중건한 전당과 같이 관리하고 있다. 문루門樓 북쪽은 조운 총서를 마주보고 있으며 중간에는 시의 주간主幹 도로가 지나가고 있다. 남쪽은 상업 지구인 남문대가南門大街와 마주 보고 있으며 사면이 교통 간선幹線으로 둘러싸여 있어 접근성이 떨어진다. 1층의 긴 복도는 시민들의 휴식 공간으로 사용되고 있다.

가치 성省급 문물보호단위이다. 현지 사람들은 이곳을 매우 자랑스럽게 생각하고 있으며 현지 정부도 중시하고 있다. 중국 봉건 사회 관료 체계 하에서 경항대운하와 관련된 모든 역대 하천 관리 관원들의 직위의 중요성과 그 변화 과정에 대한 자료 연구, 고대 관사官舍의 배치에 관한 연구에도 중요한 의의가 있다.

그림 6.172 총독조운공서 유적總督漕運公署遺址

(15) 진회루鎭淮樓

역사 개관 원래의 이름은 초루譙樓였다. 송대 보칭 2년(1226)에 처음 건설되었고 명대 홍무 19년(1386)에 무너진 것을 영락 17년(1419)에 회안 지휘사指揮使[91] 진선陳瑄 등이 중건하였다. 강희 17년(1678)에 지진으로 파손되어 보수하였으며 광서 17년(1891)에 다시 수리하였다. 1959년 회안현 인민정부가 다시 중수하여 목재 구조를 벽돌 구조로 바꾸고 화장花墻[92])을 틈이 없는 벽으로 바꾸었다. 또 축대 양쪽의 나선형 계단을 가늘고 긴 돌계단으로 바꾸어 전체적으로 원래의 모습을 유지하였다.[『淮陰文物誌』, 1994]

현황 및 특징 회안시 초주구楚州區 남문대가南門大街 북단의 시 중심부에 있다. 보존 상태가 비교적 좋고 원형을 유지하고 있으며 전문 인력이 관리를 책임지고 있다. 1층은 전시실이고 2층은 전시 자료를 보관하는 곳과 관리 인원의 거주지이다. 건물 안에는 미라 1구와 명·청대의 자기瓷器, 부서진 자기 조각, 과거 회안성의 모형이 있다. 문루門樓 북쪽 방향으로는 조운총서와 마주보고 있고 중간에는 간선 도로가 지나가고 남쪽은 상업 지구인 남문대가와 마주보고 있다.

가치 1987년 회음시 문물보호단위로 선포되었다. 전람회를 통해 역사와 애국주의 교육의 장소로 이용되는 중요한 장소이다.

그림 6.173 진회루鎭淮樓

91) §명대의 군사 지휘를 담당하던 직위. 정3품에 해당하며 한 지역 주둔군의 최고 지휘관이다.
92) §중국 전통 건축물의 윗부분에 각종 모양의 중앙이 비어 있는 벽돌로 쌓은 담.

(16) 회안부 유학반지淮安府儒學泮池

역사 개관 북송 경우景佑 2년(1035) 초주楚州 지주知州[93] 위렴魏廉이 원래 있던 공자사당을 바탕으로 만들었고, 가정 8년(1215) 초주 지주 응순지應純之가 규모와 모양을 갖춘 교사校舍로 확장하였다. 청말에 이르러 전화로 소실되어 현재는 일부의 연못만 남아 있다. 명대 이래로 운하 제방이 점점 높아져서 도시의 하수가 운하로 배수되는 것이 어려워지자 가정 연간에 회안 지부知府 왕봉령王鳳靈이 하천을 준설하여 하천의 기능이 회복되면서 반지泮池는 도시 배수로의 결집점이 되었다.[劉怀玉, 2003, 碑刻]

현황 및 특징 회안시 초주구楚州區 학부로學府路 남쪽에 있다. 현재는 연못만 남아 있으며 주위로 돌난간으로 둘러싸 보호하고 있다. 주변은 모두 거주지이다.

가치 반지泮池는 고대부터 만들었으며 유학儒學의 문 앞에는 모두 있었다. 그러나 회안부 유학반지는 서쪽으로 호수와 강으로 이어져 있어서 응순지應純之는 이 강 위에 헌공당獻功堂을 지어 수군을 훈련시키는 등 문무를 모두 중시 여겼다. 회안부 유학은 많은 인재를 양성하여 역사발전에 커다란 기여를 하였고, 또한 초주성의 흥성과 쇠퇴에 대한 기록이자, 이 일대에 흥성한 문풍文風이 증거이며, 역사 문화의 명승인 회안의 주요 상징이기도 하다.

그림 6.174 회안부 유학반지淮安府儒學泮池

93) §명·청대 주州의 일급 행정 수장.

(17) 반훈묘潘塤墓

역사 개관 반훈의 자字는 백화伯和, 호는 희대熙臺이다. 명대 정덕 무진년(1508) 진사進士에 급제하여 공과급사중工科給事中[94]을 지냈고 세 번에 걸쳐 공과도급사중工科都給事中[95]과 개주開州[96]의 동지同知[97]를 지냈다. 가정 7년(1528) 좌부도어사左副都御史, 하남순무河南巡抚[98]를 지냈다. 이 묘의 중수 연대는 명확하지 않다.

현황 및 특징 평교진平橋鎮 구동촌九洞村에 있다. 묘는 훼손되었으며 원래 묘가 있던 자리에는 학교가 들어섰다. 현존하는 것은 돌비석 하나와 사람모양의 석상, 석양石羊 한 쌍, 석호石虎 한 쌍, 석귀石龜 한 쌍인데, 교실 앞의 공터에 세 줄로 세워져 있다. 돌비석은 두 마리의 용이 하나의 여의주를 다투는 모양이 윗부분에 조각되어 있고 비에 새겨진 글자는 심하게 파손되어 있어 대부분 식별하기 어려운 상태이다. 현지 주민들 말에 의하면 묘는 학교의 교사 지하에 있다고 한다. 주변 환경과는 비교적 잘 어울리며 묘 앞에는 주민들이 용정龍井이라 부르는 우물이 있다.

그림 6.175 반훈묘班塤墓

가치 반훈은 아직까지 현지 주민들의 존경을 받고 있다. 묘 내·외부의 유물들은 문화대혁명 시기에 대부분 유실되었으나 1997년을 전후하여 현지 주민들이 다시 모아서 보관하고 있다고 한다.

---

94) §사吏, 호戶, 예禮, 병兵, 형刑, 공工 등 6과六科의 관리로 황제를 도와 정무를 처리하며 6부를 감찰하고 관리를 탄핵하던 직책.

95) §6과六科의 장관.

96) §중경重慶에 있는 도시 이름.

97) §명·청대의 관직. 지부知府의 부직副職으로 정5품의 관직.

98) §명明대에 조정에서 지방에 파견하여 민정·군정을 순시하던 대신.

(18) 홍택호 대제방洪澤湖大堤

역사 개관 동한東漢 건안建安 5년(200)부터 축조하기 시작하였는데 처음에는 북단의 무돈武墩 일대에 30km의 한회捍淮제방을 쌓아 훗날 고가高家제방이라 고쳐 부르다가 당대 대력 연간에는 군대를 주둔시켜 개간하게 하였고 남단(지금의 周橋 일대)에 당제방唐堤을 축조하였다. 명대 영락 13년(1415)에는 평강백平江伯[99] 진선陳瑄[100]이 주관하여 고가제방부터 당제방까지 무너진 부분을 보강하여 대제방의 틀을 갖추었다. 명대 만력 6년(1578) 반계순潘季馴이 조운을 감독하면서 무돈에서부터 제방을 다시 견고하게 다졌는데, 대제방을 장蔣제방까지 쌓았으며 부분적으로 석재로 제방을 보강하였다. 청대 강희 연간에 고가제방을 대규모 수리하였고 무돈에서 부두까지 석재 제방을 쌓았다. 옹정, 건륭, 가칭, 도광 등의 시기에도 끊임없이 수리·보강하여 제방을 더 높고 넓고 튼튼하게 하여 회음부두에서 홍택 장제방 대영문蔣壩大營門까지 70km의 완전한 대제방이 축성되었다. 만청 이후에 대제방이 여러 번 무너져 신중국 건국 후에도 계속 보강하였으며 원래의 돌 제방 위에 다시 2단의 언덕을 쌓고 나무를 심어 방랑림防浪林으로 삼았다. 또 고간갑문高涧閘, 이하갑문二河閘, 삼하갑문三河閘 등의 대형 수리 설비를 건설하였다. [『淮陰文物誌』, 2001]

현황 및 특징 홍택호의 동안에 있으며 회음, 홍택 양현의 경내에 있다. 대제방은 전체적으로 잘 보존되어 있으며 많은 곳에서 개조와 수리가 진행되었다. 원래의 대제방은 홍택호 동안 즉, 주교周橋에서 장제방 구간이다. 제방 위에 도로가 개설되어 있어 차량들이 다니고 있고 언덕에는 인공림의 식재 상태가 양호하다. 주변은 농가와 농지이다. 시멘트로 포장된 보행 도로는 댐 밑까지 이어져 있는데 제방 위에는 소량의 생활 쓰레기가 방치되어 있다.

가치 1987년 회음시 문물보호단위로 지정되었다. 홍택호는 바닥이 동쪽 육지의 지면보다 5~9m가 높은 '현호懸湖'이다. 따라서 홍택호 대제방은 회하 중·하류 지구 10여 개 도시의 홍수를 막아주는 방벽이며, 홍택호 지역 수리건설과 종합개발의 기초이다. 규격이 표준화되어 있고 건축 기술이 정밀하여 오래전부터 전승되고 있는 중국 수리 건설의 높은 기술 수준을 보여주고 있다.

99) §평강백平江伯(1439~1502): 명대의 군사가.

100) §진선陳瑄(1365~1433): 명대의 군사가, 수리전문가, 명·청 조운제도의 확립자.

그림 6.176 홍택호 대제방洪澤湖大堤

8.2 우이현 운하盱眙縣運河

우이는 회하 중하류, 홍택호의 남안, 강소성 서부에 위치하고 있다. 오래 전에 도시로 발전하여 군郡, 군軍과 주州 등의 행정 중심 도시의 역할을 하였다. 수·당대에 우이는 운하의 굴착으로 인해 비교적 번화한 곳이었다. 북송 시기에는 동남 조운이 양주揚州와 초주楚州의 북쪽인 회수에서 우이를 거쳐 변하로 들어갔고 변경汴京[101]에서 동남쪽으로 가는 길도 우이를 경유하였다. 남송 시기에는 우이의 주변에서 군대를 주둔시켰다. 원·명·청대에 황하의 물줄기가 사수와 합쳐지면서 운하도 바뀌어 우이의 경제는 쇠락하게 되었다.

경내에 문물과 유적이 풍부한데 고문화 유적 31곳, 고분 18곳, 고성보古城堡 1곳, 역사 문물 및 혁명 문물 합계 807건이 있다.[『盱眙縣文物誌(征求意见稿)』, 1986]

101) §약칭은 변汴이며, 옛날에는 변주汴州, 동경東京, 대량大梁 등으로 불리었다.

(19) 제일산第一山

역사 개관 원래의 이름은 도량산都梁山이나 회수의 남쪽에 있어서 남산이라고도 한다. 북송의 서예가 미불米芾의 시 "且是東南第一山"에 "第一山"이라는 세 글자가 있어서 남산이라는 이름은 점점 제일산이라는 이름으로 바뀌었다. 원래 있던 글자는 명대의 병란에 소실되었다. 청대 건륭 연간에 지현 곽기원郭起元이 미불의 글자를 본따서 "제일산"이라고 새긴 비가 아직 산중턱에 보존되고 있다. 남송 시기에 송금은 회하~대산관大散關[102]을 국경으로 삼았는데 우이盱眙[103]는 회하의 강변에 있어서 많은 문인 묵객이 흉금을 털어놓던 곳이라고 한다.[『盱眙縣誌』, 1993]

현황 및 특징 우이의 중부에 있다. 해발 100m 정도로 보존 상태는 비교적 양호하고 이미 관광 명승지로 개발되어 전문 기관이 책임 관리하고 있다. 회하와 붙어 있고 부근에 휴양지가 있으며 산 정상에는 중·고등학교가 있다.

가치 중요한 관광 명승지이며 현지 주민의 휴식처이자 행락의 장소로 현지의 역사 교육, 애국주의 교육의 장소로 활용되고 있다. 산 위에는 모양이 다양하고 초서, 예서, 전서가 모두 갖추어진 예술적 가치가 높은 마애 석각이 있다.

그림 6.177 제일산第一山

102) §협서성陝西省 서안西安 서쪽 보계시寶雞市에 있는 협곡.

103) §강소성 회안시 남부, 회하 하류, 홍택호 남안에 있는 중국의 유명한 관광지.

(20) 동양성 유적東陽城遺址

역사 개관 진이 이곳에 동양현東陽縣을 설치하였다. 진대 말기에 진영陳嬰이 이곳에서 농민 의거를 일으켜 농민군을 인솔하여 항량项梁과 협력하여 진나라를 무너뜨렸다. 한대에도 동양현은 명맥이 이어졌으나 동한 이후 쇠락하였다.[『淮陰文物誌』, 1994]

현황 및 특징 우이성盱眙城 동쪽 약 35km 지점 운산雲山 아래에 있다. 유적은 대체로 보존 상태가 좋고 옛 성곽 주변에 흙으로 쌓은 성곽은 대부분 뚜렷하게 남아 있다. 동서 양쪽의 성이 병렬로 조성되어 있는데 사각형 모양의 북향이다. 동성은 비교적 완전하며 서성은 동성보다 훼손되었다. 동성의 동쪽벽에는 빈틈이 일부 있는데 아마도 원래 성문의 위치인 것으로 추정된다. 동성의 동쪽 성벽과 남쪽 성벽이 만나는 지점은 보존 상태가 좋다. 주변은 농가와 농지이며 전체적으로 주변 환경과 잘 어울린다.

가치 1982년 강소성 문물보호단위로 선정되었다. 성내에서 진대의 동전과 한대의 문물이 출토되었고 출토된 자료와 문헌이 대체로 일치하는데 이는 진·한대의 옛 동양성 유적임을 말해주고 있다. 성지 외부에는 아직도 많은 진·한대의 합장묘들이 있다.

그림 6.178 동양성 유적東陽城遺址

(21) 사주성泗州城

역사 개관 당대에 축성하기 시작하여 송대에 확대하였으며 명대에 하나로 합쳐서 벽돌과 돌로 개조하였다. 강희 19년(1680) 홍수로 물에 잠긴 후부터 황폐화되었다.[『淮河與盱眙』, 2002]

현황 및 특징 지면에 일부의 흔적만이 남아 있고 황폐화되어 관리하는 사람이 없다. 원래의 유적지는 이미 농지로 개간되었고 주변은 농촌 마을과 도로이다.

가치 회하의 하류와 변하汴河의 입구에 있는 중원의 길목이며 남북 교통의 요충지이다. 고대의 전형적인 하구 성곽마을이며, 황하와 회하, 양자강 물길이 만나는 지점으로 당송 시기 조운의 중심이었다. 수隋 대업大業 원년(605) 사주泗州 경내의 변하는 통제거通濟渠[104]의 일부였으며 당·송대에도 수많은 조운을 담당하였으나 마지막에는 황하가 회하와 합쳐지면서 쇠퇴하였다.(『淮河與盱眙』, 2002). 황하와 회하, 경항대운하를 연구하는 데 중요한 자료가 된다.

그림 6.179 사주성 유적泗州城遺址

104) §변하라고도 하며 수양제 시기에 파기 시작하여 기沂, 술沭, 사泗 수계를 잇는 총연장 650km의 운하이다.

(22) 명조릉明祖陵

역사 개관 명태조 주원장의 조부 주초일朱初一의 실제 매장지이며 증조부·고조부의 의관묘이다. 처음 만들어진 때에 대해서 학계의 의견이 분분한데, 하나는 홍무 초년, 다른 하나는 홍무 18년(1385), 또 다른 하나는 원대 말년(1361~1363)이라는 학설이 있다. '회하와 우이淮河與盱眙'에 의하면 황릉을 만들기 시작한 것은 원대 말년이다. 홍무 초년에 4대에게 존호를 추서하고 홍무 4년(1371)에 조부의 능묘를 만들었으며 홍무 19년(1386)에 능을 배알하였고 명대 영락 11년(1413)에 준공하였다고 한다.(2002)

현황 및 특징 능의 동쪽에는 홍택호가 있어 물이 차오르면 수몰될 위험이 있다. 전체적인 보호 상태가 양호하나 유적의 일부분은 아직 수중에 잠겨 있다. 또 일부는 개조·개축하였고 추가로 만든 부분은 심하게 훼손되어 원형을 찾아보기 어렵다. 중요 관광지로 지정되어 관광객에게 개방되어 있으며 주변은 농지와 인공림, 그리고 호수이다.

가치 명대의 가장 큰 왕릉이며 중국의 고대 왕릉 건축사 상 전·후반기를 연결하는 교량 역할을 하는 중요한 문화재이다. 건축과 배치는 당·송시기의 황제·황후의 능을 계승했으며 고대 능원 제도 연구의 중요한 증거물이다.

그림 6.180 명조릉明祖陵

8.3 양주시 유적 상황揚州市遺产狀況

(23) 영국사寧國寺

역사 개관 당대 정관贞觀 11년(637)에 승려 무진无塵이 처음 창건하였다. 원래의 이름은 영국선사寧國禪寺였으나 훗날 영국 교사寧國教寺로 개칭하였다. 원래의 장소는 대신교大新橋 동쪽, 엽정로葉挺路 북쪽이었다. 대로와 붙어 있고 뒤에는 성벽에 의지하고 있으며 전후 5열로 방은 모두 수백 칸에 이르러 '포마관산문跑馬關山門(말을 달려 지나가는 관문)'이라 하였으며 회수 동쪽의 유명한 대사찰이다. 백 년 가까이 인재와 천재를 수도 없이 겪으면서 점점 쇠퇴하였다. 신중국 건국 후에 영화관으로 개조하였으며 남은 건물이 차례로 철거되고 청대의 호접청蝴蝶廳 한 채만이 남아 현급縣級 보호문물로 지정되었다.

현황 및 특징 보응현寶應縣에 있다. 현재 현정부 주도로 대규모 수리 중에 있으며 사찰의 총면적을 10,000m^{2}로 확대하여 주요 건물을 이미 중건하였고 나머지 부분도 공사 중이다.[보응현 인민정부 홈페이지]

가치 현지에서는 비교적 영향력이 있는 사찰로 일정한 가치가 있다.

그림 6.181 영국사寧國寺

(24) 우성역盂城驛

역사 개관 명대 홍무 8년(1375)에 설치하였고 강소성 고우시高郵市 남문대가南門大街 관역 골목館驛巷 안에 있으며, 중국 내에서 보존 상태가 가장 좋고 규모가 가장 큰 고대 역참 유적이다.

현황 및 특징 고우시에 있다. 수리 후 역참의 주요 건물은 문간門廳과 본관正廳, 후청後廳, 역승택驛丞宅, 마신 사당馬神廟, 고루鼓樓, 진우비정秦郵碑亭 등인데 이 중 대부분이 명·청대 건축물이며, 신축한 남문 등과 함께 명·청대 옛거리의 아름답고 우아한 건축군을 이루고 있다. 현재 우편역참박물관이 개설되어 실내에는 당시의 역참 시설 및 물품과 '중국 고대 우편 역참사'中國古代郵驛史』가 전시되어 있다. 중국의 중요한 문물보호단위이다.[고유시 인민정부 홈페이지]

가치 운하와 붙어 있는 상당히 중요한 유적이다.

그림 6.182 우성역盂城驛

(25) 남문대가南門大街

역사 개관 우성역盂城驛과 함께 성장한 상가 거리이다.

현황 및 특징 고우시에 있으며 대량의 명·청대의 고택과 상호가 보존되어 있다. 반곡서潘谷西[105] 교수의 책임 아래 거리와 우성역, 성곽 등이 하나의 완전한 명·청대 건축 군락을 이루어 예전의 방식대로 풍격을 유지·보존되고 있다.[고우시 인민정부 홈페이지]

가치 우성역 일대 유적의 한 부분으로 없어서는 안 될 매우 중요한 유적이다.

그림 6.183 남문대가南門大街

105) §반곡서潘谷西(1928~): 1951년 남경대학교南京大學教 건축학과를 졸업한 후, 남경공학원南京工學院 교수를 역임하고, 초대 중국건축학회中國建築學會 건축사학술위원회建築史學術委員會 부주임과 초대 남경고교학회南京古教學會의 부회장을 지낸 중국 건축 및 고건축의 권위자이다.

(26) 진국사탑鎭國寺塔

역사 개관 당대 예종睿宗이 그 동생을 위해 쌓은 것이었다. 원래는 9층이었는데 건륭 시기에 이르러 6층만 남게 되었으며 광서 32년(1906)에 중수하였다. 탑체는 벽돌로 되어 있고 가운데는 비어 있으며 평면 정사각형으로 밑변의 한 변이 8,6m, 전체 둘레는 34.4m이며 조형미가 아름다워 '남방의 대안탑南方的大雁塔'이라 불린다.

현황 및 특징 고우시에 있는 성급 문물보호단위이다. 신중국 건국 후에 새로운 물길을 파느라 동안東岸이 잘려나가 섬으로 바뀌었는데 이 탑은 섬 안에 있으며 운하의 상징적인 건축물이 되었다.[고우시 인민정부 홈페이지]

가치 고우시와 운하의 상징으로 상당히 중요하다.

그림 6.184 진국사탑鎭國寺塔

(27) 고우주서高郵州署

역사 개관 명대 가정 연간에 처음 지었고 청대에 중건하였다.

현황 및 특징 고우시에 있다. 정문은 성안의 부府 앞길 중간에 위치하고 남향이며 문루의 용마루는 약 7m, 폭 11m, 깊이 7m이다. 벽돌과 목재를 사용하여 겹처마로 지었으며 지금까지 보호가 비교적 완전하다. 양쪽 벽에는 순치에서 도광까지의 8개의 비碑가 있다. 지금은 시 정부 청사의 대문으로 사용되고 있다.(고우시 인민정부인터넷홈페이지)

가치 고우주는 명대 남운하의 중추였으므로 이 관아 역시 일정한 역사적 가치가 있다.

그림 6.185 고우주서高郵州署

(28) 문유대文遊臺

역사 개관 북송의 태평흥국 연간에 만들기 시작해서 원래는 동악 행궁으로 불리웠으나, 소식蘇軾, 손각孫覚, 진관秦觀, 왕공王巩 등의 문인들이 이곳에서 자주 모여서 문유대라는 이름을 얻었다.

현황 및 특징 고우시에 있다. 관광지는 강소성 고우시 성구城區 동북방 모서리에 있으며 흙산 위의 높은 곳에 대를 만들어 사방을 관망할 수 있다. 동쪽으로는 드넓은 논이, 서쪽으로는 호수가 보이며, 호반의 경치가 한 눈에 펼쳐진다. 앞에 있는 합잠당盍簪堂의 사면 벽에는 소동파蘇東坡, 미원장米元章, 동기창董其昌 등 명인들 글씨가 상감象嵌되어 있어 높은 예술적 가치를 지니고 있다. 문간의 동서 양쪽은 박물관의 야외 전시관인데 '고우의 5천 년', '용규장龍虬莊 출토 유물', '왕증기汪曾祺 문학관' 등을 전시하여 사람들에게 고우의 역사 문화를 알리는 창구 역할을 하고 있다.(고우시 인민정부인터넷홈페이지)

가치 강소성의 중요한 문물보호단위이며 운하 주변의 경치를 내려다 볼 수 있는 중요한 곳이다.

그림 6.186 문유대文遊臺

(29) 계수진 호국사대전界首鎮護國寺大殿

역사 개관 고우의 유명한 고찰로 남송 시기에 창건하여 현재까지 840여 년의 역사를 가지고 있다.

현황 및 특징 고우시에 있으며 현존하는 것은 청대의 대전과 선당禪堂이며 대웅전은 단층이다. 2003년 화교들이 돈을 모아 낡은 건물 앞에 새로 대웅보전과 산문을 지었다.[계수진 인민정부 인터넷 홈페이지]

가치 운하와 붙어 있고 중요한 역사적·문화적 가치가 있는 유적이다.

그림 6.187 계수진 호국사대전界首鎮護國寺大殿

(30) 자영댐子嬰壩

역사 개관 자영하子嬰河에 축성된 댐이어서 자영댐라고 한다. 자영하는 옛날에는 자영골이라고 불렀다. 청대에 외지에서 들어와 보응寶應에 팔보정八寶亭을 세운 고유의 공생贡生[106] 손응과孫應科는 『리하하수리편裏下河水利編』에서 "運河三百余裏, 寶應居其中, 界首之子嬰溝中而又中(운하삼백여리, 보응거기중, 계수지자영구중이우중; 운하는 300여 리이고 보응은 그 가운데 있는데, 경계의 첫머리에 있는 자영구는 그중에서도 핵심)"이라 칭송하였다. 명대 만력 24년(1596) 반계순潘季馴이 자영대갑문을 만들었는데 청대 강희 16년(1677) 근보靳輔가 갑문을 철거하고 제방을 쌓아 자영제방이라고 하였다. 건륭 4년(1739) 제방의 양쪽 끝에 배수를 위한 갑문을 설치하여 자영남갑문子嬰南閘과 자영 북갑문子嬰北閘이라 하고 보응현寶應縣 주부主簿에게 관리 책임을 지게 하였다. 광서 16년(1890) 두 개를 합쳐 현재의 자영댐을 새로 건설하였다. 1953년 6월부터 고우시가 관리하고 있다.

현황 및 특징 고우시 자영하진子嬰河鎮 서운하西運河 동안東岸에 있으며 현재 있는 것은 모두 새로 건설한 것이다.

가치 수공水工 건축물로 일정한 기술적인 가치가 있다.

그림 6.188 자영댐子嬰壩

106) §공생: 명·청대의 과거 제도에서, 부府·주州·현縣에 있는 학교의 추천을 받아 수도의 국자감에 가서 공부하던 사람. 수재 중의 수재라 추앙받았다.

(31) 차라댐車逻壩

역사 개관 명대 초기에 축성하였다. 청대에 바다를 통하는 5가지 댐 중의 하나이며, 강희 때 배수갑문으로 개조되었다.[『揚州水利誌』, 1999]

현황 및 특징 이미 폐쇄되었으며 원래의 자리에 '창험비抢险碑'가 세워져 있다.

가치 비교적 높은 역사적 가치가 있다.

그림 6.189 차라댐車逻壩

(32) 소관댐昭關壩

역사 개관 청대에 바다를 통하는 5가지 댐 중 하나이다. 원래는 추어구댐鰍魚口壩이었다. 강희 40년(1701)에 댐의 위치를 소백진邵伯鎮 북쪽 2.5km 지점의 소관 사당昭關廟으로 옮겨서 소관댐昭關壩아라 고쳐 부른다.

현황 및 특징 강두시江都市에 있으며 현재의 소관댐은 원래의 자리에서 수백 미터 남쪽에 있다.

가치 비교적 높은 역사적 가치가 있으며 원래의 댐 수문은 모두 폐쇄되었다.

그림 6.190 소관댐 유적지昭關壩舊址

(33) 호남회관湖南會館

역사 개관 청대 말엽에 호남의 소금 상인들이 증국번曾國藩[107]을 위해 지은 주택으로 그중에서 체원棣園은 상당히 정교하고 아름답다. 훗날 호남회관이라 개칭하였다.[양주(揚州) 문예인터넷 홈페이지, wenyi.yztoday.com]

현황 및 특징 양주揚州 시내의 남하하가구南河下街區에 있으며 문루門樓가 온전히 보존되어 있다. 조각이 정교하고 아름다우며 높이는 약 6m에 이른다. 내부에는 '723여관'이 차지하고 있다.

가치 회관의 역사를 반영하고 있으며 상당히 높은 가치를 지니고 있다.

107) §증국번曾國藩(1811~1872): 청대의 정치가, 전략가, 이학가理學家, 문학가, 청대 말기의 중흥 4대 명신으로 불린다. 양강 총독兩江總督, 직이 총독直隸總督을 역임하였고 후세에는 증문정曾文正이라 불린다.

(34) 염상왕씨저택汪姓盐商住宅

역사 개관 광서 때의 소금 장수 왕로문汪鲁門의 저택이다.[馬家鼎·金愛民, 2003]

현황 및 특징 양주 시내의 남하하가구南河下街區에 있으며 양주에서 현존하는 가장 큰 소금 장수의 저택이다. 입구에서 뒷문까지 9열 2층의 구조로 되어 있다. 신중국 건국 후에 의약 창고로 사용되었으나 현재는 보존과 보호를 위해 폐쇄된 상태이다.

가치 소금 장수의 문화를 반영하고 있는 가치가 상당히 높은 건축물이다.

그림 6.191 염상왕씨저택汪姓盐商住宅

(35) 염상노씨저택盧姓盐商住宅

역사 개관 청대 광서 시기에 소금 장수 노소서盧紹緖가 지은 저택이다.[『揚州市老城區12号街坊控制性詳細規劃文本』, 2004]

현황 및 특징 양주 시내의 남하하가구와 남하하의 강산가康山街에 붙어 있으며 5,000m^{2}의 부지를 차지하고 있다. 녹나무 목재를 사용하여 지었으며 현재 주인이 살고 있다.

가치 소금 장수들의 문화를 반영하고 있어 가치가 높은 저택이다.

그림 6.192 염상노씨저택盧姓盐商住宅

(36) 호북회관 녹나무대청湖北會館楠木廳

역사 개관 원래는 호북회관의 대청이었다.[馬家鼎, 金愛民, 2003]

현황 및 특징 양주 시내 남하하가구에 있다. 남향이며 맞배지붕이고 재료는 전부 녹나무를 사용하였다. 재료 선택에 정성을 들였으며 정면 3칸, 측면 7칸에 앞뒤로 권붕卷棚이 있으며 주춧돌과 작체雀替108)의 조각이 정교하고 아름답다. 보존 상태가 좋고 동쪽 옆의 염상왕씨저택과 함께 문화 유적 관광지로 조성되었으나 현재는 개방을 하지 않고 있다.

가치 회관의 역사를 반영하고 있으며 문화 가치가 높다.

(37) 서씨녹나무저택徐宅楠木樓

역사 개관 옛 양주揚州 독군督軍 서보산徐寶山이 가족을 위해 지은 집이다.[揚州文藝網, wenyi.yztoday.com]

현황 및 특징 양주 시내의 남하하가구에 있으며 현존하는 것은 녹나무 건물 한 채이며 내부에 사람이 살고 있다.

가치 명인의 고택으로 높은 가치가 있다.

그림 6.193 서씨녹나무저택徐宅楠木樓

108) §각체角替라고도 하며 중국 건축에서 두공枓栱 아래, 기둥과 교점에 사용되는 까치발. 명·청대에는 조각이나 색채를 써서 장식적이 되었다.

(38) 염상료씨저택廖姓盐商住宅

역사 개관 청대 말기의 소금 장수 료가정廖可亭의 저택이다.[馬家鼎, 金愛民等, 2003]

현황 및 특징 양주 시내의 남하하가구에 3,000m²의 대지에 동서 양축으로 나뉘어져 있는데 동쪽 축에는 입구에서부터 대청을 포함하여 5열의 공간이 있다. 대청은 녹나무로 이루어졌으며 정면 5칸, 측면 7칸으로 앞에 권붕이 있고 동서쪽 모두 긴 복도와 대청이 잇닿아 있다. 서쪽 축에는 배 모양으로 만든 대청, 꽃으로 장식한 대청, 거주 공간을 포함하여 4열이다. 대문간과 북부의 화원이 밖으로 훼손된 것을 제외하면 대체로 완전하게 보존되어 있으며 현재도 사람이 살고 있다.

가치 소금 장수들의 문화를 반영하고 있는 가치가 높은 건축물이다.

그림 6.194 염상료씨저택廖姓盐商住宅

(39) 체원棣園

역사 개관 명대에 처음 지었으며 청대 초기에 확장하였고 도광 연간부터 체원이라고 불렀다. 광서 초기에 호남회관의 소유였다.

현황 및 특징 양주 시내의 남하하가구에 있다. 현존하는 것은 극을 관람하던 곳과 호접청蝴蝶廳 등의 건물이다. 극을 관람하던 누각은 남향이고 팔작지붕에 녹나무 각목으로 지어졌으며 정면 5칸 측면 칸이다. 양 측벽의 꼭대기에는 정교하고 아름답게 조각된 벽돌이 있다. 이 정원은 심각하게 훼손되어 있지만 그 규모는 아직도 상당한 규모이다. 정원 안에는 고희대古戲臺[109]가 있었으나 1978년에 철거되었고 목재 구조물은 박물관에 보관되어 있다. 정원에 있던 연못과 가산은 모두 매립되었다.

가치 비교적 높은 문화적 가치가 있으나 현재 '723연구소' 안에 폐쇄되어 있다.

(40) 평원平園

역사 개관 소금 장수 주정신周静臣이 지었다.[馬家鼎, 金愛民, 2003]

현황 및 특징 양주 시내의 남하하가구에 있으며 점유 면적 3,447m²에 대문은 남향이며 문루는 조각을 한 벽돌로 쌓았다. 정원은 저택의 서쪽에 위치해 있으며 정원의 문은 동향이고 문 위에 해서楷書로 쓴 "平園"이라는 돌 편액이 있다. 정원은 화장花墻을 기준으로 남북으로 나뉘어져 있으며 화장의 중간에 월문月門이 있고 이 원형 출입문의 위에는 돌 편액이 걸려 있는데 남쪽 편액은 "척식惕息", 북쪽은 "소원풍화小園風和"이다. 남쪽 정원의 중간에는 3백 년이 된 태산목廣玉蘭[110] 두 그루가 서 있다. 북쪽 정원에는 남쪽을 향해 있는 5칸의 화청花廳이 있고 화청 안에는 녹나무 칸막이가 있는데 그 장식이 정교하고 아름답다. 화청의 남쪽에는 벽을 따라 연못과 가산假山(정원에 돌과 바위로 만든 작은 인공산)이 있다.

가치 문화적 가치가 비교적 높으나 현재 '723연구소' 안에 폐쇄되어 있다.

---

109) §희대戲臺: 공연이나 놀이 등을 위해 지은 누각.

110) §북미 원산으로 미나리아재비목 목련과의 상록교목. 학명은 태산목(magnolia grandiflora)으로 30m까지 자란다.

(41) 팔영원八咏園

역사 개관 연혁이 불명확하다.[『揚州市老城區12号街坊控制性詳細規劃文本』, 2004]

현황 및 특징 양주시 광릉로廣陵路 감천로甘泉路에 있다. 정원은 저택의 서쪽에 있으며 이를 기준으로 저택은 남북으로 나누어진다. 현존하는 건축은 입구로부터 2열로, 현재 사람이 살고 있고 나머지는 모두 소실되었다.

가치 명인의 고택으로 일정한 가치가 있다.

그림 6.195 팔영원八咏園

(42) 장생사각長生寺閣

역사 개관 장생사長生寺는 불교 사찰로 원래의 이름은 미륵각彌勒閣이며 청대 가칭 연간에 건축되었다. 팔각형 3층으로 이루어져 있으며 꼭대기에는 원래 동銅으로 된 조롱박 모양의 탑이 있던 전통적인 불교 건축이다.[揚州文藝網, wenyi.yztoday.com]

현황 및 특징 양주시의 광릉로廣陵路와 감천로甘泉路, 약진교躍進橋 북쪽 옛 운하의 동안에 있다. 최근에 화재로 인해 내부의 많은 부분이 소실되어 현재 다시 복원하고 있으며 전문 관리인을 고용하여 보호하고 있다. 주변은 개발 계획이 없는 황무지이다.

가치 운하의 중요한 명승지이다.

그림 6.196 장생사각長生寺閣

(43) 이분명월루二分明月樓

역사 개관 유명한 시구 "천하삼분명월야, 이분무뢰시양주(天下三分明月夜, 二分無賴是揚州)"에서 비롯되어 이분명월루라고 불린다. 청대 중엽에 원員씨에 의해 건축되었으나 나중에는 소금장수 가송평賈颂平의 소유가 되었다.[揚州名勝古迹, www.chinacsw.com/cszx/yangzhou/guji1.htm]

현황 및 특징 양주시 광릉로 및 감천로에 있다. 정원 안에 숲과 7칸의 긴 건물이 있고, 루樓에는 청대 전영錢泳[111]의 "이분명월루二分明月樓" 편액이 걸려 있다. 정원의 동쪽에는 황석 가산黃石假山이 있고 계단으로 동쪽의 누각東閣으로 올라갈 수 있다. 양주의 개인 주택 중에서 물을 끌어들여 조성한 정원으로 가장 뛰어난 곳 중 한 곳이다. 지금은 가두의 공원으로 무료 개방하고 있다.

가치 비교적 높은 가치가 있으며 지금은 개방되어 있다.

그림 6.197 이분명월루二分明月樓

111) §전영錢泳(1759~1844): 청대의 학자 서예가. 원명은 명학名鶴, 자는 입군, 호는 태선臺仙.

(44) 감천현 관아문간甘泉縣衙署門廳

역사 개관 청대의 감천현 관아문간이다.[揚州文藝網, wenyi.yztoday.com]

현황 및 특징 양주시 노성구老城區 감천로의 서쪽 끝에 있다. 1980년대부터 양주시 인민검찰원이 주재하다가 1990년대 검찰원이 옮겨간 후 다른 기관이 사용하고 있다. 문간 이외의 다른 건축물은 모두 유실되었다.

가치 일정한 역사적 가치가 있다.

그림 6.198 감천현 관아문간甘泉縣衙署門廳

(45) 양식국粮食局 녹나무대청楠木廳

역사 개관 청대 말기의 민가이며 민국 연간에는 국민당 교통은행 지점이었다.[『揚州市老城區7號街坊控制性詳細規劃文本』, 2004]

현황 및 특징 양주시 광릉로와 감천로에 있다. 건물은 남향이며 지붕은 맞배지붕이고 녹나무 기둥을 사용하였다. 앞뒤로 권붕이 있고 정면 3칸 측면 7칸으로 남쪽의 두 복도가 서로 이어져 있고 북쪽에는 거주 공간 등이 있다. 현재는 양식부粮食部의 공간으로 사용되고 있다.

가치 양주의 녹나무 건축 문화 계열에 속한다.

(46) 인민은행 녹나무대청人民银行楠木廳

역사 개관 역사 연혁에 대한 추정이 불명확하다.[『揚州市老城區7號街坊控制性詳細規劃文本』, 2004]

현황 및 특징 양주시 광릉로와 감천로에 있으며 현재는 행정 기관이 사용하고 있고 앞뒤의 일부분은 극장과 주택으로 개조되었다.

가치 양주시의 녹나무 건축물 계열에 속한다.

그림 6.199 인민은행 녹나무대청人民银行楠木廳

(47) 사안공소 녹나무대청四岸公所楠木廳

역사 개관 사안 공소四岸公所는 양주시에서 가장 늦게 지어진 회관이다. 당시에 호남, 호북, 강서, 안휘 등 4성으로 판매되던 모든 소금을 이곳에서 관할하였다.[『揚州市老城區7号街坊控制性詳細規劃文本』, 2004]

현황 및 특징 양주시 광릉로와 감천로에 있다. 대부분의 건축은 이미 존재하지 않고 근처 광릉로 초등학교 안에 녹나무대청만 남아 있다. 대청 4면 외벽은 시멘트로 미장되었으나 내부의 녹나무 구조는 아직 완전히 보존되어 있다. 현재 초등학교의 다이빙 훈련 장소로 이용되고 있다.

가치 양주시의 녹나무 문화 계열에 포함된다.

그림 6.200 사안 공소 녹나무대청四岸公所楠木廳

(48) 원생사愿生寺

역사 개관 전신은 양주에 있던 두 정덕 회관旌德會館[112] 중의 하나였으며 신중국 건국 후에 양주의 경극단이 사용하고 있다.[揚州文藝網, wenyi.yztoday.com]

현황 및 특징 양주시 광릉로와 감천로에 있으며 현재 여러 주민들이 함께 쓰는 뜰로 사용되고 있다. 내부에는 명대 녹나무대청 하나가 있는데, 대전大殿과 문루는 모두 심하게 훼손되어 있다.

가치 회관 문화를 반영하고 있으며 일정한 가치가 있다.

그림 6.201 원생사愿生寺

112) §안휘安徽 선성시宣城市 정덕현旌德縣 상인들이 만든 회관.

(49) 하원何園

역사 개관 원래는 청대 건륭 때의 쌍홰원雙槐園 유적이었으나 청대 광서 연간(1875~1908)에 도대道臺[113] 하지도何芷舠)[114]가 현재의 모습으로 개축하였다.[揚州名勝古迹, www.chinacsw.com/cszx/yangzhou/guji1.htm]

현황 및 특징 양주시 광릉로와 감천로에 있으며 기소산장寄嘯山莊으로도 불린다. 정원은 저택의 뒷편에 있으며 12,360m^{2}의 면적에 동·서 양쪽으로 구성되어 있다. 서쪽은 정원 중심이며 경치가 넓고 심오하다. 가운데는 연못이 있고 연못 주변에는 암석을 첩첩이 배치하였고 연못의 사방에는 누각이 있다. 연못의 동쪽에는 4면이 물로 둘러싸인 희대를, 무대 주변에는 회랑을 설치하였다. 무대의 북쪽은 호석湖石[115]으로 다리를 놓았으며 남쪽에는 돌다리로 연결하였다. 연못의 북쪽은 7칸 2층의 누각인데 지붕에는 가볍고 얇은 기와를 얹었다. 지붕의 네 모서리는 나비가 하늘로 날아갈 듯 위를 향해 올라가 있어서 호접청蝴蝶廳이라고 부른다. 누각의 양쪽 끝은 회랑과 연결되어 있으며 서남쪽에 있는 상월루賞月樓와 통한다. 연못의 서쪽에는 계화청桂花廳이 있고 그 옆에는 계수나무가 심어져 있다. 연못의 남쪽은 독서루讀書樓이다. 서남쪽에는 커다란 석회석 가산湖石假山이 있고 산의 오솔길은 누각 옆으로 통한다. 동쪽에는 배 모양으로 만들어진 선청船廳 위주로 되어 있는데 남북의 두 선청이 마주 보고 있다. 북청北廳은 사면에 창살을 설치하였고 사방에 회랑을 갖추고 있으며 홑처마에 팔작지붕으로 선청 혹은 사면청四面廳이라고 부른다. 남청南廳은 북청에 비해 약간 작고 회랑이 없다.

동쪽과 북쪽 두 방향에 담장을 따라 가산을 만들었고 산 밑으로 연못이 둘러싸고 있다. 산 위에 작은 정자가 있고 가산을 따라 누각을 지나는 길과 서쪽 누대樓臺는 서로 연결되어 있다. 이 정원의 동쪽은 오밀조밀하고 빈틈이 없으며 서쪽은 넓게 열려 있고 이중 회랑과 가산이 양쪽을 분리하고 있어 원림을 다차원적으로 감상하게 한다.

가치 전국 중점문물보호단위이며 양주의 전형적인 저택 내부 정원이다.

113) §도원道員 또는 도대道臺, 명·청대의 관직, 관찰觀察 또는 관찰사觀察使라고도 한다.
114) §하지도何芷舠(1835~1909): 청말의 정치가.
115) §석회암의 일종으로 풍화 작용에 의해 기이한 모양이 많아 정원석으로 많이 쓰인다.

그림 6.202 하원何園

(50) 유씨정원劉氏庭園

역사 개관 원래 소금 장수 유민재劉敏齋의 저택이었다.[揚州文藝網, wen yi.yztoday.com]

현황 및 특징 양주시 광릉로와 감천로 분장 골목粉妝巷 19호에 있으며 현존하는 것은 문루 맞은편의 작은 건물만이 원래의 모습을 유지하고 있다. 작은 건물은 주인이 살고 있으며 뒤편에는 작은 화원이 있다. 작은 건물 주변의 건물들은 철거되었거나 나중에 건축한 주택에 파묻혀 있다.

가치 유명인의 고택으로 일정한 가치가 있다.

그림 6.203 유씨정원劉氏庭園

(51) 유장劉莊

역사 개관 처음의 이름은 '농서후포陇西後圃'로 청대 광서 연간에 건축되어 민국 11년(1922)에 소금 장수 유씨의 소유가 되었다. 그 후 수리를 거쳐 현재의 이름으로 바뀌었다.[『揚州市老城區7号街坊控制性詳細規劃文本』, 2004]

현황 및 특징 양주시 광릉로와 감천로에 있다. 면적은 6,160m^{2}이고 대문은 남향이며 정원은 주택과 분리되어 북쪽에 위치하고 있다. 정원의 입구에는 월동문月洞門이 있고, 이 문 위에는 "여원반묘余園半亩" 라는 편액이 걸려 있다. 건물은 3칸으로 남향이며 뒤에는 정원이 있는데, 정원의 서쪽에는 반정半亭116)으로 통하는 복도가 있고, 서남쪽 담장 아래에는 호석117) 화단湖石花壇이 있으며 백송白松 등의 화목이 심겨 있다. 정원의 동쪽에는 북으로 하늘을 향한 누각이 자리를 잡고 있고, 담장 벽으로 붙여 첩산疊山118)을 두고, 남으로는 연못을 만들어 호석 가산假山119)을 쌓아 올렸다. 후원은 황폐화되었고 담벽에는 명대에 새겨진 발묵재법첩潑墨齋法帖의 석각 여러 개가 여전히 잔존하고 있다. 정원 남쪽의 주택은 동서 3축으로 되어 있는데 전후로 각각 4열의 구조이며 녹나무대청이 보존되어 있다. 현재 광릉구廣陵區 공안국이 사용하고 있다.

가치 소금 상인들의 문화 계열에 속하는 건축물로 일정한 가치가 있다

그림 6.204 유장劉莊

116) §중국 전통 건축 중, 벽이나 다른 건축물에서 절반만 밖으로 돌출되게 만든 정자.
117) §중국의 3대 담수호 중 하나인 태호太湖에서 생산된 돌.
118) §돌을 쌓아 산을 만들어 자연과 야생의 정취를 즐기는 정원 조경 방식.
119) §정원 중에서 조경을 목적으로 흙과 돌 등의 재료를 이용하여 세운 산.

(52) 매화서원梅花書院

역사 개관 원래는 광저문廣储門 밖에 있던 명대 가정 연간에 세워진 잠공서원湛公書院의 유적이었으나 만력 연간에 숭아서원崇雅書院으로 바뀐 후 숭정 연간에 폐쇄되었다. 청대 옹정 연간에 중건하고 현재의 이름으로 개명하였다. 그 후 함풍 3년 전화로 소실된 것을 동치 7년(1868)에 현재의 위치에 중건하였다.[揚州名勝古迹, www.chinacsw.com/cszx/yangzhou/guji1.htm]

현황 및 특징 양주시 광릉로와 감천로에 있다. 현존하는 것은 대청과 2채의 2층짜리 건물, 그리고 동쪽의 긴 회랑이다. 1,056m^2의 면적에 대청의 들보는 녹나무를 사용하였으며 맞배지붕의 정면 3칸, 측면 7칸 건물이다. 앞전前殿에는 권붕이 있고 건물 앞에는 초수랑抄手廊[120]이 있다. 동쪽 문 위에는 청대 서예가 오양지吳讓之가 쓴 돌 편액 "매화서원梅花書院"이 있다. 1990년 전면적인 대수리 당시 조각된 벽돌로 문루를 새로 쌓았으며 현재는 학교로 사용되고 있다.

가치 양주의 현존하는 서원 중에서 비교적 완전하게 보존되고 있는 곳이며 높은 가치를 가지고 있다.

그림 6.205 매화서원梅花書院

120) §초수랑抄手廊은 중국의 전통 건축물, 특히 사합원四合院에서 자주 볼 수 있는 긴 회랑인데, 대문을 들어가서 양옆과 앞으로 회랑이 갈라진 후 그 다음 문이 나오기 전에 양쪽으로 나간 회랑이 다시 만나는 구조이다. 회랑의 모양이 두 손을 소매 속에 넣어 끼운 모양抄手을 닮았다고 해서 초수랑抄手廊이라 부른다.

(53) 포려匏廬

역사 개관 민국 첫해에 노전호盧殿虎가 지었다.[『揚州市老城區7号街坊控制性詳細規劃文本』, 2004]

현황 및 특징 양주시 감천로 81호에 있다. 정원은 동서 양쪽으로 나뉘어져 있으며 동쪽의 월문月門에 "포려匏廬"라는 편액이 있고, 서쪽 월문에는 "가서可棲"라는 석액石額이 있다. 동원은 좁고 긴데 정자와 누각이 회랑으로 서로 연결되어 있다. 남쪽 화장 누창漏窗121) 밑에는 가산과 바위, 꽃나무가 있고 동남쪽 모서리에는 연못이 있다. 반정半亭은 물을 끼고 있고 북쪽 물가에는 정자와 누각 회랑과 연못이 서로 어우러져 있다. 연못을 돌아 정원의 서쪽으로 가면 화청花廳이 정원을 남북으로 양분하고 있는데 북쪽에는 황석 화단黃石花壇이 있고 화목이 무성하며, 남쪽에는 연못과 바위가 겹겹이 있고 등나무가 고목에 엉겨 올라가고 있다. 가산 위에는 수각水閣이 연못과 맞닿아 있고 서쪽 벽의 월문은 유여留余라 부른다. 벽돌로 포장한 좁은 길을 따라 가면 구불구불한 오솔길과 숲이 아름답게 북쪽으로 이어진다. 현재는 주민이 살고 있으며 주변은 주민들의 주거 단지이다.

가치 유명인의 고택으로 비교적 가치가 높다.

그림 6.206 포려匏廬

121) §중국 전통 건축에서 담이나 벽에 있는 창으로 보통 여러 가지 모양의 창살을 설치한다.

(54) 양씨 작은 주택楊氏小築

역사 개관 원래는 민국 시기 지방 유지인 양씨楊氏의 저택이었으며 양주의 유명한 정원 건축가 여계지余繼之가 건축하였다.[『揚州市老城區7号街坊控制性詳細規劃文本』, 2004]

현황 및 특징 양주시의 광릉로와 감천로에 있다. 정원 안에는 꽃이 가득한 벽을 중심으로 남북으로 나누어지는데 북쪽의 정원에는 남향으로 지어진 2칸의 서재가 있고, 남쪽 정원의 동쪽에는 가산과 연못이 있으며 서남쪽 모퉁이에는 반정半亭을 지었고 북쪽을 향해서는 짧은 회랑이 서재까지 이어져 있다. 현존하는 건축은 입구로부터 3열짜리와 정원의 뒤편에 있는 2열짜리 건축물인데 현재 주민들의 주거용으로 이용되고 있으나 오랫동안 수리를 하지 않아 보존 상태가 좋지 않다.

가치 유명인의 고택으로 비교적 가치가 높다. 소형 주택 정원의 걸출한 대표작으로 진종주陳从周[122] 주편의 『양주원림揚州園林』에 수록되어 있다.

그림 6.207 양씨 작은 주택楊氏小築

122) §진종주(1918~2000): 원명 욱문郁文, 중국의 고건축 원림園林 예술 전문가.

(55) 양주의거 유적지揚州教案舊址

역사 개관 동치 7년(1868) 영국 선교사 제임스 허드슨 테일러James Hudson Taylor가 세운 것으로 양주 최초의 기독교회 중의 하나였다. 1867년 겨울 프랑스 선교사가 양주에 고아원을 세웠으나 6개월 만에 40여 명의 고아를 참살하는 사건이 발생하여 1868년 여름 양주시 인민들이 서양의 교육과 서양 종교에 반대하며 항의하였다. 그러나 양강 총독兩江總督 증국번曾國藩은 영국과 타협하고 아부하면서 도리어 양주 지부揚州知府의 직위를 파직하고, 손실을 배상하는 한편 비를 세워 외국 교회의 활동을 보장해 주었다. 이 사건은 당시 전 중국에 큰 영향을 끼친 사건으로 기록되었다.[『揚州市老城區7号街坊控制性詳細規劃文本』, 2004]

현황 및 특징 양주시 피시가皮市街 147~149호에 있다. 대지 면적 800m²에 대문은 동향이고 현존하는 것은 두 채의 2층짜리 남향 건물과 우물 하나이다. 2층 건물은 원래의 모습을 간직하고 있고 뒷동은 정면 5칸, 앞 동은 정면 3칸이며 두 채 사이에 있는 교회당 유적지에는 주민들의 주택이 건축되어 있다. 원래의 대문은 아직도 존재하나 문 앞의 비는 없어졌으며 앞 동쪽 벽에 쪽문이 나 있다. 현재는 기숙사로 이용되고 있는데 보존 상태는 그리 좋지 않아 수리가 시급하다.

가치 시급市級 문물보호단위이며 비교적 높은 역사적 의의가 있다.

그림 6.208 양주의거 유적지揚州教案舊址

(56) 구씨정원邱氏園

역사 개관 민국 첫 해에 염료 상인染料商 구천일邱天一이 만들었다.[『揚州市老城區7号街坊控制性詳細規劃文本』, 2004]

현황 및 특징 양주시 광릉로와 감천로에 있다. 현존하는 것은 대청과 이청, 그리고 4열짜리 주거 공간이다. 남향이며 2,000m^{2}의 면적을 차지하고 있고 대청은 맞배지붕에 앞쪽은 권붕卷棚으로 정면 3칸, 측면 7칸이며 원래 있던 서쪽의 화원은 1966년에 소실되었다. 현재 거리와 붙어 있는 부분은 상점으로 이용되고 있으며 뒤쪽의 공간은 주거지이다.

가치 유명한 상인의 고택으로 비교적 높은 가치가 있다.

그림 6.209 구씨정원邱氏園

(57) 울포蔚圃

역사 개관 민국 초기에 양주에서 이름난 정원 건축가 여계지余繼之가 조성하였다.[『揚州市老城區7号街坊控制性詳細規劃文本』, 2004]

현황 및 특징 양주시 광릉로와 감천로에 있으며 전용 면적은 400여 m² 남짓하다. 정원의 북쪽에 남향의 3칸짜리 화청과 그 양측에 짧은 회랑이 있는데 동랑東廊은 뒷편 2열짜리 주택으로 이어져 있으며 서랑西廊은 남쪽으로 수각水閣과 연결되어 있다. 수각의 밑은 연못이고 정원 남쪽 벽을 따라 바위와 가산, 화단이 있는데, 정원에 돌을 쌓아 가산을 만들고 그 위에 자색 등나무를 심었다. 송백松柏과 여정목Ligustrum lucidum이 식재되어 있다. 현재는 광릉로의 관공서로 사용되고 있다.

가치 유명한 정원으로 일정한 가치가 있다.

그림 6.210 울포蔚圃

(58) 문공사文公祠

역사 개관 청대의 대학사大學士 문욱文煜을 제사하기 위해 광서 16년(1890)에 건축되었다.[『揚州市老城區12号街坊控制性詳細規劃文本』, 2004]

현황 및 특징 양주시 광릉로와 감천로에 있다. 대문은 동향이며 문당門堂(문간), 향당享堂, 과정過亭, 사당祠堂과 편방偏房 등이 있다. 대지 면적 1,360m²로 사당은 맞배지붕에 정면 3칸, 측면 7칸, 종도리의 높이는 8m로 웅장하고 크며, 대들보에 조각 장식이 있고 아치가 완전하다. 제일 큰 방明間 앞에서 회랑으로 정자와 연결되어 있고 정자의 천정은 팔각형으로 아름다운 문양과 그림이 그려져 있다. 오랫동안 수리를 하지 않은 상태이며 현재는 목재 공장이 사용하고 있고 훼손 상태가 심하고 화재 위험에 노출되어 있다.

가치 일정한 역사적 가치가 있다.

그림 6.211 문공사文公祠

(59) 개원个園

역사 개관 청대 가칭 23년(1818) 양회염총兩淮盐總 황옥균黃玉筠이 명대의 수지원壽芝園 터에 중건하였다. 정원의 이름은 대나무를 칭송한 소동파蘇東坡의 "령가식무육, 불가거무죽. 무육사인수, 무죽사인속(寧可食無肉, 不可居無竹. 無肉使人瘦, 無竹使人俗: 고기 없는 밥상을 받을지언정 대나무 없는 집에 살 수는 없다. 고기가 없으면 사람이 야위지만 대나무가 없으면 사람은 속물이 된다)"과 청대 원매袁枚의 "월영죽성천개자月映竹成千个字(대나무가 달빛을 받으니 그림자가 천 개의 글자가 되었다)"라는 시구의 뜻을 담아 따왔다. 대나무 이파리 세 개의 모양이 '개个'와 비슷하여 개원이라 하였다.[揚州名勝古迹, www.chinacsw.com/cszx/yangzhou/guji1.htm]

현황 및 특징 양주시 동관가東關街 318호 주택 뒤에 있으며 염부동로鹽阜東路의 부춘화원富春花園을 출입구로 하고 있다. 개원은 대나무와 바위를 주체로, 분봉용석分峰用石을 특색으로 하는 도시형 숲이다. 사람들은 이를 '사계가산四季假山'이라 말한다. 정문 옆에 대나무가 무성하고, 석순石笋이 들쑥날쑥하여 봄기운이 완연하니 춘산春山이라 한다. 춘산을 지나 의우헌宜雨軒을 돌아가면 바로 태호太湖의 바위로 만든 하산夏山이다. 하산은 가운데가 비어 있고 외형이 기이한 기암괴석이 많고, 변화가 다채롭고 구름이 많은 하산夏山에서 뜻을 따 왔다. 추산秋山은 웅장하고 기가 높아 눈앞에 있지만 천리 하늘 끝으로 이어져 있는 것과 같아 마치 한 폭의 그림 같다. 겨울의 경치는 무늬가 있는 명반석으로 바닥을 깔고 납매화와 남천으로 장식하여 돋보이게 하였다. 이곳은 순환형으로 감상하게 되어 있어서 봄, 여름, 가을, 겨울 사계의 배치가 절묘하고 사계의 순환과 변화를 느낄 수 있다.

가치 전국 중점문물보호단위이며 전국의 4대 명원名園 중의 하나이고 강남 원림園林의 대표작이다.

그림 6.212 개원个園

(60) 양주성서문유적揚州城西門遺址

역사 개관 1995년 11월 양주 구성舊城 서문가西門街 확장 개발 공사를 하던 중에 발견되었다. 서문 유적에 대해 분석하던 중 전문가들은 이 겹겹이 축적된 유적이 오대五代[123], 북송北宋, 남송南宋, 명明, 청清 등 다섯 시기의 유물임을 확인하였다. 이 발굴을 통해 양주의 송나라 성城 유적은 오대 후주後周의 작은 성을 기초로 축성하였다는 것도 확인하였다. 그중에서 각 왕조의 성곽 기초와 벽돌로 노면을 겹겹이 눌러 포장한 것이 상당히 선명하게 드러났다. 이는 중국의 도시 고고考古 방면에서 보기 드문 발견이었으며 이 귀한 고찰을 통해 오대 이후 양주성의 중건 시기, 이전 시기 성곽의 계승점, 차이점 등의 과제도 해결되었다. 또한 이 고고학적 고찰을 통해 양주 역사에 대해 문헌적 부족을 실증하고 보충하였다. 발굴된 송나라 서문의 구조를 보면 벽돌로 쌓은 아치형 성문이 있는데 이를 통해 중국의 목재 교량식 사각 성문이 벽돌 아치형으로 변화되기 시작한 시기가 100년이나 더 이른 시기였다는 사실도 입증되었다.[揚州名勝古迹, www.chinacsw.com/cszx/yangzhou/guji1.htm]

현황 및 특징 양주시 동관가東關街 부근에 있다. 현재는 노천 공원으로 주위에 잔디를 심었으며 보호 상태가 상당히 좋다. 서문이 있던 장소에 '송대성서문유적박물관宋大城西門遺址博物館'이 세워졌다.

가치 양주시 발전사와 관련하여 상당히 높은 역사적 가치가 있다.

그림 6.213 양주성서문유적揚州城西門遺址

123) §907~960년: 당唐대 말기에서 송宋대 초기에 이르는 기간. 후량後梁·후당後唐·후진後晉·후한後漢·후주後周의 5대 왕조가 건립된 시기.

(61) 보합정의 묘普哈丁墓

역사 개관 남송 보우寶佑 연간에 만든 것으로 보합정普哈丁 등 아랍인의 묘지와 이슬람사원 등의 건축물이 있다.

현황 및 특징 양주 시내의 옛 운하 동안과 해방교解放橋 동남쪽 모서리, 속칭 '빠빠야오巴巴窯'에 있다. 묘지는 동쪽에서 서쪽을 향하고 있으며 재실은 아랍 식으로 건축되었다. 정문은 강을 향하고 있고 문간의 세 번째 건물 남쪽이 이슬람사원으로 동남향이다. 돌계단을 따라가면 '천방구확天方矩矱'이라는 묘역 문간에 이르는데 문간은 3채의 사각 찬첨[124] 지붕을 하고 있다. 정원에 북헌北軒과 동헌東軒이 각각 3채씩 있다. 북헌 근처에 남북 방향으로 서로 마주보고 있는 재실이 2채가 있다. 재실 뒤쪽이 보합정묘의 정자각이다. 정자각은 평면 사각형으로 네 벽에 아치형 문이 있고 사각 찬첨에 기와를 얹었으며 내부 천정은 돔형이다. 묘는 정자각의 중앙 지하에 있으며 지면은 석회암 벽돌로 장방형의 5층 묘탑을 만들었다. 동북쪽에는 수령 700년이 넘은 은행나무 한 그루가 꼬불꼬불한 가지를 뻗으며 기묘한 자태로 서 있다.

가치 운하를 따라 이동한 각 민족의 동선을 보여주는 증거물로, 운하 연안에 있는 상당히 중요한 유적이다.

그림 6.214 보합정의 묘普哈丁墓

124) §찬첨攢尖: 중국 건축에서 지붕의 한 형식. 옛날에는 투첨鬪尖이라 함. 정방형, 다각형 또는 원형 플랜으로 건물에 시공된 추형(송곳 모양)의 지붕.

(62) 중녕사重寧寺

역사 개관 양주에 있는 청대 시기 8대 사찰 중의 하나이다. 건륭 48년(1783) 양주의 부유한 상인들의 요청으로 천령사天寧寺 뒤에 만수사萬壽寺를 창건하였다. 건륭이 "萬壽重寧寺"와 "普现莊嚴", "妙香花語" 등의 편액을 하사하였다. 함풍 연간에 전화로 소실된 것을 동치 초에 중건하였고 광서 17년(1891)에 산문山門, 대전大殿을 세우고 선통宣統 초에 준공하였다.[揚州名勝古迹, www.chinacsw.com/cszx/yangzhou/guji1.htm]

현황 및 특징 양주시의 북쪽 외곽 지역에 있다. 중심축 상에 천왕전天王殿, 대웅보전大雄寶殿, 문창각文昌閣 등이 모두 완전하게 보존되어 있다. 대전 안에는 화재에 잘 타지 않는 귀한 유창목愈疮木[125]으로 만든 사각형 기둥이 8개 있으며 내부의 단청은 아직까지 그 화려함이 선명하다. 문창각에 올라서면 강남의 풍경을 볼 수 있다. 무장 경찰대와 고고학 단체, 국화원國畫院[126] 등의 여러 단위가 차례로 사용하였으며 사용하지 않고 있는 건축물은 심하게 파손되었다.

가치 상당히 높은 역사·문화적 가치가 있다.

그림 6.215 중녕사重寧寺

125) §재질이 단단하여 철리목鐵梨木이라고도 하며 조선造船, 차량 바닥 등의 용도로 쓰이는 귀하고 우수한 목재. 열대 관목으로 아시아의 열대 지방과 중국의 운남, 광서 등의 지역에 분포되어 있다.

126) §서예와 그림 등의 예술 창작과 학술 연구를 중심으로 하는 국가급 기구.

(63) 천녕사天寧寺

역사 개관 청대 양주의 8대 사찰 중 으뜸이다. 원래는 진나라 태부太傅 사안谢安의 별장이었으나 나중에 사사공사謝司空寺를 지었다. 동진 의희义熙 4년(418) 네팔의 고승 불타발타라 buddhabhadra(359~429)가 여기서 『화엄경』을 번역했다. 당대 증성證圣 원년(695) 연성사延聖寺를 창건하였고 북송 정화政和 연간에 개명하였다. 훗날 소실된 것을 명대 홍무洪武 연간에 중건하였다. 청대 강희 대제는 6차례 남순 때 모두 이곳에서 묵었다. 건륭은 일찍이 천녕사를 "강회 모든 사찰 중의 으뜸(江淮诸寺之冠)"이라 하였고 경내에 행궁行宫과 어화원御花園, 어부두御碼頭를 건설하였다.[揚州名勝古迹, www.chinacsw.com/cszx/yangzhou/guji1.htm]

현황 및 특징 양주성揚州城 북쪽 사공사史公祠 근처에 있다. 현재 천녕사는 양주박물관이 있는 자리이며 박물관에는 양주에서 출토된 글씨와 그림이 소장되어 있다.

가치 역사 문화적 가치가 높다.

그림 6.216 천녕사天寧寺

(64) 천주교성당天主教堂

역사 개관 청대 동치 3년(1864)에 처음 짓기 시작해서 동치 12년(1873) 상해에 있던 프랑스 국적의 신부를 양주로 초청하여 완공하였다.[『揚州市老城區12号街坊控制性詳細規劃文本』, 2004]

현황 및 특징 양주 시내의 북하하北河下 25호에 있다. 동향이며 대지 면적 2,080m^2, 건축 면적 1,302m^{2}이다. 폴리싱 타일 벽돌을 사용하여 문루를 쌓았다. 성당은 중세 고딕 양식으로 건축되었으며 대문 위에 "천주당天主堂"이라는 세 글자가 조각되어 박혀 있다. 지붕의 가운데 뾰족한 부분에 동銅십자가가 걸려 있고 정면으로 윗부분이 아치형으로 된 3개의 문이 있으며 양쪽에는 종탑이 있다. 창문에는 천연색의 모자이크가 아름답게 수놓아져 있다. 성당의 남쪽에는 사제관이 북쪽을 향해 있으며 보존 상태가 온전하다. 옛 운하 벨트 상의 중요한 유적이며 지금도 종교 활동으로 활용되고 있다.

가치 성급 문물보호단위이다. 운하에 근접해 있으며 천주교와 관련한 가장 오래된 건축물 중 하나이다.

그림 6.217 천주교성당天主教堂

(65) 사가법사史可法祠, 묘墓

역사 개관 청대 순치 2년(1645) 4월, 남명南明의 병부 장관兵部尚書 겸 동각대학사東閣大學士 사가법史可法127)이 양주에서 희생된 후, 수양아들 사덕위史德威가 시체를 찾지 못하자 매화령梅花岭 아래에 그 의관을 매장하여 장례를 대신하였다. 청대 초기에 대동문大東門 밖에 사당을 세웠으나 훗날 훼손되었다. 건륭 연간에 묘의 서쪽에 사당을 세우고 "충정忠正"이라고 불렀다. 함풍 연간에 전화로 훼손된 것을 동치 9년(1870)에 중건하였으며 1935년과 1948년에 각각 다시 수리하였다.[揚州名勝古迹, www.chinacsw.com/cszx/yangzhou/guji1.htm]

현황 및 특징 양주 시내 광저문외가廣储門外街 24호, 매화령 기슭에 있다. 현존하는 건축물 중 유묵청遺墨廳과 매화선관梅花仙館을 제외한 건축물은 청대 말기에 건축한 것이다. 1949년 후에 여러 번 수리하였고 현재는 '사가법기념관史可法紀念館'으로 사용되고 있다. 사당과 묘는 모두 남향이며 대문은 강과 접해 있다. 동쪽에는 묘, 서쪽에는 사당이 나란히 이어져 있다. 묘의 뒤쪽은 매화령이고 영마루에는 매화가 집중적으로 식재되어 있으며 영의 북쪽은 유묵청遺墨廳이다.

가치 성급 문물보호단위이며 상당히 높은 역사적 가치가 있다.

그림 6.218 사가법 사당과 묘史可法祠, 堂與陵墓

127) §사가법史可法(1601~1645), 자는 선지宪之 호는 도린道邻, 명대 말기에 청나라에 항거하던 항청抗清 명장으로 이름이 높다.

(66) 소원小苑

역사 개관 청대 말기 안휘의 상인 왕죽명汪竹銘이 매입하여 확장·건축하였으며 민국 초기에 그의 장남 왕태계汪泰階가 형제들과 함께 또다시 확장하였다.[揚州名勝古迹, www.chinacsw.com/cszx/yangzhou/guji1.htm]

현황 및 특징 양주시 동권문東圈門 역사 거리 구역 지관제가地官第街 14호에 있다. 확장해서 지은 후에는 사각형의 정원과 가로세로 각 3열의 건축물, 그리고 화청花廳, 서재, 교방轎房, 욕실浴房, 화방花房 등의 방이 거의 100칸에 달하며 대지 면적 1,580m², 건축 면적 약 3,000m²이며, 양주에서 현존하는 가장 완전한 청대 말기 민국 초기 소금 장수의 집 가운데 하나이다.

가치 소금 상인 문화 계열에서 중요한 한 부분이다.

그림 6.219 소원小苑

(67) 염운사사 관아 대청盐運使司衙署門廳

역사 개관 청대 양회 염운사사两淮盐運使司[128]의 숙소였다.[揚州名勝古迹, www.chinacsw.com/cszx/yangzhou/guji1.htm]

현황 및 특징 현존하는 문간은 동향이며 지붕 구조는 맞배지붕에 동기와를 얹은 정면 3칸 규모이다. 문 앞에는 석사자 한 쌍이 있고 양쪽에는 八자 모양의 축대가 있다. 현재는 양주시 정부의 사무실로 쓰고 있다.

가치 양주 염업 문화를 대표하는 건축물 중의 하나이다.

그림 6.220 염운사사 관아 대청盐運使司衙署門廳

128) §양회 염운사사两淮盐運使司: 양회两淮는 현재의 강소, 안휘 일대를 가리키는 말이며 염운사盐運使는 근대 이전 중국의 소금을 생산·유통·징수를 관리하는 관직을 말한다.

(68) 주초시림朱草诗林

역사 개관 라빙羅聘(1733~1799)은 감천甘泉[129] 출신으로 '양주 팔괴揚州八怪'의 한 명이다. 그는 많은 다른 화가들의 장점을 취하여 독특한 자신만의 세계를 개척하였다. 주초시림朱草诗林은 그가 살던 고택이다.[今日揚州, eagles.nease.net/yangzhou/04.htm]

현황 및 특징 양주 미타彌陀 골목 안에 있다. 건물은 남향이며 양주의 전통적인 삼합원三合院 구조이다. 동쪽의 숙소와 화청 사이에는 긴 회랑을 이용하여 연결하였는데 회랑에는 육각형의 작은 문을 만들어 왕래할 수 있게 하였다. 서쪽의 숙소 앞에는 동향으로 만든 '향엽초당香葉草堂'이라 이름 붙인 서재 3칸이 있다. 서재 앞 서남쪽에는 벽에 붙여 지은 반정半亭이 있고 반정과 서재는 짧은 회랑으로 연결해 놓았다. 전체적인 건축물의 배치가 빈틈이 없고 환경이 청아하다. 현재는 폐쇄되어 있으나 관광지로 개발할 계획이 세워져 있다.

가치 비교적 높은 문화적 가치가 있다.

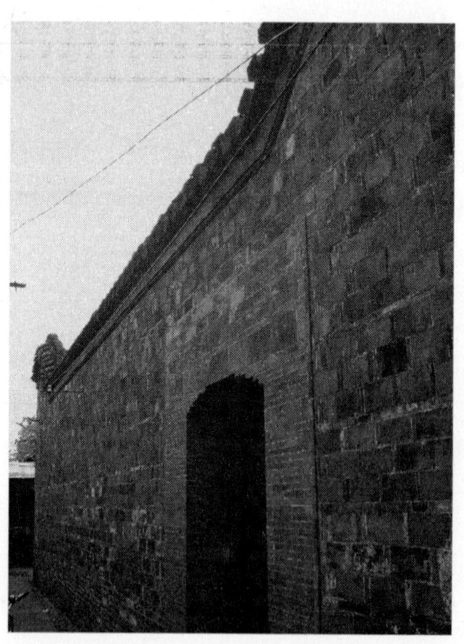

그림 6.221 주초시림朱草诗林

129) §지금의 강도江都, 강소성 양주시에 있는 구區.

(69) 동관 옛 나루터東關古渡

역사 개관 당대부터 시작하여 양주에서 가장 번화한 나루터이다.

현황 및 특징 양주시 동관가東關街의 동쪽 끝에 있다. 현재 양주성 내의 옛 운하 인문 경관 구역의 북쪽 끝에 위치하고 있으며 이 나루터의 북쪽 지역은 자연 경관 위주의 관광지이다.

가치 운하 주변에서 상당히 중요한 나루터이다.

그림 6.222 동관 옛 나루터東關古渡

(70) 수유만 옛 갑문 구역茱萸湾古閘區

역사 개관 수·당대에 경항대운하를 통해 북쪽에서 양주로 들어올 때 마주치는 첫 번째 부두이다. 수양제隋炀帝는 양주를 세 번 왔는데 그때마다 모두 이곳을 들렀다. 당대에는 중요한 나루터였으며 경치가 아름다운 '물의 고향'이었다. 그러나 나중에 수계水系의 변화로 인해 점점 쇠락했으며 청대 말기에 이르러서는 한적한 촌락으로 바뀌었다. 1958~1960년 사이에 이운하를 확장·준설할 때 와요포瓦窯鋪에서 육우六圩 구간의 항도를 새로 정비하여 수유만茱萸湾은 대운하 항행에서 다시 요지로 부각되었다.[揚州名勝古迹, www.chinacsw.com/cszx/yangzhou/guji1.htm]

현황 및 특징 현재의 이름은 만두진湾頭鎮이며 양주시 동북쪽 약 5km 외곽에 있다.

가치 상당히 중요한 옛 운하의 유적이다.

그림 6.223 수유만 옛 갑문 구역茱萸湾古閘區

(71) 황금제방黃金壩과 한구邗溝

역사 개관 동주東周 경왕敬王 34년(기원전486), 오왕吳王 부차夫差가 제齊나라를 정벌하기 위해 한성邗城 아래의 한구와 회수를 연결한 것으로 옛 운하 구간 중에서 가장 오래된 구간이다.[揚州名勝古迹, www.chinacsw.com/cszx/yangzhou/guji1.htm]

현황 및 특징 세월이 오래되어 침적되었으며 현재는 나사만교螺丝湾橋에서 황금제방까지 동서 방향의 일부 구간만이 남아 있다. 길이는 약 1,450m, 폭은 50~60m이며 양쪽의 침적층은 약 20~25m, 중간의 도랑은 약 10m이다. 중간 부분에 명·청대에 만든 한구교邗溝橋가 있는데 이 다리는 2경간 수문의 보다리 석교로 양쪽 교각위에 "한구교邗溝橋"라고 새겨져 있다. 고한구는 황금제방에서 운하로 들어갔는데 갑문을 열어 놓는 시간이 짧아 물이 흐르지 못해 검게 변색되고 악취가 심하다.

가치 상당히 높은 가치를 가지고 있다.

그림 6.224 황금제방黃金壩과 한구邗溝

(72) 대명사大明寺

역사 개관 남조南朝 유씨 송나라劉宋 대명大明 연간에 창건되었기 때문에 대명사라고 한다. 여러 차례에 걸쳐 흥망성쇠를 거듭하였으며 이름도 수차례 바뀌었다. 한때 서사西寺, 서령사棲靈寺로도 불렸다. 명대 천순 5년(1461)에 중건하였으며 만력, 숭정 연간에 다시 중건하였다. 청대 강희 연간에는 이전 왕조인 명나라를 연상시키는 '대명大明'이라 부르는 것을 꺼려하여 서령사로 개칭하였다. 건륭 30년(1765) 고종의 남순 당시 '법정사法淨寺'라는 이름을 하사받았고, 당시 양주의 8대 사찰 중 하나가 되었다. 함풍 연간에 전화로 소실되었으며 현재의 건축군은 동치 연간에 다시 지은 것이다. 1980년 대명사라는 이름으로 다시 복원되었다.[揚州名勝古迹, www.chinacsw.com/cszx/yangzhou/guji1.htm]

현황 및 특징 양주시 서북쪽에 있다. 전용 면적은 8.5hm²이며 건축 면적은 5,659.25m²이다. 중심축을 따라 서쪽에는 평산당平山堂, 곡림당谷林堂, 구양문충공사欧陽文忠公祠, 서원西園, 동쪽에는 평원루平遠樓, 감진 기념당鑑真紀念堂, 동원東苑, 장경루藏經樓 그리고 새로 세운 서영탑棲靈塔이 있다.

가치 운하의 문화에 관한 연구에서 상당히 중요한 지위를 차지하고 있다.

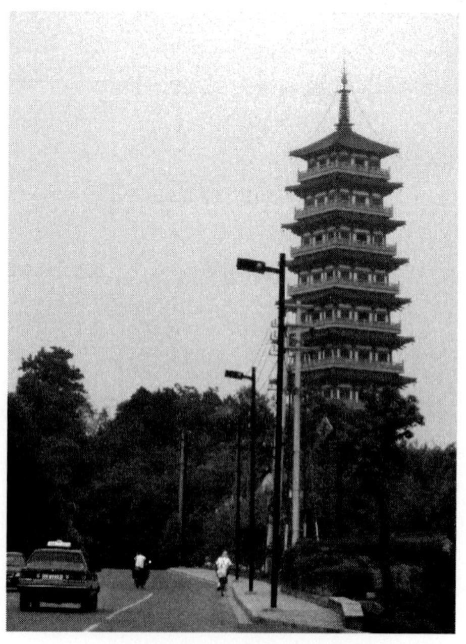

그림 6.225 대명사大明寺

(73) 편의문광장便宜門廣場과 선신양행 유적禪臣洋行舊址

역사 개관 양주시에는 유명한 '5개의 성五城과 6개의 나루六碼頭'가 있는데 '편의문便宜門'은 그 5개 성문五城門 중 하나이며 2개의 나루를 가지고 있다.[『廣陵區誌』, 1993]

현황 및 특징 양주 시내의 운하 연안에 있다. 현재는 운하변의 휴식 공간으로 활용되고 있으며 독일 선신양행禪臣洋行의 공장 건물이 하나 남아 있고 건물 밖에는 구식 기계 한 대가 진열되어 있다.

가치 운하에 접해 있으며 시민들이 즐겨 찾는 휴식 공간 중 하나이다.

그림 6.226 편의문광장便宜門廣場과 선신양행 유적지禪臣洋行舊址

(74) 하화지공원荷花池公園

역사 개관 청대 초기 왕옥추汪玉樞가 하화지荷花池에 지은 별장이며 청대 8대 정원 중 하나이다.[오늘의 양주(今日揚州), eagles.nease.net/yangzhou/04.htm]

현황 및 특징 양주 시내 운하 연안에 있다. 공원에는 태호구봉太湖九峰과 건륭이 양주를 순례할 당시에 하사한 어서御書 편액 '구봉원九峰園'이 있다. 현재 무료로 개방되고 있다.

가치 운하에 붙어 있으며 비교적 높은 가치가 있다.

(75) 문봉탑文峰塔

역사 개관 명대 만력 10년(1582)에 세워져서 이미 4백 년이 넘는 역사를 가지고 있는 옛 양주의 수로와 육로 왕래의 상징이다. 승려 감진鑑真[130]이 이곳에서 일본으로 건너갔다.[揚州名勝古迹, www.chinacsw.com/cszx/yangzhou/guji1.htm]

현황 및 특징 양주시 남문 밖의 옛 운하 동쪽 기슭에 있다. 벽돌과 목재를 사용한 누각식 팔각탑이다. 높이는 7층으로 저층의 처마는 탑신보다 상당히 길게 밖으로 나와 있어 안정감을 준다. 답의 꼭대기에 올라서면 가깝게는 양주의 전경全景이, 멀리는 강남의 풍광까지 눈에 들어온다.

가치 양주 운하의 상징적인 건축물로 상당히 중요하다.

그림 6.227 문봉탑文峰塔

130) §감진(688~763): 일본명 간진(がんじん), 중국 당대의 승려, 의학자. 일본 불교 율종의 시조.

(76) 고민사高旻寺

역사 개관 양주에 있는 청대 8대 명찰의 하나이다. 원래는 작은 사당이었는데, 이 사당에 있던 승려가 의술에 통달하여 고려 왕자의 병을 치료하는 공모에 참가하여 왕자의 병을 치료한 후 받은 사례비로 이 절을 지었다고 전해진다. 강희·건륭 두 황제 모두 남순 당시 이 절에서 묵었다.[揚州名勝古迹, www.chinacsw.com/cszx/yangzhou/guji1.htm]

현황 및 특징 양주시 한강구邗江區에 있다. 궁宫과 전殿이 오밀조밀하게 배치되어 있고 비碑와 정亭이 숲처럼 빽빽하게 서 있는 한적하고 고요한 황실의 화원이다. 양주성 남쪽 7km 지점에 있는 수유만茱萸湾 합류 지점 운하변에 있다. 농지와 촌락으로 둘러싸여 있으며 경치가 상당히 아름답다. 내부의 건축물은 대부분 새로 지은 것이다.

가치 1983년 국무원에서 전국 중점 보호 사찰로 지정하였다. 상당히 중요한 운하 연안의 유적이다.

그림 6.228 고민사高旻寺

9 강남운하 구간

(1) 호거교虎踞橋

역사 개관 원래는 벽돌·목재 구조의 다리였으나 명대 만력 22년(1594)에 석교로 개조하여 태운교泰運橋라고 개명하였으며 옛날 진강鎮江의 사통팔달 교통 요지 중의 하나이다. 1980년 이전에 시 정부에서 두 차례 수리와 개조를 하였으나 다리의 아치, 금강교, 기본적인 구조는 명대의 건축 양식을 그대로 유지하고 있다.[『鎮江市歷史文化名城保護規劃保護名錄』, 2003]

현황 및 특징 1경간 갑문의 홍예 석교로 폭 10m, 길이 30m이며, 기초와 교각도 돌로 쌓았다. 다리의 아치 호도弧度는 반원보다 크고 홍예 높이가 높고 넓어 배의 운항에 유리하다.

가치 시급 문물보호단위이다. 운하의 진강 시내 구간에서 중요한 상징이며 일정한 역사적 가치를 지니고 있다.

그림 6.229 호거교虎踞橋

(2) 정묘교 유적지丁卯橋遺址

역사 개관 동진東晉 원제元帝 때에 여기에 양식 운반을 위한 보를 세웠는데 정묘일丁卯日에 준공하여 정묘보丁卯埭라고 부르다가 훗날 정묘교로 바뀌었다. 조운 상의 중요한 나루터로 1,600년의 역사를 가지고 있다. 1경간 갑문의 석교로 청대 건륭, 도광 연간 등 두 번에 걸쳐 수리하였다. 1980년 단도현丹徒縣은 하천을 확대하기 위해 다리의 절반 이상을 철거하고 그 옆에 새로운 다리를 놓았다.[『鎮江市歷史文化名城保護規劃保護名錄』, 2003; 王玉國, 1993]

현황 및 특징 진강성鎮江城 남쪽 1.5km 외곽의 정묘촌丁卯村에 있다. 현존하는 것은 정묘교 동쪽의 돌을 쌓아 만든 축대, 다리 기초 부분의 축대, 일부 홍예석, 수문에 있는 두 개의 홈이 있는 길이 약 8m, 높이 약 5.5m의 돌 등이다.

가치 운하의 진강 시내 구간을 상징하는 중요한 부분이다. 역사적 가치가 있고, 관광 개발의 잠재력을 갖고 있다.

그림 6.230 현재의 정묘교丁卯橋今址

(3) 천추교千秋橋

역사 개관 동진東晉의 평북平北 장군 왕공王恭이 경구京口를 지키기 위해 '천추만세千秋萬歲(천년 만년)'라는 뜻을 담아 성루 위에 만세루萬歲樓를 짓고 아래에 천세교千歲橋를 지었는데 누각식의 석패방이 있고 운하 위로 홍예 석교가 가로질러 놓여 있다. 1950년대에 하천을 복개하여 길을 만들 때 다리가 같이 매립되었다.[『鎮江市歷史文化名城保護規劃基礎資料匯編』, 2003]

현황 및 특징 다리의 터는 현재 천추교가千秋橋街 동단에 있다.

가치 옛날 진강 운하 상의 중요한 유적이며 운하의 역사, 문화에 관한 연구에 있어서 일정한 가치를 가지고 있다.

(4) 통부교通阜橋

역사 개관 노서문교老西門橋라고도 한다. 원래는 1칸 홍예 석교로 서문에서 운하를 건너 성으로 들어가는 요지였다. 교량 본체가 높이 솟아 있고 양쪽의 돌계단이 길게 뻗어 있어서 차량은 끌어서 통행해야 한다. 청대 도광 22년(1842) 7월 21일 아편전쟁의 진강 전투 당시 영국군이 이곳에서 큰 타격을 입고 어렵게 성으로 진입하였다.[『鎮江古今建築』, 1999]

현황 및 특징 1960년에 콘크리트 빔브리지beam bridge 양식으로 개조되었다.

가치 운하의 진강 시내 구간에서 중요한 상징이며 일정한 역사적 가치를 가지고 있다.

(5) 남수관 돌갑문南水关石閘

역사 개관 명·청대 남수관南水关 앞의 다리 갑문으로 폭은 약 6m, 높이는 약 5m, 길이는 약 11m이다.[『鎮江市歷史文化名城保護規劃』, 2003; 『鎮江古今建築』, 1999]

현황 및 특징 1998년에 발견되었으며 남수교南水橋 서북측 배수관리소 안에 있다. 보존 상태가 완전하다.

가치 고대 진강의 중요한 수리·교통 시설이며 비교적 높은 역사 실증적 가치와 개발의 잠재력을 가지고 있다.

(6) 연호练湖와 연호갑문练湖闸

역사 개관 진나라 진매陳敏가 건축하였다. 과거에 연호는 규모가 광활하여 둘레가 40km에 달하고 고려산高驪山·장산長山 등 84개 수맥의 물이 모여 형성되었다. 연호의 물로 농사를 짓는 면적이 그리 넓지는 않았지만 오지吳地131)의 농지에는 오래전부터 관개 수로가 완성되었다. 호수 가운데 돈대墩臺가 있고 고대에 건축한 정亭, 대臺, 헌軒, 사榭가 있다. 남조南朝의 제齊·양梁 시기에는 왕과 신하들이 모이는 연회가 매번 이곳에서 열렸으며 남송 때는 이곳에서 병사들을 훈련시켰다. 이전에는 호수의 수위를 조절할 수 있었다. 연호의 갑문은 민국 시기에 건설한 것으로 5경간 갑문이다.

현황 및 특징 청대 이후 연호는 점점 매립되어 지금은 육지가 되었고 연호의 터는 연호 국영농장이 되었다. 옛날 연호의 호심정湖心亭 유적에는 회양목 한 그루가 있었는데 연호 국영 농장이 도산한 후 회양목도 벌목되었다고 한다. 주변은 농지이며 공장도 상당수 있다.

가치 운하의 역사와 발전 과정에서 중요하고 핵심적인 공정이며 일정한 역사적 가치와 보호의 필요성이 있다.

그림 6.231 연호갑문练湖闸

131) §오지吳地: 강소江蘇성 남부와 저장浙江성 북부 지역을 가리킴.

(7) 서진나루西津渡와 대도정待渡亭

역사 개관 일찍이 삼국 시대에 이곳에 산산나루蒜山渡가 개척되었으니 이미 1,600여 년의 역사를 가지고 있다. 당대에 북고산北固山 아래 감로나루甘露渡를 건설하자 산산나루는 성城의 서쪽에 있었으므로 서진나루西津渡라고 고쳐 불렀다. 당대 무덕武德 9년에 진강이 금릉金陵에 속했으므로 다시 금릉나루로 바뀌었다. 이 나루는 역대 왕조에서 강을 방어하는 군사 요충지였다. 대도정待渡亭은 나루의 입구에 있다. 현재의 정자는 동치 7년(1868)에 중건한 것인데 정자 안에 석비를 새로 세웠다.[『鎮江市歷史文化名城保護規劃保護名錄』, 2003; 『江南名城——鎮江』, 2002]

현황 및 특징 진강시 서쪽의 운태산 기슭에 있다. 현존하는 것은 대도반정待渡半亭과 하선하는 곳의 돌계단이다.

가치 1982년 시급 문물보호단위로 선정되었다. 중요한 역사, 과학, 예술적 가치를 지니고 있고 양자강과 경항대운하 교통사에 있어서 중요한 현장이다.

그림 6.232 서진나루西津渡·대도정待渡亭

(8) 소관석탑昭关石塔

역사 개관 원대에 세웠으며 명·청대에 수리하였다. 과가탑过街塔[132]으로 불경의 해석에 의하면 탑 밑을 지나가는 것이 곧 예불을 드리는 것이라고 한다.[『鎮江市歷史文化名城保護規劃保護名錄』, 2003; 『江南名城——鎮江』, 2002]

현황 및 특징 서진도고가西津渡古街 동단에 있다. 높이는 약 5m이며 기단과 탑신, 탑목, 13천十三天[133], 탑의 정상부로 이루어져 있다. 전부 조각된 석회암으로 되어 있으며 기단의 제일 윗부분에 "소관昭关"이라는 두 글자가 있다. 2000년 시건설위원회市建委와 문물관리회文管會가 보수하여 원래의 모습을 회복하였다.

가치 1982년 강소성 중점문물보호단위로 선정되었다. 중국에서 현존하는 유일하게 완전한 최고最古의 라마탑식 과가탑過街塔으로 중요한 역사적 가치가 있다. 2001년 유네스코가 지정한 아시아·태평양지역 문화유산보존상을 수상하였다.

그림 6.233 소관석탑昭关石塔

132) §중국 고대 불교 건축의 일종으로, 길 가운데에 탑의 기단을 세워 그 위에 탑을 쌓고 기단의 가운데로 사람이나 마차가 지나다닐 수 있게 만든 탑.

133) §13개의 조각을 이어 붙인 허리띠 모양으로 13층의 하늘을 상징한다.

(9) 신하가거리新河街一條街

역사 개관 길 양쪽의 건물은 대부분 청대 말기에 지은 것으로 대부분 공소公所, 공관公館, 당堂 등의 건물과 현지 명인들의 고택이다. 청대 말기에는 양자강에 접해 있으면서 옛 운하의 인원과 화물을 빈번하게 운반하는 곳이었으므로 상업이 상당히 발달했었다.[『鎮江市歷史文化名城保護規劃保護名錄』, 2003]

현황 및 특징 경구갑문의 동쪽에 있는 남북 방향 200m의 가도이다. 건축물은 벽돌과 목재를 사용하였고 노면은 돌로 포장하였으며 화문루花門樓와 돌편액을 조각하였다. 현존하는 건물은 동선당同善堂(자선 기구) 미업공소米業公所, 안인당安仁堂, 경태 공소泾太公所, 진공관陳公館, 황공관黃公館, 서공관徐公館, 정서당静瑞堂, 이슬람사원清真寺 등이다.

가치 1987년 시급 문물보호단위로 지정되었다. 운하 연안의 상업 활동과 관련한 역사를 반영하고 있으며 일정한 역사적 가치를 지니고 있다.

그림 6.234 신하가거리新河街一條街

(10) 미업공소米業公所

역사 개관 청대 동치 5년(1866)에 건축되었다. 광이 나는 벽돌을 평면 여덟 팔八자 모양으로 쌓아 건축한 화문루花門樓로, 건물 입구로부터 4열 규모이며 통로가 건물을 관통하는 방식의 건축물이다. 옛날에는 진강鎭江이 양자강 하류의 유일한 쌀시장이었으므로 이곳의 쌀 가격을 기준으로 다른 지방의 쌀 가격이 정해졌다. 그러나 이홍장李鴻章이 양강 총감兩江總督을 할 때, 쌀시장을 무호芜湖로 옮겨 진강에서의 쌀 교역은 점차 사라졌다.[『鎭江古今建築』, 1999; 王玉國, 1993]

현황 및 특징 신하가新河街 114호에 있다. 현존하는 건물은 입구에서부터 4열로 복도가 건물을 관통하는 식의 구조에 수마水磨식의 벽돌 조각의 화문루(花門樓)가 있으며 상인방上引枋방에 편액의 흔적이 남아 있다. 지금은 민가로 사용되고 있다.

가치 고대 운하 연안 상업 발달사를 볼 수 있는 현장으로 일정한 역사적 가치가 있다.

그림 6.235 미업공소米業公所

(11) 경구제방京口堰과 갑문閘

역사 개관 수대 양제 시기 강남운하를 굴착하던 당시에 만들어졌다. 경구갑문이 언제부터 축성되기 시작하였는지는 불명확하나 당대 개원開元 22년(734)에 "폐갑치언廢閘置堰(갑문을 폐지하고 제방을 설치하다)"라는 기록이 있는 것으로 봐서 이곳에 이전부터 수리와 관련된 건축물이 있었던 것으로 보인다. 북송 천성天圣 7년(1029) 소수문구小閘口가 개통되고 명대 정통正統 원년(1436)에 제방을 쌓기 시작하였다. 17세기 중엽 대수문구大閘口에 점점 토사가 쌓여 소수문구를 같이 쓰기 시작하였다. 기록에 의하면 청대 가칭 22년(1817)에 건설한 경구京口 대갑문의 너비는 2장 1척(약 6.9m), 높이는 2장(약 6.6m)으로 돌을 20층으로 쌓아 축조하였으며 소갑문도 같다. 민국 25년(1936), 폐쇄될 당시 대갑문은 2경간 갑문으로 각 경간의 너비는 3m이고 소갑문은 1경간 갑문이었다. 민국 28년 새로운 다리로 개조(신진교: 新鎮橋)하였고, 1949년 8월 현지 주민들이 돈을 모아 돌로 축대를 쌓고 노면을 나무로 마무리한 다리로 개조하였다. 길이 18.3m, 노면 폭 3.3m이다.[『鎮江市歷史文化名城保護規劃基礎資料匯編』, 2003]

현황 및 특징 큰 갑문은 지금의 중화로中華路에 있으며 원래의 작은 갑문은 경구갑문京口閘으로 중건되었다. 현재 진강 시내 옛 운하가 강으로 들어가는 입구의 갑문이다.

가치 운하에서 상당히 중요한 수리공정 건축물로 운하의 변천사를 반영하고 있다.

그림 6.236 소경구갑문小京口閘

(12) 진강 영국영사관 유적鎮江英國领事館舊址

역사 개관 1856년에 진강이 통상 항구로 개항되자 영국은 1864년 빈강濱江 일대를 조계지로 획정하고 운대雲臺 위에 영사관을 지었다. 영사관은 붉은 벽돌 중간에 푸른 벽돌을 겹쳐서 쌓고 목재와 석재를 혼합한 건축물이다. 전체 5채의 건물로 구성되었는데 19세기 후반의 권랑식券廊式 건축으로, 이는 유럽의 고전 건축 양식이 변형된 양식이다. 1888년에 소실된 것을 1890년에 중건하였다. 1927년 3월, 영국 영사는 조계 행정을 진강상회鎮江商會의 상단商團에게 넘겨주고 영사관을 폐쇄하였다.[『鎮江市歷史文化名城保護規劃保護名錄』, 2003; 王玉國, 1993]

현황 및 특징 진강박물관에 있으며 수차례 수리를 거쳐 보존 상태가 비교적 좋다.

가치 1996년 전국 중점문물보호단위로 지정되었다. 근현대의 중요한 사적과 혁명 유적으로 높은 역사적 가치를 지니고 있다.

그림 6.237 진강 영국영사관 유적鎮江英國领事館舊址

(13) 단양남조능묘 석각丹陽南朝陵墓石刻

역사 개관 단양丹陽은 남조의 제齊와 양梁, 양대 왕조의 고향이어서 제·양의 많은 제왕들이 죽은 후에 이곳에 묻혔다. 현재 단양의 형림荊林, 호교胡橋, 건산建山, 곤성坤城 등 몇 군데 산골짜기에는 제고제齊高帝, 양문제梁文帝, 양무제梁武帝 등의 능 11개와 석각 12개가 있다. 능 앞에는 석수石獸 20개가 쌍을 이루어 1,400~1,470년의 세월이 지난 현재까지 능을 지키고 서 있다.[『鎮江市歷史文化名城保護規劃保護名錄』, 2003; 『江南名城——鎮江』, 2002]

현황 및 특징 단양의 경내에 웅장한 기세로 위엄 있게 서 있다. 저마다의 모양이 모두 다르고 조각이 정교하며 아름답다.

가치 국가 중점문물보호단위이다. 남조南朝 예술의 웅대하고 빼어난 풍격을 보여주는 걸작으로 중국 조각사에서 상당히 높은 예술적 가치와 역사적 가치를 지니고 있다.

그림 6.238 단양남조능묘 석각丹陽南朝陵墓石刻

(14) 승가탑僧伽塔

역사 개관 유명한 고승 승가僧伽가 남송 소흥紹興 연간에 수구산壽邱山에 세운 탑이다. 명대 만력 연간에 정석산鼎石山으로 옮겼으며 가칭, 도광 연간에 수리하였다. 1984년 관련 부서에서 전체적인 수리를 하였다.[『鎮江市歷史文化名城保護規劃保護名錄』, 2003]

현황 및 특징 7층탑으로 높이는 32m이며 평면 8각형이다. 벽돌과 목재, 돌을 혼합하여 쌓았으며 기단은 돌, 탑신은 청벽돌을 사용하였다. 모든 층에 윗부분이 둥근 창문을 네 개씩 설치하였고 탑의 정상으로 올라가는 계단이 있다. 현재 탑의 주위에 담을 쌓아 보호하고 있으며 전탑을 관리하는 사람이 있다.

가치 시급 문물보호단위로 진강 시내 구간 운하의 상징적인 유적이자 관광지이다.

그림 6.239 승가탑僧伽塔

(15) 이슬람사원清真寺

역사 개관 처음 강희 연간에 창건한 이래로 수차례 반복적으로 흥망성쇠를 거듭하였으며 동치 12년(1873)에 중건하였다. 1982년에 대규모로 수리하였으며 중국의 고전 건축과 이슬람교의 기풍이 서로 결합되어 독특한 기풍을 지니고 있다.[『鎮江市歷史文化名城保護規劃保護名錄』, 2003]

현황 및 특징 주변은 청벽돌로 담을 쌓았다. 직사각형 돌로 기단을 쌓았으며 문루가 있고 문루에는 두공門拱을 받쳤으며 문에는 문병門屏이 있다. 대문 안에는 주랑柱廊과 바깥으로 통하는 문, 앞뒤로 문이 있는 대청过廳, 회랑이 있다. 대전은 정면 5칸의 규모이고 지붕은 맞배지붕이다. 앞에는 골마루가 있고 들보는 단청이 장식되어 있으며 양쪽에 아치형 문이 있다. 대전 내에서는 아직도 종교 활동이 이루어지고 있다. 대전의 앞에는 정원이 있고 동쪽에는 응접실을 설치하여 손님 접대용으로 사용하였다. 전체적으로 건축이 웅장하고 크다.

가치 시급 문물보호단위이다. 성省 내에서 가장 큰 이슬람사원으로 역사적 가치가 있다.

(16) 엄성 유적淹城遺址

역사 개관 춘추 시대 말기에 축성되었다. 같은 시기에 축성된 중국의 성곽 중에서 보존 상태가 가장 완전한 성곽이다. 문서 중에서 가장 이른 시기에 기록된 것은 동한東漢 원강袁康 시기의 『월절서越绝書·오지전吳地傳』이며 그 후에는 현지의 모든 지방지地方誌에 기록되어 있다. 정식으로 발굴하기 시작한 것은 1930년대이며 신중국 건국 후에 수많은 진귀한 문물을 발굴하였다.[『常州文物』, 2003]

현황 및 특징 상주 남쪽 외곽 7km의 무진구武進區에 있다. 동서 길이 850m, 남북의 너비는 750m, 총면적은 대략 65만 m^2이다. 건축물은 내부에서 외부로 확장되면서 건축되었으며 자성子城[134], 자성 해자子城河[135], 내성内城, 내성 해자内城河, 외성外城, 외성 해자外城河 등 3성 3해자三城三河로 구성되었는데, 이러한 형식의 성곽은 중국의 성곽 유적 중 이곳이 유일하다.

가치 전국 중점문물보호단위로 높은 역사·미술·과학적 가치가 있다.

---

134) §옹성甕城과 같이 본성本城에 딸린 작은 성城 혹은 보조 성.

135) §자성子城 밖에 설치한 해자垓字.

(17) 분우갑문奔牛閘

역사 개관 과거의 분우제방奔牛堰이다. 물이 여기서 서쪽으로 90km를 역류하는데, 전체적인 지형이 서고동저西高東低형이므로 수위를 유지하기에는 제방이 너무 낮았다. 수隋나라 때 운하가 개통된 후, 분우奔牛가 수로 교통의 요충지였기에, 운하의 수위를 조절하여 남북 방향의 운항을 보장하기 위한 갑문을 이곳에 설치한 후 이 갑문은 15차례에 걸쳐 폐쇄와 설치를 거듭하였다. 북송 천우天佑 4년, 갑문의 폐쇄로 불편이 커지자 상주부常州府는 분우오갑문奔牛澳閘을 건설하여 상류 갑문을 삼고, 천순 사묘天順巳卯(1459)년에 하류 갑문을 새로이 다시 건설하였는데, 이때부터 분우갑문은 상·하류 두 개의 갑문이 되었다. 상류 갑문은 여러 차례 준설하였으나 신중국 건국 후에 폐기되어 이미 철거되었고 하류 갑문은 1958년 천희교天禧橋와 함께 철거되었다.[『奔牛鎮誌』, 1984]

현황 및 특징 갑문은 이미 다른 건축물 아래 묻혔으며 외부의 구조를 통해 과거에 수리공정이 있었다는 흔적만을 겨우 알아볼 수 있다.

가치 일정한 보호의 가치가 있다.

(18) 맹독 만연교孟瀆萬緣橋

역사 개관 운하의 물은 진강鎮江에서 나뉘어져 흐르다 단양丹陽, 부성府城을 지나 동쪽으로 흘러가는데, 이때 려성呂城과 분우, 두 개의 갑문으로 수위를 조절하였다. 무진武進의 서쪽 경계 지점에 맹독孟瀆이 있다. 열당烈塘의 모든 운하는 이 강물을 끌어들여 통운과 관개에 이용할 수 있었다. 이 다리는 맹독孟瀆에 놓여진 다리이다.

현황 및 특징 1칸 홍예 석교이며 주변은 모두 민가이다.

가치 중요한 운하 수리공정의 유적으로 높은 역사적 가치가 있다.

(19) 맹독 노령갑문孟瀆老寧閘

역사 개관 노인갑문이라고도 한다. 처음 만들어진 시기는 불분명하나 현존하는 갑문은 청대 말기~민국 초기에 만들어진 것으로 추정된다. 이미 폐쇄된 지 오래되어 사용하지 않고 있다. [『奔牛鎮誌』, 1984]

현황 및 특징 맹독 하구孟瀆河口 만연교 북쪽에 있으며 돌을 쌓아서 만들었다. 폐쇄된 지 오래되어 현재는 갑문의 기초만이 존재하고 위에는 민가를 지어 갑문의 모양만 남아 있다.

가치 현재 이 구간의 운하에 남아 있는 예전의 갑문이 많지 않아서 더 큰 역사적 가치를 지니고 있다.

(20) 회덕교怀德橋

역사 개관 예전의 다리는 1923년에 만든 후 모두 여덟 차례에 걸쳐 수리하였다. 현재의 회덕교怀德橋는 1998년 12월 26일 정식으로 준공한 것으로 모두 1.47억 위안이 투입되었다.

현황 및 특징 소남운하蘇南運河의 4급 항로[136]를 기준으로 설계하였다. 중심 교량主橋의 길이는 100m, 폭 50m, 교량의 순수 폭 40m, 다리와 길을 연결하는 진입 부분 28m, 순수 통항 공간 5m 이상이다. 조명을 설치하는 등의 미화 작업을 했으며 교량의 양측에 휴식·오락 광장을 조성하였다. 현재 중요한 교통 중심지이며 주변은 민간 거주지이다.

가치 중요한 지표地標와 현대 수리공정이다.

136) §500톤의 화물선이 통항할 수 있고, 수심은 2.5m, 수로 폭은 40m이다.

(21) 비릉역毗陵驛

역사 개관 비기篦箕 골목 입구에 커다란 패방이 있는데 윗부분에 붉은 색의 큰 글씨로 “큰 부두大碼頭(대마두)”라고 쓰여 있는 것을 보고 짐작할 수 있듯이 이곳은 부두가 있던 곳이다. 명대 정덕正德 14년(1519)부터 비릉역毗陵驛을 이곳에 설치하였는데, 공문을 전달하는 노역자나 관원이 이 역참을 지날 때 배를 세우고 휴식을 취하거나, 말을 갈아타거나, 혹은 숙박을 하거나 할 수 있었다. 청대 건륭 연간에 비릉역도 황화관皇華館이라고 불렸기 때문에 부두에도 황화정皇華亭이 생겼으며 옛날 상주 성내 대운하 변의 3대 접관정接官亭(관원을 맞이하는 정자) 중 가장 등급이 높은 곳이었다. 황화정 내에는 ‘비릉역毗陵驛’이라는 비각이 있는데 현대의 대서예가 무중기武中奇가 쓴 글씨이다.[『常州市誌』, 1995]

현황 및 특징 뒤로 대운하를 등지고 서쪽으로는 회덕교怀德橋, 동쪽으로 비기篦箕 골목과 접해 있다. 시내와의 교통이 불편하여 찾는 관광객이 많지 않다.

가치 거리 구역의 중요한 상징이며 대표적 유적이다. 농후한 전통 문화의 분위기와 높은 역사적·미학적·문화적 가치를 가지고 있다.

그림 6.240 비릉역毗陵驛

(22) 비량등화篦梁燈火

역사 개관 비릉역 일대는 상업이 활성화된 지역이어서 밤늦도록 거리에 사람이 많고 교역이 이어졌다. 당시 거리의 상점은 모두 상점 앞에 기둥을 받치고 좌판을 거리를 향해 앞으로 내민 형태의 건물이었는데 좌판을 받치는 기둥에 등을 하나씩 매달아 저녁 어스름이면 집집마다 등불이 켜졌고 이 불은 밤새도록 꺼지지 않았다. 영롱하게 반짝이는 등불이 운하에 반사되어 운하변에 정박한 선상의 불빛과 서로 호응하여 마치 금색의 용이 꿈틀거리는 것처럼 보이는 장관을 연출하였다. 이 '비량등화篦梁燈火'는 보는 이의 마음을 빠져들게 하는 상주 '서교팔경西郊八景' 중의 하나였다.[『常州市誌』, 1995]

현황 및 특징 현재는 겹처마의 비각만이 남아 있고 "비량등화篦梁燈火"라는 편액이 걸려 있으며 옛날의 화려한 경관은 찾아볼 길이 없다.

가치 역사 거리의 중요한 상징이며 대표적 유적이다. 농후한 문화적 분위기와 높은 역사적·미학적·문화적 가치를 가지고 있다.

(23) 문형교文亨橋

역사 개관 명대 가정 27년(1548)에 처음 건설되어 청대 건륭 33년(1768)에 중건하여 속칭 신교라고 한다. 과거 이곳은 배가 지나가고 말과 마차가 교차하는 교통의 요지였다. 『무양지여武陽誌余』에서는 상주의 교량 중에서 문형교가 으뜸이라 하였다. 하늘에는 밝은 달이 비추고 맑은 바람이 불어오는 밤이면 보경寶鏡이 높이 걸려 있고 푸른빛이 사방으로 퍼지며 다리 밑에는 강물이 잔물결을 일렁이며 흘러, 마치 수면에 반사되는 달이 다리를 지나가는 듯한 착각이 들게 한다. 이 문형천월文亨穿月은 상주팔경 중의 하나가 되었다. 제왕이 남순을 할 때 반드시 이 다리를 들렀으며 지방의 관원들은 다리가 훼손되지 않도록 항상 관리하고 수선하였기에 다리는 현재까지 완전한 상태로 보존되고 있다. 1987년 옛 운하를 확장할 때, 남북 방향으로 운하를 가로지르던 이 다리가 현재의 상태로 옮겨져서 건설되었다.[『常州市誌』, 1995]

현황 및 특징 3칸 홍예 석교이며 화강암을 사용하였다. 길이는 49.7m, 폭 4.1m이다. 현재는 서영리西瀛裏 신관광 지구新景觀區로 옮겨졌다. 주변에는 새로 개발한 주거지와 광장이 있다.

가치 중요한 미학적, 역사적 가치를 가지고 있다.

그림 6.241 문정교文亨橋

(24) 서영문西瀛門 성곽

역사 개관 상주常州는 2,500여 년의 역사를 가진 오래된 도시이다. 『상주시지常州市誌』, 『상주지명록常州地名錄』 등의 기록에 의하면 성벽이 처음 축성된 것은 진대晉代였고 오대五代와 명·청대에서 여러 번에 걸쳐 붕괴와 중건을 반복하였다. 현재 잔존하는 서영문西瀛門 구간의 성벽은 길이 210.9m, 폭 4.6m, 높이 6m로 명대 홍무 2년(1369)에 주원장朱元璋의 대장大將 탕화湯和가 상주에 주둔할 때 건설한 것이다.[『常州市誌』, 1995]

현황 및 특징 현존하는 성곽은 표장表場에서 수관水關까지로 길이 210.9m, 폭 4.6m, 높이 6m이다. 도시 운하 관광 지구의 계획에 포함되어 있으며 부분적으로 수리하였고 시민들은 계단을 통해 성곽 위로 올라갈 수 있다. 주위에는 새로 조성된 주거 단지와 광장이 있다.

가치 상주의 역사와 문화에 관한 속사정을 알 수 있는 중요한 증거이자 실체이다.

그림 6.242 서영문西瀛門 성곽

(25) 신방교新坊橋

역사 개관 화평남로和平南路 중간 부분의 동측에 있으며 서쪽에 새로 지은 탁초교琢初橋와 6m 거리이다. 상주시 시하市河(혹은 전하前河) 위에 있는 다리 중 가장 오래된 홍예 석교로 남북조 시기 양무제梁武帝 대동大同 원년(535)에 지어져서 1,460여 년의 역사를 가지고 있다. 당시 진릉晉陵과 무진武進 두 현의 경계가 되었다. 준공 후 현재까지 여러 번 수리를 하였고 명대 홍치弘治 11년(1498)에 지부知府 증망굉曾望宏이 수리할 당시 다리 위에 주욱朱昱이 쓴 '중수신방교기重修新坊橋記' 석각이 있었으나 지금은 없어졌다.[『常州市誌』, 1995]

현황 및 특징 신방교는 원래의 장소에서 약 200m 지점으로 옮겨졌고 원래 있던 자리는 이미 다른 다리로 개조되었다. 홍예석을 세로 쌓기로 쌓은 1칸 홍예 석교이며 화강암을 다듬어 홍예석과 교각을 축석하였고 수면 아래의 교각 기초는 역逆아치형으로 하여 교각을 받치고 있는데 이런 교량 구조는 상주의 교량 중에서도 특별한 형태이다. 다리 길이는 35m, 높이 8.6m, 상부의 폭5.8m, 하부 교각의 폭 6.8m, 홍예 경간은 9.5m이다. 다리의 경사는 동남 방향의 돌이 29단(원래41단)이며 서북 방향은 23단(원래 35단)이다. 주변은 주로 상가이며 주변 환경과 잘 어울리지 않는다.

가치 일정한 보존의 가치가 있다.

그림 6.243 신방교新坊橋

(26) 광제교廣濟橋

역사 개관 원래는 서쪽 양식 창고 부근의 서창가西倉街와 삼보가三堡街의 교차점에 있었다. 명대 정덕 12년(1517)에 처음 건설하였는데, 서창고 부근 양안의 상업이 발전하자 남쪽에서 북쪽으로 가는 행인과 행상들의 편의를 위해 건설하였다. 원래는 높이 9.79m, 길이 48.25m로 양변에 각각 47단과 48단의 계단이 있어서 당당하고 힘차며 웅장한 기세를 자랑했다. 다리의 양쪽 옆 홍예의 직경은 모두 6.8m이고 가운데 홍예의 직경은 11.7m에 이르는 상주시의 전통 홍예석교 중에서 홍예 직경이 가장 큰 교량이다.[『常州市誌』, 1995]

현황 및 특징 시내 대운하 구간을 4급 항로로 확장하는 과정에서 1985년에 의주정 공원艤舟亭公園으로 옮겨져서 반월도半月島를 유람하는 관광객들이 이용하고 있다. 옛 다리와 공원의 경치가 비교적 잘 어울린다.

가치 일정한 보존의 가치가 있다.

그림 6.244 광제교廣濟橋

(27) 동파 옛 나루터東坡古渡(황제부두御碼頭)

역사 개관 건륭 황제의 어주御舟(황제의 전용 배)가 정박하던 곳이다.(『常州市誌』, 1995).

현황 및 특징 부두는 광제교廣濟橋 서쪽에 있으며 50~60m의 담장에 둘러싸여 있고 겹처마의 누각이 입구를 대신하고 있다. 물과 맞닿는 계단은 다른 곳의 것보다 약간 넓다. 나루터가 공원 안에 갇힌 형태여서 이미 부두의 기능은 없어졌으며 주위 환경과 비교적 잘 어울린다.

가치 상당히 좋은 역사·문화의 분위기가 있고 보호가 완전하며 높은 역사·미술적 가치가 있다.

그림 6.245 황제부두御碼頭

(28) 문필탑文筆塔

역사 개관 남제南齊 건원建元 연간(480~482)에 세워졌다. 원래는 태평사탑太平寺塔으로 1,500년이 넘는 역사를 가지고 있다. 현지에서는 탑머리에서 하늘로 빛이 올라갈 때마다 상주의 문인 중에서 장원狀元이 나온다는 전설이 전해 내려온다. 북송 대관大觀 원년, 상주에서만 진사進士 53명이 배출되어 전체 선발 인원 1/5을 차지하자 황제가 태평사탑을 문필탑으로 명명하였다고 한다. 그 후로 이 탑은 상주 문인들의 마음속 혼이 되었고 매번 과거 시험에 응시하려는 사람들이 찾아와 이곳에서 기도를 하였다. 상주에서는 15명의 황제, 9명의 장원, 1,333명의 진사가 배출되었고 그 외에도 수많은 정치, 경제, 역사, 문화, 과학 기술 등의 방면에서 우수한 인재들이 배출되어 이 탑은 상주 문화의 상징이 되었다.[『常州市誌』, 1995]

현황 및 특징 홍매공원紅梅公園 안에 있다. 원래의 탑은 화재로 소실되고 기단만 남은 것을 나중에 탑신을 중수하였다. 벽돌과 목재를 사용하여 누각식으로 쌓았으며, 7층 8면의 형태에 높이는 48.38m, 저층의 둘레는 9.85m이고 기단과 수미단은 팔각형의 화강암으로 이루어졌다. 주위의 환경과 상당히 잘 어울린다.

가치 중요한 문화유산 지표이며 매우 좋은 역사 문화 분위기를 자아낸다. 보호 상태가 완전하고 역사·미술적으로 높은 가치가 있다.

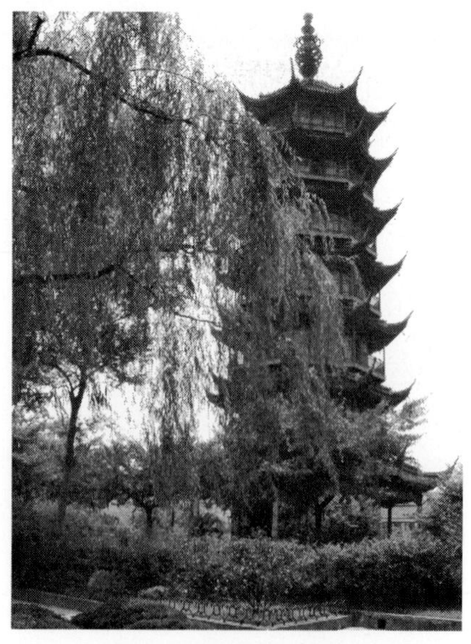

그림 6.246 문필탑文筆塔

(29) 호왕부護王府

역사 개관 진곤서陳坤書(?~1864)는 광서성 계평桂平 출신으로 태평군太平軍의 사령관이다. 태평군이 상주를 장악하고 있을 당시 청나라 군대가 공격해 오자 5개월 동안 항전한 끝에 진곤서는 시가전 중에 부상을 당하고 포로가 된 후 장렬한 최후를 마쳤다.[『常州市誌』, 1995]

현황 및 특징 상주 시내 국전가局前街 187호에 있으며 태평천국太平天國 호왕護王 진곤서陳坤書의 사택이었다. 현존하는 것은 회자루回字樓 한 채로 7칸 2층으로 되어있고, 벽돌과 목재로 지었다. 용과 봉황, 그리고 잉어가 용문을 뛰어오르는 문양을 조각하거나, 건축물의 들보를 비롯한 목재 부분에 각각 물고기, 토끼, 다람쥐, 잠자리, 메뚜기, 강낭콩, 조롱박, 포도, 덩굴식물 등의 무늬를 새겨 넣었다. 이들 조각과 무늬는 모두 입체감이 생동하여 조각가의 대담하고 호탕하면서도 섬세한 성격을 짐작할 수 있으며 태평천국 예술의 특징을 엿볼 수 있다. 현재는 상주시 문화예술관리회 사무실로 사용되고 있다. 정문 맞은편은 시내의 교통 요지이며 주위에 행정 기관이 밀집되어 있다.

가치 애국주의 교육의 현장으로 많은 태평천국의 역사 문물 자료가 전시되어 있다.

그림 6.247 호왕부護王府

(30) 천과거리千果巷

역사 개관 명대 만력 연간에 건설되었으며 시내의 운하 구간에 접해 있고 당시 남·북방 과일의 집산지였다. 골목 안에는 명인들의 고택 20여 채가 있다. 큰 저택들이 줄지어 있으며 흐르는 물과 사람들이 서로 어우러지는 '물의 도시' 강남의 풍모를 느낄 수 있는 전통적인 거리이다.

현황 및 특징 동쪽의 화평남로和平南路에서부터 서쪽으로 남대가南大街 서영리西瀛裏까지의 거리이다. 골목 서쪽 부분의 건축물 일부분이 철거되어 원래의 모습이 상당히 파괴되었다. 천과거리를 지나 옛 운하 동쪽은 야채시장인데 답사 중에도 사람들이 하천으로 오·폐수를 버리는 것을 쉽게 볼 수 있는 등 주변 환경과 조화롭지 못하다.

가치 전통 문화의 온기가 농후한 전통 역사 거리이다. 문화유산이 집중되어 있고 인문 경관의 특징이 선명한 상주 역사 문화 저변을 형성하는 중요한 현장이다. 보호하여야 할 가치가 높고 관리도 지속적으로 강화되고 있다.

그림 6.248 천과거리 역사문화보호구역千果巷歷史文化保護街區

(31) 공자사당 대성전縣文廟大成殿

역사 개관 원대 천력天歷 2년(1329)에 처음 지었으며 명대 홍무 7년(1374)과 명·청 양대 왕조에서 계속해서 수리·확장하였다. 원래 있던 것은 돌로 쌓은 영성문櫺星門, 반지泮池, 명륜당明倫堂, 예성전禮圣殿, 존경각尊經閣, 동·서 서재東西齋房, 누방樓房, 후당後堂, 사포정射圃亭, 비정碑亭 등이며 예성전에는 공자와 맹자, 그리고 그 문하 제자들의 인물화가 있다.[『常州市誌』, 1995]

현황 및 특징 팔작지붕에 홑처마로 정면 5칸, 폭 22.8m, 종심 16m로 장중하고 고풍스럽다. 전의 앞쪽은 명륜당明倫堂인데 맞배지붕의 목조 건축으로 벽 중간에 사당 석패石碑 3개를 중수하였다. 사당 앞의 반지泮池와 석교는 잘 보존되어 있다. 전 앞에 있는 대성문은 술집으로 개조되었으며 공터에 골동품 시장이 개설되어 마치 양주의 천녕사 골동품 시장과 흡사하다. 전체적으로 주변 환경과 어울리지 않는다.

가치 명·청 시기 상주 지방에서 공자와 유교를 숭배하고 유학儒學을 제창하던 중요한 장소이다.

그림 6.249 공자사당 대성전縣文廟大成殿

(32) 중산 기념당中山紀念堂

역사 개관 원래는 부성황묘府城隍廟의 유적지였으나 손중산孫中山을 기념하기 위해 1933년에 지었다. 궁전식의 건축물로 겹처마에 팔작지붕으로 청기와를 얹었다. 정면 3칸, 폭 19.7m, 종심 19.2m이다. 중국의 유명 희극가 홍심洪深이 1934년 1월 1일 복단극단復旦劇社을 인솔하여 상주로 돌아온 후 이곳에서 기념당의 준공을 축하하는 공연을 하였다. 훗날 국민당의 무진현 당부武進縣党部가 주재했었다. 신중국 건국 후에 상주시의 행정 기관이 사용하였다.

현황 및 특징 상주시 대묘롱大廟弄에 있다. 현재는 사천요리를 하는 식당으로 바뀌었고 주변은 대부분 농가와 상가이며 주변 환경과 잘 어울리지 않는다.

가치 애국주의 교육 현장으로 일정한 역사적 가치가 있다.

(33) 의주정艤舟亭

역사 개관 남송 시기, 북송의 대문호 소동파가 상주에 왔을 때 이곳에 배를 정박한 것을 기념하기 위해 상주 시민들이 '의주정艤舟亭'을 지었다. 청대 강희와 건륭 두 황제가 남순南巡할 때, 이곳에 만수정행궁萬壽亭行宮을 지었고 의주정을 중수하였다. 원래의 이름은 문성패文成壩였다. 전설에 의하면 상주의 걸출한 인물들이 모여 상주의 인재와 재능이 동쪽으로 흘러가는 것을 방지하기 위하여 옛 운하에 보를 설치하여 물이 대만大彎을 돌아서 흘러가게 하였다고 한다.

그림 6.250 의주정艤舟亭

현황 및 특징 상주 시내 동쪽에 있다. 원래의 이름은 동교 공원東郊公園으로 점용 면적 2.667hm^{2}이며, 명승고적과 자연 경관이 어울리는 강남 원림이다. 상주의 유명한 관광 명소여서 원내 문물 보호 상태가 비교적 좋고 주변 환경과도 잘 어울린다.

가치 문화적인 분위기가 상당히 좋고 일정한 역사적 가치와 보존의 가치가 있다.

(34) 천녕사天寧寺

역사 개관 당대 영휘永徽 연간에 창건되었으며 원래의 이름은 광복사光福寺였으나 북송 정화政和 원년(1111)에 개명되었다. 전체 면적이 100묘亩(1묘는 666.67m²)에 달하고 규모가 커서 '군내郡內 사찰 중의 으뜸'이라 불린다.[『常州市誌』, 1995]

현황 및 특징 사찰 내 건축물의 보호 상태가 좋은 편이며 정전正殿의 뒤쪽에 현재 새로운 탑을 쌓고 있다. 새로운 탑과 홍매 공원紅梅公園의 문필탑 사이의 거리가 너무 가까워서 원래 있던 '문필석조文筆夕照'의 경관이 파괴되었다.

가치 1983년 전국 중점 불교 사찰 중의 하나로 선정되었다. 유명한 종교적 장소로 상당히 깊은 문화적 분위기가 깃들어 있으며 일정한 역사적 가치와 보존가치가 있다.

그림 6.251 천녕사天寧寺

(35) 황부돈黃埠墩

역사 개관 기원전 248년 초나라 승상丞相 춘신군春申君 황헐黃歇이 강남으로 관직을 옮긴 후 부용호芙蓉湖 홍수를 치수할 때 이곳에서 묵어 '황부돈黃埠墩'이라 부르게 되었다고 전해진다. 남송 덕우德佑 2년(1276)에 장원狀元 출신의 남송 재상宰相이며 민족 영웅인 문천상文天祥이 원나라에 항전하다 패한 후 원나라 군대에 의해 경항대운하를 따라 압송되다가 무석无錫에 도착하여 이곳에서 하룻밤을 보냈다. 청대 강희와 건륭 두 황제는 남순 당시 여러 번 황부돈에 머물면서 마음속의 생각을 시로 지어 표현하기를 좋아하였다.[『无錫名景』, 2003]

현황 및 특징 운하의 물줄기가 황부돈에 이르러 섬을 가운데 두고 두 줄기로 갈라져 흘러가는데 이곳에 있는 섬의 면적은 220m²이다. 무석시无錫市 관광국旅遊局이 최근에 옛 운하 관광 노선을 개발하였는데 황부돈은 그 관광 노선의 출발점이다. 평소에는 섬으로 건너가는 배가 없다. 황부돈 북안에는 원래 무석의 양곡 시장이 있었으나 현재는 사라지고 흔적이 없다. 주변에 새로 조성한 주거 단지와 전통 상가를 복원하여 조성한 거리가 있다.

가치 무석 운하 발전 과정에서의 중요한 현장이며 일정한 역사적 가치를 가지고 있다.

그림 6.252 황부돈黃埠墩

(36) 서수돈西水墩

역사 개관 명대 영락 13년(1415) 무석의 선비들이 제시한 "무석읍 8경邑之八景" 중에 "량계효월梁溪曉月: 량계의 새벽달"이 이곳의 경치를 묘사한 것이다. 1925년 이곳에 첫 번째 노동자 야학이 개교되어 '무석 노동 운동의 요람'이라는 칭호를 얻게 되었다.[『无錫名景』, 2003]

현황 및 특징 이곳은 옛 운하와 량계梁溪가 갈라지는 돈대墩臺이며 면적은 약 0.7hm^{2}로 '지축地軸'이라고 불린다. 섬 위에 서수선西水仙 사당 등의 보호 문물이 있다. 최근에 서수선 사당 등의 건축물을 복원하면서 돈대에 살던 주민들을 다른 곳으로 이주시키고 주변 환경도 정비를 하여 문화 공원으로 조성하였다.

가치 무석 운하 발전 과정상의 중요한 현장이며 일정한 역사적 가치를 가지고 있다.

그림 6.253 서수선사당西水仙廟

(37) 옛 혜산진惠山古鎮 사당군祠堂群

역사 개관 명대 가정 연간부터 청대까지, 대운하 강남 구간의 옛 혜산진惠山古鎮 동북부의 황부돈黃埠墩, 무석북문无錫北門의 유명한 북당대가北塘大街, 삼리교三裏橋가 모두 흥성하였고, 이와 함께 혜산 부근에서는 양곡시장, 천布 나루, 비단 나루, 전장錢莊, 화물 창고 등이 형성되었다. 당시 이곳에서 장사하는 안휘 출신의 상인들이 혜산惠山 근처에 사당을 세웠다.[『无錫名景』, 2003]

현황 및 특징 사당길 동측은 보선교寶善橋이며 서측은 석혜공원錫惠公園으로 안에는 국가 중점 문물보호단위인 기창원寄暢園이 있다. 이 길은 용두龍頭에서 옛 운하변의 혜산빈惠山浜까지 1km에 달하며 면적은 30hm²이다. 명대부터 크고 작은 상인들이 여기서 각종 사당을 짓기 시작하였는데 많았을 때는 120채에 달했다. 경항대운하가 갈라지는 황부돈 부근의 작은 지류 용두하龍頭河는 사당군祠堂群을 가로질러 흘러가는데 이 하천의 양안에는 녹나무가 빽빽하게 들어차서 아름다운 경치를 이루고 있다.

가치 옛 사당군은 무석 특유의 공상工商 문화를 반영하고 있으며 중요한 역사적 가치를 가지고 있다.

(38) 혜산사묘원림惠山寺廟園林

역사 개관 혜산 수장가秀嶂街(지금의 혜산 直街와 橫街 교차 지점)에 있으며 사원의 범위는 우공곡愚公谷과 기창원寄暢園을 포함하며 승려들의 숙소만도 1,084칸이 넘었었다. 처음 지은 것은 남북조 시대로 지금까지 1,500여 년의 역사를 가지고 있다. 무석 출신 담정湛挺의 별장 '역산초당歷山草堂'이 혜산사惠山寺의 시초였다. 양梁나라 대동大同 3년(537)에 대웅보전을 짓고 규모가 점점 확대되어 사찰 안에 수많은 승려와 참배객이 드나들었다. 당·송대 이후에 몇 차례의 흥쇠를 거듭하였는데 사료에 의하면 명대 홍무 시기 승려 보진普真이 경내에 18그루의 은행나무를 심었다고 하며, 그중 한 그루가 아직까지 남아 있다.[『无锡名景』, 2003]

현황 및 특징 현재 남아 있는 혜산사의 고건축물은 고화 산문古華山門, 당송석 경당唐宋石經幢, 금강전金剛殿, 향화교香花橋, 일월지日月池, 금련교金蓮橋, 금련지金蓮池, 어패정御碑亭, 청송 석상听松石床, 대동전大同殿 죽로 산방竹爐山房, 운기루雲起樓 등과 은행나무 고목도 남아 있다. 무석시 원림園林 및 종교 관련 행정기관은 혜산사를 복원하면서 이산문二山門을 철거하고 금강전을 송대의 건축 양식에 근거하여 개축하였고, 대동전 내의 이홍장李鴻章 비각碑亭을 이전하였으며, 금련교를 보호하기 위해 폐쇄 조치하고 구화산문華山門에서 대동전大同殿에 이르는 도로와 광장을 돌판으로 포장하였다. 또한 불이법문不二法門 안에 있는 건축물과 1970년대에 건축한 사무실과 강당을 철거하고 천왕전과 대웅전을 원래의 위치에 중건하였다. 이와 함께 대웅보전 북쪽의 정원 안에 지장전地藏殿, 나한당羅漢堂, 대비각大悲閣, 장경루藏經樓와 서재, 승방 등을 새로 건축하였다. 청송정听松亭 맞은편에 종각을 새로 짓고 혜산사 대종도 새로 주조하였다. 현재 복원된 혜산사의 면적은 1만 m^2에 달한다. 복원 후의 혜산사는 주변의 환경과 어울리지 않고 주전主殿의 북쪽에 불교 용품점이 생겼으며 혜산사와 석혜공원錫惠公園이 분리되었다. 또한 남쪽의 산문이 있는 곳에 또 다른 매표소가 생겨 공원이 두 개로 나누어졌다.

그림 6.254
혜산사묘원림惠山寺廟園林

가치 사찰의 원림으로 비교적 높은 역사적 가치가 있다.

(39) 기창원寄暢園

역사 개관 진원秦園이라고도 하며 면적은 1hm²이다. 기창원이 있던 장소는 원래 혜산사 구우방漚寓房 등과 함께 승려들의 주거지였으나 명대 가정 초기(대략 1527년 전후)에 남경의 병부 상서兵部尚書를 역임했던 진금秦金의 소유가 된 후에 정원으로 개발하여 '봉곡 산장鳳谷山莊'이라 하였다. 진금이 죽은 후에는 그의 조카 진한秦瀚과 그의 아들인 강서江西 포정사布政使 진량秦粱에게 귀속되었다. 가정 39년(1560)에 진한이 정원과 주택을 수리하여 연못을 파고 가산假山을 쌓았다. 진량이 죽고 정원은 진량의 조카 도찰원都察院 우부도어사右副都御使 호광순무湖廣巡抚 진요秦燿의 소유로 되었다. 만력 19년(1591)에 진요가 좌사座師 장거정張居正의 추궁을 받아 해직되어 무석으로 돌아온 후 울분을 산수山水에 의탁하며 연못을 준설하고 주거지와 정원을 개축하였는데, 정원의 경치를 20개로 하여 모든 경치마다 시를 한 수씩 붙였다. 그중 왕희지王羲之의 〈답허연答許椽〉 중의 싯구 "취환인지락, 기창상수음(取歡仁智樂, 寄暢山水陰)"의 두 글자 "寄暢"을 따서 "기창원寄暢園"이라고 부른다.[『无錫名景』, 2003]

현황 및 특징 무석시 혜산 동쪽 기슭 혜산횡가惠山橫街에 있다. 정원은 가산과 연못 중심으로 조성되어 있으며 가산은 혜산 동쪽 기슭의 산세를 이용하여 조성하였다. '이천二泉'137)을 끌어들여 조성하였으며 '팔음간八音澗'138)이라 부른다. 경관 배치가 절묘하고 기암괴석의 축석이 뛰어나며 물을 이용하는 기술이 빼어나고 건축이 세련되어 강남의 정원 중에서 남다른 풍격을 지니고 있는 산기슭 별장 정원이다. 내부는 숲이 무성하고 녹음이 우거져 있다. 정원 서북부 모퉁이를 원래의 모양에 근거하여 약간 수리를 하였을 뿐, 전체적으로 원형의 보존 상태가 비교적 좋다.

기창원은 주변 환경과의 조화를 매우 중시하여 서쪽에는 혜산 기슭에 기대어 있고 동남은 석산錫山이어서 주변 조건을 이용하고 물을 중심으로 하였으며 서쪽과 북쪽의 가산은 혜산의 산등성이와 연결되어 있고 반대편인 동쪽의 정자와 누각은 구불구불하게 회랑으로 연결되어 있다. 전체 면적이 크지는 않지만 가깝게는 혜산을, 멀리는 동남쪽의 석산 용광탑을 배경으로 하여 근경近景은 깊은 산과 큰 호수를 보는 것과 같고, 원경遠景은 산세를 아득히 바라보는 듯하다. 기창원은 혜산 사당 일조가一條街의 제1대 원림사園林祠의 대표작이며 그 동쪽에 있는 사

137) §혜산천惠山泉은 당대의 차성茶圣 육우陸羽가 '천하제이天下第二'라 칭하였으며 당대의 시인 이곤李坤은 '인간영액人間靈液'이라 하였다. 무석시 석혜 공원錫惠公園 안에 있다.

138) §팔음간은 원래 현종간悬淙澗 또는 삼첩천三疊泉이라 불리는데 길이 36m, 깊이 199~2,6m, 폭 0.6~4.5m의 바위 계곡이다. 위에는 숲이 무성하고 아래에는 맑은 샘이 있다. 물 흐르는 소리가 마치 금, 돌, 실, 대나무, 박, 흙, 가죽, 나무 등 8가지 재료로 만든 악기를 연주할 때 나는 소리가 난다하여 팔음간이라 불린다.

당 일조가와도 문맥을 계승하는 관계에 있다.

가치 현존하는 강남의 전통적인 원림 중에서 '첩산이수叠山理水'[139]의 전형이며 무석 지역 사당祠堂 발전사의 중요한 현장이다.

그림 6.255 기창원寄畅園

139) §첩산이수는 중국의 전통적인 정원 조성의 방법으로 정원에 형세와 높낮이를 만들어 내는데, 물을 끌어들여 연못을 만들고 흙을 쌓아 산을 만들어 그림처럼 아름답게 조형하는 것을 말한다. 대자연의 아름다움을 축소시켜 정원에 재현하는데 건축은 응고의 미를 표현하고 원림은 함축의 미를 나타낸다.

(40) 천주교당天主堂

역사 개관 원명은 약슬당若瑟堂으로 1640년 이탈리아 선교사가 건립하였으며 청대 옹정 이후에 폐쇄되었다가 광서 18년(1892)에 프랑스의 선교사가 원래의 자리에 다시 지었다. 1966년 이후에 교회의 활동은 정지되고 대강당 뒤쪽의 종각은 철거되었으며 성당은 창고로 사용되다가 1980년 크리스마스에 다시 문을 열었다.[錫城舊影, www.wuxinews.com, 2004]
천주교가 처음 무석으로 전래되었을 때, 신도 중에 어민이 많아서 성당을 운하와 가까운 곳에 세웠다. 성당에서는 1934년 초에 부근의 가난한 학생들을 위해 원도중학原道中學을 개설하였는데 이는 현재의 시북고등학교市北高級中學의 전신이며, 이 학교는 아직도 성당 근처에 있다.

현황 및 특징 북당구北塘區 삼리교三裏橋 민주가民主街 86호에 있다. 벽돌과 목재로 건축되었으며 정면이 십자十형이다. 정면의 꼭대기에 대형 십자가를 세웠고 아래의 대리석에 "천주당天主堂"이라는 글자가 새겨져 있으며 양쪽 문에는 각각 "天級", "神階"이라는 문액門額이 있다. 전체 건축의 미관이 조화롭고 장엄하며 엄숙한 분위기를 자아낸다. 이 성당은 무석 총봉구總锋區 본당, 남경 교구 제1당으로 강소성에서 가장 큰 성당이다. 오교吳橋와 가깝고 옛 운하를 마주보고 있으며 주변은 모두 단층 혹은 이층짜리 주택이다. 부근에 중·고등학교가 하나 있으며 주변의 위생 관리 상태가 좋지 않다.

가치 천주교가 무석 지역에 전래된 역사 현장 중 한 곳이다.

그림 6.256 천주교당天主堂

(41) 동림서원東林書院

역사 개관 북송 정화 원년(1111)에 세워졌으며 당시 저명한 학자 양시楊時가 장기간 강의하던 곳이다. 명대 만력 32년(1604)에 고정림顧亭林과 고반룡高攀龍을 비롯한 학자들이 양시의 유지를 계승하기 위해 돈을 모아 동림서원을 중수하고 학파의 동맹을 맺었다. 이 소식은 짧은 시간에 조야朝野를 격동시키고 이곳은 순식간에 성황을 이루어 당시 강남 일대 인재가 모이는 장소이자 국시를 의논하고 여론을 주도하는 진원지가 되었다. 명대 말기의 동림학자 고정림이 지은 대련 "풍성우성독서성성성입이, 가사국사천하사사사관심(風聲雨聲讀書聲聲聲入耳, 家事國事天下事事事关心: 바람 소리, 빗소리, 책 읽는 소리, 소리마다 귀에 들어오고, 집안일, 나랏일, 천하의 일, 만사에 관심을 둔다)"은 널리 알려진 유명한 문구이다.[『无錫名景』, 2003]

현황 및 특징 무석 시내 동쪽의 동림광장 옆에 있다. 동東, 중앙, 서西의 세 축으로 이루어져 있는데 중앙의 축에는 서원 정문, 석패방石牌坊, 동림정사東林精舍, 여택당麗澤堂, 의용당依庸堂, 연거묘燕居廟, 삼공사三公祠 등이 있다. 재건축을 하여 대지 면적 15,000m^2, 건축 면적 3,000여 m^{2}의 규모이다. 서원이 있는 곳은 시내의 번화가로 새로 지은 무석 역전광장과 멀지 않고 주변에 도심 광장 등이 있다. 재건할 당시에 동쪽 축 옆의 궁하弓河를 준설하였고 400년 역사의 호안제護岸堤를 보존하였다. 또한 서원 북쪽에 이와 상응하는 동림광장을 건설하여 서원과 주변 도시 경관 사이에 효율적인 완충 지대가 형성되었다.

가치 중요한 애국주의 교육 현장이며 동림당 사람들의 활동은 아직까지 중국의 정치, 사상, 문화와 교육 등의 부문에서 모두 일정한 영향을 미치고 있다.

그림 6.257 동림서원東林書院

(42) 설복성고택薛福成故居

역사 개관 설복성(1838~1894)은 무석 출신으로 자는 숙운叔耘, 호는 용암庸庵이다. 중국 근대의 애국 사상가이자 외교관으로 대표적인 유신파이다. 청대 광서 16년(1890), 영국, 프랑스, 이탈리아, 벨기에 4개국 전권 대사를 역임했다. 같은 해, 그는 직접 이 웅대한 저택를 설계하였으며 자신의 아들 설익운薛翼運(자는 南溟)을 시켜 건축을 책임지게 하였다. 모든 과정은 4년이 걸려 1894년 상반기에 완공되었다.[『无錫名景』, 2003]

현황 및 특징 고택은 축선을 따라 앞뒤로 6열의 공간이 있는데 문간門廳, 교청轎廳, 정청正廳, 방청房廳과 전반루转盤樓 등으로 이루어져 있으며 이와 함께 장서루藏書樓, 동화원東花園, 후화원後花園, 서화원西花園 등이 21,000m²의 면적 위에 건축되었다. 현지에서는 이 고택을 상당히 중요시 여겨 거액을 들여 다시 중건하였다. 고택의 정문 입구 맞은편은 시내 교통 도로이고 동측은 상가, 서측은 옛 운하이며 남측은 주거지이고 북측은 설휘동薛匯東의 고택이다.

가치 2001년에 전국 중점문물보호단위로 선정되었다. 설복성은 무석에서 시멘트 공장과 제사공장製絲工場을 운영하는 등 무석의 근대 공·상업 발전 과정에서 중요한 역할을 하였다. 그의 고택은 중국과 서양 건축 양식을 모두 취하여 건축하였는데 많은 건축 자재가 기계화 생산 과정을 거쳐 공급된 것으로 공·상업 발전이 건설 부문의 발전에 끼친 영향을 보여주고 있다.

그림 6.258 설복성고택薛福成故居

(43) 설휘동고택薛匯東故居

역사 개관 설복성의 장남 설남명薛南溟이 1911년에 짓기 시작하여 1917년에 완공하였으며 나중에 그의 아들 설휘동과 원세개의 딸이 결혼하여 신혼집으로 삼아 설휘동의 저택으로 불린다.[『无錫名景』, 2003]

현황 및 특징 무석시 건강로健康路 서쪽 전서계前西溪 2호에 있다. 문간門樓과 안채正樓, 편루偏樓 등 3채로 되어 있으며, 면적은 1,547m²이다. 무석의 바로크 양식 건축물 중에서 가장 보존 상태가 좋은 건물이며 중국인이 설계한 서양식 주택이라는 특징도 가지고 있다. 현재는 무석시 부녀연합 사무실로 사용되고 있으며, 고택의 동쪽은 상업 지구이고 서쪽은 옛 운하, 남쪽은 설복성 고택, 북쪽은 전통 주거 지역이다.

가치 무석 공·상업 발전이 현지 건축에 끼친 영향을 볼 수 있다.

(44) 무석현 도서관 유적无錫縣图書館舊址

역사 개관 1912년 무석 군정분부軍政分府 총리 진육류秦毓鎏가 탁여琢如, 고탁顧倬 등의 사람을 파견하여 재정과 건축을 책임지게 하여 24,887위안을 들여 1년 뒤 완공하였다. 역대 관장으로 고탁顧倬, 진옥서秦玉書, 진연陳然 등이 있다. 아래층의 벽에는 아직도 석비가 하나 있고, 전종서錢锺書의 아버지이자 국학대사國學大師인 전박錢博의 글과 유복俞復의 글씨로 건축의 전 과정을 자세히 기록해 놓았다. 신중국 건국 후에는 무석시 도서관으로 사용되고 있다.[무석문물(无錫文物), www.wst.net.cn/wenhuagj/wuxi/tsgjz. htm, 2004]

현황 및 특징 도서관의 전용 면적은 2,400m²이며 그중 건축 면적은 1,300m²이다. 1층은 열람실, 2층은 서고, 3층은 보존실保藏室, 4층은 종실鐘室로 매시 정각과 30분에 종이 울렸는데 종소리가 커지고 작아지는 것이 반복되면서 울렸다. 당시에는 무석 현성을 대표하는 건축물이었으나 지금은 새로운 도서관이 세워져 이곳에서는 도서 대출 등의 기능은 하지 않고 종도 울리지 않는다.

가치 시급 문물보호단위이다. 근대의 문화유산으로 일정한 역사적 가치가 있다.

(45) 영덕생고택荣德生舊居

역사 개관 영덕생(1875~1952)의 이름은 종전宗铨, 자는 덕생德生, 호는 낙농거사樂農居士이다. 무석 출신으로 친형 영종경荣宗敬과 함께 중국 근대의 저명한 민족 자본가이다. 신중국 건국 후에 중국 정협 위원政协委員과 화동군정위원華東軍政委員, 소남행정공서蘇南行政公署 부주임을 역임했다.[无錫文物, www.wst.net.cn/wenhuagj/wuxi/tsgjz.htm, 2004]

현황 및 특징 너비 13.2m의 2층짜리 양옥으로 바로크 양식으로 건축하였다. 현재 주변은 모두 새로 조성한 주거 단지지만 이 건물은 여전히 원형을 유지하면서 주거 단지의 중요한 일부분이 되었고 주변 풍경과도 비교적 잘 어울린다. 문간, 안채, 주방, 별관과 각 담장은 모두 원래의 건축물이고 앞뒤의 정원은 개방되어 주변 주민들의 휴식 공간으로 활용되고 있다.

가치 영덕생은 중국 근대 공·상업 발전 과정에서 중요한 역할을 한 인물이다.

그림 6.259 영덕생고택荣德生舊居

(46) 소루골목小娄巷

역사 개관 오가리呜珂裏라고도 한다. 처음에는 대묘골목戴墓巷이었으나 대루골목大娄巷과 마주보고 있어서 소루골목小娄巷이라고 부른다. 900년의 세월 동안 많은 명인을 배출하였으며 문화와 교양 수준이 높은 지역이다. 무석 시내의 현존하는 가장 오래되고, 가장 넓고, 가장 유명하고, 가장 많은 인재를 배출한 역사적인 거리이다. 먼저 수의방绣衣坊을 세우고 종수방鍾秀坊, 육영방毓英坊, 문헌방文獻坊, 진사 제방進士第坊, 총계방叢桂坊 등 9개의 패방牌坊이 차례로 세워져 무석에서 가장 이름난 패방거리가 되었으며, 특히 신해혁명 시기에는 무석에서 가장 중요한 혁명 활동의 무대가 되기도 하였다.[『无錫名景』, 2003]

현황 및 특징 옛 시가지를 개조하는 과정에서 골목의 절반 이상이 철거되고 현존하는 것은 그 길이가 100m가 되지 않으며 주위는 모두 새로 지은 고층 건물이다. 골목 안에는 아직 몇몇 사당과 명·청대의 고건축물이 보존되어 있다. 골목의 동쪽은 무석시 공안국 사무실이고 입구의 맞은편은 도로여서 주변 환경과 잘 어울리지 않는다.

가치 북쪽의 중심지에 있는 약 100m 길이의 골목이 남북을 관통하고 있는데 무석에서 현존하는 가장 긴 전통 거리이다. 역사와 전통의 기운이 농후한 유적으로 비교적 높은 연구 가치가 있다.

그림 6.260 소루골목小娄巷

(47) 일휘골목日暉巷

역사 개관 약 70m의 거리로 옛 운하와 길 하나를 사이에 두고 있다. 당시에 운하를 통해 남하 혹은 북상하는 상인들이 이곳으로 집결하여 교역을 하던 장소이다.[『无錫日報』, 2004.4.10.]

현황 및 특징 일휘 거리에는 찻집, 수공업 공장 등이 완전하게 보존되고 있고 운하 건설 시기의 모습을 간직하고 있으며 그중 22호는 무석시에서 가장 오래된 찻집이다. 금창金昌표 간장공장과 복래화福来和표 양조장 등은 당시에 이곳에서 활발하게 생산과 교역이 이루어지던 상호이다. 45호와 47호 등은 정교하고 아름다운 벽돌 조각으로 건축된 문간이면서 상당히 개성이 있는 전반루转盤樓이다. 주변 도로의 노면이 골목의 노면보다 높다. 주변은 주민 주거 지역과 상가이다.

가치 원래의 운하 건축의 모습을 간직하고 있으며 무석의 특징을 강하게 드러내고 있다.

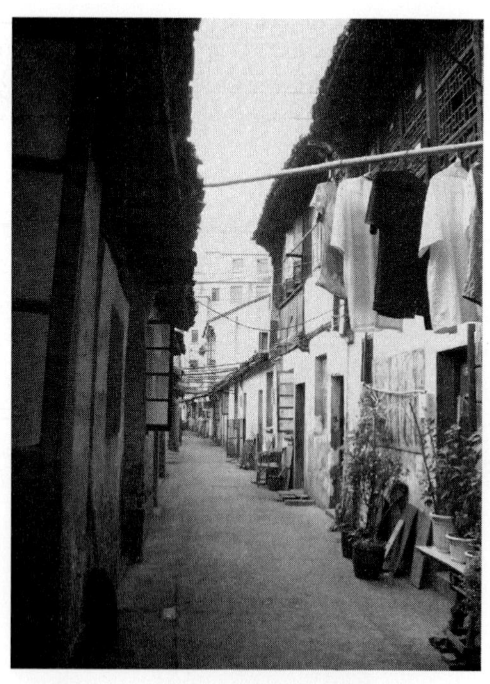

그림 6.261 일휘골목 전통거리日暉巷傳統街區

(48) 무신밀가루공장茂新面粉廠

역사 개관 무신밀가루공장은 1901년 중국 근대의 저명한 자본가 영종경荣宗敬과 영덕생荣德生이 투자하여 창립하였다. 원래의 이름은 보흥保興 밀가루공장이었으나 나중에 무신밀가루공장으로 개명하였고 1916년에 다시 무신제일밀가루공장으로 바꾸었다. 1937년 일본군의 폭격으로 불탄 것을 1946년 상해의 화개華盖 건축사 사무소에서 설계하여 중건하였다. 1984년 말에 원래의 이름인 무신밀가루공장으로 다시 개명하였다.[『揚子晚報』, 2003.12.5.]

현황 및 특징 현재는 1948년에 건축한 보리 창고와 제분 작업장, 밀가루 창고, 그리고 영의인荣毅仁 선생이 일하던 사무실이 보존되어 지금도 사무실로 사용되고 있으며 무석시에서 보존 상태가 가장 완전한 근대 민족 공업의 생산 현장이다. 옛 유적은 서수돈西水墩에 있으며 현존하는 것은 4~5층 높이의 양식 창고와 옛날식 3층짜리 사무동, 작업장, 수입 기계 등이다. 공장은 옛 운하 옆에 있으며 서수돈의 일부가 문화 공원으로 개조되어 주변 환경과 대체로 잘 어울리는 편이다.

가치 무석 공·상업 문화와 발전사를 볼 수 있는 중요한 현장이다.

그림 6.262 무신밀가루공장茂新面粉廠

(49) 남장가南長街 명·청대 수농당明清水弄堂

역사 개관 이 지역의 발전은 운하의 개통과 원대 석산역錫山驛의 설치에 힘입은 것이었는데 이때부터 사방에서 이곳으로 사람들이 모여들어 무석 남문 밖 특유의 사회 구조가 형성되었다. 거리는 백여 년 전에 건축된 건물과 공간을 유지하고 있는데 어렴풋하게 당시 사회 상황을 엿볼 수 있다.[『南長街保護街區規劃』, 2004]

현황 및 특징 수농당 일대 옛 운하의 폭은 10m 가량으로 서북 방향에서 동남 방향으로 조금씩 넓어지며, 운하 양쪽 기슭도 좁은 집들이 붙어 있는 곳에서 넓은 도로로 바뀐다. 특히 청명교清名橋 남쪽은 더욱 넓어지는데 이곳의 동측 도로는 과거의 견도纖道[140]로, 소주蘇州까지 이어진다. 전체 1.5km가 모두 역사 보호 구역이기 때문에 고건축물들의 보호 상태가 비교적 완전하다. 역사와 지역 발전상의 이유 때문에 주변의 거주지와 공업 용지의 배치가 들쭉날쭉하고 일부 행정 용지와 교육·위생 용지도 이 구역 안에 여기 저기 흩어져 있는데 그중에서 남장구 법원南長區法院, 남장구병원南長區醫院, 청명교중학교清明橋中學의 본관은 모두 신청사이고 규모가 비교적 크다.

가치 무석 운하 발전사와 조운 발전사의 중요한 현장이면서 무석이 민족 공·상업의 발상지라는 사실을 보여주는 현장이다.

그림 6.263 남장가 명·청대 수농당南長街明清水弄堂

140) §견도: 견부纖夫(배를 정박할 때 배를 끌어서 접안시키는 인부)들이 배를 끌 수 있게 수면 위나 강가에 수면과 거의 같은 높이로 만든 다리 혹은 길.

(50) 대요로大窯路 가마군窯群遺址

역사 개관 가정 연간에 무석에서는 왜구에 대항하기 위해 무석 현성을 축성하였다. 그 현성을 축성하는 데 사용된 벽돌을 여기서 구웠는데 무석의 요업은 성벽용 벽돌을 굽는 것 외에도 각종 벽돌과 기와도 해당되었고, 이것이 양자강의 남북으로 대량으로 팔려 나가다 근대에 이르러서는 멀리 동남아 지역까지 판로가 확대되었다.[『无錫名景』, 2003]

현황 및 특징 대요로大窯路를 따라 1.5km 길이로 길게 분포되어 있다. 원래는 100여 개의 벽돌 가마가 있었으나 현존하는 것은 42개이며 그중 비교적 완전하게 보존되어 있는 것은 19곳이다. 대부분 도염식 가마倒焰窯이며 일부가 순환식 가마環窯이다. 현재 이곳의 가마들에서는 벽돌을 굽지 않기 때문에 가마 사이의 공터에는 넝쿨 식물이 무성하다.

가치 현존하는 옛 가마는 대부분 도자기를 굽는 관요官窯[141)]이며 대규모의 벽돌 가마는 보존 상태가 좋지 않다. 이 유적들은 모두 일정한 역사적 가치가 있으며 무석의 발전 역사와도 밀접한 상관관계를 가지고 있다.

그림 6.264 대요로大窯路 가마군窯群遺址

141) §궁중에서 쓰는 도자기를 굽는 가마로 관아에서 운영·관리하였다.

(51) 청명교清名橋

역사 개관 명대 만력 연간에 건설하였으며 원래의 이름은 청령교清寧橋이다. 청대 강희 8년(1669)에 중건하였고 건륭 31년(1766)에 중수하였으며 도광 20년(1840)에 다시 수리하였다. 도광 황제가 청령清寧이라는 이름을 꺼려하여 청명교清名橋로 개칭하였다. 함풍 10년(1860)에 파손된 것을 동치 8년(1869)에 다시 중건하였으며 1949년에 다시 수리하였다.[『无錫名景』, 2003]

현황 및 특징 무석 남문 밖 1.5km 지점, 옛 운하와 백독항伯瀆港이 만나는 지점에 있으며 동서 방향으로 운하를 가로지르는 운하교이다. 보존 상태가 완전하여 아직도 현지 주민들이 운하를 건널 때 이용하는 중요한 교통로이다. 1칸 홍예 석교로 길이는 43.3m, 가운데의 폭은 5.5m, 높이 7.4m, 양 교각 사이의 경간은 13.1m이다. 교량 노면의 돌계단은 동쪽이 37단, 서쪽은 19단이며 중간의 평평한 곳을 지나 각각 17단이 있다. 다리의 본체는 화강암이며 주변은 역사 보호 구역이다.

가치 높은 역사적 가치를 가지고 있다.

그림 6.265 청명교清名橋

(52) 백독교伯讀橋

역사 개관 청명교清名橋와 마주 보고 있으며 1칸 홍예 석교이다.

현황 및 특징 옛 운하와 백독항伯瀆港의 교차점에서 백독항 위를 가로지르고 있다. 다리 본체는 벽돌을 쌓아 건설하였으며 다리 위의 난간은 시멘트로 만들었다. 주변은 역사 보호 구역이다.

가치 일정한 역사적 가치가 있다.

그림 6.266 백독교伯瀆橋

(53) 남수선사당南水仙廟

역사 개관 명대에 문천양文天祥[142] 부하인 마麻 씨와 윤尹 씨 두 명의 장군을 제사지내기 위해 남상당南上塘에서 이 사당을 세웠기 때문에 쌍충사雙忠祠라고 부르고 남수선 사당南水仙廟이라고도 부른다. 청대 강희 22년(1683)에 쌍충사 남쪽에 송자왕후사당松滋王侯廟을 세워서 두 사당을 한 군데로 합쳤다. 건륭 46년(1718) 전殿을 중수하였고 가칭 14년(1809)에 부지와 건물을 확장하였으나 함풍 연간에 파손되었고, 동치 연간(1862~1874)에 다시 중건하였다.[无錫文物, www.wst.net.cn/wenhuagj/ wuxi/tsgjz.htm, 2004]

현황 및 특징 사당은 제일 산문, 이문, 희대, 대전大殿, 주청酒廳, 차청茶廳, 잠사전蚕師殿과 북쪽의 쌍충사 정전雙忠祠正殿, 서재 등으로 구성되어 있다. 수차례 반복된 수리로 인해 주건축물에는 시멘트 강화제가 노출되어 있고 정원 안에도 포고석 파편이 흩어져 있다. 사당은 역사 거리 구역 내에서 보호받고 있으며 주변 환경과 비교적 잘 어울리는 편이다.

가치 일정한 역사적 가치를 가지고 있다.

그림 6.267 남수선사당南水仙廟

142) §문천양(1236~1283), 자는 리선履善, 후에 송서宋瑞로 바꿈, 자호는 문산文山, 남송말의 대신, 문학. 육수부陸秀夫, 장세걸張世杰과 함께 송말 3걸宋末三杰로 불린다.

(54) 영태제사공장永泰丝厰

역사 개관 청대 광서 22년(1896) 저명한 실업가 설남명薛南溟이 주순경周舜卿과 함께 상해에서 영태제사공장永泰丝厰을 설립하였으나 얼마 후 독자 경영하였다. 선통宣統 원년에는 무석 창병无錫倉浜에 금기錦記제사공장을 창업하였다. 민국 10년에 이르러 영태제사공장에서 생산한 금쌍록金雙鹿 상표의 고급 실은 중국 제사업을 대표하여 뉴욕만국박람회에 참가할 정도로 발전하였다. 민국 15년에 영태제사공장은 현재의 지족교知足橋 옆으로 이전하였다.[无錫文化, whj.wuxi.gov.cn/dh/wbtd/29.htm23k, 2004]

현황 및 특징 공장과 사무실은 아직 공장의 소유로 보존 상태가 비교적 좋다. 적벽돌을 쌓아 지었으며 사무실은 너비 16.5m의 2층으로 되어 있고, 2층에는 무쇠로 만든 난간이 있다. 공장은 역사 거리 내에서 보호되고 있으며 주변 환경과 비교적 잘 어울린다.

가치 무석 근대 공·상업 발전의 중요한 현장이다.

그림 6.268 영태제사공장永泰丝厰

(55) 해령소방대海寧救熄會

역사 개관 과거의 남하당南下塘은 주로 낮은 집과 수공업 상점들이 밀집되어 있고 초가집도 있어 화재에 노출되어 있었다. 민국 초기에 이웃 사람들은 남하당 263호에 모여 건물을 짓고 해령소방대海寧救熄會를 조직하였다.[錫城舊影, www.wuxinews.com, 2004]

현황 및 특징 청명교清名橋 북쪽 옛 운하 동안 남하당南下塘 263호에 있다. 정면 1칸의 2층 건물이며, 담은 청벽돌로 쌓았고 대문 위에 당시 소방대의 상징이었던 철모와 두 자루의 도끼가 조각되어 있다. 이 소방대는 대룡擡龍(큰 나무통에 두 개의 피스톤이 있어 수압을 높여 살수하는 기구로 인력으로 옮겼다), 흡룡揿龍(인력으로 피스톤의 압력을 높여 물을 흡입하여 살수하는 기구로 철 구조물이며 네 개의 바퀴가 달려 있다) 등의 기구도 갖추고 있었다. 건축물의 외관은 완전하게 보존되고 있으나 민가로 개조되었다. 정면 윗부분에 상징이 아직도 남아 있으나 소방 설비는 이미 모두 없어졌다.

가치 당시 운하 주변 주민들의 생활과 밀접한 연관이 있는 현장이다.

그림 6.269 해령소방대海寧救熄會

(56) 경독교耕讀橋

역사 개관 원명은 서고독교西孤瀆橋이다. 건설 연대는 불명확하고 명·청 양대에서 모두 중건하였다. 사료에 의하면 마지막 중건은 청대 광서 23년(1897)이다.[錫城舊影, www.wuxinews.com, 2004]

현황 및 특징 양계하梁溪河의 지류 고독항孤瀆港를 가로지르는 다리로 화강암을 사용한 1칸 홍예교이며 길이는 27m, 폭은 3m이다. 다리의 남북 노면에 각각 22단의 돌계단이 있다. 다리 양쪽에 모두 돌주련이 있는데 동쪽의 주련은 "沃壤植桑麻, 抱布貿丝人利涉; 佳名易耕讀, 高車駟馬客留題"이고, 서쪽의 주련은 "南裏歲豐穰, 風送稻花香匝地; 西溪波瀲灩, 雲沉孤米水如天"이다. 이 주련 중의 두 글자 '耕讀'을 따서 다리 이름을 지었다. 하천 양안의 땅이 사무용 건물과 거주지로 점용당해서 이 다리는 이미 교통로로서의 기능이 없어졌으며 주변 환경과도 어울리지 않는다.

가치 일정한 역사적 가치를 가지고 있다.

그림 6.270 경독교耕讀橋

(57) 정창鼎昌제사공장유적丝廠舊址

역사 개관 정창제사공장은 유명한 실업가 주순경周舜卿의 아들 주조보周肇甫가 투자하여 창업한 것으로 1928년 시공하여 1930년까지 60만 위안을 들여 완공하였다. 생산 라인에 의자가 있는 물레 512개를 설치하였다. 항일전쟁 시기에는 일본군에게 점령당했으며 1944년에는 전봉고錢鳳高에게 재산권을 빼앗겼다. 신중국 건국 후에는 몇몇 작은 공장들이 입주하였다가 국영 기업인 무석제일제사공장으로 바뀌었다.[无錫文物, www.wst.net.cn/wenhuagj/wuxi/tsgjz. htm, 2004]

현황 및 특징 무석 남문 밖의 황니홍黃泥洚 금구교가金鉤橋街 23호, 현재의 무석제일제사공장 안에 있으며 과거의 작업장을 한눈에 볼 수 있다. 원래 있던 작업동은 3개 동으로, 각 동은 벽돌로만 쌓은 벽과 양철 지붕으로 된 2층짜리 건물인데, 서로 연결되어 마치 임금 왕王자의 형상을 하고 있다. 그 밖에 누에 창고, 3층짜리 건물, 보일러실과 배전실이 각각 한 동씩으로 역시 벽돌 건물이다. 3개의 작업동 중 일부는 여관으로, 보존 상태가 가장 좋은 한 동은 찻집으로 각각 개조되었으며 외관 일부가 변형되었다.

가치 무석 민족 공업 기업의 유적 중 보존 상태가 비교적 좋은 곳이다.

그림 6.271 정창제사공장유적鼎昌丝廠舊址

(58) 풍교楓橋

역사 개관 과거 황실의 식량을 북쪽으로 운송하는 배가 이 구간의 운하를 통과할 때는 다른 배의 운항을 금지시켰다고 하여 봉교封橋라고 불리었다. 또 어떤 이는 옛날에 조운할 때는 아침에 운항을 하고 저녁에는 봉쇄하여 봉교라 불렀다고 한다. 훗날 당대 장계張繼의 〈풍교야박楓橋夜泊〉이 널리 퍼져 지금의 이름을 얻었다. 처음 건설 연대는 명확하지 않고 현재의 다리는 청대 동치 6년(1867)에 중건한 것이다.[『蘇州市歷史文化名城保護規劃』, 2002; 『蘇州詞典』, 1999]

현황 및 특징 창문閶門 밖 풍교진楓橋鎮 철령관鐵鈴关 앞, 옛 운하의 남북방향 구간에 있다. 길이 39.6m, 가운데 폭 4.4m, 홍예 높이 5.7m, 경간 거리 10.5m이다. 화강암을 사용하였으며 홍예석은 세로 쌓기를 하였다. 다리 노면에 윤회 무늬輪回紋를 새겨 놓았고 동서 양쪽 경사는 계단으로 되어 있으며, 동쪽의 계단으로 내려가면 철령관鐵鈴关의 홍예문 내부가 나온다. "중건풍교重建楓橋"라는 네 글자가 편액으로 새겨져 있고 동자석의 사이를 벽돌로 쌓고 돌을 길게 다듬어 난간석을 얹었다. 현재 보존 상태는 비교적 양호하며 주변은 문물 고적文物古迹 용지와 도시 녹지 공간이 형성되어 서로 잘 조화를 이룬다.

가치 성급 문물보호단위이다. 소주 운하의 중요한 지표 중의 하나로 높은 역사적 가치가 있다.

그림 6.272 풍교楓橋

(59) 강촌교江村橋

역사 개관 건립 시기는 명확치 않고 청대 강희 45년(1706)에 중건하였으며 동치 6년(1867)에 수리하였고 1984년에 중수하였다.[『蘇州市歷史文化名城保護規劃』, 2002; 『蘇州詞典』, 1999]

현황 및 특징 풍교진楓橋鎮 한산사寒山寺 앞에 있으며 옛 운하의 남북 방향 구간을 동서 방향으로 가로질러 건너가는 다리이다. 1칸 홍예교로 가운데 폭은 4.3m, 홍예 높이 4.85m, 전장 30m, 경간 거리 10.8m이다. 화강암의 중간에 소량의 석회암을 사용하였으며 11열의 홍예석은 세로 쌓기를 하였다. 다리 노면석에 윤회 무늬輪回紋를 새겨 놓았고 난간은 벽돌을 쌓아서 만들어 각 지게 다듬은 돌로 위에서 눌렀으며 중간에 동자석이 있다. 동서 양쪽 경사면에는 긴 디딤돌을 쌓아 올렸는데 동쪽에 25단 서쪽에 30단이다. 보존 상태가 비교적 좋고 주변 환경과도 조화롭다.

가치 성급 문물보호단위이다. 풍교와 가까이 있으며 소주 운하의 중요한 지표 중의 하나로 비교적 높은 역사적 가치를 지니고 있다.

그림 6.273 강촌교江村橋

(60) 채운교彩雲橋

현황 및 특징 시 외곽의 횡당진橫塘鎮에 있으며 원래는 운하를 건너는 운하교였다. 3칸 홍예 석교로 길이는 38m, 가운데 폭은 3.7m, 홍예 높이는 5.6m, 경간 거리는 8.5m이며, 양쪽 경간이 짧고 가운데 것은 길다. 재료는 화강암이며 홍예석을 세로 쌓기로 쌓았다. 다리의 서단 어귀 계단은 남북 양방향으로 갈라져 내려가며 동단 어귀는 강물 위에서 꺾어져 북쪽으로 내려가서 제방을 지나 역의 대합실로 이어진다. 동쪽 두 번째 사각 갑문에 섬도纖道143)가 있다. 난간석은 길게 다듬은 돌을 사용하였고 다리의 중앙부에서 양단 끝으로 내려가는 경사면에는 계단을 쌓았다. 현재 보호 상태는 비교적 좋은 편이며 주변은 공장과 창고로 경관이 좋지 않다.

가치 시급 문물보호단위이며 횡당역橫塘驛站과 함께 소주 운하 구간의 지표이다.

그림 6.274 채운교彩雲橋

143) 수면위에가설된돌다리하나로연결되어있는수상통로를말한다

(61) 상진교上津橋와 하진교下津橋

역사 개관 상진교上津橋의 건축 시기는 명확하지 않고 명말에 중건하였으며 1984년에 중수하였다. 하진교下津橋는 통진교通津橋라고도 하며 명대 성화成化 18년(1482)에 건축하여 청대에 중수하였고 1984년에 다시 보수하였다.[『蘇州市歷史文化名城保護規劃』, 2002; 『蘇州詞典』, 1999]

현황 및 특징 두 개의 다리 모두 창문閶門 밖 상당하上塘河 연안에 있다. 상진교는 1칸 홍예 석교로 가운데 폭은 3.7m, 전장은 42.45m, 경간은 12.2m, 홍예 높이는 5.9m이다. 황갈색 화강암을 사용하였고 홍예석을 세로 쌓기 하였다. 벽돌을 쌓아 난간을 만들고 난간 사이마다 동자석을 세웠으며 길게 다듬은 돌로 윗부분을 덮었다. 남북으로 총 60단의 계단이 있다. 하진교는 1칸 홍예 석교로 가운데 폭은 4.8m, 전체 길이는 36.7m, 경간은 12.2m, 홍예 높이는 6m이다. 석회암으로 만든 홍예석을 세로 쌓기를 하였으며 교대는 화강암이며 길게 다듬은 돌로 난간석을 세웠고 남북의 계단은 모두 59단이다. 현재 보존 상태는 비교적 좋고 주변은 주로 역사 보호 거리 구역이어서 녹화 상태도 좋으며 다리의 외관과도 잘 어울린다.

가치 모두 시급 문물보호단위이다. 상당하上塘河 옛 운하 노선에서 중요한 지위를 가지고 있으며 일정한 역사적 가치도 가지고 있다.

그림 6.275 상진교上津橋와 하진교下津橋

(62) 오문교吳門橋

역사 개관 송대『평강도平江图』에 3개의 다리가 서로 연결되어 3칸의 홍예가 설치되었다고 기록되어 있다. 북송 원풍 7년(1084)에 처음 건설되어 남송 소정昭定 중에 개축하였고 명·청 시기에 각각 중수하였다. 반문盤門이 당시 소주성의 남문이었고 이 다리가 오문吳門으로 들어가는 첫 번째 다리였기에 '오문교'라고 부른다. 현존하는 것은 청대 동치 11년(1872)에 중건한 것이다.

현황 및 특징 반문盤門 밖의 해자 위에 있는 다리이다. 화강암으로 만든 1칸 홍예교로 현무암도 일부 섞여 있다. 가운데의 폭은 4.8m, 길이는 66.3m, 경간은 16m, 홍예 높이는 9.85m이며, 10단의 홍예석을 가로 쌓기를 하였고 난간 사이에 세운 동자석은 11개이다. 남북의 경사면은 길게 다듬은 돌로 50단의 계단을 만들고 북쪽 끝부분의 교각 금강벽金剛墻[144] 좌우 양쪽 날개에 모두 약 0.6m 폭의 견도를 쌓아 견부纖夫들이 갑문을 지나갈 수 있게 하였다. 1989년 다리 밑을 지나던 선박에 받혀 일부분의 홍예석이 떨어져서 수리를 하였는데, 각각의 홍예석 사이에 순자筍子와 장붓구멍을 이용해서 고정시켜 강도를 높인 것이 확인되었다. 보존 상태는 비교적 양호하며 주변은 시내 운하의 환경을 보호하기 위해 설치한 녹지와 저명한 '반문3경盤門三景'으로 유적과 조화를 이룬다.[『蘇州市歷史文化名城保護規劃』, 2002;『蘇州詞典』, 1999]

가치 시급 문물보호단위이다. 소주의 현존하는 가장 오래된 1칸 홍예 석교로 소주 옛 운하 선상의 중요한 지표이면서 중요한 역사·미학·과학적 가치를 가지고 있다.

그림 6.276 오문교吳門橋

144) §옛날 중국의 무덤 속, 건축물의 땅 밑, 땅속 다리 교각 부분 등 보이지 않는 곳에 있는 벽을 금강벽金剛墻이라 한다.

(63) 멱도교覓渡橋

역사 개관 수륙의 요지에 자리 잡고 있는 나루였는데 곤산昆山 승려 경수敬修가 뱃사람들에게 여러 차례 부당한 대우를 당하자 동향인들과 함께 돈을 모아 다리를 놓았다. 원대 대덕大德 2년(1298)에 처음 세웠을 때는 멸도교滅渡橋라 하였다. 명대 정통 연간(1436~1449)에 중수하였고 청대 동치 연간(1862~1874)에 다시 수리하였으며 1985년 또다시 개수하고 돌난간도 새로 설치하였다.[『蘇州市歷史文化名城保護規劃』, 2002; 『蘇州詞典』, 1999]

현황 및 특징 성의 동남쪽 봉문葑門 밖 적문만赤門灣에 있는 경항대운하를 가로지르는 다리이다. 다리 몸체에 현무암과 석회암, 화강암 등이 섞여 있는 것으로 보아 수차례에 걸쳐 수리하였음을 알 수 있다. 다리의 상판이 얇은 1칸 홍예교로 길이는 81.3m, 경간은 19.3m, 홍예 높이 8.5m이며 양쪽의 경사면에는 53단의 돌계단이 있다. 홍예교의 제일 윗부분인 정석頂石과 다리의 노면 사이에 무사석武沙石을 첨가하지 않고 다리의 진입부 경사 부분을 최대한 길게 만듦으로써, 다리를 지날 때 경사가 완만하여 편안하게 건너갈 수 있게 한 것은 가히 강남 옛 다리의 본보기라고 할 만하다. 보존 상태가 비교적 양호하며 주변 경관과 잘 조화를 이루고 있다.

가치 시급 문물보호단위이다. 소주 옛 운하 노선 상의 중요한 지표로 중요한 역사·미학·과학적 가치를 지니고 있다.

그림 6.277 멱도교覓渡橋

(64) 행춘교行春橋와 월성교越城橋

역사 개관 언제 만들었는지 불명확하며 남송 순희淳熙 16년(1189)과 명·청대에 각각 수리하였다.

현황 및 특징 행춘교行春橋는 성의 서남쪽 상방 산로上方山路에 있으며 석호石湖의 작은 모래섬을 가로지르는 다리이다. 교각이 좁은 9칸 연속 홍예의 긴 다리로, 전체 54m, 가운데의 폭 5.2m, 가운데 갑문 경간 5.3m, 홍예 높이 2.6m이며 본체는 화강암을 사용하였다. 현무암으로 만든 동자석은 끝부분에 짐승의 얼굴獸面을 조각한 송대의 유물이다. 넓고 길게 다듬은 돌로 난간석을 세웠고 각각의 이무깃돌에는 쪼그려 앉은 사자를 조각하였다. 다리는 완만하고 무지개와 같은 형상이다. 송대 범성대範成大의 『행춘교기行春橋記』에는 옛날 소주에서는 음력 8월 18일에 석호石湖를 유람하고 행춘교 갑문 밑에 비치는 달을 보는 풍습이 있다고 적혀 있다. 월성교越城橋는 행춘교의 동쪽에 있으며 래계来溪를 건너는 다리이다. 남송 순희淳熙 연간에 처음 건설하였으며 청대 동치 8년(1869)에 중건하였다. 1칸 홍예 석교로 길이 33.2m, 경간 9.5m, 폭 3.6m, 홍예 높이 4.8m로 화강암으로 만들었다. 홍예석은 아랫단을 같은 크기의 홍예석을 세로 쌓기로 하고 그 위에 가로로 길게 한 단을 얹은 후 다시 세로 쌓기를 하는 방식으로 건설하였다. 난간의 중간에 있는 동자석 윗부분에는 신수 무늬神獸紋를 새겼다. 다리의 노면에 석각 장식이 있고 돌을 넓고 길게 다듬어 난간을 세웠다.[『蘇州市歷史文化名城保護規劃』, 2002; 『蘇州詞典』, 1999] 이 두 다리는 교통의 요지에 있는 관계로 모두 많은 사람들이 이용하여 보호와 보존상에서 어려움이 있다. 주변은 산과 호수, 그리고 농지로 옛 유적과 비교적 잘 어울리는 편이다.

가치 시급 문물보호단위이다. 소주의 특수한 지방 풍속과 연관되어 있으며 중요한 문화유산 지표이자 중추로, 비교적 높은 역사적 가치가 있다.

그림 6.278 행춘교行春橋, 월성교越城橋

(65) 보대교寶帶橋

역사 개관 사지史誌에 기재된 것을 보면 당대에 운하를 따라 건설된 견도는 담대호澹臺湖에서 멈추었는데, 이곳이 물살이 급하여 선박 통항이 어렵기 때문이었다. 원화元和 11~14년(816~818) 사이에 자사刺史 왕중서王仲舒가 보석이 박힌 자신의 허리띠寶帶를 기증하고 그 비용으로 다리를 만들어서 보대교寶帶橋라고 불렀다. 물의 흐름을 원활하게 하기 위하여 수문은 많고 교각은 좁게 건설되었다. 송·원대 후에 제때에 수리하지 않아 무너진 것을 명대 정통 11년(1446)에 중건하였으며 청말과 항일전쟁 시기에 심하게 파손된 것을 1956년과 1982년에 수리하여 복원하였다.

현황 및 특징 성의 동남대운하와 담대호澹台湖가 연결되는 지점에 있다. 현재 다리의 폭은 4.1m, 전장 317m, 53칸 홍예가 연달아 있고 경간의 총길이는 249.8m이다. 다리 남단과 북단의 연결구간 길이는 각각 43.8m, 23.4m, 폭은 6.1m이며 나팔 모양으로 땅과 다리를 연결하였다. 다리의 양단에는 석회암으로 조각한 사자 한 쌍씩이 있었으나 현재는 북단에 한 마리만이 남아 있으며 다리 북쪽에 석비정石碑亭과 석탑이 각각 하나씩 있다. 스물일곱 번째와 스물여덟 번째 수문 사이의 선단석 위에 탑이 하나 있다. 현재 운하 항운의 영향으로 이 다리를 보호하는 것에 큰 어려움이 있으므로 보존 계획이 수립되어야 할 것이다. 운하 서안은 주로 습지와 호수, 농지, 황무지로 다리의 경관과 비교적 잘 어울리며, 동안은 부두 용지와 창고로 외관이 좋지 않다.[『蘇州市歷史文化名城保護規劃』, 2002; 『蘇州詞典』, 1999]

가치 국가급 문물보호단위이다. 운하의 소주 구간에서 대단히 중요한 유물이며 상당히 높은 역사·미학·과학적 가치를 가지고 있다.

그림 6.279 보대교寶帶橋

(66) 오강 고견도 유적吳江古纖道遺址

역사 개관 오강吳江 고둑길古塘路이라고도 한다. 지금의 오강시 남북은 옛날 태호太湖의 배수구로 당대 이전에는 모두 태호였으며 육로가 없었다. 당대 원화元和 5년(810) 소주자사蘇州刺史 왕종서는 송강에 제방을 쌓아 길을 만들어 지금의 운하 서쪽 제방이 되었으며, 오강 둑길吳江塘路이라고 하였다. 그 후 오월吳越 전류錢镠 시기에 수리하였다. 북송 경력慶歷 2년(1042)에 다시 당제唐堤의 동쪽에 제방을 쌓아 동쪽 제방이 되었다. 원대에 이르러 한층 더 엄격하게 관리와 수리를 하여 '9리 석당九裏石塘'의 전성기를 누리면서 오강 경내 교통의 요지가 되었다. 명·청대 이후에는 큰 수리가 없었고 청대 옹정 연간에 둑길은 이미 절반 이상이 폐로가 되어 상당수의 큰 돌이 물속으로 수몰되었고 둑길 양측의 많은 땅도 농지로 변하였다. 1930년대 소주~가흥 간 국도를 닦은 후에 둑길은 사용하지 않는 역사 유물이 되었다. 1993년부터 강남운하 소주 구간 수리 공사 중에 이 중요한 유적을 발견하여 보호하게 되었다.[『運河访古』, 1986; 姚漢源, 1998]

현황 및 특징 오강 시내 남부의 경항대운하변에 있다. 견도의 길이는 1.8~2.2km, 폭은 약 0.6m, 두께는 0.4~0.5m의 석회암 노면이며, 기초는 직경 10~12cm의 삼나무를 땅에 박아 만들었다. 견도는 양쪽에 돌담을 쌓고 그 사이에 자갈흙을 채워서 만드는데 먼저 진흙 주머니를 물속에 쌓아 둑을 만든 후에 물을 퍼내고 돌을 쌓아 만든다. 둑길塘路에는 3칸 홍예, 5칸 홍예, 7칸 홍예 등의 석교石橋가 9개가 있으며 다리의 노면은 전부 돌로 포장하였다. 소주~가흥 간 국도가 바로 옆으로 지나가고 주변의 녹화 상태가 비교적 좋다.[『蘇州市歷史文化名城保護規劃』, 2002; 『吳中勝迹——蘇州市文物保護單位簡介』, 2001]

가치 성급 문물보호단위이다. 현재는 경항대운하 상에 존재하는 얼마 되지 않는 견도 유적 중의 하나이며 중요한 역사와 과학적 가치가 있다.

그림 6.280 오강 고견도 유적吳江古纖道遺址

(67) 수홍교 유적垂虹橋遺址

역사 개관 원래의 이름은 이왕교利往橋이다. 북송 경력 8년(1048)에 건설될 당시 돌교각 위에 목조로 건설된 교량이었으나 원대에 연속 홍예 석교로 개조되었으며 총 72칸 홍예, 길이 500m로 다리 중간에 '왈수홍曰垂虹'이라는 사각형 정자가 있다. 명·청대에 수차례 수리하였다. 민국 시기까지 44칸 홍예만이 남았었는데 1967년에 대부분 무너졌다.[『蘇州市歷史文化名城保護規劃』, 2002; 『蘇州詞典』, 1999]

현황 및 특징 오강 송릉진松陵鎮 동문 밖, 태호太湖 건너 경항대운하와 오송강吳淞江의 입구에 있다. 현존하는 것은 동서 양단 10칸 홍예이다.

가치 시급 문물보호단위이며 개발과 보호의 가치가 있다.

(68) 반문盤門

역사 개관 옛 문헌의 기록에 의하면 반문은 오도8문吳都八門 중의 하나로 옛날에는 반문蟠門이라고 불렀다. 현존하는 성문은 원대 지정至正 11년(1351)에 중수한 것이며, 옹성은 지정 16년(1356) 장사성張士诚이 증축한 것이다. 명·청대에 각각 수리하였으며 전체적인 배치와 건축 구조는 원말 명초의 것을 유지하고 있다.

현황 및 특징 소주 고성蘇州古城 서남 모퉁이에 있다. 수륙 두 개의 문이 바로 옆에 'ㄱ'자형으로 꺾어져 있다. 문의 방향은 정동향에서 남향으로 10도 기울어져 있다. 갑문은 4.6m 떨어진 안팎의 이중문으로 되어있는데 종심縱深은 24.5m이다. 안팎문 사이에는 남북으로 호안제방護岸堤을 쌓았다. 육지의 문도 안팎의 이중으로 되어 있는데 이중문의 사이에 정방형의 옹성甕城이 있다. 성벽의 높이는 8.1m, 기초는 길게 다듬은 돌로 쌓았고 윗부분은 벽돌을 쌓았다. 보존과 보호의 상황은 양호하며 주변 경관과도 조화를 이룬다.[『蘇州市歷史文化名城保護規劃』, 2002; 『蘇州詞典』, 1999]

가치 성급 문물보호단위이다. 현재 소주에서 유일하게 남아 있는 수륙 양문이며 상당히 높은 역사·미학·과학적 가치가 있다.

그림 6.281 반문盤門

(69) 철령관鐵鈴关

역사 개관 '풍교적루楓橋敵樓'라고도 한다. 명대 가정 36년(1557) 왜구를 막기 위해 건설하였으며 청대 도광 9년(1829) 중수하였고 이듬해에 2층의 문성각文星閣을 개축하였다. 그 후 조금씩 허물어진 것을 1986~1987년에 크게 수리하여 청대 당시의 규모로 회복하였다.

현황 및 특징 창문閶門 밖 풍교楓橋 동쪽 어귀에 있다. 길게 다듬은 돌을 기본으로 하여 벽돌로 성벽을 쌓았다. 직사각형으로 정면 15m, 종심 10.2m, 높이 7m이며 정중앙에 홍예문을 설치하였다. 관문 안의 남북측 벽면에 모두 크고 작은 홍예문을 하나씩 설치하였고 안쪽에는 위로 올라가는 계단을 쌓았으며, 군대가 숨을 수 있고 무기를 저장할 수 있는 공간을 두었다. 현재 보존 상태는 양호하며 주변 환경과도 잘 조화를 이루고 있다.[『蘇州市歷史文化名城保護規劃』, 2002; 『蘇州詞典』, 1999]

가치 성급 문물보호단위이다. 운하의 소주 구간에서 중요한 상징물이며 상당히 높은 역사·미학·과학적 가치를 가지고 있다.

그림 6.282 철령관鐵鈴关

(70) 조주회관潮州會館

역사 개관 청대 초기 소주에서 장사를 하던 광동廣東 조주潮州 출신의 상인들이 만들었다. 처음에는 창문閶門 밖의 북호농北濠弄에 있었으나 강희 47년(1708) 현재의 위치로 이전하였다. 그 후 수차례 증축·중수하였다.

현황 및 특징 상당가上塘街 278-1호에 있다. 현존하는 것은 두문頭門과 희대이다.[『蘇州市歷史文化名城保護規劃』, 2002; 『蘇州詞典』, 1999]

가치 일정한 역사적 가치가 있다.

그림 6.283 조주회관潮州會館

(71) 수륜제사공장 유적蘇綸紗廠舊址

역사 개관 청대 광서 23년(1897)에 건축되었다. 양무파洋務派의 대표적인 인물인 장지동張之洞의 건의로 당시 소주 출신의 국자감제주國子監祭酒145) 육윤상陸潤庠의 감독 하에 건축하였다. 1897~1927년 사이에 공장은 여러 차례 주인이 바뀌었고 1927년 엄유당嚴裕棠을 대표로 하는 엄씨 가족들이 관리하여 '광유회사光裕公司 수륜방직공장蘇綸紡織廠'으로 되었다. 일제가 점령할 당시에는 한동안 일본군의 군영으로 되었다가 1941년 엄씨에게 환원되었으며, 그 후 1949년까지 공장의 생산과 경영 상황이 양호하였다. 1960년대에 '소주시 인민방직공장蘇州市人民紡織廠'으로 바뀌었다.[『吳門橋:城南話滄桑』, 2004]

현황 및 특징 수조시 남문로南門路 유당교裕棠橋 어귀에 있다. 공장은 이미 외부로 이전했고 일부 건축물은 남아 있다.

가치 운하와 관련한 대표적인 근대 공업 유적 중의 하나로 소주 민족 공업의 중요한 상징물이다. 『중국근대공업사자료中國近代工業史資料』에서는 "소주의 소륜蘇綸, 상해의 대순大純과 유원裕源, 무석의 업근業勤 등의 공장들은 모두 중국 제사업의 선구자이며 신공업의 선도자이다."라고 평가하고 있을 만큼 역사적으로 중요한 가치가 있다

그림 6.284 소륜제사공장 유적蘇綸紗廠舊址

145) §국자감제주國子監祭酒: 중국 고대 중앙정부 관직의 하나.

(72) 소주세관 유적蘇州海关舊址

역사 개관 '시모노세키 조약' 체결 이후 청대 광서 20년(1895) 소주에 통상 항구가 설치되고 이듬해 멱도교覓渡橋 어귀 부두에 소주세관이 설립되어 서양 상품의 수입관세를 징수하였다. 건물은 1897년에 지었고 2003년 남문로南門路 구간을 개조할 당시 잠시 철거하였다가 남쪽으로 옮겨 중건하였다.

현황 및 특징 소주시 남문로 멱도교覓渡橋 어귀에 있다. 가까운 근처의 아세아석유회사의 관사 등 모두 세 동의 건물이 있는데 건축물은 모두 영국식으로 지어졌고 외벽은 붉은 벽돌을 가로로 쌓았다. 세관은 2층으로 경사진 지붕을 하고 있고 정면에 7개, 좌우 측면에 각각 4개씩의 아치형 처마가 있다. 세 동 건축물의 정면에 튀어나온 벽난로 굴뚝이 있고 지붕의 경사가 급하다. 세관 건물은 임시로 철거되었고 두 동의 관사 건물은 모 무역 회사의 창고와 공장, 직원숙소로 사용되고 있어 건축물 보호 체계의 개선이 시급하다. 주변은 주로 공업용지이다.[『吳門橋: 城南話滄桑』, 2004]

가치 소주의 근대사와 근대 공업사에 있어서 의미가 크며, 강남운하 연안의 중요한 근대사 흔적이다. 건축은 단정하고 장중한 미가 있으며 역사·미학적으로 중요한 가치가 있다.

그림 6.285 소주세관 유적蘇州海关舊址

(73) 태화밀가루공장 유적太和面粉廠舊址

역사 개관 1934년에 무석 출신의 채수잠蔡漱岑, 도군무陶君武가 창업한 밀가루공장으로 1936년에 준공하여 생산을 시작하였다. 그 후 경영이 잘 되었고 1956년 소주밀가루공장(삼풍기제밀가루회사: 三豐機制面粉公司)에 합병되면서 소주밀가루공장이 서문婿門 밖 조시가棗市街의 원 소재지에서 현재의 태화밀가루공장 소재지로 이전하였다. 현재 공장은 외부로 이전하였다.

현황 및 특징 소주시 남문로 멱도교 어귀에 있다. 현재는 상해의 영국 조계 공부국工部局에서 설계한 5층짜리 철근 콘크리트 구조의 공장 한 동만이 남아 있는데 건축이 간결하고 처마와 창문 아래의 벽, 징두리는 모두 직선으로 장식이 되었다. 공장은 이미 외부로 이전하였는데 설비를 반출할 때 건물 정면이 부분적으로 훼손되었다. 전체적으로 완전한 편이나 현재의 보호 상태는 개선할 필요가 있다. 주변은 주로 공업용지이다.[『吳門橋: 城南話滄桑』, 2004]

가치 소주 근대 공업사에서 일정한 의의가 있으며 소주의 민족 공업을 대표하고 있다. 건축물이 1930년대의 공업건축의 특징을 반영하고 있고 일정한 역사·미학적 가치를 가지고 있다.

그림 6.286 태화밀가루공장 유적太和面粉廠舊址

(74) 홍생성냥공장 유적鴻生火柴廠舊址

역사 개관 1920년에 절강浙江 출신의 유홍생劉鴻生이 창업하였다. 1930년, 상해와 진강 등지의 성냥공장과 합병하여 '대중성냥주식유한회사大中華火柴股份有限公司'가 되었다. 1956년 민관 합작 경영으로 '공사합영홍생성냥공장公私合營鴻生火柴廠'이 성립되었고 1980년대 이후에 점차 업종 전환을 하였다.

현황 및 특징 소주시 반서로盤婿路 서쪽 해자 변에 있다. 현존하는 것은 원래 성냥공장의 창고로 사용되던 2층짜리 공장 건물 한 동이다. 외벽은 청벽돌 위주에 붉은 벽돌을 끼워 넣는 프랑스풍으로 지어졌다. 주변은 해자를 보호하기 위한 녹지를 조성하여 환경이 비교적 좋으나 건축물을 보다 더 합리적으로 이용할 수 있는 방안이 필요하다.[『吳門橋: 城南話滄桑』, 2004]

가치 소주의 근대 공업사에서 비교적 중요한 의의가 있으며 소주 민족 공업을 대표하는 유적이다. 건축물은 초창기 상해풍 서양 건축의 특징을 반영하고 있으며 일정한 역사·미학적 가치를 가지고 있다.

(75) 일본영사관 유적日本领事館舊址

역사 개관 1895년 '시모노세키 조약' 체결 이후 청나라 정부는 반문盤門 밖의 청양지青旸地를 일본의 조계지로 획정하고 영사관을 설립하였다. 처음에는 성내에 설립하였으나 1902년 조계지 내로 이전하였다. 현존하는 건물은 민국 14년(1925)에 건축한 것이다.

현황 및 특징 소주시 남문로南門路 94호에 있다. 주건물은 벽돌 혼합 구조의 서양식 2층 건물로 전체면적 993m^2 중 총 건평은 939.94m^{2}이다. 붉은 벽돌에 붉은 기와를 사용하였으며 외벽에 화강암 테두리를 둘렀고 앞에는 반원형의 주차장이 있다. 건물은 동향이며 남·북·서 세 방면에 각각 출입구가 있고 남쪽의 정면에는 회랑이 있다. 창은 아치형이 많고 지붕은 벽면의 방향에 따라 각기 다른 방향으로 경사면을 이루고 있다. 현 소재지는 소주제일제사공장 내로 공장의 사무실로 쓰이고 있으며 보존 상태가 양호하고 주변 환경과도 조화를 잘 이루고 있다.

가치 시급 문물보호단위이다. 소주 근대 조계지의 역사를 기록하고 있으며 비교적 높은 역사적 가치를 가지고 있다.[『蘇州市歷史文化名城保護規劃』, 2002; 『吳門橋: 城南話滄桑』, 2004]

그림 6.287 일본영사관 유적日本领事館舊址

(76) 일본 서풍제사공장日商瑞豐丝廠舊址

역사 개관 일본의 카타쿠라주식회사日本片倉株式會社가 창업하여 1926년 준공하고 생산을 시작하였다. 그 후 몇 번의 증축을 거쳐 1930년에 생산을 중단하였고 1938년 소주제사공장蘇州丝廠으로 개명하였다가 1943년 중화잠사주식유한회사中華蚕丝股份有限公司가 관리하면서 중일협력기업中日合辦企業으로 바뀌었다. 1946년 중국 잠사회사 소주제일제사공장中國蚕丝公司蘇州第一丝廠으로 개명하였으며 신중국 건국 후에는 소주제일제사공장蘇州第一丝廠이 되었다. 현재도 정상적인 생산을 하고 있고 소주의 비단산업을 관광 자원으로 개척하였다.[『吳門橋: 城南話滄桑』, 2004]

현황 및 특징 소주시 남문로 94호에 있다. 현재는 붉은 벽돌로 외벽을 쌓은 3층짜리 누에 저장고 한 동과 1층짜리 사무실의 두 동만이 남아 있다.

가치 소주의 근대 공업사에서 일정한 의의와 역사적 가치를 가지고 있다.

그림 6.288 일본 서풍제사공장日商瑞豐丝廠舊址

(77) 모빌석유회사 기름 창고美孚石油公司油庫

역사 개관 1915년에 미국의 모빌Mobil석유회사에 의해 세워졌다.[『吳門橋: 城南話滄桑』, 2004]

현황 및 특징 소주 고성蘇州古城의 동남쪽 경항대운하 변에 있다. 원래는 2개의 유조 탱크가 있었으나 현존하는 것은 하나이다. 금속 외장 저장 용기 주변에 붉은 벽돌로 담장을 둘러 쌓았다. 그중에서 601호 유조 탱크의 측량구 마개 위에 "GOLUMBIAN 1893"라는 제조상과 생산 연도가 기록되어 있다. 지금은 중국석유화공그룹中國石油化工集團公司 소주 저장고의 소재지이다. 유조 탱크는 아직도 정상적으로 사용하고 있으며 주변은 기름 창고 저장용지이고 보호 상태는 비교적 좋은 편이다.

가치 소주의 근대 공업사에서 일정한 의의가 있으며 당시의 수준 높은 가공 기술을 반영하고 있는 역사·과학적 가치가 높은 유적이다.

그림 6.289 모빌석유회사 기름 창고美孚石油公司油庫

(78) 횡당역橫塘驛站

역사 개관 우정郵亭이라고도 한다. 건설 시기는 명확치 않고 현존하는 것은 동치 13년(1874)년에 만든 것이다. 1961, 1962, 1980년에 걸쳐 세 차례 수리하였으며 1993년에 무너져서 대규모 수리를 할 때 기초를 운하의 하안 고도河岸高度에 적합하게 높였다.[『蘇州市歷史文化名城保護規劃』, 2002; 『蘇州詞典』, 1999]

현황 및 특징 횡당진橫塘鎮 서강婿江과 운하가 만나는 곳에 있다. 정사각형의 정자식 건축으로 정면 4.6m, 깊이 5.5m, 높이 4.7m이다. 운하 항운의 영향을 받았으며 보존과 보호 상태는 보통이다. 주변은 공업창고용지로 유적과 잘 어울리지 않는다.

가치 성급 문물보호단위이다. 강남운하 연안에 하나밖에 없는 우편역참 유적으로 상당히 높은 역사적 가치를 가지고 있다.

그림 6.290 횡당역橫塘驛站

(79) 문창각文昌閣 태평군군영 유적太平軍營壘遺址

역사 개관 명대 만력 23년(1595)과 청대 함평 10년(1860)부터 13년(1863)까지 태평군 이운하를 지키고 군량미를 저장하던 군영이다.[『蘇州市歷史文化名城保護規劃』, 2002; 『蘇州詞典』, 1999; 『吳中勝迹~~蘇州市文物保護單位簡介』, 2001]

현황 및 특징 호서관진滸墅关鎮 흥현교興贤橋 운하 서안의 언덕 위에 있다. 태평군이 호서관에 주둔할 때 문창각 주위에 높이 3m, 두께 1m의 성벽을 쌓았고 뒷쪽에도 운하를 따라 정문 안에 비슷하게 성벽을 쌓았다. 윗부분에 적진의 동향을 살피는 구멍이 여러 개 있고 동남쪽 모서리에 문을 설치하였으며 아래로는 연못으로 통하게 하였다. 현재 벽돌 성벽은 존재하지 않지만 문창각은 완전하게 남아 있다.

가치 시급 문물보호단위이다. 일정한 보호와 개발의 가치가 있다.

(80) 삼리정三裏亭

역사 개관 옛날에는 어지정淤止亭이라 불렀다. 청대 건륭 연간(1736~1795)에 건축하였으며 동치 6년(1867)에 중건하였다. 1987년 대운하를 확장할 때 원래의 위치에서 50m 서쪽으로 이전하여 건축하였다.[『蘇州市歷史文化名城保護規劃』, 2002; 『蘇州詞典』, 1999; 『吳中勝迹——蘇州市文物保護單位簡介』, 2001]

현황 및 특징 호서관진滸墅关鎮 흥현교興贤橋 남쪽 운하의 서안에 있으며 고대에 행인과 견부縴夫들의 휴식 공간이었다. 정자는 화강암질이고 홑처마에 팔작지붕으로 동향이며, 3.2m 길이의 정사각형이다. 석주는 4각 입방체이며 동쪽의 처마 밑에 "삼리정三裏亭"이라는 편액이 있고 정자 내부에는 돌 의자가 있다.

가치 시급 문물보호단위이며 보호와 이용의 가치가 있다.

(81) 장안 3갑문長安三閘

역사 개관 장안 홍교長安虹橋 옆에 있던 선박용 갑문이다.

현황 및 특징 장안 홍교 옆에 있었으나 현재는 존재하지 않고 일부 유적만 남아 있다.

가치 상당하上塘河 상의 중요한 역사 유적으로 상당히 높은 역사적 가치가 있다.

(82) 장안홍교長安虹橋

역사 개관 남송 함순咸淳『임안지臨安誌』에는 홍교 혹은 장안교라고 기록되어 있다. 명대 성화成化『항주부지杭州府誌』에는 다리의 모양이 무지개가 걸쳐 있는 것 같다고 하여 홍교虹橋라고도 불렀다. 이로 보아 남송 함순 연간(1265~1274)에 이미 이 다리가 존재하고 있었음을 알 수 있다. 청대 도광 28년(1848)에 훼손되어 함풍 원년(1851)에 중건하였다.[嘉興文化網, www.jxcnt.com, 2004]

현황 및 특징 지금의 장안진長安鎮 중가中街와 서가西街가 만나는 곳에 있으며 상당하上塘河를 가로지른다. 1칸 홍예 석교로 홍예 높이는 6.7m, 홍예 직경은 10.5m이다. 다리의 양쪽에 인물이 부조된 돌난간이 있고 다리 정상의 난간에는 전서篆書로 새겨진 명문銘文이 있다. 1989년 장안진長安鎮 인민정부가 다리 옆에 홍교 건립 비각을 세웠다. 건축의 주요 부분이 소주구秀洲區 왕강경진王江泾鎮 1리가一裏街 동남쪽에 아직 남아 있으나 심하게 훼손되었으며 주변이 모두 주민 주거 단지로 둘러싸여 눈에 잘 띄지 않는다.

가치 성급 문물보호단위이다. 상당하上塘河 상의 중요한 역사적 건축물로 상당히 높은 역사적 가치가 있다.

그림 6.291 장안홍교長安虹橋

(83) 문성교文星橋

역사 개관 속칭 아파교哑巴橋라고 하며 람수원攬秀園 동쪽 고대 원앙호鴛鴦湖 근처의 유명한 다리이다. 건설 시기는 명확하지 않고 청대 동치 6년(1867)에 중건하였다. 3칸 홍예 석교이다. 송대에는 문성교 일대 람수원을 포함하여 '매계梅溪'라고 불렀으며 송대 원우元佑 연간(1086~1093) 승려 지감智鉴이 이곳에 암자를 짓고 매화나무 백 그루를 심어서 '매암梅庵'이라고도 불렀다. 명대 숭정 시기 『가흥현지嘉興縣誌』에 의하면 매계월인梅溪月印, 죽리차연竹裏茶煙, 삼봉초취三峰招翠, 서호모범西湖暮泛, 곡류춘장曲流春涨, 염경소리厌徑疏篱, 소교적설蘇橋积雪, 서정청운西亭晴雲을 "매계팔경梅溪八景"이라 한다. 원·명 양대 왕조 시기에 수차례 훼손되었다가 명대 숭정 5년(1652) 동네의 손홍기孫洪基라는 사람이 꿈속에서 한 노인이 시킨대로 암자를 짓고 매화도 더 심은 후 손대참孫大參·손훈경孫勛卿을 기리는 두 사당을 만들어 매계의 모습을 복원하였다.[嘉興文化網, www.jxcnt.com, 2004]

현황 및 특징 현지 답사가 이루어지지 않았음.

가치 상당히 높은 역사적 가치가 있다.

(84) 장홍교長虹橋

역사 개관 명대 만력 연간에 건설하였으며 청대 강희 5년(1666)에 중수하였고 가칭 17년(1812)에 다시 수리하였으며 태평천국 시기에 난간석이 훼손된 것을 광서 6년(1880)에 복원하였다. 가흥시嘉興市의 대운하를 가로지르는 다리 중에서 가장 큰 홍예 석교이며 대운하에서 보기 드문 대형 3칸 홍예 석교를 복원한 교량으로 외관이 웅장하다. 모양이 마치 무지개가 언덕에 누워있는 것과 흡사하고 과거에는 날씨가 맑을 때 이 다리에 올라 먼 곳을 조망하면 북으로는 오강성택吳江盛澤이, 남으로는 가흥북문嘉興北門 밖까지 희미하게 볼 수 있었다고 한다.

현황 및 특징 다리의 전장은 72.8m, 다리 노면의 폭은 4.9m이다. 동서쪽 다리 경사면의 길이는 30m이며 양쪽에 각각 57단의 돌계단을 만들었다. 3칸 홍예로 가장 아랫단을 세로 쌓기로 쌓고 그 위에 가로로 한 단을 쌓은 후 다시 세로 쌓기 하는 방식으로 홍예를 완성하였다. 가장 큰 경간은 16.2m, 홍예 높이는 10.7m, 동서 양쪽 갑문의 경간은 9.3m, 홍예 높이는 7.2m이다. 다리의 정면에서 볼 때 양쪽의 갑문 옆에는 두 쌍의 대련對漣[146)]이 있는데 한 구절은 "劝世入善, 愿天作福"이며, 다른 한 구절은 "千秋水慶, 萬古長齡"이다. 다리 양쪽 경사에는 각각 57단의 돌계단이 있는데 다리 난간은 순자를 이용하여 서로 연결하였다. 다리 난간 안쪽의 부채꼴 홈에는 행인이 앉아서 쉴 수 있으며 모든 돌이 잘 다듬어져 있고 전체적으로 보존 상태가 매우 좋다.[嘉興文化網, www.jxcnt.com, 2004]

가치 시급 문물보호단위이다. 강소와 절강, 두 성의 경계를 이루는 다리로 현재 항가호杭嘉湖 지역 대운하 중심축의 유일한 고대 석교이며 매우 높은 역사적 가치를 가지고 있다.

그림 6.292 장홍교長虹橋

146) 종이나 천에 쓰거나 대나무, 나무, 기둥 등에 새긴 대구로 된 어구를 뜻한다

(85) 사마고교司馬高橋

역사 개관 옛날의 이름은 남고교南高橋였으며 명대 홍무 연간(1368~1398)에 만들어 청대 건륭 14년(1749)에 중건하였고 동치 3년(1864)에 무너진 것을 광서 2년(1876) 지현知縣 여려원余麗元이 중건하였다. 『주례周禮』에는 주周나라 때, 6관六官을 설치하였는데, 사마司馬가 하관夏官으로서 군정軍政과 군부軍賦를 장악하여 훗날에는 병부兵部의 별칭이 되었다고 전해진다. 여려원이 이 다리를 중건할 병부의 동의를 얻은 후 병부의 돈으로 중수한 것이 이름의 유래가 된 것이다.

현황 및 특징 동향桐鄉 숭복진崇福鎮 남쪽, 경항대운하의 옛 수로 건너편에 있다. 1칸 홍예 석교로 길이는 29.4m, 폭은 3m, 높이는 약 10m이다. 다리 정상 부분의 동자석에 돌사자 두 쌍이 조각되어 있다.[嘉興文化網, www. jxcnt.com, 2004]

가치 숭복진崇福鎮에서 가장 중요한 수리공정과 관련한 건축이며 경항대운하에서도 중요한 교량이다. 보존 상태가 완전하고 상당히 높은 역사적 가치를 가지고 있다.

그림 6.293 사마고교司馬高橋

(86) 수성교秀城橋

역사 개관 『죽림팔우지竹林八圩誌』에 명대 경태景泰 원년(1450)에 건설하였다고 기록되어 있다. 다리 이름은 당시 이 물秀水을 건너는 것이 흡사 성곽城郭 위의 회랑을 지나가는 것과 흡사하다 하여 수성교秀城橋라 하였으며 시내로 들어가는 행인들이 주로 이용하던 다리였다.

현황 및 특징 홍예석은 가로 쌓기로 쌓았는데 다리 길이는 35m, 다리 노면 폭은 3.8m, 홍예 높이는 약 9.5m이며 남북에 각각 36단의 계단을 쌓았다. 현존하는 동자석은 7개인데 그중 다리의 정상에 사각형 동자석이 3개이며 아무런 조각을 하지 않았다. 다리의 남북 어귀에 4개의 둥근 기둥과 연꽃 장식이 있고 난간석에는 조각이 없다. 다리 정상부의 난간석에 화초 문양이 있으며 "중건 수성교重建秀城橋"라는 글자가 해서체로 새겨진 명문이 있다. 다리 남쪽의 초입에는 항팽강缸甏江의 강 기슭이 좁아서 길게 뻗을 수 없어서 다리 초입의 계단이 시작되는 곳에 작은 공간을 만들고 이곳의 계단석을 길과 평행하게 깐 다음 서로 연결하여 절묘한 구조를 이루고 있다.[嘉興文化網, www.jxcnt.com, 2004]

가치 수성교秀城橋 일대는 가흥嘉興 초창기의 상업 중심지였으며 무역의 집산지이자 수륙 부두였다. 다리는 가흥嘉興 지역 상업의 발전 역사를 말해 주고 있으며 높은 역사적 가치를 지니고 있다.

그림 6.294 수성교秀城橋

(87) 석불사石佛寺와 삼보이장교三步二爿橋

역사 개관 757년 현지의 주민이 부근에서 4기의 불상을 발굴하여 석불사라고 불렀다. 명대 말기의 소명성巢鸣盛과 청대 말기의 장명가張鳴珂가 여기서 공부와 저작을 했다. 그중 소명성의 『취이운존檇李韵尊』은 고궁 박물관자금성에 소장되어 있으며 장명가張鳴珂의 저작 『한송각담예쇄록寒松閣谈藝瑣錄』은 세상 사람들의 칭송을 받으며 절의 이름을 빛내고 있다.[嘉興文化網, www.jxcnt.com, 2004]

현황 및 특징 석불사는 1930~40년대부터 점차 훼손되어 현재는 당대唐代의 은행나무 두 그루와 삼보이장교三步二爿橋만 남아 있다. 다리는 청대에 만들어졌는데 남쪽 다리의 이름은 '취수聚秀'이고, 북쪽 다리는 '장풍長豐'이라고 부르며 방생하放生河 상에서 각기 갑문의 방향이 조금씩 다르게 둔각으로 휘어져 연결되어 있어서 모양이 특이하면서도 구도가 생동감 있는 보기 드문 장면을 연출한다. 현지 사람들은 석불사를 귀신이 좋아하는 절이라는 뜻의 귀미석불사鬼迷石佛寺라 부르며 이 절의 황량함을 표현하고 있다.

가치 일정한 역사적 가치가 있다.

(88) 탑당교塔塘橋

역사 개관 청대 『가흥부지嘉興府誌』의 기록에 의하면 이 다리는 청대 동치 초년에 만들어졌으며 도시와 농촌 간을 이어 주는 중요한 교통로이다.

현황 및 특징 여신진余新鎮에 있으며 가흥시嘉興市 교외에서 현존하는 1칸 홍예 석교 중에서 가장 높고 가장 긴 석교이다. 다리의 정상부 홍예 높이는 7.40m 노면의 폭은 2.95m, 다리 본체와 동서의 어귀까지 전체 거리는 80m, 동서의 경사면에는 각각 43단의 계단이 있다. 홍예석은 세로 쌓기를 하였고 홍예석 위에 다리의 노면석을 가로로 덮어 다리 정상부를 견고하게 하였다. 8개의 동자석과 다리 정상부에 4개의 석사자 조각이 있으며 동서 양쪽의 선단석 옆으로 총 4개의 사각형 교각이 있다. 난간석은 16개이며 보존 상태가 완전하다. 사각형의 동자석과 난간판 등은 모두 무늬와 조각이 없다. 다리의 모양이 웅장하며 멀리서 보면 마치 무지개와 같다. 여신진余新鎮에는 예로부터 탑당교의 설경大橋赏雪, 탑에 우는 바람소리古塔吟風, 어부들의 어부가墳塢漁歌 등을 여신진 10경이라 하였다.[嘉興文化網, www.jxcnt.com, 2004]

가치 상당히 높은 역사적, 건축적 가치가 있다.

(89) 문송교問松橋

역사 개관 건설 시기는 불명확하며 현존하는 석교는 청대 도광 12년(1842)에 인근 촌락의 주민들이 중건한 것이다.

현황 및 특징 신승진新塍鎮에 있으며 1칸 홍예 석교이다. 홍예석은 세로 쌓기를 하였으며 다리의 길이는 연결 부분을 포함하여 36m, 홍예 높이는 6.10m, 경간은 9.8m, 교량 노면의 폭은 3m이다. 다리 동쪽의 경사면에 18단, 서쪽에 24단의 계단이 설치되어 있다. 일부의 난간석이 남아 있으며 동자석이 없고 다리 가운데의 난간판에 "문송교問松橋"라는 세 글자가 새겨져 있다. 현재 보존상태가 양호하다. 운하 양안의 민가들은 대부분 새로 지은 것으로 모양이 비슷하고 과거 건축물의 모양을 유지하고 있다.[嘉興文化網, www.jxcnt.com, 2004]

가치 일정한 역사적 가치가 있다.

(90) 장생교長生橋

역사 개관 정확한 건설 시기는 알 수 없으나 다리 상판에 "건륭오십년중춘乾隆五十五仲春"이라는 석인이 있는 것으로 보아 최소 200여 년 이상이 된 것임을 알 수 있다.

현황 및 특징 소주구秀洲區의 동북부와 가선현嘉善縣의 접경지인 유차항진油車港鎮에 있다. 예로부터 남북의 양안을 이어주던 중요한 교통로였다. 구조가 비교적 간단한 3칸 보다리로 화강암을 사용하여 건설하였으며 유차항진油車港鎮 시내를 통과하는 동서 방향의 하천을 남북 방향으로 가로지르고 있다. 다리 길이는 20.2m, 폭은 3m, 수면에서 상판까지 높이는 평균 3m이며 양쪽에 2개씩의 다리귀147), 다리의 정상부에 4개의 동자석을 세웠고 난간석은 사각형으로 길게 다듬은 돌을 얹어 그 위에 앉거나 손으로 잡을 수 있게 하였다. 다리에는 주련柱聯이나 조각이 없고 "중건장생교重建長生橋"라는 글자만 새겨져 있다.[嘉興文化網, www.jxcnt.com, 2004]

가치 매우 높은 건축·역사적 가치가 있다.

---

147) §홍예 석교의 양 측면 홍예석 윗부분에 다른 무사석武砂石보다 튀어 나와 있는 두 개의 돌로, 귀신 얼굴 등의 조각이 있음.

(91) 북려교北麗橋

역사 개관 사료의 기록에 의하면 송대 희녕熙寧 7년(1074)에 건설되었다. 처음에는 홍예 석교였으나 역대 왕조에서 몇 차례 중건하였으며 항일전쟁 시기(1937~1945)에 차량이 통행할 수 있는 홍예교로 개조되었다. 1963년에 다시 빔슬래브교로 바뀌었다. 다리의 이름은 저명한 서예가이며 서령인사西泠印社의 사장인 사맹해沙孟海가 쓴 것이다. 1983년 다리의 동쪽에 랑교廊橋[148]를 건설하였다. 현재 북려교의 길이는 46.6m, 폭은 24.5m이며 가운데에 넓은 차도와 양쪽에 3.5m의 행인 보도가 있고, 위에는 누각과 회랑, 성곽과 같은 난간이 있으며 중기로中基路 항팽강缸甏江 주변의 민가와 마주보고 있다. 행인들이 비나 더위를 피하고 경치를 즐기는 장소로도 사용된다.[嘉興文化網, www.jxcnt.com, 2004]

현황 및 특징 가흥 시내 건국로建國路와 환성북로環城北路 입구에 있으며 동서 방향으로 흐르는 경항대운하, 즉 지금의 북환성하北環城河를 남북으로 가로지르고 있다. 북려교반은 이미 가흥 시민이 여가 시간을 즐기는 휴식의 장소로 변하였다.

가치 매우 높은 고건축 개축의 가치가 있다.

(92) 오진烏鎭 쌍교雙橋

역사 개관 명대 정덕 10년(1515)에 동네 사람들이 통제교를 중건하고 3년 후에 다시 인제교仁濟橋를 개축하였다. 청대 동치 연간에도 두 다리를 차례대로 중수하였다. 이 두 개의 다리는 10여 미터 거리를 두고 직각으로 연결되어 있는데 다리는 물에 비친 다리와 갑문이 겹쳐서 장관을 이루어 '다리 속의 다리橋裏橋'라고 불린다.[嘉興文化網, www.jxcnt.com, 2004]

현황 및 특징 통제교通濟橋는 서고교西高橋라고도 하며 서책항西柵港을 가로지르는 1칸 홍예 석교로 다리의 길이는 28.4m, 폭은 3.5m, 높이는 약 12m이다. 인제교仁濟橋는 속칭 책교柵橋로 시내 하천을 건너는 다리이며, 1칸 홍예 석교로 길이와 폭, 높이 등의 규모가 통제교보다 작다. 두 다리 모두 보존 상태가 양호하며 오진烏鎭의 관광 개발에 따라 그 예술성과 주변 경치가 모두 대중의 호평을 받고 있다.

가치 매우 높은 역사·문화적 가치가 있다.

148) §다리 위에 회랑이나 누각을 지어 더위나 비를 피하고, 휴식을 취하며, 유흥을 즐기고, 경치를 구경하는 용도로 쓰이는 장소.

(93) 어아교語兒橋

역사 개관 건축 연대는 명확치 않고 송대 덕우德佑 원년(1275) 동네 사람 복진수濮振垂가 중수하고, 청대 가칭 2년(1797)에 중건하였다.[嘉興文化網, www.jxcnt.com, 2004]

현황 및 특징 만흥가萬興街 동단에 있으며 매경梅泾을 가로지르는 1칸 홍예 석교로 길이 17.4m, 폭 2.8m이다. 다리 서쪽 어귀에 아치형 문이 있는데 옛날에는 이 문을 열고 닫을 수 있었다.

가치 동향桐鄉 복원진濮院鎮의 역사 연구에 대해 상당히 높은 가치가 있다.

(94) 복원의 여러 다리濮院诸橋

역사 개관 복원은 송대 건염建炎[149] 이전까지는 시골 장터였다. 송대 건염 2년(1128) 저작랑著作郎[150] 복봉濮鳳이 고종高宗을 따라 남쪽으로 건너갈 때 이곳에서 오동나무를 보고 '봉황이 오동나무에 깃드는 것'으로 여겨 자기 이름과 부합하여 이곳으로 자신의 집을 정하였는데 이것이 복원진濮院鎮의 시작이었다. 송대 보경寶慶 연간에 복봉의 6세손 복두남濮鬥南이 공을 세워 저택을 하사받아 복원濮院이라 하였는데 이 때 복원濮院이 처음으로 진鎮의 칭호를 얻게 되었다. 복씨 일가는 여기에서 집성촌을 조성하여 고향인 산동 곡부曲阜의 누에치기와 뽕나무 재배의 경험을 강남으로 소개하였고 동네 사람들에게 누에에서 실을 뽑고 옷을 짜는 것을 가르쳐 복원비단濮綢[151]이 세상에 알려지게 되었다. 명·청대에 복원은 이미 비단으로 유명한 곳이 되어 '일출만주日出萬綢(하루에 만 필의 비단을 뽑는다)'의 명성을 얻게 되었다.

복원진의 규모는 송·원대 복씨 일가가 정착하던 시기에 이미 그 규모가 커졌으며 명·청대에 다시 확대되었다. 진鎮의 형태는 정사각형으로 동서와 남북으로 각 3km이다. 물길이 시가 구역을 거미줄처럼 휘감으며 흘러, 거리와 거리, 골목과 골목이 서로 작은 다리로 연결되었다. 이러한 '작은 다리가 물과 사람을 흐르게 하는' 풍경은 현재에도 관전가觀前街, 창전가倉前街, 북랑붕北廊棚의 여러 곳에서 쉽게 볼 수 있다. 복원에는 현재 20여개의 다리가 남아 있는데

149) §건염建炎(1127~1130), 남송南宋의 황제 송고종의 첫 번째 년호, 총4년.

150) §동한東漢 말에 설치된 관직.

151) §절강성 동향시浙江省桐鄉市 복원진濮院鎮에서 생산된 비단의 총칭.

그중 절반 정도가 복씨 성을 가진 사람들이 만들거나 수리하였다. 서시하西市河의 서봉교棲鳳橋는 복씨 중에서 가장 먼저 이곳으로 이주해 온 복봉이 건설하였는데 다리에 새겨진 글자의 보존 상태가 매우 좋다.

현황 및 특징 대적교大积橋는 복원濮院 관전가觀前街에 있으며, 묘교항廟橋港을 건너가는 다리이다. 1칸 홍예의 보다리 석교이다. 원대에 복감濮鉴이 건설하였으며 청대 건륭 44년(1779)에 중건하였다. 원래는 상운관翔雲觀 앞에 있었으나 가칭 4년(1799)에 현재의 위치로 이전하였다.
대덕교大德橋는 복원 관전가觀前街에 있으며 묘교항廟橋港 위에 놓인 다리이다. 1칸 홍예의 석교로 보다리 구조이다. 원대에 복감이 놓았으며 1920년 동네 사람들이 중건하였다.
대유교大有橋는 복원 대유교가大有橋街에 있으며 묘교항 위에 놓여 있다. 3칸 홍예의 석교 보다리 구조이다. 원대에 복감이 놓았으며 청대 선통宣統 3년(1911)중수하였다.
서봉교棲鳳橋는 복원 북횡가北橫街 서단에 있으며 서시하西市河를 건너는 다리이다. 3칸 홍예의 슬랩 다리(slab bridge) 구조의 석교이다. 송대의 복봉이 건설하였고 청대 도광 22년(1842)에 중건하였다. 전설에 의하면 복원에는 오동나무가 많아 봉황이 모여들어 '봉황이 깃든다(棲鳳)'라는 말이 있다.
수동교秀桐橋는 복원의 북랑붕北廊棚에 있으며 북하두항北河頭港을 가로 지른다. 3칸 홍예의 보다리 석교이다. 이전에는 동향桐鄉과 수수秀水 두 현의 경계에 있었다.
정천교定泉橋는 복원 북랑붕에 있고 북하두항을 건너가는 다리로 1칸 홍예 석교이다. 건설 시기는 불분명하고 청대 건륭 60년(1795)에 중건하였다. 동네 사람들의 말에 의하면 다리 밑에 샘이 있어서 큰 가뭄이 들어도 샘물이 마르지 않는다고 하여 '정천定泉'이라 전한다.
승평교升平橋는 복원 창전가倉前街 북단에 있으며 1칸 홍예 석교이다. 건설 시기는 불분명하며 청대 도광 8년(1828)에 중수하였다.
중안교眾安橋는 복원 화원가花園街에 있으며 동하두항東河頭港을 가로지른다. 1칸 홍예 석교로 첫 건설 시기는 불명확하며 청대 도광 4년(1824)에 중건하였다. 다리의 동쪽 어귀에 시전사당施全廟이 있었으나 이미 훼손되었으며 조각상도 없어졌다.[嘉興文化網, www.jxcnt.com, 2004]

가치 복원진濮院鎮의 역사에 관한 연구에 있어서 상당히 높은 역사적 가치가 있다.

(95) 낙범정落帆亭

역사 개관 청대 광서 6년(1886)에 중건하였고 태백정太白亭을 지어 이백李白을 제사지냈으며, 옆에는 화신花神과 갑문신閘神의 상이 있다. 나중에는 가흥주조회사嘉興酒業의 사무실로 되었다. 민국 10년(1921)에 돈을 모아 이 사무실을 다시 수리하였는데 당시 정원에 건축물이 차지하는 면적은 2,500m²로 가흥의 주요한 관광지 중의 하나였다. 정원에는 정교하게 만든 가산과 우아하게 지은 정자, 짙푸른 숲이 있는데 특히 정자 앞의 연못에는 연꽃이 가득하여 은은한 향기가 사방으로 퍼져 사람들이 여름에 더위를 피하는 장소로 즐겨 찾는다. 정자의 맞은편에는 무덤이 하나 있는데, 한나라 주매신朱買臣의 처 최 씨의 무덤이라고 전해진다. 정자의 뒷편에는 가화돈嘉禾墩이 있었는데 삼국 시대 오吳나라 황룡黃龍 3년(231)에 "야생벼의 자생지"라는 기록이 있으며 가흥의 옛 지명인 화흥禾興의 발원지가 이곳이다. '화돈禾墩의 가을걷이'도 가화팔경嘉禾八景 중의 하나이다. 낙범정落帆亭은 항일전쟁 후에 쇠락하였는데 1967년에 심하게 훼손되어 연꽃 연못이 매립되어 길로 변하였고 건물은 주민의 민가로 바뀌었으며 가산 일부분과 태백정만 남아 있다. 1988년 가흥시 건설국 원림관리처에서 수리하여 낙범정을 가산 위에 다시 복원하였다.[嘉興文化網, www.jxcnt.com, 2004]

현황 및 특징 현지답사를 진행하지 못하였다.

가치 상당히 높은 역사적 가치가 있다.

(96) 심증식고택沈曾植故居

역사 개관 심증식(1850~1922)의 자는 자배子培 혹은 을암乙庵, 만호晩号는 매수寐叟, 처음의 별호別号는 소장호사인小長芦社人이었으며 나중에는 손재 노인巽齋老人 또는 동헌 거사東軒居士라고 불렸으며 손재 거사逊齋居士, 구선癯禪, 매옹寐翁, 요태 노민姚埭老民, 동헌지리수東軒支离叟 등으로도 불렸다. 청대 광서 6년(1880)에 진사에 합격하고 형부의 귀주사주사贵州司主事와 총리각국사무어문장경總理各國事務衙門章京과 강서광신지부江西廣信知府, 안휘제학사安徽提學使를 역임하고 일본의 교육 제도를 고찰하기 위해 일본으로 건너가기도 하였다. 선통 2년(1910) 안휘포정사安徽布政使를 맡고 있을 때 병을 얻어 이때부터 상해에 거주하면서 베이징으로 돌아가지 않고 과거 시대의 신하임을 자처하였다. 훗날 1917년 7월 장훈張勋이 봉건 청조清朝의 복위를 시도張勋復辟하며 베이징으로 들어가 청조의 신하들을 불러 모으자 그는 흔쾌히 받아들이며 베이징으로 가서 학부 상서學部尚書를 맡았다. 이 일로 그는 훗날 많은 사람들에게 비판을 받게 되었다.
심증식은 학문의 태도가 신중하고 박식하며 제자백가의 학문을 섭렵하였고 요辽, 금金, 원元 등 3대 왕조의 역사에 대해 전문적으로 연구하였다. 국경 지대의 역사·지리와 중국의 외교통사外交通史에 대해서도 아무도 하지 못했던 영역을 개척하였다. 청대 말기 형부刑部 귀주사주사贵州司主事를 18년 동안 역임하면서 고금의 율령律令 연구에 몰두하여 이 방면에서도 남다른 성과를 이루었다. 만년에 정치상에서 보수적인 입장을 견지하였으나 학술·예술상에서는 참신성이 풍부하였고 후대에게 미친 영향이 지대하다.[嘉興文化網, www.jxcnt.com, 2004]

현황 및 특징 심증식의 고택은 청대 말기의 사합원四合院 형식으로 건축된 남향의 3열 2층 건축물이다. 건축 재료는 벽돌과 목재를 사용하였다. 내부 공간은 모두 회랑으로 연결되어 있고 넓은 대청과 화원 등이 있다. 제1열은 너비 16.5m, 중간에 대청이 있고 동서 양쪽에는 별채가 마주보고 있으며 제2열과 회랑으로 모두 연결되어 있다. 제2열도 너비 16.5m에 중간은 대청으로 되어 있고 양쪽에서 마주보고 있는 방은 서로 연결되어 있다. 제3열은 너비 9.9m로 2층으로 되어 있다. 동쪽에는 우물이 있으며 뒤편에는 5칸의 단층집이 있다.

가치 매우 높은 역사적 가치가 있다.

(97) 범려호範蠡湖, 금명사金明寺, 서시장대西施妆臺

역사 개관 전하는 말에 의하면 호숫가에 범려範蠡의 집이 있었는데, 범려가 월왕越王 구천勾踐을 도와 오吳나라를 멸망시킨 후, 서시西施와 함께 이곳에 은둔하면서 오호五湖를 유람하였다 하여 '범려호範蠡湖'라 부른다고 한다. 남송 순희淳熙 연간(1174~1189)에 장원狀元 요영姚颖이 호숫가에 농사일을 하기 때문에 '경범려景範廬'라 이름을 지었다. 그 이전에 간도干道 연간(1165~1173)에 군승郡僧[152] 만수왕萬壽王이 이곳에 절을 창건하였다. 개희開禧 원년(1205) 해염海盐[153]에 새로 절을 짓고 금명사라고 부르게 되었다. 명대에 금명사 뒤에 '월상국범공사越相國範公祠'를 지어 명대에 범려사範蠡祠 또는 범려택範蠡宅이라 불렀다. 청대 광서 연간에 범려사를 중건하고 물 위에 누각을 지어 서시장대西施妆臺라고 불렀는데 원래는 호수 가운데 있었으나 청대 초기에 철거한 후 지금은 호숫가에 있는 누각을 서시장대라고 부른다. 범려호는 물이 푸르고 넓으며 풍광이 수려하고, 서시장대는 물 위에 지은 정자로 구조가 정교하여 역대 문인들의 칭송이 끊이지 않았다. 전설에 의하면 서시가 매일 여기서 화장을 하여 연지와 백분이 호수로 흘러들어 우렁이가 이를 먹고 오채五彩 우렁이가 되었다고 한다.[嘉興文化網, www.jxcnt.com, 2004]

현황 및 특징 가흥성嘉興城의 남부, 현재의 가흥 제1중학교 서쪽에 있다. 범려호는 원래 남호南湖와 연결되어 있었으나 당대에 성을 축성하면서 호수의 일부분이 성내로 포함되었다.

가치 매우 높은 역사적 가치가 있다.

152) §후진後秦 시기에 승관 제도僧官制度가 생겨난 이래 각 왕조마다 행정 단위와 결합한 군승郡僧, 주승州僧 등의 승관 제도를 실시하여 해당 행정 단위의 승전 관리, 인원 충원과 조절, 사찰 관리 등의 승려 업무를 관장하게 하였다.

153) §해염현海盐縣: 항주만杭州湾의 북쪽에 있는 지명. 절강성 가흥시嘉興市에 소속된 현縣이며 절강성에서 가장 오래된 도시 중의 하나이다.

(98) 심균유기념관沈鈞儒紀念館

역사 개관 심균유沈鈞儒(1875~1963)는 절강성 가흥 출신이다. 광서 갑진년(1904) 진사에 합격하고 이듬해 일본으로 유학을 떠났다가 귀국한 후에 신해혁명과 북양군벌北洋軍閥 반대 투쟁에 참가했다. 1935년 송경령宋慶齡 등과 함께 전국 각계 구국 연합회를 발기·조직하였고, 적극적으로 항일구국운동을 전개하다가 투옥된 유명한 "칠군자七君子" 중의 한 명이다. 그 후 그는 내전을 반대하고 평화를 쟁취하는 투쟁과 애국통일전선愛國統一戰線을 건설하고 확대하는 데 큰 공헌을 한 '중국 민주 동맹'의 발기인 중의 한 명이다. 신중국 건국 후에 최고 인민 법원 원장, 전국 정치 협상회의 부주석, 전국 인민 대표 대회 상임 위원회 부위원장, 민주 동맹 중앙 주석 등을 역임하였다. '좌파적 민주 인사의 선구자', '애국 지식인의 귀감' 등의 평가를 받고 있다.[嘉興文化網, www.jxcnt.com, 2004]

현황 및 특징 심균유의 고택은 가흥 남방안南幇岸 3호에 있으며, 청대 가칭·도광 연간에 건축되었다. 정문은 항일전쟁 초기에 불탔고 의문儀門도 1970년대에 이미 심하게 훼손되었다. 보존 상태가 비교적 좋은 것은 대청과 길문吉門, 그리고 주거 공간이다. 1998년 원래의 모양에 근거하여 중건하였으며 선조가 살던 곳을 '심균유기념관'으로 조성할 때 강택민江澤民이 현판을 썼다. 현재 기념관의 대지 면적은 2,100m²이며 건축 면적은 740m²이다. 기념관의 현관에는 동으로 주조한 심균유의 좌상이 있다. 현관과 본관에는 400여 장의 사진과 100여 점의 생활용품 등의 물건을 전시하여 심균유의 혁명과 투쟁의 일생을 후대들에게 전승하고 있다.

가치 상당히 높은 역사적 가치가 있다.

그림 6.295 심균유기념관沈鈞儒紀念館

(99) 가흥 남호嘉興南湖 중국공산당 '제1차전국대표대회' 장소中共"一大"會址

역사 개관 사적의 기록에 의하면 후진後晉 천복天福 연간(936~945)에 오월의 왕 전류錢鏐의 넷째 아들 중오절도사中吳節度史·광릉군왕廣陵郡王 전원료錢元镣가 호숫가에 숙소와 누대를 짓고 누대 이름을 '높은 곳에 올라 멀리 보는 곳'이라는 뜻의 '등조지소登眺之所'라 하였다. 훗날 몇 차례 훼손과 수리를 거쳐 명대 가칭 27년(1548)에 가흥지부嘉興知府 조영趙瀛이 부역을 동원하여 하천을 준설하고 남호를 매립하여 가로 세로 각각 5장丈, 20장丈의 호수 가운데 섬이 되었다. 이듬해 이 섬 위에 연우루煙雨樓를 중건하여 현재와 비슷한 규모가 되었다. 남호 주위는 안개비가 희뿌옇고 누각이 보였다 안보였나를 반복하며 특유의 경관을 형성하였다. 특히 청명, 하탄荷诞[154], 칠석, 중추절 등에는 호수에 여행객이 빼곡하고, 아름답게 장식한 놀잇배에서는 노래와 춤이 끊이지 않았는데 이런 번화한 모습이 항일전쟁 전야까지 이어졌다.

현황 및 특징 남호는 절강의 3대 유명 호수 중의 하나이며 옛 이름은 표호滮湖 혹은 마장호馬場湖나 동남호東南湖였다. 남호의 서쪽에는 서남호가 있는데 두 호수를 합쳐서 원앙호鴛鴦湖라고 한다. 남호의 면적은 41.6만 m^2, 수심은 2~5m이다. 주위의 지형은 낮고 평평하며 내륙항이 곳곳에 발달했다. 신중국 건국 후에 남호는 많은 변화가 있었는데 특히 1991년 이후 호숫가에 남호 혁명기념관도 새로 지어 남호를 관광 명소로 만들기 위한 발걸음이 더욱 빨라지고 있다. 호수를 둘러싼 춘원春園, 하원夏園, 추원秋園, 동원冬園과 수변 공원 그리고 남수원攬秀園을 만들어서 호수 주위에 커다란 녹지대가 형성되었다. 호수의 서남안에는 정암사精嚴寺와 쌍탑낙원雙塔樂園을 조성하여 자연 경관과 인문 경관이 하나로 융합되게 하였으며 사계절 매혹적인 여행 명승지가 되었다.[嘉興文化網, www.jxcnt.com, 2004]

가치 신중국 역사와 관련된 중요한 지점으로 매우 높은 역사적 가치가 있다.

154) §중국 일부 지방의 명절로 관련절觀蓮節이라고도 하며 음력 6월 24일이다. 하탄荷诞은 '연꽃의 생일'이라는 뜻으로 낮에는 연꽃을 구경하고 밤에는 연못 위에 등을 띄우는 등의 풍습이 있다.

그림 6.296 가흥 남호嘉興南湖 중국공산당 '제1차 전국대표대회' 장소中共 "一大" 會址

그림 6.297 풍자개고택豐子愷故居 — 연연당緣緣堂

(100) 풍자개고택豐子愷故居 — 연연당緣緣堂

역사 개관 경항대운하는 항주에서 동향현桐鄉縣 석문진石門鎮까지 120도의 큰 굴곡을 이루며 동북 방향으로 꺾여 흐른다. 돌아 흐르는 근처에 남향의 저택이 하나 있는데 여기가 바로 유명한 현대 화가·문학가·음악 미술 교육가 풍자개의 고택, 연연당緣緣堂이다.

민국 15년(1926) 풍자개가 상해에서 홍일 법사弘一法師[155]에게 자기 집의 이름을 부탁하자 홍일 법사는 풍자개에게 몇 개의 글자를 써주며 제비를 뽑으라고 했는데, 풍자개가 두 번 모두 '연緣'자를 뽑은 까닭에 '연연당緣緣堂'이 되었다. 민국 22년 봄, 풍자개는 동향현 석문진에 자신이 직접 민족적 특성이 있는 집을 설계하여 건축한 후 연연당이라 이름 붙이고 마일부馬一浮[156]에게 부탁하여 현판을 달았다.

연연당의 건축은 고상하고 그윽하여 고택이 '하나의 예술 작품'이라고 불린다. 풍자개는 여기서 생활하며 창작 활동을 하였는데 민국 27년 1월에 일본군에 의해 연연당이 소실되고 말았다. 같은 해 2월, 강서江西 평향萍鄉에서 망명 중이던 풍자개는 이 소식을 들은 후 분노의 감정을 이기지 못하고 붓을 들어 빠르게 「환아연연당還我緣緣堂(연연당을 나에게 돌려 달라)」, 「고연연당재천지영告緣緣堂在天之靈(하늘에 있는 연연당의 영혼에게 고함)」, 「사연연당辞緣緣堂(연연당에게 이별을 고하다)」 등의 글을 써서 일본군의 횡포를 성토하고 슬픔을 나타냈다. 항일전쟁이 끝난 후에야 풍자개는 고향으로 돌아와 연연당 터에서 연연당을 회상할 수 있었다.[嘉興文化網, www.jxcnt.com, 2004]

현황 및 특징 연연당의 본채는 정원 가운데에 남향으로 지어졌다. 문미門楣 위에 엽성도葉圣陶[157]가 쓴 "풍자개 고택豐子愷故居"이라는 편액이 걸려있다. "연연당緣緣堂"이라는 편액은 마일부馬一浮의 원적을 복제하여 제작한 것이다. 액자 밑에 걸려있는 '홍매중당紅梅中堂'은 유명

155) §이숙동李叔同(1880~1942), 혹은 이식상李息霜, 이안李岸, 이량李良, 아명은 성혜成蹊, 학명은 광후廣侯, 자는 식상息霜, 별호는 수통漱筒, 법명은 홍일弘一, 사람들은 홍일 법사弘一法師라고 부른다. 중국 현대의 유명한 음악가, 미술 교육가, 서예가, 연출가이며 중국 연극의 개척자 중의 한 명이다.

156) §마일부馬一浮(1883~1967), 중국 현대 사상가, 시인, 서예가. 절강 문사 연구관浙江文史研究館 관장, 중앙 문사 연구관中央文史研究館 부관장, 제2·3대 전국 정협 위원회 특별 초청 대표 등을 역임.

157) §엽성도葉圣陶(1894~1988), 원명은 엽소균葉紹鈞, 자는 병신秉臣, 성도圣陶, 강소 소주 출생. 중국의 현대 작가, 교육가, 문학 출판가, 사회 활동가, '뛰어난 언어 예술가'라 불린다. 신중국 건국 후에 교육부 부부장(한국의 차관에 해당, 인민 교육 출판사 사장 및 총편, 중화 전국 문학 예술계 연합 위원회 위원, 중국 작가 협회 고문, 중앙 문사 연구관中央文史研究館 관장, 중화인민공화국 전국 정협 부주석, 제1, 2, 3, 4회 전국 인민 대표 대회 인민 대표, 제5회 전국 인민 대표 대회 상무 위원회 위원, 중국 민주 촉진회 중앙 위원회 주석 등을 역임했다.

한 화가 당운唐雲[158]이 오창석吳昌碩[159]의 그림에 담긴 뜻을 모방하여 그린 것이다. 본채의 중앙 응접실 양쪽에는 대련이 붙어 있는데 안쪽의 것은 "欲為诸法本, 心如工畫師"인데 홍일법사의 책 『대방광불화엄경大方廣佛華嚴經』에 있는 구절로, '그림은 마음이 가는대로 그려라'라는 뜻이다. 본채의 진열품들은 거의 복제품들이고 그 외에 많은 당대 서화가書畫家들이 기증한 서화 작품이 걸려 있다. 본채의 방 네 칸은 원래 서재였으며 풍자개의 흉상이 세워져 있다. 동쪽의 방에는 풍자개의 글씨와 그림, 그리고 정중앙의 벽에는 자신이 묵화로 그린 전신 자화상이 있으며 당대 서화가의 많은 작품들이 있다. 동쪽 방의 뒷문으로는 계단으로 통하는 복도가 있고 2층의 방 3칸은 판자벽으로 앞뒤 두 개의 방으로 나누어 놓았다. 앞쪽은 원래 풍씨 가족의 침실이었으나 지금은 전시실로 되어 풍자개의 각 시기별 사진과 작품 일부, 유물이 전시되어 있다. 가운데 방은 풍자개 생전의 침실 겸 화실로 사용하던 공간으로 지금도 그대로 보존되어 있다. 뒤쪽 방은 2인용 간이침대가 있고 양쪽으로는 책을 담는 상자들과 책장이 있으며 창가에는 서랍이 9개 달린 책상과 등나무 의자가 있다. 모든 전시물들은 원래 있던 대로 간단하고 소박하게 전시되어 있다. 모든 침대, 책상, 의자 등은 상해 일월루日月樓의 옛집에 있던 풍자개의 유물을 옮겨온 것이다. 책상 위에는 풍자개가 생전에 사용하던 문방사우와 『사해辞海』등의 책이 있다. 책장에 진열된 책들은 그의 저작과 역작译作들이며 그 밖에 풍자개의 친필 원고, 사진, 편지, 도장 등도 진열되어 있다.

가치 명인의 고택으로 매우 높은 역사적 가치가 있다.

158) §당운唐雲, 자는 협진俠塵, 별칭은 약진藥塵, 약옹藥翁, 노약老藥, 대석大石, 대석옹大石翁, 화실의 이름은 대석재大石齋, 산뢰헌山雷軒. 생전에 중국 미술가 협회 이사, 중국 미술가 협회 상해 분회 부주석, 중국화 연구원 원무 위원, 상해 중국 화원 부원장·대리 원장·명예 원장 등 역임.

159) §오창석吳昌碩(1844~1927): 처음의 이름은 준俊, 또는 준경俊卿, 자는 창석昌碩, 또는 창석倉石, 창석蒼石 등 수많은 별칭이 있다. 절강성 효풍현孝豐縣 출신으로 청대 말~민국 초의 유명한 중국화 화가, 서예가, 전각가篆刻家이다.

(101) 모순생가茅盾故居

역사 개관 당대 문학의 거장 모순茅盾이 출생하고 생활하던 곳이다. 생가는 모순의 증조부 심환沈煥이 청대 광서 11년(1885) 전후에 한구漢口에서 장사를 할 때 부쳐온 돈으로 마련한 것으로 심환부터 모순까지 4대가 이곳에서 같이 살았다. 민국 22년(1933) 여름, 모순은 직접 세 칸을 개축하였는데 동쪽은 창고이고 가운데는 침실과 작은 사랑방, 서쪽은 서재와 응접실이다. 그 후 몇 년 동안 모순은 여기서 생활하면서 창작과 독서, 그리고 손님 접대를 하다가 항일전쟁이 발발한 후 고향을 떠났다. 1983년 중국 공산당 중앙 위원회는 모순의 생가를 복원하기로 하고 1985년 7월 4일 모순의 탄생 89주년을 맞아 성대한 복원식을 거행하고 생가를 개방하였다. 그 후 1990년까지 여기에 와서 참배한 사람은 연간 12만여 명에 달한다.[嘉興文化網, www.jxcnt.com, 2004]

현황 및 특징 오진烏鎮의 관전가觀前街와 신화로新華路가 만나는 곳에 있다. 고택은 모두 남쪽의 거리를 향하고 있으며 벽돌과 목재로 지어진 일반적인 강남 주민의 민가이다. 본채는 정면 13.2m, 앞뒤 2열의 2층 건물이다. 모두 16칸, 면적은 414.25m^{2}이다. 본채 뒤에는 작은 정원과 약 100m^2 면적의 1층 3칸짜리 건물이 있다. 애초에 동서 양쪽의 건물을 매입한 시기가 틀려서 동쪽의 건물을 '구옥' 서쪽 건물을 '신옥'이라고 불렀다. 두 건물의 외양은 같으며 앞뒤로 2열이고, 1층과 2층의 문이 하나로 되어 있으며 외부의 길로 통한다. 앞 건물의 4칸은 거리와 붙어 있다. 동쪽에서 서쪽 순으로 1층의 첫 번째 공간은 대문과 복도이고, 두 번째는 문숙門塾으로 당시 심 씨 일가의 자제들이 공부하던 곳이며, 세 번째와 네 번째는 하나의 큰 공간으로 되어 있는데 당시 가족이 모여 식사하던 곳이다. 2층은 동쪽에서 서쪽 방향으로 첫 번째는 모순 조부의 침실, 두 번째는 부모의 침실로 모순과 그의 동생 심택민沈澤民이 이곳에서 태어났다. 세 번째와 네 번째는 두 작은할아버지의 침실이다. 앞 건물의 1층에서 뜨락을 통과하거나 혹은 2층에서 복도를 통해 뒷 건물로 들어갈 수 있다. 뒷 건물의 1층 4칸은 동쪽부터 차례대로 응접실, 주방, 앞뒤 건물로 통하는 통로, 그리고 온 가족의 거실이다. 2층의 4칸은 동쪽부터 모순 고모의 침실, 여복들과 하녀들의 침실, 증조부모의 침실이다. 이상의 구조는 백 년 전의 구조를 그대로 유지하고 있다. 뒷 건물 뒤쪽은 약 0.5묘畝(1묘=666.66m2)의 정원으로 모순의 증조부는 이곳에 3칸짜리 단층집을 지었으나 오랫동안 잡다한 물건들이 쌓여 있었다.

그림 6.298 모순생가茅盾故居

가치 전국 중점문물보호단위이다. 명인의 고택으로 매우 높은 역사적 가치가 있다.

(102) 청하방 역사거리清河坊歷史街區

역사 개관 고루鼓樓를 중심으로 하여 북쪽의 고은골목高银巷에서 남쪽의 오산북산吳山北山 기슭까지, 동쪽의 중하로中河路에서 서쪽의 화광골목華光巷까지를 말한다.

현황 및 특징 구역 내에 전국 중점문물보호단위인 호경여당胡慶余堂이 있으며, 시급 문물보호단위 전당제일경錢塘第一井과 호설암胡雪岩의 고택이 있다. 이 구역은 아직까지 완전하게 보존되고 있으며 아직 개조되거나 변형되지 않았다.

가치 개발 가치가 있으며 조금씩 전통적인 문화·오락·상업·여행의 분위기가 형성되고 있다.

(103) 중산중로中山中路, 중산남로中山南路 전통 상업 거리 보호 구역傳統商業街保護區

역사 개관 북쪽의 관항구官巷口부터 남쪽의 봉산문鳳山門까지 전장 2.5km이며 도로 폭은 30m의 범위이다. 중산로中山路의 전신은 남송南宋의 도성都城 임안臨安의 어가御街[160]이다.

현황 및 특징 현재 중산로를 따라 양측으로 많은 청대~민국 초기의 상업 건축물들이 남아 있고, 서양의 고전 건축 양식의 건축물들도 있으며, 특히 시내는 근대 건축물이 가장 밀집된 지역이다. 신구 건축물들이 혼재하며 과거 역사 건축물의 비율은 50~60%정도이다.

가치 항주시 전통 거리의 풍모를 보여주고 있으며, 여행, 문화, 오락, 음식 등의 업종이 성행하고 있는 전통과 특색이 있는 상업 거리이다.

160) §역대 왕조의 수도에서 황제가 출행出行하던 길.

(104) 소하직가 역사거리小河直街歷史街區

역사 개관 경항대운하와 여항탕하余杭塘河, 소하小河의 세 물줄기가 교차하는 항주 성북운하 문화의 중요한 지역이며 항주 성북운하의 교통 허브로 경내에 경항대운하의 지류인 소하小河가 있어서 '소하직가 역사거리 구역小河直街歷史街區'이라 부른다. 수·당대 이래로 특히 남송 시기에 공서拱墅지구는 항주성 북부의 중요한 물류 집산지이자 수륙 전환 플랫폼이며 부두이면서 물자 비축 기지가 되었다. 근처의 북관시北关市, 호주시湖州市, 강장교시江涨橋市 등도 함께 번영했다. 소하직가小河直街의 흥망성쇠와 경항대운하의 발전은 분리될 수 없을 만큼 밀접한 관계를 가지고 있다.[항주 문물국이 제공한 자료와 현지답사를 근거로 작성]

현황 및 특징 항주시 북부의 공신교拱宸橋 남쪽에 있다. 소하직가 양쪽에서는 아직도 공장, 사무실, 점포, 양식 창고, 숙박 업소, 찻집, 민가, 부두, 제방, 부두 등 민국 시기의 유적들을 쉽게 볼 수 있다. 이런 유적들은 대체로 서쪽의 변전소에서 동쪽의 소하동하小河東河 아래까지, 남쪽의 여항탕하에서부터 북쪽의 장정교로長征橋路까지의 범위 안에 있으며 면적은 대략 3.23hm^{2}이고 모두 역사 문화 거리 구역의 범주 안에 포함되어 있다.

가치 운하와 성쇠를 함께한 역사의 현장으로 재정비하면 과거의 영화를 회복할 수 있을 것으로 보인다.

그림 6.299 소하직가 역사거리小河直街歷史街區

(105) 육화탑六和塔

역사 개관 북송 개보開寶 3년에 만든 탑으로 항주 전탕강錢塘江 가에 우뚝 솟아 있다. 오월국吳越國의 국왕 전홍숙錢弘俶은 전탕강과 호수의 수해를 입은 후 진강호鎮江潮에 탑을 쌓았다. 당시 탑은 9층에 높이는 50여 장(1장=3.33m)이었으며 탑 정상에 등을 설치하여 야간에 전탕강의 등대 역할을 하게 하였다. 북송 선화宣和 3년(1121)에 병란으로 훼손된 것을 남송 시기에 중건하였다. 그 후 각 왕조에서 수차례 수리하였다.[항주 문물국이 제공한 자료와 현지 답사를 근거로 작성]

현황 및 특징 현재 탑의 높이는 58.89m이며, 내·외부의 이중 구조로 그 중간에는 나선형의 계단이 설치되어 있다. 벽돌로 쌓은 내부 탑신은 남송시대에 쌓은 원래의 것이며 외부의 구조와 나무 처마, 복도는 청대 광서 때 중건한 것으로 전체적인 탑의 기초는 남송 시기의 풍모를 유지하고 있다. 탑의 평면은 8각형, 외관의 처마는 13층이며, 7층은 내부의 탑신과 연결되어 있고 6층은 봉쇄되어 '7명6암'의 구조를 형성하고 있다. 탑의 처마는 목탑의 형식을 모방하여 벽돌로 두공 구조를 올렸으며 내부에는 단청을 칠하였다.

탑의 외부와 내부 탑신 사이 양쪽에는 감실과 수미단이 있고 수미단 위의 조각이 정교하고 아름답다. 외부 각층의 두공과 요첨腰檐[161], 탑신 등 세 부분의 위치가 알맞게 설치되었고 전체적인 외관상 명암 간의 거리가 적당하고 윤곽이 뚜렷하다. 탑의 보호와 보존상태가 양호하다.

가치 평면상 8각형의 누각식 탑은 오대五代의 오월국吳越國에서 시작되어 중원과 북방에까지 그 영향을 미쳤는데 육화탑은 그중의 대표적인 탑으로 중국 건축사에 특별한 지위와 영향력을 가지고 있다. 항주운하와 전탕강이 교차하는 곳에 자리 잡고 있어 지리적으로도 중요한 상징성을 가지고 있는 건축물이다.

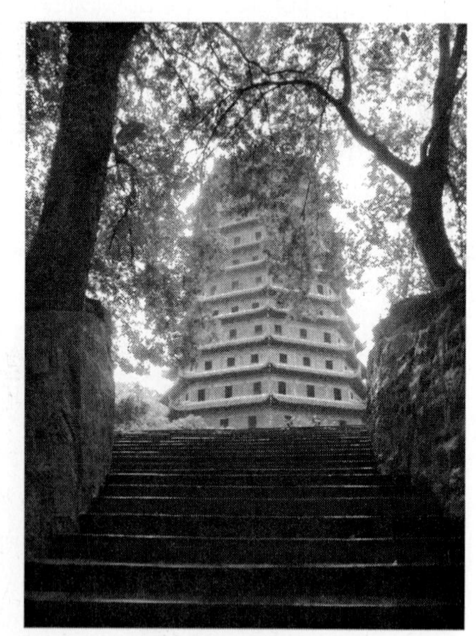

그림 6.300 육화탑六和塔

161) §중국의 고대 건축에서 탑과 건축물의 난간 밑에 있는 처마를 이르는 말.

(106) 갑구백탑閘口白塔

역사 개관 오대 오월 말기(대략 932~947)에 세워졌으며 전부 백석白石을 사용하여 쌓았다. 목재 누각의 구조를 모방한 석탑으로 평면 8각에 9층, 전체 높이는 14.4m이고 위로 올라갈수록 적당한 비율로 직경이 작아진다. 처마가 돌출되어 있으며 아래부터 위까지 완만하여 윤곽이 미끈하다.[항주 문물국의 자료와 현지답사를 통해서 작성]

현황 및 특징 항주시 전당강변 갑구백탑령閘口白塔岭에 있다. 탑의 기단은 수미산須彌山이며 산봉우리와 파도를 새겨 '구산팔해九山八海'를 상징하고 있다. 탑허리 부분에 불경을 새기고 그 위로 탑신의 매층마다 난간, 탑처마, 탑신의 세 부분으로 구성되어 있다. 모서리 부분은 둥글게 처리하였고 위로 올라갈수록 직경이 줄어드는 것이 눈에 띈다. 또한 모든 면의 중간에 두 개씩 기둥을 받쳐 한 면을 3등분으로 나누었으며 그중 남쪽에 있는 네 개 면에 쌍여닫이문을 설치하였고 문의 표면에 문정門钉[162]을 달았다. 탑신에는 부처와 보살, 경변經變을 생동감 있게 부조하였다. 탑의 상륜부는 철제 주조 찰주에 앙화, 수연, 보주 등의 구조로 구성되었다. 전체적으로 보존 상태가 양호하다.

가치 항주의 현존하는 오월 시기 누각식을 모방한 석탑 중 가장 대표적이고 전형적인 탑이다.

그림 6.301 갑구백탑閘口白塔

162) §범종의 연뢰와 비슷한 모양으로 문에 돌출되어 있는 장식.

(107) 봉황사鳳凰寺

역사 개관 오대에 창건하였으며(송대라는 학설도 있다), 원래의 이름은 진교사真教寺 혹은 예배사禮拜寺로 중국 남방에서 현존하는 이슬람교 4대 고찰중의 하나이다. 원래 건축 규모가 웅장하고 면적도 지금보다 2배 이상 넓었었다. 전체 건축군의 배치 형상이 봉황과 같다고 하여 봉황사라는 이름이 붙었다. 오랜 세월 동안 수차례의 중건과 중수를 거쳤다.

현황 및 특징 항주시 중산중로中山中路 227호에 있으며 현재의 부지는 직사각형으로 전용 면적은 2,660m^{2}이고 정문이 동쪽에 있어 참배자들이 메카가 있는 서쪽을 향하도록 설계되었다. 사원 입구부터 문간門廳, 예배당禮堂, 예배전禮拜殿이 중심축 선상에 차례로 배치되어 있다. 예배당과 예배전은 회랑으로 연결되어 있어 고대 중국의 '工'자형[163] 전통 구조를 보여 주고 있다. 축선의 좌측으로 비석을 전시한 복도와 이맘imam실이 있고, 그와 대칭으로 있는 우측에는 욕실과 영구 안치실 등이 있다. 사원은 주변에 벽돌로 벽을 쌓아 보호하고 있다.[항주시 문물국의 자료와 현지답사를 바탕으로 작성]

가치 구조와 기능을 놓고 볼 때 아랍 건축의 양식을 강하게 드러내고 있는데, 예배전의 돔형 지붕과 횡적橫的 배치, 성체실 등은 전형적인 이슬람 건축 양식이며 건축물의 방향과 배치, 바닥의 포장 등도 이슬람교의 교의를 엄격하게 지키고 있다. 그러나 이와 동시에 사원의 전체적인 구조와 배치, 건축물의 지붕 등에서 중국 전통 건축의 양식이 혼합되어 있음을 알 수 있다. 특히 예배전은 원대 아랍의 대상인大商人 알라딘[164]이 지은 들보가 없는 건축으로 매우 높은 역사·예술·과학 기술적인 가치가 있으며, 중국 원나라 때 동남 연해 지역 벽돌구조 건축의 연구에 대해 중요한 참고 대상이 되고 있다. 사원 내에는 십여 개의 명·청 시기 중국과 아랍 제국과 관련된 비각, 묘지墓誌가 있다. 봉황사는 중국과 아랍인들 사이의 고대 시기 우의·교류의 역사를 기록하고 있어서 중국의 한족 거주지와 고대 시기 아랍 국가들의 경제·문화 교류의 연구에 대해 구체적이고 중요한 의의를 갖는다.

163) §'工'자형 구조는 중국 고건축 배치의 전통적인 형식으로, 가로로 배치된 앞뒤 두 건물 사이를 회랑으로 연결하여 평면상 '工'자 모양이 되는 건물 배치를 말한다.

164) §알라딘. 중국 원대에 들어온 이슬람교 대사(大師)로 원래의 국적은 페르시아이다. 몽고의 서역 원정 당시 원세조(1260~1294년 재위)를 도와 많은 물자를 제공하여 서역 원정을 도왔다. 그 후 원나라 군대와 함께 중국으로 와서 집과 땅을 하사받고 높은 정치적 지위를 누렸다.

그림 6.302 봉황사鳳凰寺

(108) 악비묘岳飛墓

역사 개관 악비岳飛(1103~1142)는 자는 붕거鵬挙이며 하남 탕양湯陰에서 출생하여 금나라에 항거했던 명장이다. 그는 남송 조정의 투항 결정에 완강히 반대하다가 조구趙構·진회秦檜에게 안부安府, 지금의 항주 대리사大理寺 풍파정風波亭에서 살해당한 후 사체는 옥졸 외순잠隗順潜에 의해 구곡성九曲城 아래 북산에 매장되었다. 륭흥隆興 원년(1163) 효종은 즉위하자 악비의 관직과 작위를 복위하고 서하령棲霞岭으로 이장하여 그의 아들 악운岳雲을 옆에 같이 묻었다. 가정 14년(1221) 지과사智果寺를 공덕원功德院으로 정하여 현재의 악비 사당이 되었다.[항주 문물국의 자료와 현지답사를 거쳐 작성]

현황 및 특징 항주 서호 북쪽 서하령棲霞岭의 남쪽 기슭에 있으며 총면적 15,666m^2, 건축 면적 2,793m^{2}를 차지하고 있다. 앞에는 문병門屏이 있으며 그 위에 "진충보국尽忠報國(충성을 다하여 나라에 보답한다)"이라는 글자가 새겨져 있다. 묘로 가는 길에는 측백나무 고목이 빽빽하게 서 있으며 길의 양쪽은 석비가 서 있는 회랑으로 역대 비석 120여 개가 진열되어 있고, 악비의 「송자암장선생북벌시送紫岩張先生北伐诗(북벌을 떠나는 자암장 선생을 보내는 시)」, 악비가 썼다고 전해지는 제갈량诸葛亮의 전·후 「출사표出師表」, 당대 이화李華의 「조고전장문吊古战場文」 등이 있다.

묘실을 지나면 가운데로 악비의 묘가 있는데 비명은 "송악악왕묘宋岳鄂王墓"라고 새겨져 있으며 옆에는 악운岳雲의 묘가 있고 묘비명은 "송계충후악운묘宋繼忠侯岳雲墓"이다. 묘역의 앞에는 양쪽으로 석용石俑, 석마石馬, 석호石虎, 석양石羊 등 명대의 유물이 있다. 묘실 양측에는 악비를 모함한 진회秦檜 부부와 만사설萬俟卨, 장준張浚 등 4명이 무릎을 꿇고 있는 철상鐵像이 있으며 묘실의 돌기둥에는 "青山有幸埋忠骨, 白鐵无辜铸佞臣(청산은 행운이 있어 충신의 뼈를 묻고 있고, 백철은 무고하게 간신으로 주조되었다)"라는 대련이 붙어 있다.
사당은 묘의 부속 건물로 충렬사忠烈祠와 계충사启忠祠 두 채가 있는데 충렬사가 주요한 건물이다. 충렬사는 악비를 제사 지내는 곳으로 겹처마에 팔작지붕으로 처마 중간에 "心昭天日"라는 금색 바탕에 검은 글씨로 쓰여진 커다란 편액이 걸려 있으며 내부에는 악비의 좌상坐像이 있다. 계충사는 충렬사의 서쪽 옆에 있으며 원래는 악비의 부모를 제사 지내던 곳이었으나 1984년 악비 기념관으로 개조되었다.

가치 중요한 애국주의 교육의 현장이다.

(109) 호경여당胡慶余堂

역사 개관 청대 동치 13년(1874) '강남약왕江南藥王' 호설암胡雪岩이 창업하였다. 광서 4년(1878) 공식적으로 영업하기 시작하였다.

현황 및 특징 항주시 오산의 동쪽 기슭 큰 우물 골목大井巷에 있다. 모두 3열로, 앞은 매장이고 뒤에는 약을 조제하는 공간이다. 입구의 벽은 소박하면서도 위엄이 있어 보인다. 문 안의 안내문을 따라 긴 회랑을 들어가면 약의 이름과 효과가 검은색 바탕에 금색 글씨로 새겨져 있는 30여 개의 비석이 눈에 띈다. 동쪽 회랑에는 '미인고美人靠'165)가 있어서 손님들이 잠시 앉아서 쉴 수 있다. 회랑 앞 정자 밑의 작은 다리 아래로 흐르는 물은 건물 입구의 명암과 대비를 이루며 자연을 끌어들여 건축미를 뽐내며 신선하고 쾌적한 공간 분위기를 만들어준다. 또한 건강과 평안에 대한 희망을 품게 해준다.
건물의 1열은 다시 앞뒤의 두 공간으로 나뉜다. 앞쪽은 영업 매장이고 뒤쪽은 응접실과 출납

165) §미인고美人靠: 옛날 중국의 민가 2층에는 주택의 내부, 즉 정원을 향해 입구자(口)로 연결된 난간을 설치하여 여기에 앉거나 밑을 볼 수 있게 하였다. 당시에 여자들은 쉽게 문 밖을 나갈 수 없었기에 많은 시간을 여기에서 보냈다. 그래서 주택 내부에 있는 긴 의자나 난간에 '미인이 기대다'라는 뜻의 '미인고美人靠'라고 부르게 되었다.

공간인데 영업 매장은 밝고 쾌적하며 '요凹'자 형태로 이루어져 있고 뜨락의 천정은 유리로 되어 있어 직사광선이나 비를 피할 수 있게 해준다. 내부에는 등이 높이 달려 있고 금색을 칠한 벽이 휘황하며 사위가 옥으로 화려하게 치장되었다. 양쪽에는 붉은 색의 커다란 나무 장식장이 있고 벽에는 백 개의 약재 서랍이 촘촘하게 붙어 있다. 건축 자재의 사용에 조예가 깊고 조각이 아름다워 전체적으로 영업 매장이 웅장하고 화려한 느낌을 준다. 독창적인 건축 양식은 대약방의 화려한 모습을 보여주고 있으며 상호의 명성이 느껴지는 분위기를 조성하였다. 또한 환자가 호기심과 감탄에 빠져들어 통증과 병을 잊게 하고 약에 대한 신뢰와 효능을 높이는 효과도 있다.

1열과 2열 사이는 높은 방화벽防火壁으로 분리되어 있다. 벽 사이에 있는 계단을 통해 2층으로 올라갈 수 있다. 2열은 약재를 가공하는 곳으로 사합원과 같은 구조로 되어 있으며 아랫층은 회랑을 통해 서로 이어져 있으며 후원은 작은 화원이다. 2열과 3열은 좁은 길로 서로 나뉘는데 3열은 약재 창고로 공간이 좁다.

호경여당에서 만드는 약은 우수한 약재를 사용하고, 많은 경험을 바탕으로 하는 처방이 가장 큰 특색이다. 조제가 섬세하고 철저하며, 뛰어난 약효가 국내외에서 호평을 받아 북경 동인당과 함께 남북의 양대 국약國藥 상호로 유명하다. "약재 구입을 진실하게 하고, 연구하고 조제하는 데 정성을 다한다.(采辦務真, 修制務精)"는 것이 이 약국의 종지宗旨이며 약효를 높이기 위해서 생산 원가를 고려하지 않고 '금주걱과 은그릇金铲银锅'을 주조시에 사용한다. 내부에 높이 걸려 있는 "정찰 가격真不二價"과 "사기를 경계함戒欺" 이라는 편액은 이 약국 경영의 기본 방향이며 신뢰를 보증하는 상징이다.

그림 6.303 호경여당胡慶余堂

가치 이 건축물은 강남 전통 민가와 정원 공간의 특징을 받아들여 배치가 정교하고 설계가 독특하며 높은 건축 예술 수준을 보여 주고 있는 건축물이다. 또한 중국에서 보존 상태가 가장 좋고 극히 보기 힘든 청대 상업 고건축물 중의 하나이다. 1989년에 '중약박물관中藥博物館'으로 개조되어 일반인에게 개방하고 있다.

(110) 송나라 황성 유적宋皇城遺址

역사 개관 송나라가 천도한 이후 소흥紹興 원년(1132) 고종이 서강국徐康國에게 행궁을 지으라고 명하여 소흥 4~28년(1134~1158) 궁성을 동남쪽의 외성外城까지 확장하여 지었다. 전체 황성의 범위가 동쪽의 중하中河 남단에서 서쪽으로 봉황산鳳凰山까지, 남쪽 소추만笤帚湾에서 북쪽의 만송령萬松岭까지로 둘레가 4.5km이었다.
황성의 사방에 각각 하나씩의 문을 만들고 남문은 여정문麗正門이라 이름 짓고 황성의 정문으로 삼았으며 동, 서, 북문은 각각 동화문東華門, 서화문西華門, 화령문和寧門이라 하였다. 황성 내부는 여러 차례 신축과 증·개축을 하여 남송 말기에는 전殿, 당堂, 루樓, 각閣, 대臺, 헌軒, 관觀 등 건물이 130여 채에 달하여 건물이 빽빽하게 들어서고 휘황찬란하였다. 전체 황성은 주변 산세를 이용하여 정성을 들여 배치하였는데 주요한 궁전은 상대적으로 높은 남쪽에 배치하여 한층 더 웅장하고 우뚝 솟은 모양이다.
궁전 중 정전正殿은 대경전大慶殿이고 그 밖에 황제가 집무를 보는 수공전垂拱殿과 내전, 정화전延和殿, 단성전端诚殿, 숭정전崇政殿, 흠선효사전钦先孝思殿, 복고전復古殿, 복령전福寧殿, 곤령전坤寧殿, 선덕전選德殿, 근정전勤政殿 등이 있었다. 황성의 동쪽은 동궁東宫이고 후궁은 서북쪽에 있었다. 덕우德佑 2년(1276)에 원나라 군대가 항주에 침입하였을 때 황궁의 절반 이상이 소실되고 남은 궁전은 보국사報國寺, 소신림사小仙林寺, 존승사尊勝寺, 흥원사興元寺, 반약사般若寺 등의 사찰로 바뀌었다. 명대 만력 연간에 이르러서 대전이 붕괴되고 전체 황성도 점점 폐허가 되었다.[항주 문물국의 자료와 현지답사를 거쳐 작성]

현황 및 특징 항주시 봉황산鳳凰山 기슭에 있다. 현재 남아 있는 유적은 지하 깊이 매장되어 있으며, 지면에는 북성北城 성곽, 황성의 후원後苑, 일부가 발견되고, 주변에 송대 고종의 글씨를 새긴 마애석각 '충실忠实'과 남송 순희淳熙의 글씨 '봉산鳳山', 오대五代의 '성과사圣果寺' 등이 있다.

가치 현재 전국 중점문물보호단위로 남송 임안성 유적 중 중요한 일부분이다.

(111) 남송 태묘 유적南宋太廟遺址

역사 개관 남송 소흥紹興 4년(1134)에 세운 남송 황가皇家의 종묘宗廟로 7채의 대전과 13개의 실室이 있다. 그 후 각 왕조마다 확장하여 송태조宋太祖부터 14위의 송대 황제의 신위를 모시고 있다.

현황 및 특징 항주시 자양산紫陽山 동쪽 기슭에 있다. 1995년 9월 항주시 문물고고연구소가 주거 단지 건설 공사를 할 때, 태묘의 동측 담장과 동문터, 흙을 다진 대형 토대 등을 발견하였다.

가치 이미 발굴된 부분 유적으로 볼 때, 남송南宋 태묘太廟의 규모가 상당히 크고, 현재까지 발견된 유물 중에서 가장 이른 시기의 것으로, 보존 상태가 가장 완전한 고대 황가 종묘皇家宗廟 유적이다. 이를 통해 남송의 정치, 예제禮制를 연구하는 데에 중요한 실물 사료를 제공하고 있다. 남송 임안성臨安城 유적의 일부분이며 현재는 전국 중점문물보호단위로 선정되었다.

그림 6.304 남송 임안성南宋臨安城 유적

(112) 범천사 경당梵天寺經幢

역사 개관 북송 건덕乾德 3년(965), 오월吳越 국왕이 남탑사를 중건할 당시에 만들었다.[항주 문물국이 제공한 자료와 현지답사를 거쳐 작성]

현황 및 특징 항주시 봉황산 동쪽 기슭에 있다. 경당은 한 쌍으로 15.76m의 높이로 된 8면형이고, 두 경당은 10여 미터 정도 떨어져 있다. 태호太湖의 돌을 사용하여 만들었으며 두 개의 모양이 같다. 각 부위의 비율이 적당하며 조각이 정교하고 아름답다. 밑에서부터 수미좌須彌座, 경신幢身, 요첨腰檐, 산화초엽山花蕉葉, 보주寶珠, 앙련仰蓮, 단주短柱 등의 부분을 차례로 쌓아서 만들었다. 기단에는 '9산 8해九山八海'가 부조되어 있고 수미좌의 오목하게 들어간 부분束腰에 똬리를 틀고 있는 네 마리의 힘찬 용을 부조하였다. 중간의 오목한 부분에는 16개의 감실이 있고 감실 안에 보살상이 부조되어 있다. 윗층의 오목한 부분에는 8개의 감실과 각 감실에 1불 2제자 2보살一佛二弟子二菩薩이 조각되어 있다. 경당의 몸체에는 행서체로 불경이 새겨져 있는데 남쪽의 경당에는 『대불정타라니경大佛顶陀羅尼經』, 북쪽 경당에는 『대수구즉득대자재타라니경大随求即得大自在陀羅尼經』으로 글자의 흔적이 아직 또렷하다. 두 경당은 모두 행서체로 건립 기록을 새겨 놓았는데 기록의 말미에 "干德三年乙丑歲六月庚子朔十五日甲寅日六, 天下大元帥吳越國王錢俶建"라고 되어 있다.

가치 중국 현존 최고最高의 걸작이며, 조각이 가장 정교하고 아름다운 불교 경당의 하나이다. 경당의 건립이 활발하던 시기의 대표작이라 할 수 있다.

(113) 노호동 남송 도요지老虎洞南宋窯址

역사 개관 송·원대에 만들었다. 대부분의 전문가들은 이것이 남송 시기 수내사 관요修內司官窯의 유적이라고 여기고 있으며 국제 학술계로부터 많은 관심을 받고 있다.[항주문물국에서 제공한 자료와 현지답사에 근거하여 작성]

현황 및 특징 항주시 봉황산鳳凰山과 구화산九華山 사이의 산기슭 중에서 평평한 지형에 있다. 1996~2001년 사이에 항주시 문물고고연구소에서 세 번에 걸쳐 조사와 발굴을 하였는데, 발굴 당시 약 2,000m²의 면적에서 두 개의 오름가마龍窯와 1개의 제련 용광로, 작업실 흔적, 대량의 도자기 조각, 가마 표본 등을 발굴하였으며 수백 개의 용기를 복원하여 노호동 도요지의 전면적이고 완전한 모습을 밝혔다.

가치 출토된 원대의 유적 중에서 가요哥窯와 유사한 도자기 파편은 오랫동안 해결하지 못하고 있던 가요 생산지의 문제를 해결하는 데 중요한 기초 자료를 제공하고 있다.

(114) 호설암고택胡雪岩故居

역사 개관 청대 동치 11년(1872)에 건축되었다. 대지 면적 10.8묘亩를 차지하고 있으며 건축 면적은 5,815m²로 청대 말기 관상官商[166] 호설암胡雪岩이 10만十萬 냥兩[167]의 은银을 들여 지은 대저택이다.[항주문물국에서 제공한 자료와 현지답사를 통한 조사에 의거함]

현황 및 특징 상성구上城區 원보가元寶街에 있다. 1950년대부터 학교, 공장, 135가구의 주민들이 입주한 주거 단지 등이 차례대로 점용하였다. 건축물은 장기간 수선하지 않아 훼손 상태가 심하다. 1999년 초에 항주시 인민정부의 결정으로 2,900만 위안을 들여 항주시 원림문물국園林文物局[168]의 주관 아래 복원을 시작하였다. 항주시 문물보호관리소와 문물건축공정공사文物建築工程公司에서 중국 내의 문물 복원 기능자들을 초빙하여 불철주야로 땀을 쏟은 끝에 2000년 말에 준공하여 2001년 설을 맞이하여 대외 개방을 시작하였다.

가치 명인의 고택으로 중요한 고대 주거 건축물이다.

---

166) §정부의 관원이면서 상인의 역할을 동시에 수행하는 상인. 홍정 상인紅顶商人이라고도 한다.

167) §고대 중국의 1근= 16냥, 1근=500g이므로 1냥=31.25g, 10만 냥은 3125kg.

168) §중국 중앙·지방 정부의 조직으로 공원과 거리의 녹화, 문물 보호 등과 관련한 일을 한다.

(115) 육부교六部橋

역사 개관 길이 15m, 폭 5m의 1칸 홍예 석교이다. 남송 시기에 6부 24사六部二十四司 관아가 다리의 서쪽에 있었기에 육부교六部橋라고 불렀다. 다리의 동쪽에 도정역都亭驛이 있어서 도정교都亭橋라고도 불렀다. 원대에 통혜교通惠橋, 명대에 금운교錦雲橋로 부르다가 청대에 다시 육부교로 불렀다. 다리 남쪽 약 50m 지점에 봉산갑문鳳山水門이 있다.(『杭州地名誌』 第三卷, 1988).

현황 및 특징 현재는 항주성 공원의 일부분으로 체계적인 보호를 받고 있다. 양쪽은 모두 도로이다.

가치 중하中河[169]에 있는 다리로 일정한 역사적 가치가 있다. 현재는 시민들의 휴식 공간이 되었다.

그림 6.305 육부교六部橋

169) §중하中河는 길이 4.13km로, 동하東河와 함께 항주 시내의 중요한 수계水系를 이루고 있다.

(116) 환희영령교歡喜永寧橋

역사 개관 영령교永寧橋라고도 불린다. 청대 건륭 35년(1770)에 건설되었으며 대하大河를 남북으로 가로지르고 있다. 길이 47m, 폭 6.5m이며 1칸 홍예의 돌 계단식 교량이다.[『杭州地名誌』第三卷, 1988]

현황 및 특징 주위는 농지와 주택 용지이다. 이 다리는 도시와 농촌의 경계 구역에 있고 이 구간의 운하가 항운의 기능을 하지 못하였기 때문에 사람들의 주목을 끌지 못하였고, 그 때문에 크게 훼손되지 않았다.

가치 과거 항주 옛 운하 상의 교량으로 일정한 역사적 가치가 있으며 보호가 좀 더 강화되어야 한다.

그림 6.306 환희령교歡喜永寧橋

(117) 복덕교福德橋

역사 개관 남송 시기에는 흑교黑橋라고 불렀다. 전하는 말에 의하면 부근에 염색 공방이 집중되어 있어 염색한 천을 강물에서 씻어서 강물이 탁해지고 나중에는 검은색으로 변하여 흑교라고 불렀다고 한다. 홍교洪橋라고도 부르며 1985년에 정비하였다.(『杭州地名誌』 第三卷, 1988).

현황 및 특징 혜접골교嵇接骨橋 북쪽, 복덕교 골목에 있다. 길이는 10.5m, 폭은 2.8m이며 1칸 홍예의 돌계단 다리이다. 현재는 시내 하류河流 구역 내에 있으며 행인 전용 교통로로 이용되고 있다. 보호 상태가 비교적 좋은 편이다.

가치 항주에 있는 초창기 옛 운하의 교량으로 일정한 역사적 가치가 있다.

제7장

경항대운하 비물질 문화유산 상술

1 통혜하와 북운하 구간

(1) 경동대고京東大鼓

중국의 전통 설창說唱 문예로, 북경의 통현通縣, 하북河北의 향하香河와 천진의 무청武清, 보저寶坻, 소현薊縣 일대에서 시작되어 현지의 민간 사이에서 구전되면서 형성된 가락이다. 북경과 하북, 천진의 일부 지역에서 약 백 년 이상의 역사를 가지고 있다. 대사가 없고 노래로만 이루어져 있으며 가사는 7자구七字句를 기본으로 구성된다. 과거에는 한 명이 노래를 하면서 왼손으로 동판銅板을 치고 오른손으로 북을 치면, 다른 한 명이 삼현三弦으로 반주를 하는 형식이었으나, 현재에는 대사와 합창 등의 형식도 있고 이호二胡와 양금揚琴으로 반주를 하기도 한다. 곡조는 곡패체曲牌體와 판강체板腔體[1])가 혼합된 구조이다.

자주 사용되는 곡조는 금구조金鉤調, 대반강大反腔, 쌍유조雙柔調, 쌍고조雙高調, 상판조上板調, 십삼해十三咳 등이 있다. 전통적인 장편 곡목曲目은 양가장楊家将, 설강반당薛剛反唐 등의 역사 이야기가 대표적이고 단편 곡목은 허선유호許仙遊湖, 무송타점武松打店 등 주로 민간에서 전해 내려오는 전설이 많다.[『통주시지(通州區誌)』, 1992]

(2) 채색 점토 인형泥人張彩塑

천진의 점토 인형은 청대 건륭과 가경 연간에 크게 유행하던 민간 예술로 이 시기에 이미 큰 명성을 얻었으며 점토 인형을 만드는 사람들도 예술가의 반열에 들어섰다. 이와 함께 독특한 스타일을 가진 점토 채색 인형 '니인장泥人張' 문화가 형성되었다.

니인장 채색·점토 인형의 창시자는 장명산張明山(1826~1906)으로 어려서부터 점토 인형을 만들기 시작하여 최고수의 경지에 도달한 절세의 재능을 가진 장인이다. 그는 다른 사람과 한 번 만나면 곧 상대방을 형상화할 수 있는 '촉수성상觸手成像(손만 닿으면 형상을 이룬다)'으로, 형상화한 형태가 실물과 같아 사람들의 탄복을 자아냈다. 이러한 재능으로 그는 니인장이라는 명예로운 칭호를 얻게 되었다. 니인장의 예술 세계는 부단히 발전하여 왔다고 전해진다.

제2대 장옥정張玉亭(1863~1954)은 아버지를 계승하였는데 인물이 움직이는 형태를 잘 표현하

1) §곡패체曲牌體와 판강체板腔體: 곡패체는 중국 전통극이나 산곡散曲에서 여러 곡을 체계적으로 하나로 엮은 곡을 말하는데 한 곡을 여러 번 반복하기도 하고 여러 곡을 한 곡으로 엮은 것도 있다. 보통 고유의 명칭을 가지고 있다. 판강체는 상하 양구上下兩句로만 되어 있다.

였다. 그의 작품은 노동 인민들의 생활을 잘 반영하면서 부패를 폭로하고 반역사적인 세력들을 풍자하는 높은 예술의 경지에 도달하였다.

장명산, 장옥정의 작품들은 파나마 세계 박람회에서 금상과 영예상을 획득하였고 남방 연해 지역 곳곳에서 열린 전람회에서도 20여 차례에 걸쳐 각종 상을 수상하였다. 제3대 니인장 장경호張景祜(1891~1967)는 혁명과 역사를 소재로 한 많은 작품을 창작하였을 뿐만 아니라 소수 민족의 거주 지역으로 들어가 그들의 생활을 작품으로 표현하여 점토 인형 예술의 새로운 경지를 개척하였다.[『天津老城忆舊』, 1997]

(3) 위씨 연風筝魏

북방에서 가장 유명한 연은 천진 위원태魏元泰의 연으로, 매년 봄·가을 연날리기 좋은 때가 되면 그의 연은 순식간에 팔려 나간다. 위원태가 만든 연은 중국 국내뿐만 아니라 외국에서도 그 명성이 자자하다. 그의 정교한 손재주를 거쳐 만들어진 연은 모양과 구상이 독특하고 분해와 조립이 용이하다. 그의 작업실이 있는 장청재長清齋의 문 앞에는 바람을 타고 날고 있는 '기러기 연'을 매달아 놓는데 이는 곧 그가 연을 팔고 있다는 일종의 표시이다.[『天津老城忆舊』, 1997]

(4) 양류청년화楊柳青年畫

양류청년화는 청대에 유행하기 시작한 이래 지금까지 오래된 역사를 가지고 있다. 부드럽고 섬세한 필법, 수려한 인물 조형, 선명하고 화려한 색채, 풍부하고 다채로운 형식과 내용을 그 특징으로 한다. 강건康乾 시기의 양류청년화는 빈틈이 없고 배경이 간결하며 인물 표정을 묘사하는 것을 중시 여겼다. 이 시기의 대표적인 화가로는 제건륭齊健隆, 대강증戴康增 등이 있다. 가경·도광 연간에 양류청년화는 점차 생동감이 더해지고 색채가 풍부하며 배경도 다양해졌다. 양류청년화의 주요한 제재는 인형이다. 이 인형들의 자태는 풍만하고 활발하며 귀여운 형태이다. 그들은 손에 연꽃을 들고 있거나 잉어를 안고 있는 것이 많은데 모두 길吉과 복福을 상징하는 것이며 많은 사람들의 사랑을 받고 있다.[『서청구지(西青區誌)』, 2000]

(5) 천진 쾌반天津快板[2)]

중국의 전통 설창 예술이다. 천진의 예술인들이 시조時調 대수자大數子를 개혁하고 발전시킨 결과로 1950년대에 형성되었다. 대수자 중에서 앞 두 구절인 고산조靠山調의 느린 박자를 생략하여 반주 음악을 풍부하게 만들었다. 공연 시에는 배우가 손에 대나무 토막에 수술을 단 도구를 들고 창을 하는데, 가사는 좋은 뜻으로 된 간단한 몇 마디가 상하의 대구를 이룬다. 말미에는 압운이 있으며 하나의 압운이 끝까지 적용되기도 하고 화철花轍[3)]을 사용하기도 하는 등 자유롭고 다양한 운율이 있다. 반주에 쓰이는 악기는 대삼현大三弦[4)]과 양금揚琴 등이다. 곡목曲目은 대부분 서민들의 현실 생활을 반영하고 있다.[『天津老城忆舊』, 1997]

2 남운하 구간

(1) 박두육합권泊頭六合拳

육합권법六合拳法은 박두泊頭[5)]에서 시작되었다. 명대明代 만력萬曆 말년末年에 장명張明이라는 협객이 박두진泊頭鎮 회족 8리 마을淸眞八裏莊(지금의 紅星八裏莊)을 지나갈 때 병에 걸려 곤경에 처하자 회족 조진붕曹振朋이 그를 집안으로 들여 약을 구해 먹이고 갖가지 방법과 정성으로 보살펴 주었다. 건강을 회복한 장명은 육합 권법을 전수한 후, 권보拳譜 몇 권을 집필하여 자신을 구원해 준 은혜에 보답하였다. 조진붕은 육합의 진리를 획득하여 그의 아들 조수曹壽에게 전수하였고 조수는 백두진泊頭鎮의 석금가石金可, 석장춘石長春, 장무룡張茂龍(이상 모두 회족)에게 전수하였다.

제8대 계승자인 석동정石同鼎은 육합을 부흥시키기 위해 사재 백만 위안을 털어 2002년에 '육합무관六合武館'을 건설하였다. 민족을 가리지 않고 육합을 수련하는 사람들이 자신들의 도장을 가지게 된 것이다. 육합권의 계승은 신분의 귀천이나 관계의 친소를 따지지 않고 민족과

2) §천진 쾌반天津快板: 천진의 전통극으로 박자와 리듬이 빠른 것이 특징이다.

3) §화철花轍: 정통극의 용어로 공연 중의 곡에 적용되는 압운의 방식 중의 하나이다. 압운을 매 2구, 4구, 6구에 적용한 후 운각韵脚으로 전환할 수 있다.

4) §대삼현大三弦: 몽고족과 만주족, 한족 등의 민족이 사용하던 전통 현악기로 긴 세 개의 현이 있어서 붙은 이름이다.

5) §박두泊頭: 지명, 하북성 창주시에 속해 있는 도시

지역에 구애받지 않았다. 또한 이 무예를 특정 지역이나 가문의 사유물로 여기지 않고, 자신과 다른 것도 받아들여 함께 보존하는 것을 무인의 덕목으로 삼게 되었다.[白維平, 石同鼎, 2004]

(2) 오교 서커스吳橋雜技

중국 오교 국제 서커스 축제는 1987년에 처음 시작되어 격년으로 한 차례씩 하북성의 성도인 석가장石家莊에서 열리는 중국의 서커스 축제로, 그 역사가 가장 오래되고 규모가 크며 시설과 설비가 완벽한 국제 서커스 축제이다. 지금까지 40여 개국 300여 개의 서커스단이 이 축제에 참가하여 공연을 하였다.[『요성지구지(聊城地區誌)』, 1997]

3 요성 구간

(1) 요성 관현랑장 인형聊城冠縣郎莊面塑

관현랑장冠縣郎莊은 전체 민가 30~40호에 불과한 작은 마을로 마을 내의 모든 촌민들이 일년 사계절 모두 인형을 만드는 일을 한다. 여기서 만들어진 작품들은 멀리 산동성 밖으로까지 팔려 나간다. 만드는 과정은 먼저 보릿가루를 반죽하여 도마 위에 올려 놓고 가위, 빗 등의 공구를 이용하여 여러 가지 모양을 만들어 찐 후, 아교를 칠하고, 채색하고, 건조시켜 완성한다. 조각은 간단하면서도 숙련된 과정으로 밀가루를 반부조半浮雕 식으로 조각하여 찌면 뚱뚱하게 부풀어 올라 후덕한 조형미가 표현된다. 반죽을 조각하는 것이나 색을 칠하는 것 모두 대담하여 조각의 큰 면에 홍, 황, 녹 등의 원색을 칠하고 그 사이에 변화무쌍한 선을 넣은 후 다시 코발트와 흰색의 가루로 꽃봉오리와 매화를 형상하고 마지막에 짙은 녹색으로 눈과 눈썹, 머리색을 칠한다. 색상의 대비는 작품을 더욱 생동감 있고 다채롭게 하는 효과가 있다.[『聊城地區誌』, 1997]

(2) 임청臨清 거울 그림鏡畫

거울 그림 기법은 청대 말기에 천진에서 임청으로 유입되었다. 그 특징은 유리의 뒷면에 그림을 그리거나 글씨를 써서 정면에서 감상하게 하는 것으로 색깔이 오래 유지되기 때문에 걸어 놓거나 진열하는 데 적합하다. 최근 거울 그림 공장에서는 진공 알루미늄 도금 공예 기술을

사용하여 세트 거울, 괘경掛鏡, 미술경 등 6종류의 상품을 생산하고 있다.[『聊城地區誌』, 1997]

(3) 요성 조롱박화聊城葫芦皮贴畫

조롱박화는 조롱박을 이용하는 공예품을 말한다. 조롱박에 그림을 붙이는 것은 두 가지가 있다. 하나는 조롱박 껍질 고유의 우윳빛깔과 견고함을 이용하여 백색으로 칠하여 상아 부조象牙浮彫의 예술 효과를 나타내는 것이고, 다른 하나는 호리병의 껍질에 물을 들인 후에 은근하고 장중한 맛을 이용하여 제재를 배합하는 것으로 향토색이 짙고 투박한 분위기와 정서를 연출한다.[『聊城地區誌』, 1997]

(4) 요성 팔각고聊城八角鼓

지방 특색이 있는 설창 예술로 반주하는 악기인 '팔각고八角鼓' 때문에 이러한 이름이 붙었다. 팔각고는 구렁이 가죽을 씌워 만든다. 일곱 개 면의 가운데에 동으로 된 방울을 달고 나머지 한 면의 가운데에는 동주銅柱를 달고 동주 끝에 장식용 수술을 단다. 배우가 공연을 할 때 왼손에는 팔각고를 잡고 오른손으로 삼현三弦의 선율에 보조를 맞추는 점垫, 탄彈, 륜輪, 차搓, 박拍, 요搖, 팽碰의 아름다운 소리가 사람들을 매료시킨다. 한 명의 배우가 혼자 연기와 노래를 하는 방식도 있고 여러 명이 역할을 나누어서 하기도 한다.[『聊城地區誌』, 1997]

4 양제운하 구간

(1) 양산조방梁山枣梆

조방枣梆은 산동성의 서남 지역에서 광범위하게 유행하며 널리 알려진 지방극地方劇 중의 하나이다. 양산梁山 일대에서 가장 지명도가 높은 것은 양산현 방묘촌方廟村과 북부 대장촌大張村의 조방희枣梆戲이며 방묘촌의 공연 활동이 가장 먼저 시작되었다. 양산 일대의 많은 서민들은 산서성 홍동현洪洞縣에서 이주해 온 사람들이어서 명·청대 양산의 지방극은 대부분 산서방山西梆과 섬서陝西의 정취가 남아 있는데, 반주가 길고 곡조가 우렁차면서 호방하며 의복과 도구는 수수하고 단출하다. 훗날 산서 지방에 기근이 들자 상당上黨 지역의 방자희梆子戲 예인들이 양산 방묘 일대로 이주하여 노래와 공연으로 구걸하며 연명하였다. 두 지역 희극은 공통점이 많아 예인들이 함께 토론하고 연구하면서 지음知音의 벗이 되었다. 때문에 양산 남부 지방의 희극은 전통적인 기초 위에 산서 상당 지역 방자희의 장점을 더하여 독특한 지방 희극, 즉 양산 조방이 되었다.[劉玉平, 賈傳宇 등, 2003]

(2) 선학무仙鶴舞

선학무仙鶴舞는 제녕 시내에서 전승되고 있는 오래된 민간 전통 무용으로 공연 무용의 형태이다. 공연용 선학무 소품은 대나무를 묶어서 만드는데 긴 목, 양 날개, 꼬리 부분을 모두 흰색의 주견綢絹으로 덮고 깃털을 상징하는 수술을 단다. 공연을 할 때에는 한 명의 여배우가 선학 안에 들어가 조종하는데 이 배우를 '백학 선녀'라고 부른다. 선학무는 보통 8명의 백학 선녀와 춤을 선도하는 한 명의 '두루미(丹頂鶴)'로 구성된다. 연출은 학의 비상, 보행, 깃털을 터는 것, 물을 마시는 것, 유희 등의 동작을 표현하며 이와 함께 각종 전통 격식의 대형으로 변환한다. 선학무는 단독 무용 형식으로 진행하기도 하고 등燈을 따라 한바탕 춤을 추는 등무燈舞나 짝을 이루어 춤을 추기도 한다. 밤에 공연을 할 때 학의 머리와 양 날개에 등을 밝히면 관객들은 연출 속으로 더욱 빠져든다.[劉玉平, 賈傳宇 등, 2003]

(3) 제녕 팔각고濟寧八角鼓

팔각고는 청대 건륭 연간에 북경 팔기[6]의 후손들에 의해 발전되고 널리 알려진 설창 예술이다. 원래는 악기를 치는 것이었으나 건륭 중기 이후에 설창 예술의 형태가 출현하였다. 초창기에는 차곡岔曲이라고 불렸으며, 『백설유음白雪遺音』[7]에서는 차곡岔曲, 요절腰截, 잡패곡雜牌曲을 한 종류로 보고 모두 팔각고八角鼓라고 부른다. 북경의 팔각고는 가경 시기 이후 점점 쇠락하였으나 운하 연안을 따라 제녕까지 흘러들었고, 앞선 시기에 유입된 하남 고자곡鼓子曲과 결합하기도 하고 제녕의 방언 및 토속적인 언어, 통속적인 가요를 받아들이기도 하면서 제녕 팔각고가 형성되었다. 팔각고는 청대 말기에 가장 흥성하다가 민국 시기에 쇠락하였으며 흥성할 때는 400수가 넘는 소령小令[8]이 있었다.[劉玉平, 賈傳宇 등, 2003]

---

6) §팔기八旗: 청나라의 군대 조직과 호구 편제編制. 주로 만주족, 몽고족, 한족이 주를 이루고 출신 민족에 따라 깃발의 색깔이 달랐음.

7) §『백설유음白雪遺音』: 청대 가경, 도광 연간의 민간 노래 총집總集.

8) §소령小令: 산곡散曲의 일종. 체제가 비교적 짧고 통상적으로 단일 곡조를 말한다.

5 남사호 구간

(1) 미산호微山湖 수르나이唢呐[9)]

미산호 수르나이는 운하를 따라 전래된 것으로 운하 연안의 관아에서 관선官船을 맞이하거나 배웅할 때, 혹은 백성들의 관혼상제 시에 연주하는 음악에 쓰이는 악기이다. 미산현微山縣은 10여 개의 현과 접경을 이루고 있어서 수르나이 예인들의 유동 폭이 비교적 넓고 기술 수준도 높아 전통 음악과 희곡, 대중가요도 일상적으로 수르나이의 연주곡으로 편곡하여 연주한다. 뿐만 아니라 눈앞에 펼쳐지는 풍경이나 상황을 즉흥적으로 묘사하여 연주하기도 하여 사람들의 사랑을 받고 있다. 민국 시기까지 수르나이 고수들이 많아 진귀한 민간 예술 유산으로 계승되어 왔다.[劉玉平, 賈傳宇 등, 2003]

(2) 단고강端鼓腔

단고강端鼓腔은 당대에 홍택호洪澤湖의 어민들 사이에서 형성되었다고 전해진다. 명말 청초에 운하를 거슬러 올라 미산호에 전래되어 미산호 어민들의 대중 예술이 되었다. 호수 위에 두 대의 큰 배를 간격을 두고 붙여 그 사이에 공연 무대를 만들고, 민간의 제재를 사용하여 희극과 노래, 춤 등의 장르가 어우러지는 형식으로 공연하는 독특한 예술 형식이다. 처음에는 어민들이 왕을 경배하거나 명절을 맞이할 때, 신령을 보낼 때, 가보를 이을 때 공연을 했다. 공연은 대부분 박수무당이 주재하고 큰 호수에 사는 어민들만 참여했다. 지금까지 이와 관련된 문자 기록은 발견되지 않고 있으며 지금도 구전과 몸으로 전수된 기예를 중심으로 계승되고 있다.[劉玉平, 賈傳宇 등, 2003]

(3) 타배부·식량 운반선 끌기打排斧·拉粮船

타배부打排斧는 운하 연변에서 배를 밀거나 끄는 장인들의 노동 과정에서 창조된 음악이다. 타배부의 악기는 배를 만들거나 수리하는 도끼, 끌 등의 공구들인데 배우들도 배를 다듬는 장인들이다. 양식을 실은 배를 끄는 것은 미산과 어대 운하魚臺運河 변에서는 일상 생활이었으며

---

9) §수르나이surnay: 태평소太平簫, 날라리, 나팔과 비슷하며 윗면에 7개, 아랫면에 1개의 구멍이 있는 회족回族의 관악기

타배부는 이들 생활에서 나온 민간의 음악과 춤이다. 공연을 할 때 견부의 역을 하는 배우는 운하에서 조운선을 끄는 동작을 연출하는데 이때 악기를 두드리고 춤을 추면서 식량 운반선에서의 생활과 애환을 표현한다. 단고강端鼓腔 예술인들이 어촌에서 공동으로 출연하기도 한다. [劉玉平, 賈傳宇 등, 2003]

6 불리하 구간

(1) 유금희柳琴戱

'랍혼강拉魂腔'이라고도 하며 청대 건륭 연간에 출현하여 약 200여 년의 역사를 가지고 있다. 주로 강소의 북부, 산동의 남부, 안휘의 북부, 하남의 동부 일대에서 전해 내려오고 있다. 주요한 반주 악기는 유금柳琴[10]이고, 대부분 민간의 이야기를 제재로 삼고 있으며 곡조가 풍부하고 강함과 부드러움, 거친 것과 세밀한 것이 조화를 이룬다. 서주徐州는 예로부터 교통이 발달하여 외부 문화를 끊임없이 받아들이면서 자신들의 특색도 축적하여 왔다. 이러한 정서가 함축된 유금희는 강소 북부 일대에서 아직까지도 전승되고 있다.[『주근서주(走近徐州)』, 2003]

(2) 방자희梆子戱

대희大戱라고도 한다. 강소 방자희梆子戱는 산서, 섬서의 방자희가 변화되어 형성된 것으로 주요하게 서주, 동산銅山 등지에 전해오고 있으며 300여 년의 역사를 가지고 있다. 곡조에 강함과 부드러움을 모두 가지고 있고 연출 중에 무술과 서커스, 마술, 기공 등을 포함하고 있어 서주인들의 거칠 것 없이 호방하고 민첩하면서도 용맹한 성격을 잘 드러내고 있다. 현재도 서주 일대의 무대에서 공연되고 있다.[『走近徐州』, 2003]

(3) 서주금서徐州琴書

서주금서徐州琴書는 명·청대 타령小曲 또는 민요 가락이 변형되어 형성된 것으로 약 300여 년 이상의 역사를 가지고 있다. 양금揚琴, 추(坠子)[11] 등의 악기로 반주를 하며 대사와 노래가

---

10) §유금柳琴: 발현撥絃 악기로, 모양은 비파琵琶와 모양은 비슷하나 크기가 좀 작다. 4줄의 현이 있다.

섞여 있으나 노래가 주를 이룬다. 연기의 형식이 다양하고 곡목이 풍부하며 현지 민요 가락과 결합되면서 더욱 발전하였다. 명쾌하면서도 완곡하고 표현력이 강하고 향토적 분위기가 농후하다.[『走近徐州』, 2003] 과거에는 민간 예술인이 생계를 위해 노래를 하던 방식에서 시작되었으나 서주와 산동의 남부, 하남 동부, 안휘 동북부까지 전파되었고 나중에는 전국으로 퍼져 나가 지금도 많은 사람들의 사랑을 받고 있다.

7 이운하 구간

(1) 평교 두부平橋豆腐

역사 개관 평교 두부平橋豆腐는 강소의 유명한 음식으로 청대 건륭 황제의 남순南巡과 연관되어 있는 것으로 알려져 있다. 평교는 회안淮安에 있는 오래된 도시로 경항대운하의 동쪽 기슭에 인접해 있는데 건륭 황제가 강남으로 갈 때 용주龍舟(황제가 타던 배)가 이곳을 지나갔다고 한다. 당시 임백만林百萬이라고 불리는 대부호가 황제에게 잘 보이기 위해 자신의 돈을 들여 회안에서 평교진平橋鎮까지 20km가 넘는 거리에 등롱을 달고 비단으로 장식하여 건륭 황제를 자신의 집까지 맞아들였다. 그는 황제를 영접하기 전에 황제가 좋아하는 음식과 습관 등에 관하여 파악한 뒤 요리사에게 잉어의 뇌와 암탉을 곤 국물, 현지 특색 두부로 융숭하게 대접하였다. 건륭 황제가 이 요리의 맛을 본 후 연신 칭찬하였다고 전해지는데 이때부터 신선하고 맛있는 평교 두부의 소문이 삽시간에 강회江淮[12]의 전 지역으로 퍼져 나가 현재까지 유전되고 있다.[구술 정리]

현황과 특징 초주楚州와 회안, 그리고 회양 요리淮揚菜[13]를 위주로 하는 지역에 집중적으로 분포되어 있다.

가치 현지에서 광범위하게 퍼져 있어 평교 두부를 만드는 방법이 잘 보존되고 있으며 현지인들이 손님을 접대할 때 빠지지 않고 나오는 중요한 요리이다. 이 요리는 현지인들뿐만 아니라 중요 회양 요리의 하나로도 명성이 높다. 현재 사람들은 이미 이 요리의 가치에 대해 인식

11) §추(墜子) 또는 추금墜琴)이라 부르며 중국 전통 현악기의 하나이다.

12) §강회, 장화이江淮: 양자강(창장: 長江) 중하류와 회하(화이허: 淮河) 유역.

13) §양주揚州 요리 .

하고 널리 보급하고 있다.

(2) 표모 이야기漂母的故事

역사 개관 전설에 의하면 한신韓信[14]이 어렸을 때 집안이 가난하여 기아에 허덕이다 빨래하는 아낙네(속칭 표모漂母)의 도움을 많이 받았다고 한다. 나중에 한신이 성공하여 나라에 공적을 세운 후 표모의 은혜에 감사를 표하기 위해 고향에 표모의 묘를 조성하였다.(이와 관련한 기록은 『史記·淮陰侯列傳』 참고) 나중에 유장경劉長卿의 『경표모묘經漂母墓』를 비롯하여 역대 문인 묵객들이 이곳을 지날 때 많은 시조를 남겼다.[高步瀛, 1978]

현황과 특징 회안 지역에서 광범위하게 전해내려 오는 전설로 많은 사람들의 칭송을 받고 있다.

가치 현지인들의 소중한 정신적 재부이며 현지에서 표모사漂母祠 등의 물질 유산을 보호하는 배경이 되고 있다.

(3) 반계순潘季馴의 치수治河 사상

역사 개관 반계순潘季馴(1521~1595)은 자는 시량時良, 호는 인천印川, 절강 오정烏程이고, 현재의 오흥현吳興縣 출신이다. 9강부추관九江府推官, 대리사승大理寺丞, 공부좌시랑工部左侍郎, 공부상서工部尚書, 형부상서刑部尚書 등의 관직을 역임하였다. 명대 세종 가정 44년(1565)부터 선종 만력 20년(1592)까지 네 번에 걸쳐 총리하도總理河道를 맡아 20년 동안 황하의 치수와 관리를 책임졌다. 재직 기간에 창조적이고 과학적인 치수治河 이론과 대책을 제시하였으며 황하 하류의 치수 관리에서 빼어난 업적을 남겼다.

반계순의 치수 이론과 실천 경험은 그의 저서 『하방일람河防一覽』에 집대성되었다. 이 저서는 자세한 그림과 황하 치수 요충지에 관한 논술이 포함되어 있는 중국 고대 황하 치수의 귀중한 자료로 중국 수리 과학을 더욱 높은 단계로 끌어올렸다. 반계순의 가장 중요한 공헌은 "물이 옆으로 흐르는 것을 방지하고, 제방을 쌓아 물을 통제하며, 물로 모래를 다스린다.(塞旁决以挽正流, 以堤束水, 以水攻沙)"라는 이론을 제창한 것이다.

---

14) §한신韓信: 기원전 231~196년, 회음淮陰 출신으로 서한西漢의 개국 공신이며 중국 역사상의 걸출한 군사가이다. 소하蕭何, 장량張良과 함께 한나라 3걸로 불리며, 팽월彭越, 영포英布와 함께 한나라 초기의 3대 명장이다.

현황과 특징 치수 사상은 현지의 수리와 관련한 각종 서적에서 자주 나타나고 현지 각급 수리 부문의 가장 중요한 관심 사항이다.

가치 왕경王景[15], 가로賈魯[16], 그리고 반계순을 연구하면 중국 고대 치수 사상과 이론의 변천 과정을 알 수 있다.

(4) 양주 청곡揚州清曲

과거에는 소곡小曲, 소창小唱이라고도 불렸으며 명대에 형성되고 청대에서 가장 번성하였다. 정판교郑板橋(1693~1765)[17]는 시에서 "딸을 키우면 먼저 노래를 가르치고, 십리에 꽃을 심는 것도 농사다.(千家养女先教曲, 十裏栽花算种田)"라고 하여 집집마다 청곡清曲을 노래하는 모습을 묘사하였다. 그러나 1960년대 이후에 이런 전통 민간 예술은 점점 쇠락하기 시작하여 현재는 양주, 상해, 진강 등 세 지역에서 소수에 의해 전승되고 있다. 현재 청곡을 할 수 있는 사람은 100명이 채 되지 않으며 이들 대부분도 60~80세의 노인들이다. 양주 청곡의 영향력과 파급력은 한때 상당한 정도였으나 지금은 거의 전승에 실패하였다고 할 수 있다.[양주 문예인터넷사이트, wenyi.yztoday.com]

(5) 양주 탄사揚州彈詞

양주 탄사揚州弦詞는 양주 방언으로 노래하는 곡예술曲藝의 일종으로 양주와 진강, 남경 그리고 리하허裏下河 일대에서 유행하였다. 양주 탄사와 양주 평화揚州評話는 같은 부류인데 탄사는 대략 명말 청초에 시작되었는데 초창기에는 한 명이 창을 하면서 삼현 반주를 하였으므로 현사弦詞라고 하였다. 청대 초기에 평화 예인評話藝人들은 대개 공현사工弦詞를 겸하다가 건륭·가경 이후에 점점 분리되었다. 청대 중엽, 탄사가 흥성하던 시기에는 "대백현사對白弦詞"로 발전하여 비파 연주 방식이 새로 생겨났는데 이는 대사가 많고 노래가 적으며 노래의 가사는 서술과 설명이 주를 이루었다. 양주 탄사의 주요 작품은 〈진주탑珍珠塔〉, 〈쌍금정雙金锭〉, 〈왜포기倭袍記〉, 〈옥청정玉蜻蜓〉, 〈락금선落金扇〉, 〈백사전白蛇傳〉 등 8편이 있다.[양주 문예인터넷사이트, wenyi.yztoday.com]

---

15) §왕경王景: 중국의 고대 동한東漢의 수리 전문가.

16) §가로賈魯: 중국 원대元代의 역사가, 사상가, 수리 전문가.

17) §정판교郑板橋(1693~1765): 청대의 정치가, 문학가, 서화가.

(6) 양주 평화揚州評話

유양 평화維揚評話 혹은 평사評詞라고도 하며 청대 초기에 형성되었다. 양주를 중심으로 강소성의 북부와 남경, 진강, 상해 등지에서 유행하였다. 한 명이 탁자 뒤에 앉아 쥘부채, 손수건 등의 도구와 양주 방언을 사용하여 공연을 하는 형식이다. 20세기 중엽부터는 빈손으로 일어서서 연설하는 형식도 나타났다. 역사상 수많은 명가와 명작이 배출되었는데, 연설이 뛰어난 『삼국지三國誌』의 오천서吳天緖, 포림浦琳이 극본을 쓰고 연출한 〈청풍갑淸風閘〉과 추필현鄒必顯 극본·연출의 〈비타전飛跎傳〉, 엽상림葉霜林 연설의 〈악전岳傳〉, 등광두邓光鬥·송월장宋月章 연설의 〈수호水滸〉, 이국휘李國輝·람옥춘藍玉春 연설의 〈삼국三國〉, 김국찬金國灿 연설의 〈평요전平妖傳〉, 랑조명郎照明·랑조성郎照星 연설의 〈녹목단綠牡丹〉, 대선장戴善章 연설의 〈서유기西遊記〉, 번자장樊紫章 연설의 〈시공안施公案〉 등의 인물과 작품들이 한 시기를 풍미하였다. 이 중 〈삼국〉, 〈수호〉, 〈청풍갑〉, 〈비타전〉 등의 작품은 여러 예인들이 공연을 하였고 대를 이어 계승되었으며 유파가 형성되기도 하였다.

어떤 작품은 계승의 과정에서 내용이 풍부해지기도 하고 같은 줄거리에 대한 묘사의 방법이 달라지기도 하여 각 예인들의 선호나 특기의 차이가 드러나기도 하였다. 또한 역사 의식의 차이와 각기 다른 생활의 깊이가 나타나기도 하였다.

1949년 신중국 건국 후에는 수많은 창작 소설이 양주 평화의 소재가 되어 중·단편의 작품들이 나타나기 시작하였으나 공연의 주요한 주제와 제목은 여전히 전통적인 것들이 중심이 되어 이어져 오고 있다. 양주 평화는 고전을 현대에 공연함으로써 전통과 시대의 영광을 계승해 나가고 있다.[양주 문예인터넷사이트, wenyi.yztoday.com]

(7) 양극揚劇

양극揚劇은 강소성의 주요 지방극 중의 하나이다. 원래의 이름은 유양희維揚戲라고 하는데 속칭 양주희라고도 하며 소주, 강남, 상해, 안휘 등의 일부 지역에서 유행하였다. 양주 화고희揚州花鼓戲와 수북 향화희蘇北香火戲를 기초로 하여 양주 청곡揚州淸曲과 민요의 후렴구를 받아들여 발전하였다. 화고희花鼓戲 극단은 현악기로 반주하는데 곡조가 비교적 부드러운 것을 과거에는 '소개구小開口'라고 불렀다. 향화희香火戲는 원래 강소 북부 농촌 지역에서 굿을 할 때, 박수무당이 연기하는 극으로, 징과 북으로 반주를 해서 곡조가 비교적 투박하고 호방한데 이를 과거에는 '대개구大開口'라고 불렀다. 소개구와 대개구는 1930년대 초에 합쳐졌다가 다시 소개구 위주로 재편되어 유양희維揚戲라고 부르게 되었다. 신중국 건국 후에는 유양

희를 다시 양극이라 고쳐 불렀으며 아직도 많은 사람들의 사랑을 받고 있다.[양주 문예인터넷사이트, wenyi.yztoday.com]

(8) 양주 목우揚州木偶

양주를 목우(꼭두각시)의 고향이라고 부르는데 천주泉州의 망석중提線木偶[18], 장주漳州의 자루 인형布袋木偶[19] 등과 함께 전국적으로 유명하다. 양주 목우의 기원은 태흥현泰興縣 일대에서 시작되어 신중국 건국 전에 목우를 이용하여 극을 하는 곳이 100여 곳에 달하였다. 이를 기반으로 태흥현 목우단木偶團이 만들어지고 현재의 양주시 목우 극단의 모태가 되었다. 이 극단의 대표적인 작품은 〈상아분월嫦娥奔月〉(상아가 달나라에 가다)로 인물의 형상과 연출이 마치 사람처럼 생동감이 있으며 강함과 부드러움이 조화롭고 섬세하여 관객의 감정을 사로잡는 것으로 유명하다.[양주 문예인터넷사이트, wenyi.yztoday.com]

(9) 광릉금사廣陵琴社

고금古琴[20] 예술은 각지에 유파를 형성하였는데 사천四川의 천파川派, 절강浙江의 절파浙派, 산동魯[21]의 로파魯派, 강소江蘇 상숙常熟의 우산파虞山派, 양주揚州의 광릉금파廣陵琴派 등이 있다. 양주의 광릉금파 고금의 기원은 당대로 거슬러 올라가지만 진정한 의미의 광릉금파가 형성된 것은 청나라 초기로 대표적인 인물은 서상우徐常遇이며 저서로 『징감당금보澄鉴堂琴譜』가 있다. 그의 아들 서고徐枯, 서위徐偉도 고금의 명인들인데 강희 황제가 이들 두 명을 초청하여 연주를 듣기도 하였으며 훗날 유전되고 있는 악보를 수집하여 가장 광범위한 고금 악보인 『오지재금보五知齋琴譜』를 편집하였다. 광릉금파는 200년 이상 대를 이어 계승되었으며, 현대에 이르러 금계琴界에서 가장 큰 유파를 형성하였다. 대표적으로는 〈어가漁歌〉, 〈초가樵歌〉, 〈소군원昭君怨〉, 〈어초문답漁樵問答〉 등이 있으며, 이중 서고와 서위는 광릉금파의 대표적인 인사로 북파의 강건한 패기와 남파의 온유한 정을 모두 가장 잘 표현하는 예술가이다. 1932

---

18) §팔다리에 줄을 매고 그 줄을 조종하여 움직이는 나무 인형.
19) §작은 자루 모양의 인형으로 주머니 속에 손을 집어넣어 인형을 움직이게 한다.
20) §고금古琴: 요금瑶琴, 옥금玉琴, 사동丝桐, 칠현금七弦琴 등으로 불리는 중국의 전통 악기이다. 3천 년이 넘는 역사를 가지고 있으며 한국의 거문고와 비슷하게 생겼다.
21) §노魯: 산동성을 줄여는 부르는 글자로, 과거 노나라가 산동성 일대에 근거하고 있었던 것에서 유래한다.

년에는 저명한 고금 예술가 손소도孫紹陶를 지도자로 광릉금사를 창립하여 영향력 있는 예술가를 많이 배출하였다. 광릉금사는 1984년 정식으로 복원되어 광릉금파의 고금 예술을 계승하는 강습반을 운영하는 등 고금 예술 청년 후계자를 양성하는 사업에서 성과를 내고 있다.[양주 문예인터넷사이트, wenyi.yztoday.com]

(10) 양주 칠기揚州漆器

강소 양주 전통 칠기 공예는 약 2천 년 전의 진한秦漢 시기에 기원하여 당대唐代에 발전을 거쳐 명·청대에 절정을 이룬 예술이다. 농후한 민족 예술과 지역적 특색을 지니고 있다. 명대 양주 예술가 주저수周翥首가 금은보배, 비취, 마노, 수정, 대모玳瑁 등의 고급 재료에 산수, 인물, 화훼, 정자亭臺, 깃털 등을 박달나무에 박아 넣은 칠기 상감 공예를 창조하면서 더욱 발전시켰다. 천백여 년 이래 양주 칠기 예술은 점점 기초가 견고해지고 정교해졌으며 광택이 빛나고 조형이 독특한 풍격을 형성하여 북경 칠기北京漆器, 복건 탈태 칠기福建脫胎漆器와 함께 '중국의 3대 칠기'로 불린다.[양주 문예인터넷사이트, wenyi.yztoday.com]

(11) 양주 팔각揚州八刻

양주 목각揚州木刻, 죽각竹刻, 석각石刻, 전각磚刻, 자각瓷刻, 아각牙刻, 각지刻紙, 각칠刻漆 등을 합쳐서 양주 팔각揚州八刻이라고 한다. 양주 팔각 중에서 아각과 죽각은 특히 유명한데 이 두 종류는 모두 심각深刻(깊이 새김)과 천각淺刻(얕게 새김)으로 나뉜다. 양주 장인들의 천각과 미각微刻(섬세한 조각)은 오랜 역사를 가지고 있다. 천각의 특징은 조각이 섬세한 것인데 상아나 대나무에 새기는 것이 마치 종이나 비단에 붓으로 그림을 그리는 것과 같이 조각칼을 붓처럼 섬세하고 능수능란하게 움직여 거침없이 단번에 조각을 한다. 미각으로 새기는 글자는 모기의 다리처럼 가늘고, 손톱만큼 작은 곳에도 조각을 하는데 작은 곳에서도 큰 것을 보는(小中见大) 기품이 모두 자연스럽다. 명·청 시기에 양주에는 적지 않은 상아, 대나무 조각 장인들이 있었다. 청대의 반서봉潘西鳳은 가죽에 새기는 것에 정통하여 그 명성이 널리 알려졌다. 금석金石 조각의 거장 오양지吳讓之의 대나무, 상아 조각도 일품인데 그의 뛰어난 작품들은 절세의 보물이라고 불린다. 근대 양주의 유명한 상아·죽각 장인은 황한黃漢, 오남우吳南愚 등 수십 명에 이른다. 오남우吳南愚는 쌀 한 톨 만한 상아에 백여 개의 글자를 새길 수 있었고 1927년에 새긴 〈홍루십이금채紅樓十二金釵〉 등 두 개의 천각 작품으로 파나마 국제박람회에 참여하여 수상하였다.[양주 문예인터넷사이트, wenyi.yztoday.com]

8 강남운하 구간

(1) 진강 식초鎭江香醋

150년의 역사를 가지고 있는 진강 식초鎭江香醋는 '색色, 향香, 산酸(시다), 순醇(순수하다), 농濃(짙다)'의 특징을 가지고 있다. 오래될수록 맛이 향기롭고 진하다. 청대 도광 20년(1840) 주조회朱兆怀가 항순조방恒順糟坊을 설립하여 백화주百花酒를 생산하기 시작하였는데 백화주는 재질이 우수하여 황제의 진상품이 되었고, 그 후 생산량을 대폭 늘렸다. 도광 30년부터 항순에서 술지게미로 식초를 만들기 시작하면서 공장을 조림방糟淋坊으로 바꾸었다. 동치 12년(1873)에는 간장과 장조림류를 생산하기 시작했고 다시 항순조장림방恒順糟醬淋坊으로 바꾸었다. 선통宣統 2년(1910), 항순의 식초가 남양권업勸業박람회에서 금상을 받은 후 진강 식초의 명성은 더욱 멀리 퍼져 나갔다. 민국 15년(1926)에 이고우李皐宇가 경영권을 물려받은 후에 상호를 항순원장초조방恒順源醬醋糟坊으로 바꾸었다. 민국 24년, 상호를 다시 진강항순공장초장주식유한회사鎭江恒順醬醋廠股份有限公司로 개조한 후 항순은 전성기로 접어들었다. 1955년 항순은 공사합영公私合營을 실행하면서 진강항순장초장鎭江恒順醬醋廠을 설립하였다. 1985년까지 항순장초장은 연 3,506톤의 품질이 우수한 식초를 생산하여 국내외의 수많은 상을 획득하였다.[『진강시지(鎭江市誌)』, 1993; 『진강요람(鎭江要覽)』, 1989]

(2) 진강삼어鎭江三魚

준치, 웅어(刀魚), 작은 메기를 진강삼어鎭江三魚라고 한다. 이 진강삼어로 요리를 한 준치찜, 홍샤오웅어, 메기 백숙 등 세 종류의 생선 요리는 진강의 명물 요리이다. 준치는 중국 양자강의 귀중한 어류로, 북송北宋 시기에는 준치를 '경구京口[22]의 맛'이라 하였다. 매년 봄과 여름이 만나는 환절기에 준치는 연해에서 강을 거슬러 올라 강중에 산란하는데 계절성이 정확하여 '시어時漁'라고 불리었다. 그중 초산焦山과 대항강大港江 유역에서 잡히는 준치의 맛이 가장 뛰어나다. 웅어도 바다에서 성장하여 강으로 회귀하는 어류이다. 매년 초봄 웅어의 번식기가 되면 중국 동해에서 양자강으로 역류하기 때문에 초산의 동쪽 일대는 웅어로 가득찬다. 청대의 유명한 시인 주이존朱彝尊은 "경구도어척반비京口刀魚尺半肥" 라는 시구를 남겼는데 이를 통해 이미 오래전부터 웅어(도어刀魚)라는 이름을 얻었음을 알 수 있다. 작은 메기는 머리가 납작하고 몸은

22) §경구京口: 강소성 진강시의 직할구直轄區로 진강시의 정치, 경제, 문화의 중심지이다.

청백색으로 봄에 많이 잡히지만 가을 메기가 가장 맛있다. 살이 많고 가시가 적으며 복어와 견줄 정도로 맛이 좋지만 복어와 달리 사람에게 해가 없다.[『鎮江要覽』, 1989]

(3) 강주江綢, 진강 비단

경강 비단은 경강주京江綢라고도 하는데, 목기木機를 이용하여 수공手工으로 짠다. 당·송대 이래로 릉綾, 라羅, 주綢, 단緞 등은 시기마다 이름을 달리 하였으나 모두 황제에게 진상된 상품이었으며 태평천국 후부터는 강주江綢로 통칭되고 있다. 그중 가장 중요한 품종은 화소녕주花素寧綢와 경강선추京江線縐이며 그 외에도 관사官紗, 겸사缣丝, 탑부주塔夫綢 등이 있다. 화소녕주와 경강선추는 소주蘇州 직조부織造府의 진상품이었는데 황제가 관리들에게 주는 하사품으로 사용되어 '궁주宮綢'라고 불렀으며 관원들의 도포도 대부분 이 재료로 만들었다. 관사와 겸사는 여름 옷감이고 탑부주는 안감으로 사용되었다. 강주 산업은 청대 광서 20년(1894) 이전에 가장 흥성하였는데 '도취무陶聚茂', '진항순陳恒順', '모봉기毛鳳記', '채협기蔡协記' 등이 가장 유명한 4대 상호이다. 1909년 남양권업회勸業會에서 화소녕주와 경강선추, 그리고 관사 중의 명사明紗가 각각 우수상과 금상을 받았다.[『鎮江要覽』, 1989]

(4) 채등彩燈, 전통극 복장戲曲服裝

진강 채등彩燈은 모양이 독특하고 정교하다. 그중에서 연꽃등과 용등은 제5회 전국체육대회(1983, 상해)의 개막식에서 사용되어 호평을 받은 바 있다. 전통극 복장은 최근에 많은 영화와 드라마에서 사용되는 등 인기를 얻고 있는데 영화 〈지음知音〉, 〈아이리푸와 싸이나무艾裏甫與賽乃姆〉, 그리고 드라마 〈홍루몽紅樓夢〉 등에서 소품으로 사용되어 유명해졌다.[『鎮江要覽』, 1989]

(5) 백사전白蛇傳

수만금산사水漫金山寺[23]에는 오래전부터 전해 내려오는 전설이 있다. 허선許仙이 법해法海에게 속아 금산사로 들어가자 그의 아내 백낭낭白娘娘과 소청小青이 금산사로 가서 법해에게 허선을 놓아줄 것을 간청하였다. 법해는 백낭낭과 허선의 부부 관계를 파탄내기 위해 크게 욕

23) §수만금산사水漫金山寺: 강소성 진강시鎮江市 금산金山에 있는 사찰로 백사 전설白蛇傳의 발원지이다.

설을 퍼부으며 흉기로 위협했다. 백낭낭은 사해용왕四海龍王과 어병지졸魚兵之卒을 청하였고, 결국 사해의 바닷물이 금산사를 집어삼켜 금산사는 물속에 잠기었으나 진강鎭江은 잠기지 않고 무사하였다.[『鎭江要覽』, 1989]

(6) 상주 학파常州學派

청대 금문경학今文經學(유가 경전을 연구하는 학문)은 운하 연안의 상주를 중심으로 시작되면서 흥성하였다. 후대 사람들은 이 부류의 학자들을 가리켜 상주학파常州學派라고 불렀고 이 학파가 『춘추春秋』 공양학公羊學을 연구하였기에 공양학파公羊學派라고 부르기도 한다.

청대 금문경학의 창시자는 장존여莊存與(1719~1788)로 자는 방경方耕, 호는 양념养恬으로 강소성 상주 무진 출신이다. 건륭 연간에 경학을 고증하는 바람이 크게 일어났는데 장존여 또한 이를 연구하였으나 경학을 사용하는 것이 주된 목적이었다. 그는 고금古今을 구분하거나 한漢, 송宋을 구분하지 않고 육경六經[24]에 통달하고 취지를 선명하게 구분하였으며 많은 경전에 대한 논저를 남겼다. 민국 연간에 증수한 『비릉장씨족보毗陵莊氏族譜』 제16권 『저술著述』의 기록에 의하면 장존여는 『역설易說』, 『상서기견尙書既见』, 『상서설尙書說』, 『주관기周官記』, 『주관설周官說』, 『춘추정사春秋正辞』, 『락설樂說』, 『산법약언算法约言』, 『미경재문고味經齋文稿』 등의 저서를 남겼는데, 그중 금문경학 부흥에 가장 큰 영향을 끼친 것은 『춘추정사』이다.

이와 함께 상주의 장혜언張惠言, 장술조莊述祖 등의 계승자들 또한 이 방면에서 큰 공헌을 하였다.(『常州市誌』, 1995)

(7) 상주파常州派

청대 화조화파花鳥畵派 중의 하나이며 대표적인 화가는 운수평惲壽平이다. 순몰골체純没骨體=몰골화법[25]은 화조화파의 주요한 특징이다. 송대의 몰골화법은 가느다란 스케치를 하는 기법도 있는데 청대에 이르러 운남전惲南田[26] 등 처음과 완전히 다른 몰골화법이 나타나 사생의 정통파로 널리 퍼졌다. 이 운남전이 상주 사람이어서 상주파로 불리게 되었다. 청대 초기부터

24) §육경六經: 육예. 서주西周 시대 학교 교육의 여섯 과목으로, 예禮·악樂·사射·어御·서書·수數를 가리킨다.
25) §몰골화법: 동양화에서 윤곽선을 그리지 않고 먹이나 물감을 찍어서 한 획으로 그리는 화법
26) §운남전惲南田(1633~1690): 원명은 격格, 자는 수평壽平, 호는 남전으로 명말 청초의 저명한 서화가書畵家이며 상주화파의 개척자이다.

가경嘉慶까지는 화조화의 풍격이 다양하고 각 파의 활동이 특히 활발하던 시기였다. 청대 초기 상주파 운남전의 화조화는 일필휘지로 그린 빼어나고 운치 있는 그림으로 널리 이름을 날렸으며 가장 유행하는 화풍이 되었다.[『常州市誌』, 1995]

(8) 상주 탄황常州灘簧[27]

청대 후기 강남운하 연안의 소주, 무석, 상주, 항주와 상해 등지에서 유행했던 설창 예술이다. 인과응보를 표현하는 이런 예술 형식이 발전하면서 상주도정常州道情으로 불리는 새로운 곡예가 생겼다.[『常州市誌』, 1995]

(9) 상주 빗常州梳篦

중국 고대의 8대 머리 장식품 중의 하나로 진대晉朝(265~420)부터 사용되기 시작하였다. 과거에는 궁정에서 사용하던 귀한 물건으로 "궁중의 이름난 빗"이라 불리었다. 지금까지 1,500년을 이어온 중국 전통의 수공예품이다. 최근 100년 동안 상주 빗은 국내외의 박람회에 참가하여 금·은상에 상당하는 상을 11차례나 수상하였는데 1915년에는 파나마 국제평화박람회에서 은상을 획득하였고, 1926년에는 미국 필라델피아박람회에서 금상을 획득하였다.[『常州市誌』, 1995]

(10) 석극錫劇

백 년이 넘는 역사를 가진 강소성 지방극 중의 하나이다. 태평천국을 전후하여 무석탄황과 상주탄황이 합쳐져서 형성된 지방극이다.[『无錫市誌』, 1988]

(11) 혜산 점토 인형惠山泥人

혜산惠山 지역의 지하 1m 이상 깊은 곳의 흙을 재료로 사용하여 여러 공정을 거쳐 제작된다. '대아복大阿福' 계열의 점토 인형은 혜산 점토 인형의 대표작이다.[『无錫市誌』, 1988]

---

27) §탄황: 강소성 남부와 저장성 북부에 걸쳐 유행하던 설창說唱 문예의 하나이다.

(12) 〈이천영월二泉映月〉

악곡은 처음부터 마지막까지 어느 맹인 예술인의 고통과 괴로운 감정을 드러내며 독특한 민간 연주 기법과 풍격을 보여 준다. 동시에 비교할 수 없는 심오한 예술적 경지에 다다른 중국 이호二胡 예술의 매력도 느낄 수 있다. 이 악곡은 이호 예술의 표현력을 넓혀 '20세기 중국 음악 경전 작품상20世紀華人音樂經典作品奖'을 수상하였다.[『无錫市誌』, 1988]

(13) 곤극昆剧

곤극昆剧은 중국에서 가장 오래된 전통극 중의 하나로 곤강(혹은 곤산강昆山腔) 또는 곤곡昆曲이라 불린다. 발원지는 곤산昆山(현재는 강소성에 속한다)이다. 명대(1368~1644) 위량보魏良輔의 저서 『남사인정南詞引正』에 의하면 원대(1279~1368) 말년에 고견顧堅이 처음 창시하였다. 일반적으로 곤극은 명대의 가정 연간에 위량보가 익양강弋陽腔[28]의 음악에 해염강海盐腔을 받아들여 더욱 발전시킴으로써 영향력이 나날이 확대되었다고 알려져 있다. 위량보는 장편 희곡傳奇 작가 량진梁辰과 함께 〈완사기浣紗記〉를 창작하였는데 이 작품은 곤강 운율昆腔韵律의 각본에 부합되어 훗날 곤강을 널리 전파시키는 데 중요한 교두보가 되었다.

곤극의 리듬은 감미롭고 섬세하여 '물레방아'라는 정겨운 별칭을 얻었다. 공연 중의 춤동작이 강렬하다. 곤극에서는 북곤北昆, 상곤湘昆, 천곤川昆, 녕곤寧昆 등의 많은 분파가 생겨났다. 그러나 청대 중엽부터 곤극은 점점 쇠퇴하기 시작하여 1940년대 중·후반에 와서는 무대에서 거의 사라졌다. 신중국 건국 후에 이 귀중한 지방극에 대한 긴급 보호 정책을 실시하여 곤극은 생명력을 이어가게 되었다. 가장 많이 공연되는 전통극은 〈류원경몽遊園驚夢〉, 〈사범思凡〉, 〈궤지跪池〉, 〈취조醉皂〉, 〈치몽痴夢〉 등이며 〈십오관十五貫〉, 〈태백취사太白醉写〉, 〈서원기西園記〉 등은 정리와 가공을 거쳐서 공연되고 있는 작품들이다.[『蘇州市誌』, 1995; 『蘇州詞典』, 1999).

(14) 소수蘇绣

발원지는 소주 오현吳縣 일대이다. 강소는 토지가 비옥하고 기온이 온화하여 오래전부터 잠업蠶業이 발달하여 비단 생산이 활발하였으며 옛날부터 금수錦绣의 고향이라 불리었다. 서한西

28) §강서(江西)성 익양(弋陽)에서 시작된 중국 전통극 곡조. 한 사람이 독창하고 여러 사람이 보조를 맞추며, 타악기로만 반주를 한다.

漢의 유향劉向이 쓴 『설원說苑』에 의하면 2천여 년 전 춘추 시대 오나라吳國 시기에 이미 옷감에 자수를 수놓는 기술이 나타났다. 명대에 이르러 강남은 견직 수공업의 중심이 되었다. 회화 예술에서는 당인唐寅, 심주沈周로 대표되는 오문화파吳門畫派가 나타나서 자수의 발전을 촉진하였다. 자수 예술이 회화 작품에 결합되어 작품이 마치 살아 있는 것처럼 생동감 있으면서도 필묵의 깊은 맛이 드러나서 '바늘로 그린 그림' 혹은 '교탈천공巧奪天工: 기예가 매우 정교함'이라 표현하였다.

청대는 자수의 전성기였는데 황실에서 사용하는 많은 자수품은 대부분 소수蘇綉 예술인의 손을 거쳐 나온 것이었다. 민간의 자수는 더욱 풍부하고 빼어났는데 옷감, 전통극의 복장, 이불 겉감, 베갯잇, 쿠션, 신발의 발등 부위, 향낭, 부채 주머니 등 다양한 용도로 사용되었다. 이런 소수로 만든 생활 용품은 여러 종류의 자수바늘을 사용하여 정교하게 제작되었으며 색깔 배합도 아름답다. 각종 무늬와 다양한 도안이 있는데 그중에서 기쁘고 경사스런 일, 장수 축원, 길하고 행운이 있는 내용 등이 많은 사람들의 환영을 받았다.

이와 함께 꽃을 수놓는 자수는 비교적 고급스러운 작품으로 '규각수闺閣绣'라고 부른다. 기록에 의하면 오현吳縣의 전혜錢慧, 조묵금曹墨琴, 오강吳江의 양묘군楊卯君, 심관관沈关关, 무석无錫의 정패丁佩, 설문화薛文華 등이 각 시대마다 이름을 날리던 규각수의 예술가들이다. 특히 청대 말기와 민국 초기 서양 학문과 문화가 대량으로 유입되던 시기에 이르러 소수도 새로운 전조가 나타나기 시작하였다.

광서 연간에 기예가 정교하고 뛰어난 자수 예술가 심운지沈雲芝의 지도 아래 강소의 소주蘇州, 남통南通, 단양丹陽, 무석无錫, 상숙常熟 등지에 자수전수관, 수예과绣工科, 자수 조합 등이 만들어졌다. 1930년대 초에는 단양의 정규 여자 직업 고등학교 수예과 주임 양수옥楊守玉이 씨줄과 날줄이 엇섞이고 길이가 다르며 층수가 중첩된 난침수亂针绣를 창시하여 소수 자수 예술의 표현력을 한층 더 높이고 풍부하게 하였다. 1950년대 초부터 소수 자수 예술의 창작은 새롭고 광활한 신천지를 개척하였다. 소주, 남동, 상주, 무석, 양주, 동대東臺 등지에 차례로 자수연구 기관이나 공장이 건립되어 자수 예술인들이 전심전력으로 연구와 창작에 몰두할 수 있게 되어 유실된 기예를 복원하고 기술을 높이고 발전시켜 오랜 전통 예술인 자수 예술이 다시 옛 영화를 누릴 수 있게 되었다.[『소주시지(蘇州市誌)』, 1995; 『소주사전(蘇州詞典)』, 1999]

(15) 오문화파吳門畫派

원대부터 시작하여 강남 소주 일대에는 많은 문인과 인재들이 모여 들었다. 사료에 의하면 당시 소주에만 150여 명이 모여들었다고 하는데 이는 전체 명나라 화가의 1/5이 운집하여 하나의 강력한 화파畫派를 형성한 것이다. 소주는 역사적으로 오문吳門이라고 하였고, 이에 따라 이곳에 운집한 화가군을 오문화파吳門畫派라고 부른다. 오문화파의 지도자 심주沈周와 그의 문하생 문정명文征明, 당인唐寅, 그리고 구영仇英을 합쳐서 오문4가吳門四家라고 일컫는다.

오문화파는 명대 융경隆慶, 만력萬歷 그리고 숭정崇禎 시기에 가장 왕성한 활동을 하였다. 오문화파는 생활 범위가 제한되어 제재題材가 협소하고 구상이 단조롭고 작품이 중복되는 단점이 있다. 그러나 그들은 선인들의 필묵 전통을 계승하고 작품의 기풍을 중시 여기고 풍격의 추구를 예술의 중요한 덕목으로 삼았다. 게다가 그들은 깊고 높은 문화 수양으로 각자 자신들의 미학을 추구하고 있었으므로 고유한 창조성을 가지고 있었다. 그들의 필묵 기교와 표현 수법, 예술 경지의 창조성은 후세에도 큰 영향을 미쳤다.[『蘇州市誌』, 1995; 『蘇州詞典』, 1999]

(16) 소주 평탄蘇州評彈

소주 평탄은 소주 평화評話와 탄사彈詞의 총칭으로 소주와 강소, 절강, 상해에서 생겨나고 유행한 소주 방언을 사용하는 연창演唱이다. 평탄의 역사는 아주 오래 되었는데 청대 건륭 시기에 이미 꽤 유행하였다. 가장 유명한 예인으로는 왕주사王周士가 있는데 그는 건륭 황제를 위해 연창을 하기도 하였다. 가경, 도광 연간에는 진우건陳遇乾, 모창패毛菖佩, 유수산俞秀山, 육서정陸瑞廷 등 4대 명인이 있었고 함풍, 동치 연간에는 마여비馬如飛, 조상주趙湘舟, 왕석천王石泉 등의 명인이 배출되었다. 그 후로도 명가 유파가 연이어 나타나 소주 평탄 예술의 역사는 2백여 년이 넘는 지금까지 이어지고 있다.

소주 평탄은 공연 중에 대사와 노래를 모두 포함한다. 이를 공연 방식으로 분류하면 크게 3종류로 나눌 수 있는데 그것은 1인극과 2인극, 그리고 3인극이다. 배우는 모두 스스로 악기를 연주하면서 노래를 하는데 반주를 하는 악기는 중국 전통 현악기의 일종인 소삼현小三弦과 비파琵琶이다. 주요한 곡조는 비가조費伽調와 란계제亂雞啼로 모두 다른 작품이나 민요의 가락에서 발전된 곡이다. '서조書調'는 각종 유파의 곡조 발전의 기초로 여러 예술가들의 공연을 거치면서 풍부하고 다양한 유파와 창법이 생겨났다.

이를 크게 세 종류로 나누면 진조陳調(陳遇乾), 마조馬調(馬如飛), 유조俞調(俞秀山)로 나눌 수 있다. 백여 년이 넘는 발전 과정을 거치는 동안 각 유파 내에서는 계승자들이 바뀌고 세대가 전환되면서 새로운 유파가 나타나기도 하였다.

예를 들면 '진조'의 계승자 유천운劉天韵, 양진웅楊振雄, '유조'의 계승자 하하생夏荷生, 주혜진朱慧珍 등은 모두 자신들의 유파를 새롭게 형성하였다. 이들 유파 중에서 영향력이 가장 큰 유파는 '마조'였다. 각 유파의 새로운 계승자가 나타나면 새로운 유파가 형성되는 식이었다. 예를 들면 설조薛調(계승자 薛筱卿), 심조沈調(계승자 沈儉安), 금조琴調(朱雪琴가 설조의 기초 위에 발전시킴) 등이다. 주조周調(계승자 周玉泉)는 마조의 기초 위에 형성되어 발전하였으며 훗날 주조의 기초 위에 다시 장조蔣調(계승자 蔣月泉)가 출현하였다. 이러한 유파의 출현과 발전 방식 때문에 소주 평탄은 다양하고 수많은 유파들이 생겨나 전성기를 맞이하게 되었다.

이밖에도 엄조嚴調, 요조姚調, 여조麗調 등의 유파가 발생하고 인재가 배출되었으며 신중국 건국 후에는 더욱 많은 예술가들이 자웅을 겨루면서 소주 평탄의 중흥기를 이어 나갔다. 소주 평탄은 강소, 절강, 상해 일대 백성들의 사랑을 받았을 뿐만 아니라 서려선徐麗仙이 연기한 〈접련화·답리숙일蝶恋花·答李淑一〉은 전중국 인민의 사랑을 받아 음악회의 단골 프로그램이 되었으며 양내진楊乃珍이 출연한 〈대구련환大九連環〉도 한 시기를 풍미한 대표적인 작품으로 기록되었다.

1980년대 이후 소주 평탄 배우들은 홍콩, 마카오 지역으로 진출하여 공연하였을 뿐만 아니라 소주 평탄을 일본, 미국, 캐나다 등과 동남아 각국으로 소개하였다.[『蘇州市誌』, 1995; 『蘇州詞典』, 1999]

(17) 도화오 목각 세화桃花塢木刻年畫[29]

도화오 목각 세화는 도화오 일대에서 집중적으로 생산되어 붙은 이름이다. 이 세화는 판화로 설계한 것으로 목판에 조각을 한 후 하나의 목판에 한 가지의 색을 사용하여 인쇄한다. 명대에 시작되어 청대의 옹정雍正, 건륭乾隆 연간에 흥성하였으며 300여 년이 넘는 역사를 가지고 있다.

도화오 목각 세화는 문화[30], 중장[31], 병조[32]를 기본으로 하여 신상神像, 희문戲文, 민간의 이야기, 전통 풍속을 주요한 제재로 삼고, 다양한 구도와 선명한 색채, 풍부한 장식성을 특징으로 하는 예술이다. 천진의 양유청楊柳青, 산동의 유방濰坊 목각 세화와 함께 '중국의 3대 목각 세화'로 불리며 역사적으로는 '남도북양南桃北楊'이라는 말을 남겼다. 강남에서는 매년 설날이 다가올 때 도화오 목각 세화를 붙여서 흉함과 사함을 막고 길함과 축복을 기원한다.

민간 예술을 계승하고 발전시키기 위해 소주에서는 전문적으로 도화오 목각 세화를 만드는

29) §세화歲畵, 연화年畫: 설날 때 실내에 붙이는 그림으로 즐거움과 희망, 상서로움을 나타낸다.

30) §문화門畫: 문이나 주변에 붙여 흉과 사를 막는 그림

31) §중장中堂: 통제한다는 의미

32) §병조屏條: 병풍이나 족자

회사가 설립되었을 뿐만 아니라 시 정부에서 도화오 목각 세화 연구회를 설립하여 100여 폭이 넘는 세화 판화를 수집하고 발굴, 복제하여 〈수향풍모水鄕風貌〉 등 100여 폭의 세화 작품을 새로이 창작하였다. 현재 소주 도화오 목각 세화의 명성은 국내외로 퍼져나가 세화 제작 회사는 여러 차례 요청을 받아 이탈리아, 일본 등의 도시들에서 순회 전시회를 진행하였다.[『蘇州市誌』, 1995; 『蘇州詞典』, 1999]

(18) 소주 월병蘇式月餅

소주 월병蘇州月餠은 껍질이 부드럽고 색깔과 광택이 아름다우며 소가 물리지 않고 식감이 좋아 소주 간식의 정수로 일컬어진다. 소주 월병은 단 것과 신 것, 그리고 구운 것과 지진 것이 있다. 구운 것은 주로 단 것이 많고 장미, 각종 과일, 산초 양념, 팥소 등의 품종이 있다. 지진 것은 신 것 위주인데 햄이 첨가된 것과 파 향이 나는 것, 고기나 새우 맛이 나는 것 등이 있다. 그중에서 장미와 각종 과일, 흰 깨와 산초 양념을 한 것 등이 소주 월병에서 가장 뛰어난 상품이다. 소주 월병은 원료를 선택할 때부터 지역의 특색을 드러낸다. 단것은 장미와 계화꽃, 호두, 해바라기 씨, 잣, 참깨 등을 배합하여 만들고, 소는 주로 햄과 돼지고기, 새우, 돼지기름, 쪽파를 배합하여 만든다. 껍질은 밀가루, 흰 설탕, 엿, 유지 등을 배합하여 만든다.[『蘇州市誌』, 1995; 『蘇州詞典』, 1999]

(19) 복원 비단濮綢

동향시桐鄕市 복원진濮院鎮 주민과 근처 농민들은 과거에 대부분 직조를 주업으로 삼았기 때문에 집집마다 물레가 있었다. 현지에서는 비단을 짜기 시작한 원조는 백여伯余라고 전해지는데 전설에 의하면 백여는 황제黃帝[33]의 대신大臣이며 직기機杼를 발명하였다고 한다. (기신機神은 직녀를 말한다.) 그래서 직조를 하는 사람들은 매년 음력 7월 7일(직녀 생일), 9월 16일(백여 생일)이 되면 상운관翔雲觀 기신묘機神廟에 모두 모여 제사를 지낸다. 제사를 지낼 때가 되면 전殿의 안팎에 등을 휘황하게 달고 세 종류의 제물(소, 양, 돼지)과 술, 과일을 차린다. 의식이 끝나면 성대한 만찬이 열리고 연극과 공연을 관람한다.[가흥 문화인터넷사이트. www.jxcnt.com, 2004]

33) §황제黃帝: 중국 중원 지방 각 부족 공통의 시조로, 성은 공손公孫, 이름은 헌원軒轅이다.

(20) 남호 뱃요리南湖船菜

민국 시기에 가흥嘉興 남호南湖에서 뱃놀이할 때 먹던 요리이다. 8개의 큰 그릇과 작은 그릇에 16종류의 요리를 내오는 것이 정통이나 6개의 큰 그릇과 8개의 작은 그릇 혹은 6개의 큰 그릇과 6개의 작은 그릇, 4개의 큰 그릇과 4개의 작은 그릇 등의 형식도 있다. 게살, 해황[34], 민물 새우 등 남호의 특색이 있는 계절 재료를 이용하여 요리하며 특히 냉채가 유명하다. 항일전쟁 시기에 유람선이 사라짐에 따라 안타깝게 뱃요리 문화도 사라지고 말았다.[가흥 문화인터넷사이트, www.jxcnt.com, 2004]

(21) 관조 뱃요리觀潮船菜

민국 시기에 해녕海寧에서는 조수를 구경하는 것(관조觀潮)이 유행했다. 이 요리는 남호 뱃요리보다 더욱 향토적인 특색을 띠는데, 새우볶음, 뱀장어찜, 녹말을 입힌 붕어 요리, 족발, 애배추와 토란, 장아찌 종류와 두부 요리 부용란탕芙蓉蛋湯 등이 주요리이다.[가흥 문화 인터넷 사이트, www.jxcnt.com, 2004]

(22) 유부육乳腐肉

유부육은 가흥의 전통 요리로 '오진무 식당吳震懋飯店'의 유부육이 가장 유명하다. 이 반점은 청대 광서 23년(1897)에 개업한 이래 백여 년이 넘는 역사를 가지고 있다. 유부육은 돼지고기를 주재료로 해서 각설탕, 소금, 찹쌀을 발효시켜 만든 홍곡분紅曲粉, 황주黃酒(조, 쌀, 수수 등을 원료로 만든 누런 색깔의 술) 등을 곁들여 만든다. 먼저 큰 솥에 돼지고기를 삶은 후 다시 찜통으로 옮겨 약한 불로 오래 찐다. 이렇게 만들어진 돼지고기는 육질이 찰기가 있고 향이 진하여 많은 사람들이 즐겨 먹는다. 예전에는 주로 상해나 강소 남부 등지에서 가흥으로 온 여행객이 맛을 본 후 친구나 친척에게 주는 선물용으로 사 갔다. 1958년 이후에는 식당이 이사를 가는 등의 원인으로 옛 맛이 사라졌다.[가흥 문화인터넷사이트, www.jxcnt.com, 2004]

(23) 이금함二錦馅

민국 시기 오진무 호텔 전통 요리의 하나이다. 고기를 넣은 유면근油面筋[35] 하나, 고기를 두

34) §암게의 등딱지 안쪽에 있는 누런색의 난소와 소화선

부피豆腐皮[36]로 싼 것 다섯 개, 표고버섯 1개 등의 재료와 햄, 겨울 죽순, 설탕, 술 등의 양념을 동이 속에 같이 넣고 닭고기를 곤 국물을 부은 후에 면으로 동이를 막고 찜통 속에 넣고 찌면 된다. 이 요리는 술안주나 밥반찬으로 좋아 청말에 베이징에 있던 가흥 출신의 관리들이 즐겨 먹었다고 한다. 1980년대 전통 방식의 요리법을 복원하였으나 고유한 맛을 회복하지 못하고 있다고 한다.[가흥 문화인터넷사이트, www.jxcnt.com, 2004]

(24) 성년식成年禮

부모들은 자식이 만 16세 생일이 지나면 성인이 되었다고 여겨 자녀에게 쏘가리를 먹이는 풍습이 있는데, 이때 먹는 쏘가리를 즉화어鯽花魚라고 하며 성년이 된 것을 기억한다는 것을 상징하였다. 지금도 사람들은 16세 생일을 매우 중시하면서 가까운 친척들은 선물이나 용돈을 주는 풍습이 있다.[가흥 문화인터넷사이트, www.jxcnt.com, 2004]

(25) 관호절觀湖 節

옛날에는 8월 18일이 조신潮神의 탄신일이라고 믿어서 사람들은 염관진盐官鎮에 가서 파도 구경을 하였는데 현대에 이르러 더욱 유명해졌다. 신해혁명 전에는 지방관이 진해탑鎮海塔 옆의 대관정大觀亭에 소, 양, 돼지 등 세 가지 제물과 향, 초를 준비하여 조신에게 제사를 지냈고 어떤 때는 조정에서 직접 관원을 파견하여 제사를 지내기도 하였다.[가흥 문화인터넷사이트, www.jxcnt.com, 2004]

(26) 태평군 생일太平軍生日

청말 민초에 해녕시海寧市 협석진硤石鎮 횡두橫頭 일대에서는 매년 음력 8월 23일이 되면 집집마다 토란과 흑설탕을 사용하여 만든 죽을 먹으며 태평군의 생일을 기념했다고 한다. 청대 함풍 10년(1860) 태평군이 협석硤石을 공략하여 협석에 진주하던 8월 23일, 현지에서 임산부가 출산을 하는 것을 도와 임산부와 갓난아기를 구해주었다고 한다. 현지의 주민들은 이에 감사를

35) §밀가루를 침전시켜 생기는 녹말로 작은 구형을 만든 후 기름에 튀기면 급속히 팽창하는데 이것을 유면근이라고 하고 이것을 이용하여 다양한 요리를 만든다. 강소성 무석의 특색 요리중의 하나이다.

36) §두부피豆腐皮: 콩국에 뜨는 얇은 단백질 막

표하며 아기가 태어난 8월 23일을 태평군의 생일로 정하고 토란죽을 먹기 시작하여 항일전쟁 직전까지 이 풍습이 이어졌다고 한다.[가흥 문화인터넷사이트, www.jxcnt.com, 2004]

(27) 남고봉 묘회南皐峰廟會

남고봉은 가흥嘉興 남언南堰에 있는 사당廟이다. 과거에 매년 묘회廟會를 거행하였는데 특히 청대 옹정~민국 시기에 가장 성대하였다. 사당의 원명은 류맹장군사당劉猛將軍廟이며 흔히 남고봉사당南皐峰廟이라고 부른다. 고봉皐峰은 고풍高豐을 말한다. 당대 가흥의 둔전이 고풍둔高豐屯이었는데 수확이 많아서 고풍사당高豐廟을 지었다. 이 사당도 당대 가흥의 둔전과 관련되어 있어서 훗날 문인들이 고봉皐峰이라고 불렀다. 과거에는 매년 음력 정월 13일이 되면 남언 고봉사당으로 사람들이 모여 신에게 제사를 지내고 공연을 보며 오락을 즐겼으나 신중국 건국 후에 폐지되었다.[가흥 문화 인터넷 사이트, www.jxcnt.com, 2004]

(28) 서왕사당 묘회徐王廟廟會

과거에는 시내의 수수향秀水鄕 서왕촌徐王村에 서왕사당徐王廟이 있어서 매년 8월 초파일에 묘회를 지냈다. 『가흥부지嘉興府誌』 제34권 『풍속風俗』에 의하면 "8일이면 사람들이 구름처럼 서왕묘에 모여들어 묘회를 지냈다.(八日鄕人蟻舟集徐王廟, 為赛神之會)"고 기록되어 있으며, 또 『고화잡식古禾雜識』의 기록에 의하면 "8월 8일에 절마다 사람이 붐비고 향내가 가득한데[37] 그 중에서 북쪽에 있는 서왕사당이 가장 번화롭다. 시내에도 사람이 운집하며 환원보換元寶나 환원보還元寶 등으로 불린다.(初八日烧八寺香, 北郊外徐王廟最鬧. 市井人叢集, 有換元寶還元寶等名)" 라고 기록되어 있다.

또 『가흥부전고찬요嘉興府典故纂要』에는 서언왕徐偃王이 회계會稽[38]로 도망가고 그 종족은 읍으로 흩어졌는데, 후대에 왕의 공덕을 생각하여 사당을 세우고 제사를 지냈다(徐偃王逃之會稽, 其宗族有散在邑者, 後世思王功德, 立廟以祀焉)는 기록이 있다. 이 기록에 의하면 서왕은 서언왕이라고도 불렸으며 춘추 시기에 산동성 동이족東夷族의 지도자로 전쟁에 패하여 강남으로 도망갔지만, 후세 사람들이 그를 기려 각지에 사당을 세우고 제사를 지내는 곳이 많이

37) §민국 시기에 음력 8월 8일이면 가흥의 수많은 농민(대부분 중년 이상의 부녀)이 가흥 시내로 들어가서 8사향八寺香, 즉 8개 사찰(楞嚴寺, 精嚴寺, 祥符寺, 天寧寺, 報忠寺, 金明寺, 東塔寺, 茶禪寺)의 향과 4탑향(四塔香), 즉 네 개의 탑(東塔, 壕股塔, 真如塔, 三塔)의 향을 피우는 풍속이 있었다. 신중국 건국 후에는 폐지되었다.

38) §회계會稽: 지명, 춘추시대 절강성 동쪽에 있던 도시.

생겨난 것이다. 청대의 시인 주이존朱彝尊은 『원앙호도가鴛鴦湖棹歌』에서 "정월 대보름까지 기다리지 않아도 서왕묘 밑에는 둥둥 북소리가 울린다.(不待上元燈火夜, 徐王廟下鼓冬冬)"라고 노래하였다.

정월 초파일은 '곡일谷日'이라고도 하고 민국 시기에는 '불생일佛生日'로 여겼는데 현지의 촌민들은 서왕徐王을 곡신谷神이라 생각하여 제사를 극진히 모셨다. 이러한 풍속은 1950년대까지 지속되었으나 그 후 점점 사라졌다.[가흥 문화인터넷사이트, www.jxcnt.com, 2004]

(29) 왕강경 묘회王江泾廟會

과거 민간에서는 2월 초파일을 장대제張大帝의 생일로 여겼는데 이 시기에는 비바람이 많아 "손님을 마중할 때는 바람이 불고 손님을 배웅할 때는 비가 온다.(请客風送客雨)"라는 노래가 있다. 『고화잡식古禾雜識』에 의하면 남송 시기에 이미 "2월 초파일은 장대제의 생일"이라는 설이 있었다. 민국 시기에는 8월 8, 9일이 왕강경王江泾의 묘회였는데 당시 윤선輪船 회사는 매년 6, 7일 양일간 배편을 늘려서 왕강경 묘회에 참가하는 손님을 실어 날랐다.[가흥 문화인터넷사이트, www.jxcnt.com, 2004]

(30) 망선회網船會

민국 시기에 청명절과 중추절을 전후하여 가흥 연사탕蓮泗荡에서는 망선회網船會(고기잡이 배 축제)가 열렸다. 강소성과 절강성에 있는 선주와 주민들이 구름처럼 연사탕蓮泗荡 유왕 사당劉王廟에 모여들어 신을 맞이하는 행사를 거행하였다. 유왕 사당은 교외의 하화향荷花鄉 민주촌民主村에 있지만 민국 시기에는 각지의 선민船民들이 유왕을 모시는 종교 단체를 각지에 건립하였다. 상해의 신공문新公門과 노공문老公門, 강소성과 절강성 일대의 팔선사八仙社 등이 대표적이다. 1958년에는 유왕 사당을 철거하고 방직 공장을 세워서 망선회가 중지되었으나 유왕을 기리며 외부로부터 찾아오는 사람들의 발길은 끊이지 않아 1979년에는 5만 명, 1986년에는 10만 명에 달했다. 향을 피우는 사람들은 대부분 부녀자들과 선민이고 강소성 일대 농민들은 윤선을 전세 내어 참가하였다. 하화향 정부는 1986년 6월에 이 유적지를 교육에 활용하고 경제·문화 활동의 장소로 활용하기 위하여 원래 사당이 있던 곳에 유공원劉公園을 만들었다. 과거에는 유왕 사당 부근에 석교두 사당石橋頭廟이 있어서 망선회 기간에 묘회를 거행하였다.[가흥 문화인터넷사이트, www.jxcnt.com, 2004]

(31) 알태평軋太平

해녕海寧 황강皇崗 일대에서 유행하던 묘회이다. 매년 음력 8월 초파일이 되면 부근 10리 안에 있는 주민들이 광복사에 모여 묘회를 진행하였는데 이를 황강알태평皇崗軋太平이라 하며 지금까지 이어지고 있다. 1980년대 이후 상품 경제가 활성화되고 오락 활동이 추가되어 더욱 다채로운 활동이 전개되고 있다.[가흥 문화인터넷사이트, www.jxcnt.com, 2004]

(32) 조왕사당 묘회曹王廟廟會

조왕사당은 시 외곽의 여신향余新鄉에 있다. 과거에는 묘회가 성대하게 거행되어 명말 청초에는 매년 봄의 묘회 때가 되면 수많은 부인들이 참가하였으나 신중국 건국 후에 폐지되었다. [가흥 문화인터넷사이트, www.jxcnt.com, 2004]

(33) 항주 평화杭州評話[39]

속칭 대서大書라고도 하며 강남 평화江南評話의 한 갈래이다. 항주 방언을 사용하여 표현(대사, 독백 등)하며 남송 시기에 기원하여 계승되었다. 항주 평화 계열은 한 명이 연기를 하는데 노래는 없고 대사만 있으며, 부채와 손수건을 소품으로 사용하며 나무토막으로 탁자를 두드리며 분위기를 돋운다. 경우에 따라서 대사와 표현을 중요시할 때도 있고 연기와 옷차림(소품)을 중요시 여길 때도 있다. 전통적인 프로그램은 크게 장고서長靠書, 관대서官帶書, 단타서短打書의 세 종류로 나뉜다.[『항주시지(杭州市誌)』 제2권, 1997]

(34) 항주 평사杭州評詞[40]

속칭 소서小書라고 하며, 명청남사明清南詞에서 변화되어 전래된 것으로 항주 방언을 사용하여 노래와 대사를 전달한다. 한 명의 배우가 연기, 연주, 설명, 노래 등을 하는 형식이다. 대사와 표현을 할 때에는 부채나 손수건을 사용하고 노래를 할 때에는 호금胡琴으로 반주를 하며, 동향조東鄉調 · 7자구七字句로 창을 한다. 전통적인 프로그램에서는 주로 규방의 애정이나 재자가인才子佳人을 제재로 삼는다.

---

39) §평화評話: 설창 문예의 하나로 한 사람이 노래 없이 사투리로 이야기를 들려준다.

40) §평사評詞: 항주 일대에 전해 내려오는 전통 설창 예술의 하나.

(35) 항주 탄황杭州灘簧[41]

약칭 항탄杭灘이라고도 하는 강소성과 절강성 탄황의 하나로 항주 방언을 사용하여 표현하고 노래한다. 항탄의 기원은 송실남도宋室南渡[42]이며 앉아서 노래하는 형식으로 주로 5명이나 7명이 한 조가 되지만 9명이나 11명이 한 조를 이루기도 한다. 등장인물은 남자(生), 여자(旦), 난폭하고 간사한 남자(淨), 익살꾼(丑)의 네 가지 인물 유형이 있다. 배우가 직접 악기를 다루며 반주와 노래를 한다.[『杭州市誌』 제2권, 1997]

(36)항곡杭曲

청말 민초에 각 지방 설창 문예에서 변화되어 계승되었다. 초창기에는 작은 목어木魚를 두드려 반주하며 두 명이 대창對唱하는 형식이었고, 대부분의 줄거리가 인과응보, 권선징악의 내용이었다. 나중에는 호금胡琴과 삼현三弦 등의 악기로 연주하는 형식으로 바뀌었다. 곡조는 평판平板, 대륙판大陸板 등이 있다.[『杭州市誌』 제2권, 1997]

(37) 독각희獨角戲

골계滑稽라고도 한다. 민국 초기 항주, 상해와 강소 지역에서 유행한 소열혼小熱昏, 격벽희隔壁戲가 발전된 것이며 또한 문명희文明戲와 상성相聲의 영향도 받았다. 한 명이나 두 명이 공연을 하며 공연은 두 종류로 나눠지는데 하나는 재미있는 이야기나 각 지방의 방언을 사용하는 것이고, 또 하나는 희곡의 곡조, 민요, 유행가 등을 모방하여 부르는 것이다. 이 외에 분장하고 노래를 하는 형식도 있다.[『杭州市誌』 제2권, 1997]

(38) 구기口技

민간에서는 암춘暗春이라고 한다. 명·청 양대 왕조의 '격벽희隔壁戲'[43] 공연 중 하나로 '백조조봉百鳥朝鳳'과 같이 입으로 소리를 내는 공연 종류이다. 구기는 예능인들이 입으로 벌레,

---

41) §탄황灘簧: 강소江蘇성 남부·절강浙江성 북부에서 유행하던 설창예술.

42) §송실남도宋室南渡, 1127년 금나라의 군대가 북송을 멸망시킨 후 조길趙佶이 상구商丘에서 즉위하여 송나라의 제10대 황제, 즉 송고종이 된다. 송고종은 수도를 양주로 정했다가 다시 남경으로 천도하였으며 마지막에 항주로 옮겨 남송의 개국 황제가 되는데 훗날 중국 역사에서는 이를 '송실남도'라 한다.

43) §격벽희隔壁戲: 항주의 전통 지방극으로 배우가 막 뒤에서 대사를 하거나 소리를 내서 붙은 이름이다.

새, 짐승 혹은 사람들의 일상생활에서 나는 소리를 모방해 내는 소리만으로 표현하는 공연 예술이다. 공연을 할 때는 한 사람 혹은 두 사람이 같이 하여 실감을 더해 준다.[『杭州市誌』 제2권, 1997]

(39) 용주龍舟 시합賽龍舟

항주의 전통 수상 운동으로 주로 전당강錢塘江에서 단오절에 한다. 용주龍舟는 두 종류가 있는데 바닥이 평평한 작은 배의 뱃머리에 용머리를 끼우고 8~10명이 노를 젓는 시합용 배와 장군배帥船가 있다. 장군배는 용머리와 돛을 세밀하게 새기고 오색 깃발을 걸고 여러 곳을 유람 다니는 배이다.[『杭州市誌』 제2권, 1997]

(40) 파도 타기弄潮

남송 시기 때 가장 성행하였는데 보통 음력 8월 16일~18일에 전당강錢塘江의 조류가 가장 거세질 때 한다. 청대부터는 파도가 높고 조류가 빨라 너무 위험해서 금지시켰다.[『杭州市誌』 제2권, 1997]

| 참고문헌 |

CIIC. *Canary Conclusions.Canary Islands*, Spain, 1998.

CIIC. *Tenerife Work Program.Tenerife*, Spain, 1999.

Daily G. *Nature's Services: Society Dependence on Natural*. Island Press, Washington, D.C., 1997.

Frenchman Dennis. International Examples of the United States Heritage Area Concept.2004 (http://whc.unesco.org/p_dynamic/document/document_download.cfm?id_document=1609; http://www.cr.nps.gov/heritageareas/REP/research.htm)

ICOMOS and TICCIH. *The International Canal Monuments List*.1996.

MacEwen Ann, Malcolm.National Parks: *Conservation or Cosmetics.London*, George Allen & Unwin, 1982.

Mander U, Jagonaegi J, et al."Network of Compensative Areas as an Ecological Infrastructure of Territories: Connectivity in Landscape Ecology", *Proceedings of the 2nd International Seminar of the International Association for Landscape Ecology*, Ferdinand Schoningh, Paderborn, 1988:35.

TICCIH. *The Nizhny Tagil Charter for the Industrial Heritage*. Paris: TICCIH, 2003.

UNESCO World Heritage Committee.Operational Guidelines for the Implementation of the World Heritage Convention, 2005 http://whc.unesco. org/rchive/opguide05-en.pdf).

UNESCO World Heritage Committee.Report on the Expert Meeting on Heritage Canals, 1994 (http://whc.unesco.org/p_dynamic/document/document_download. cfm?id_document=736).

UNESCO World Heritage Committee.Report on the Expert Meeting on Routes as part of our Cultural Heritage, 1994 (http://whc.unesco.org/p_dynamic/document/document_download.cfm?id_document=1244).

UNESCO World Heritage Committee.Revision of the Operational Guidelines for the implementation of the World Heritage Convention, 1994.

UNESCO World Heritage Committee. World Heritage Convention Information Document on Heritage Canals Experts Meeting. Canada, 1994 (http://whc. unesco.org/archive/canals94.htm).

Yu, KongJian."*Security Patterns and Surface Model and in Landscape Planning*".Landscape and Urban Planning.1996, 56(5): 1-17.

北京市北運河管理處, 北京市城市河湖管理處編: 『北運河水旱災害』, 北京: 中國水利水電出版社, 2003.
北京市統計局編: 『北京統計年鑒(2003)』, 北京: 中國統計出版社, 2003.
滄縣縣志辦公室編著: 『滄縣誌』, 北京: 和平出版社, 1995.
滄州市文化志編纂委員會: 『滄州市文化志』, 滄州, 1993.
常州市地方誌編纂委員會編: 『常州市志』, 北京: 中國社會科學出版社, 1995.
陳璧顯: 『中國大運河史』, 北京: 中華書局出版社, 2001.
陳麗華, 黃建康編著: 『常州文物』, 北京: 中國文史出版社, 2003.
陳望塵: 『吳門橋: 城南話滄桑』, 南京: 東南大學出版社, 2004.
崔振明主編, 阜城縣地方誌編纂委員會編: 『阜城縣誌』, 北京: 中國文聯出版公司, 1998.
單霽翔: 『關注新型文化遺產—工業遺產的保護』, 『中國文化遺產』,2006年第4期.
董獻吉纂, 徐州市地方誌編纂委員會編: 『徐州市志』, 北京: 中華書局, 1994.
段育達主編, 北京市西城區志編纂委員會編: 『西城區志』, 北京: 北京出版社, 1999.
高步瀛: 『唐宋詩舉要』, 上海: 上海古籍出版社, 1978.
故城縣地方誌編纂委員會: 『故城縣誌』, 北京: 中國對外翻譯出版公司, 1998.
故城縣水利志編纂委員會: 『故城縣水利志』, 天津: 天津古籍出版社, 1994.
郭鳳歧主編, 天津市西青區志地方誌編修委員會編著: 『西青區志』, 天津: 天津社會科學院出版社, 2000.
國家文物局主編: 『中國文物地圖集 · 天津分冊』, 北京: 中國大百科全書出版社, 2002.
邗江縣地方誌編纂委員會: 『邗江縣誌』, 南京: 江蘇人民出版社, 1995.
韓啟祥主編: 『天津統計年鑒(2003)』, 北京: 中國統計出版社, 2003.
漢風: 『尋訪徐州老建築』, 北京: 中國戲劇出版社, 2001.
河北省-|光縣地方誌編纂委員會編: 『東光縣誌』, 北京: 方志出版社, 1999.
河北省清河縣地方誌編纂委員會編纂: 『清河縣誌 · 北京』, 中國城市出版社, 1993.
淮安市環境保護局: 『淮安市環境品質報告書(2003)』, 淮安: 淮安市環境保護局, 2003.
淮安市水利局: 『淮安市水利志』, 北京: 中國黨史出版社, 2001.
淮安市政協文史委員會: 『淮安園林』, 北京: 中國文史出版社, 2004.
淮安市政協文史資料委員會: 『淮安名勝古跡』, 江蘇: 江蘇文史資料編輯部, 1998.
淮陰市地方誌編纂委員會: 『淮陰市志』, 上海: 上海社會科學院, 1995.
濟寧市市中區地方史志編纂委員會: 『濟寧市中區志』, 濟南: 齊魯書社, 1999.
濟寧市水利志編纂委員會: 『濟寧市水利志』, 濟寧: 濟寧市新聞出版局, 1997.
嘉興市統計局主編: 『嘉興市統計年鑒2003』, 北京: 中國統計出版社, 2003.
嘉興市志編纂委員會編: 『嘉興市志』, 北京: 中國書籍出版社, 1997.

江洪等主編:『蘇州詞典』, 蘇州: 蘇州大學出版社, 1999.
江蘇省地方誌編纂委員會辦公室:『江蘇市縣概況』, 南京: 江蘇教育出版社, 1989.
江蘇省交通廳編:『蘇南運河整治工程論文集』, 北京: 人民交通出版社, 1998.
江蘇省交通廳及蘇北航務管理處史志編纂委員會:『京杭運河志(蘇北段)』, 上海: 上海社會科學院出版社, 1998.
江蘇省揚州市地方誌編纂委員會編:『揚州市志』, 上海: 中國大百科全書出版社上海分社, 1997.
景縣誌編纂委員會編:『景縣誌』, 天津: 天津人民出版社, 1991.
靜海地方志編修委員會編:『靜海縣誌』, 天津: 天津社會科學院出版社, 1995.
居麗琴主編, 常州年鑒社編輯:『2003常州年鑒』, 常州: 常州年鑒社, 2004.
李德崇主編:『河北區志』, 天津: 天津社會科學出版社, 2003.
李德明主編:『運河古鎮──台兒莊』, 北京: 紅旗出版社, 2002.
李連生等編著:『漳衛南運河大觀』, 天津: 天津科學出版社, 1998.
梁山縣水利志編纂組:『梁山縣水利志』, 濟寧: 濟寧市新聞出版局, 1992.
臨西縣地方誌編纂委員會編纂:『臨西縣誌』, 北京: 中國書籍出版社, 1996.
劉玉平等:『中國運河之都』, 北京: 中國文史出版社, 2003.
劉玉平, 賈傳宇:『濟寧運河文化』, 北京: 中國文史出版社, 2003.
陸國明等:『天津老城憶舊』, 天津: 天津人民出版社, 1997.
呂聯泰主編, 鎮江市統計局編:『鎮江統計年鑒2003』, 北京: 中國統計出版社, 2003.
南皮縣地方誌編纂委員會編:『南皮縣誌』, 石家莊: 河北人民出版社, 1992.
潘非, 宋演武主編:『崇文區志』, 北京: 北京出版社, 2004.
浦學坤等:『古運河畔南長街』, 北京: 中國華僑出版社, 1997.
青縣地方誌編修委員會編:『青縣縣志』, 北京: 方志出版社, 1999.
闕維民編:『著杭州城池暨西湖歷史圖說』, 杭州: 浙江人民出版社, 2000.
沙無垢編著:『無錫名景』, 南京: 江蘇人民出版社, 2003.
山東年鑒編輯部:『山東年鑒2003』, 濟南: 山東年鑒社, 2003.
山東省德州市德城區地方史志編纂委員會編:『德州市志』, 濟南: 齊魯書社出版社, 1997.
山東省地方史志編纂委員會:『山東各地概況』, 濟南: 山東人民出版社, 1999.
山東省地方史志編纂委員會:『山東省志·水利志』, 濟南: 山東人民出版社, 1994.
山東省東平縣誌編纂委員會:『東平縣誌』, 濟南: 山東人民出版社, 1989.
山東省濟寧市任城區地方史志編纂委員會:『任城區志』, 濟南: 齊魯書社出, 1999.
山東省嘉祥縣地方史志編纂委員會:『嘉祥縣誌』, 濟南: 山東人民出版社, 1997.
山東省聊城地區水利志編纂委員會:『聊城地區水利志』, 聊城: 山東省聊城地區水利局, 1993.
山東省臨清市地方史志編纂委員會:『臨清市志』, 山東: 齊魯書社出版社, 1997.

山東省微山縣地方史志編纂委員會:『微山縣誌』, 濟南: 山東人民出版社, 1997.
山東省汶上縣誌編纂委員會:『汶上縣誌』, 鄭州: 中州古籍出版社, 1996.
山東省武城縣史志編纂委員會編:『武城縣誌』, 濟南: 齊魯書社出版社, 1994.
山東省夏津縣誌編纂委員會編:『夏津縣誌』, 濟南: 山東人民出版社, 1991.
山東省魚臺縣地方史志編纂委員會:『魚臺縣誌』, 濟南: 山東人民出版社, 1997.
山東省棗莊市台兒莊區地方史志編纂委員會:『台兒莊區志』, 濟南: 山東人民出版社, 1993.
山東省棗莊市嶧城區史志編纂委員會:『嶧城區志』, 濟南: 齊魯書社, 1995.
水利部淮河水利委員會沂沭泗水利管理局:『沂沭泗河道志』, 北京: 中國水利水電出版社, 1996.
水利部黃河水利委員會『黃河水利史述要』編寫組:『黃河水利史述要』, 北京: 水利電力出版社, 1984.
水利水電科學研究院『中國水利史稿』編寫組:『中國水利史稿』, 北京: 水利電力出版社, 1989.
宋聯洪主編:『北辰區志』, 天津: 天津古籍出版社, 2000.
蘇州市地方誌編纂委員會:『蘇州市志』, 南京: 江蘇人民出版社, 1995.
蘇州市水利史志編纂委員會:『蘇州市水利志』, 上海: 上海社會科學院出版社, 2003.
蘇州市文物管理委員會辦公室:『吳中勝跡——蘇州市區文物保護單位簡介』, 蘇州: 古吳軒出版社, 1996.
宿遷市地方誌編纂委員會:『宿遷市志』, 江蘇: 江蘇人民出版社, 1996.
宿遷統計局:『宿遷統計年鑒(2003)』, 宿遷: 宿遷統計局, 2003.
孫應科:『裏下河水利編』, 清刻本.
孫自凱, 張洪林主編:『通縣誌』, 北京: 北京出版社, 2003.
唐宋運河考察隊:『運河訪古』: 上海: 上海人民出版社, 1986.
天津市紅橋區地方誌編修委員會編:『紅橋區志』, 天津: 天津古籍出版社, 2001.
天津市政協北辰區委員會編:『北運河』, 天津: 天津古籍出版社, 2003.
王東升主編:『廊坊經濟統計年鑒(2003)』, 廊坊市: 廊坊市統計局, 2003.
王瓊撰, 姚漢源, 譚徐明點校:『漕河圖志』, 北京: 水利電力出版社, 1990.
王守和, 楊國祥主編, 鎮江年鑒編輯部編:『鎮江年鑒2003』, 北京: 方志出版社, 2003.
王玉國:『鎮江文物古跡』, 南京: 南京大學出版社, 1993.
王育民:『中國歷史地理概論』, 北京: 人民教育出版社, 1987.
王志芳, 孫鵬:『遺產廊道——一種較新的遺產保護方法』,『中國園林』2001年第5期.
微山縣南陽鎮新聞通訊站:『運河明鎮——南陽』, 濟寧: 濟寧市新聞出版局, 2001.
無錫地方誌編纂委員會:『無錫市志』, 南京: 江蘇人民出版社, 1988.
無錫市人民政府:『2003無錫年鑒』, 北京: 中國統計出版社, 2004.
吳良鏞:『面對城市規劃“第三個春天“的冷靜思考』,『城市規劃』2002年第26卷第12期.

吳橋縣地方誌編纂委員會辦公室編: 『吳橋縣誌』, 北京: 中國社會出版社, 1992.
武清縣地方史志編修委員會編著: 『武清縣誌』, 天津: 天津社會科學出版社, 1991.
香河縣地方誌編委纂員會編: 『香河縣誌』, 北京: 中國對外翻譯出版公司, 2001.
揚州市廣陵區地方誌編纂委員會編: 『廣陵區志』, 北京: 中華書局, 1993.
揚州市水利史志編纂委員會: 『揚州水利志』, 上海: 中華書局, 1999.
楊瑞彬, 劉明祥: 『鎮江古今建築』, 蘇州: 古吳軒出版社, 1999.
姚漢源: 『京杭運河史』, 北京: 中國水利水電出版社, 1998.
姚元龍, 王玉國: 『江南名城——鎮江』, 南京: 江蘇人民出版社, 2002.
俞孔堅, 李迪華: 『城市景觀之路——與市長們交流』, 北京: 中國建築工業出版社, 2003.
俞孔堅, 李迪華: 『"反規劃"途徑』, 北京: 中國建築工業出版社, 2005.
張泊生主編, 河北省泊頭市地方誌編纂委員會編: 『泊頭市志』, 北京: 中國對外翻譯出版公司, 2000.
張松: 『城市文化遺産保護國際憲章與國內法規選編』, 上海: 同濟大學出版社, 2007.
張英霖: 『蘇州古城散論』, 蘇州: 古吳軒出版社, 2004.
漳衛南運河志編委會: 『漳衛南運河志』, 天津: 天津科學技術出版社, 2003.
趙浦根, 朱赤: 『山東寺廟塔窟』, 濟南: 齊魯書社出版社, 2002.
鎮江市地方誌辦公室: 『鎮江要覽』, 南京: 江蘇古籍出版社, 1989.
鎮江市地方誌編纂委員會: 『鎮江市志』, 上海: 上海社會科學院出版社, 1993.
鎮江市水利志編輯委員會: 『鎮江水利志』, 上海: 上海社會科學院出版社, 1997.
政協台兒莊委員會: 『台兒莊運河文化』, 北京: 人民日報出版社, 2002.
中國城市地圖集編輯委員會: 『中國城市地圖集』, 北京: 中國地圖出版社, 1994.
中國水利百科全書編輯委員會, 水利電力出版社中國水利百科全書編輯部: 『中國水利百科全書』, 北京: 水利電力出版社, 1991.
朱承山, 劉玉平主編: 『濟寧古代簡史』, 北京: 中國文史出版社, 2003.
朱學西: 『中國古代著名水利工程』, 北京: 商務印書館, 1997.
鄒寶山等: 『京杭運河治理與開發』, 北京: 水利水電出版社, 1990.
走近徐州編纂委員會: 『走近徐州』, 北京: 中華書局, 2003.
『無錫日報』, 2004年4月10日.
『揚子晚報』, 2003年12月5日.
朱兵: 『我國非物質文化遺產的立法: 背景, 問題與思路』, 2005年7月在"中國非物質文化遺產保護·蘇州論壇"上的大會專題發言, 2007.
楊玉剛: 「海河流域超採地下水引起的生態環境效應及其生態恢復對策」, 「水利發展研究」2003年第7期.

朱強, 俞孔堅, 李迪華:「景觀規劃中的生態廊道寬度」,『生態學報』2005年第9期.
俞孔堅:「景觀生態戰略點識別方法與理論地理學的表面模型」,『地理學報』1998年第53期.
俞孔堅, 李迪華, 李偉:「論大運河區域生態基礎設施戰略和實施途徑」,『地理科學進展』2004年第23卷第1期.
俞孔堅:「生物保護的景觀安全格局」,『生態學報』1999年第19卷第1期.
鄭連生, 穆仲義, 馬大明:「河北省缺水狀況, 問題及對策」,『地理學與國土研究』, 2002年第1期.
李書桓, 郭偉:「京杭大運河的功能與蘇北運河段的發展利用」,『第四紀研究』, 2007年第5期.
李偉, 俞孔堅, 李迪華:「遺產廊道與京杭大運河整體保護的理論框架」,『城市問題』, 2004年第1期.
李偉, 俞孔堅:「世界文化遺產保護的新動向——文化線路」,『城市問題』, 2005年第4期.
劉昌明:「調水工程的生態, 環境問題與對策」,『人民長江』, 1996年第27卷第12期.
劉昌明:「南水北調工程對生態環境的影響」,『海河水利』, 2002年第1期.
呂舟:「面向新世紀的中國文化遺產保護」,『建築學報』, 2001年第3期.
馬家鼎, 金愛民等:「加強對揚州鹽商住宅的研究與利用」,『揚州社會科學』, 2003年第1期.

비공식 출판물非正式出版物

寶應城鎮志編纂委員會:『寶應城鎮志』, 1999.
寶應縣環保局:『寶應縣環境品質公報』, 2003.
北京市朝陽區地方誌編纂委員會:『朝陽區志(稿)』, 1989.
高郵市環保局:『高郵市環境品質公報』, 2003.
杭州市林水局:『苕溪運河志資料餘錄(內部資料)』, 2004.
淮安市人民政府, 南京大學環境科學中心:『江蘇省淮安市生態建設規劃(討論稿)』, 2004.
淮安市文化局:『洪澤湖大堤——第五批江蘇省文物保護單位推薦材料』, 2001.
淮陰市水利局:『淮陰水利手冊』(內部資料), 1995.
淮陰市文化局:『淮陰文物志』, 1994.
嘉興市水利水電勘察設計研究院:『嘉興市河道整治規劃』, 2004.
江蘇省常州市航道管理處編:『常州航道發展二十年』, 1999.
江蘇省交通廳:『京杭運河蘇南段工程技術總結』, 1999.
劉懷玉:『重修淮安府儒學泮池記』, 碑刻, 2003.
南長區政府:『南長街保護街區規劃』, 2004.
山東省環境保護局, 山東省發展計畫委員會:『南水北調東線工程山東段水污染防治總體規劃』, 2003.

蘇州市規劃設計研究院: 『蘇州市歷史文化名城保護規劃』, 2002.
蘇州市規劃設計研究院: 『蘇州市環城綠帶總體規劃』, 2001.
蘇州市環保局: 『2003年蘇州市環境狀況公報』, 2004.
宿城區文化局: 『宿城區文物保護單位』, 2001.
『宿遷市國家, 省市級文物保護單位槪況一覽表』, 2001.
宿遷市環境保護局: 『宿遷市環境狀況公報(2003)』, 2003.
宿遷市文物局: 『宿遷市文物景點基本槪況』, 2001.
盱眙縣文物志編寫小組: 『盱眙縣文物志(徵求意見稿)』, 1986.
揚州市規劃局: 『揚州市老城區1-12號街坊控制性詳細規劃文本』, 2004.
揚州市環保局: 『揚州市區環境品質公報』, 2003.
浙江省水利廳編: 『浙江省河流簡明手冊』, 1984.
鎭江市大運河工程指揮部: 『千年古河展新姿——蘇南運河』, 1997.
鎭江市規劃設計研究院, 鎭江歷史文化名城保護規劃修編組: 『鎭江市歷史文化名城保護規劃(說明, 基礎資料)』, 2003.
政協盱眙縣文史資料委員會: 『淮河與盱眙』, 2002.
中共奔牛鎭委編史修志領導小組: 『奔牛鎭志』, 1984.

사이트網站

http://whc.unesco.org/.
http://whc.unesco.org/en/list/1221.
http://www.nps.gov/history/heritageareas/VST/INDEX.HTM#list.
寶應熱綫, www.byrx.net.
大眾網, http://www.dzwww.com.
丹陽市統計資訊網, www.dystats.com, 2004.
高郵市人民政府網站, www.gaoyou.gov.cn.
嘉興市圖書館網, http://www.jxlib.com, 2004.
嘉興文化網, http://www.jxcnt.com, 2004.
今日揚州, www.eagles.nease.net/yangzhou/04.htm.
聊城政府網, http://www.liaocheng.gov.cn.
山東省情網, http://www.infobase.gov.cn/.
水資訊網, http://www.hwcc.com.cn.
無錫市人民政府網站, http://www.wuxi.gov.cn, 2004.

無錫水利局網站, http://www.wxwater.gov.cn, 2004.

無錫文化, whj.wuxi.gov.cn/dh/wbtd/29.htm, 2004.

無錫文物, www.wst.net.cn/wenhuagj/wuxi/tsgjz.htm, 2004.

錫城舊影, www.wuxinews.com, 2004.

新華網山東頻道, http://www.sd.xinhuanet.com/.

揚州名勝古迹, www.chinacsw.com/cszx/yangzhou/guji1.htm.

揚州市人民政府網站, www.zgwj.gov.cn.

揚州統計資訊網, www.yzstats.gov.cn.

揚州文藝網, wenyi.yztoday.com.

鎮江市環境保護局網站, www.zjshb.gov.cn, 2004.

中國城市網, www.chinacsw.com/cszx/yangzhou/guji1.htm.

中國新聞網, http://www.chinanews.com.cn/gn/news/2007/03-11/888571.shtml, 2007.

| 지은이 소개 |

유공견俞孔堅 북경대학교 교수
이적화李迪華 북경대학교 부교수
이해룡李海龍 중국도시과학연구회 연구원
장 뢰張蕾 천진대학교 부교수

| 옮긴이 소개 |

유 창劉暢 산동대학교 부교수

경항대운하 유역 국가 유산 및 생태회랑
京杭大運河國家遺產與生態廊道

초판 인쇄 2021년 9월 10일
초판 발행 2021년 9월 20일

지 은 이 | 俞孔堅·李迪華·李海龍·張蕾
옮 긴 이 | 유창(劉暢)
펴 낸 이 | 하운근
펴 낸 곳 | 學古房

주 소 | 경기도 고양시 덕양구 통일로 140 삼송테크노밸리 A동 B224
전 화 | (02)353-9908 편집부(02)356-9903
팩 스 | (02)6959-8234
홈페이지 | www.hakgobang.co.kr
전자우편 | hakgobang@naver.com, hakgobang@chol.com
등록번호 | 제311-1994-000001호

ISBN 979-11-6586-413-2 93910

값: 50,000원